通用型系列法学教材

国际经济法

■ 主　编　夏　露
■ 副主编　刘　丹　杨爱葵　胡君旸
■ 编　委　夏　露　刘　丹　杨爱葵　胡君旸　肖子拾
　　　　　王章渊　李　静　王歆萍　黄　涛　刘晓坷
　　　　　刘　洋　夏　雯　叶云兰

WUHAN UNIVERSITY PRESS
武汉大学出版社

图书在版编目（CIP）数据

国际经济法/夏露主编 . —武汉：武汉大学出版社,2013.8
通用型系列法学教材
ISBN 978-7-307-09250-1

Ⅰ.国… Ⅱ.夏… Ⅲ.国际经济法—教材 Ⅳ.D996

中国版本图书馆 CIP 数据核字(2013)第 199403 号

责任编辑:胡 荣 责任校对:王 建 版式设计:马 佳

出版发行:**武汉大学出版社** （430072 武昌 珞珈山）
（电子邮件：cbs22@whu.edu.cn 网址：www.wdp.com.cn）
印刷:武汉中科兴业印务有限公司
开本:787×1092 1/16 印张:21 字数:495 千字 插页:1
版次:2013 年 8 月第 1 版 2013 年 8 月第 1 次印刷
ISBN 978-7-307-09250-1 定价:38.00 元

总　序

　　大学的法学教育承担着培养法律人才、传播法律知识、弘扬法律精神、传承法律文化的重要任务，是培养法律人才的主要阵地。大学的法学教育除了针对法学专业的专业性、系统性的法学教育外，针对非法学专业的特殊性法学教育更是不能忽视。随着经济和社会的不断发展，法律已经深深融入到人们的生活中，与人们的生活息息相关。因此，非法学专业的学生在学习好自己所选择的专业外，了解和掌握与之相关的一些法律知识、法律法规是必不可少的，这不仅能丰富其知识面、拓展其自身的知识结构，也是成为复合型人才的必备要素，为以后求职就业增加砝码。

　　非法学专业开设的法学课程的培养目标并不是培养如律师、法官、检察官那样的专门性法律人才，而是使非法学专业的学生掌握与自己专业相关的法律知识，并能运用这些法律知识分析和解决他们在相关本专业的实际工作中的问题。

　　目前，市面上的法学教材，大多都是针对法学专业的，知识厚重、理论性太强，非法学专业的学生根本没有那么多的课时也没有必要去学完所有的知识；而针对非法学专业的法学教材涉及的课程就是那几门经常开设的，如经济法、国际商法等，既不系统，也不全面。因此，武汉大学出版社开发了一套专门针对法学专业的法学教材——"通用型系列法学教材"，以期能满足非法学专业的法学教育的需求。该套教材主要具有以下特点：

　　第一，符合党的基本路线和国家的方针政策，紧密联系教学内容，注意修改、更新、删减比较陈旧的内容，增加前沿性的内容，保持教材的领先性。

　　第二，紧随立法的发展和变化，注意修法的动向，在教材中体现最新、最实用的法律知识点，并力求契合相关专业对法律知识的具体要求。

　　第三，该套教材没有囿于法学学科的固有体系而编排，而是针对非法学专业学科的特点和学科要求进行相应的体系编排，力求能够满足非法学专业的学生对相关法学知识的掌握和运用。本套教材在体例编排上，由重难点提示、案例解析和思考题等部分组成。"案例解析"部分所选取的案例，力求创设其所学专业领域的法律事件情境，将法律放在该领域的专业背景中进行深入讲解。

　　第四，本套教材编写选取的内容、阐述及体例符合教学大纲的要求，有明确的教学目标，总体结构、章节布局合理，内容详略得当、繁简适宜，重点解决教学中的难点、重点，并注重教材的思想性、启发性和适用性。

通用型系列法学教材

武汉大学出版社高度重视本套教材的组织编写活动。为了确保质量，体现非法学专业的法学教育的特殊性，动员和组织了一批教学经验丰富、实践能力强的教师和实践专家对非法律专业法学教材进行系统编写。这些教师和专家都是长期进行非法学专业的法学教育的骨干人员。

期望这套书能够为非法学专业的法学教育的发展贡献一份绵薄之力！

覃有土

2013 年 6 月 13 日

前　言

为了立足服务实践，推动应用型教学资源建设，打造非法学专业人才法学知识培养的要求，武汉大学出版社组织了一批教学经验丰富、实践能力强的教师和实践专家对非法学专业法学教材进行系统规划，本书是首批建设的系列教材之一。国际经济法课程是高等院校经济管理专业的专业核心课，《国际经济法》在经济管理类教材体系中占有重要地位。

"市场经济是法制经济"，各大学专业学子是国际经济法的践行者，作为理论准备，国际经济法旨在帮助读者了解国内外社会经济环境，掌握主要国际经济法律法规，培育和提高读者运用国际经济法解决国际经济法律关系的能力。本书从实用的角度，把非法学专业人员，特别是经管专业人员通常应该熟悉的国际经济法律整合成为有机的教材体系，帮助培养全面素质人才。

全书分为五编十二章，第一编"国际经济法导论"，该部分下设一章：导论；第二编"国际贸易法律制度"，该部分下设七章：国际商事合同法、国际货物买卖法、国际货物运输法、国际货物运输保险法、国际技术贸易法、国际服务贸易法、国际社会产品责任法；第三编"国际投资法律制度"，该部分下设一章：国际投资法；第四编"国际金融、税收法律制度"，该部分下设两章：国际金融法、国际税法；第五编"国际经济争议解决法律制度"，该部分下设一章：国际经济争议解决。

本书以条理清晰、易于理解的写作风格，在编写体例和章节设置上有如下特点：

1. 内容新颖实用

本书结合非法学专业法律课程的要求，合理把握内容尺度，体现新颖实用特色。本书五编内容从基础理论到一般规定，有别于法学专业开设的国际经济法课程，有选择性地确定教学主要内容，只把经济贸易及管理专业人员最应知晓和掌握的法律、法学篇章列入，侧重于国际商事合同、国际货物买卖法、国际货物运输法、国际技术贸易法、国际社会产品责任法、国际投资法、国际金融法。

2. 理论与实务结合

本书吸收国际社会国际经济法的最新研究成果，反映国际经济法理论发展的新趋势和立法执法的新情况，较全面系统地阐释国际经济法的基本原理、基本概念和有关国际条约、国际惯例以及有关国内立法，体现学术前瞻性；同时结合国际经济法的实践经验，将国际社会经济关系处理及纠纷案例编排进教材，以案例剖析国际经济领域的法律问题。

3. 编排体例和结构科学

本书各章节体例安排均包括以下几部分：重难点提示、主要内容、案例、思考题。注重把握知识交叉与衔接关系，保证内部体例的逻辑性，条理清晰，体系完整；同时注重课程教学的基本规律，妥善处理与国际经济贸易、管理其他专业课程的内在逻辑联系，用以引导读者的国际经济法视野，帮助教材应用者提升国际经济贸易业务能力和国际经济纠纷应对能力。

本书编写分工（按各章先后为序）如下：夏露（第一、八章），刘丹（第二、三章），肖子拾（第四、五章），杨爱葵、叶云兰（第六章），李静（第七章），胡君旸（第九章），夏露、刘洋、刘晓坷（第十章），王章渊（第十一章），王歆萍（第十二章）。全书由夏露统稿。

本书的编写，得到了中南财经政法大学张德淼教授、湖北工业大学周频副教授从专业角度的帮助，在此一并表示感谢。

本书内容全面系统又简明扼要，符合时代精神和特色，同时突出实用性和实践性，相信对所有读者都大有裨益。欢迎读者从您的角度，最大限度地发挥本书的效用。在使用中如有任何问题、建议或意见，欢迎反馈，衷心希望各界专家和朋友批评指正。

夏 露

2013 年 6 月 13 日

目　　录

第五编　国际经济争议解决法律制度

第一编

国际经济法导论

第一章 导 论

【重难点提示】国际经济法的概念和渊源；国际经济法的基本原则；国际经济法的主体；大陆法系的形成、渊源和特点；英美法系的形成、渊源和特点。

第一节 国际经济法概述

国际经济法（International Economic Law）是随着各国贸易和经济往来日益增长，国家对贸易和经济干预日益加强而形成和发展的。早在中世纪末期，欧洲主要商业城市就有国际商业交易活动规则，第二次世界大战后，国际经济规则和制度大量出现，并出现了国际条约。大多数学者认为，作为独立的法律概念，国际经济法及其赖以依存的国际经济关系和国际经济交往是在第二次世界大战后，以"国际货币基金组织"、"国际复兴开发银行"、"关贸总协定"的出现为标志。

一、国际经济法的概念

"国际经济法"一词系由 Georg Schwarzenberger 于 1948 年发表在《国际法季刊》中的《国际经济法之范畴与标准》一文中所正式提出。

国际上，学界对国际经济法的概念存在不同观点，多徘徊于狭义说与广义说。狭义说认为国际经济法是国际法的一个分支，是国际法适用于经济事物；广义说则主张国际经济法是调整国际（跨国）经济关系的国际法、国内法的边缘性综合体。

早期狭义说的主要代表是英国的施瓦曾伯格，他在 1948 年撰文认为，国际经济法是国际法的一个分支，与国际机构法、国际航空法、国际劳动法等，可视为国际公法的特殊部门。[1] 赛德尔-霍亨维尔顿认为国际经济法与国际法有不可分的内在联系，如果将国际经济法从国际法中分离出去势必使后者变成残废，他认为"无论如何，和平时期国际法主体间的关系主要以经济交往为主"，主张将国际法的主体扩大到个人和法人。狭义的国际经济法在内涵与外延界定上秉承大陆法系关于国际法和国内法、公法和私法的部门划分传统，将国际经济法理解为调整国家间经济管制关系的国际法。

广义说的代表是美国的杰赛普、斯泰纳、杰克逊、洛文费尔德和日本的樱井雅夫等。在美国哥伦比亚大学的杰赛普看来，跨国法将提供"一个丰富的规则库，人们在处理案件

---

[1] 参见［英］施瓦曾伯格著：《国际经济法的原则与标准》，载《海牙国际法学课程汇编》（第 117 卷），1966 年版，第 20～22 页。

时可以从中吸取适用的法律，而不必担心是应该适用公法还是私法"①。"跨国法"是指所有规范超越国界的活动或事件的法律，它的调整对象，不限于国家政府之间、国际组织之间以及国家政府与国际组织之间的经济关系，而且包括大量的分属于不同国家的个人之间、法人之间、个人与法人之间以及他们与异国政府或国际组织之间的各种经济关系。广义上国际经济法的内涵和外延，突破了国际公法单一法律门类的局限，而扩及于或涉及国际私法、国际商法以及各国的民商法、经济法等，这派国际经济法学者着重从各种有关法规的综合角度，研究实际法律问题。

20世纪70年代末，中国开始重视对国际经济法的研究；80年代初，中国学术界就国际经济法的概念、范围以及是否构成独立法律部门的问题进行过一次大讨论，产生了重大分歧。例如，厦门大学陈安提出国际经济法是边缘法律学科的理论，认为"国际经济法是一种多门类、跨学科的边缘性综合体，内容涉及国际公法、国际私法、国际商法以及各国的经济法等，这种'边缘性'既表明国际经济法是一种新的独立的门类，也表明其与相邻门类有多方面的错综和交叉②"。武汉大学余劲松在国际经济法概念上与陈安的观点基本相同，认为"国际经济法是调整国际经济关系的。……国际经济关系是人们在物质资料生产过程中在国际领域中结成的相互关系，即马克思所说的生产的国际关系。具体来说，国际经济关系是指在国际投资，国际货物、服务和技术交易，国际融资和税收等国际经济活动中形成的关系③"。

与边缘性学科观点相反，以姚梅镇为代表的另一部分学者对国际经济法作广义的理解，认为国际经济法是包括国际法规范和国内法规范在内的新兴的独立的法学部门④；北京大学杨紫烜认为国际经济法在法的体系中是不同于其他部门法的法的部门，国际经济法学是研究国际经济法及其发展规律的学科，以国际经济法及其发展规律为特定研究对象，是一门独立的法学学科，而不是"综合性的学科"、"边缘性学科"或"综合性边缘学科"，认为无视国际经济法的部门法存在，否认国际经济法学是一门独立的法学学科，是不可取的⑤；中国政法大学王传丽也主张国际经济法是一个独立的法律部门，认为国际经济法是调整国际经济活动和国际经济关系的法律规范和法律制度的总和，即调整国际经济交往中关于商品、技术、资本、服务在流通、结算、信贷、税收等领域跨越国境流通中的法律规范和法律制度的总称⑥。

目前，国内主要国际经济法教材均对国际经济法作广义的理解，认为国际经济法既包括调整国家间经济管制关系的法律，也包括调整跨国私人商事交易关系的法律；既包括国际法，也包括国内法。

---

① 参见［美］杰赛普著：《跨国法》，耶鲁大学出版社1956年版，第15～16页。

② 参见陈安主编：《国际经济法》（第2版），法律出版社2007年版，第4页。

③ 参见余劲松主编：《国际投资法》（第3版），法律出版社2007年版，第3页。

④ 参见姚梅镇：《国际经济法是一个独立的法学部门》，载《中国国际法年刊》，中国对外翻译出版公司1983年版，第374页。

⑤ 参见杨紫烜：《论国际经济法基础理论的若干问题》，载《法商研究》2000年第3期（总第77期），第46页。

⑥ 参见王传丽主编：《国际经济法》（第3版），中国人民大学出版社2011年版，第7页。

本书认为，国际经济法是调整跨国经济关系的国际法规范和国内法规范的总称。跨国经济关系的"跨国"既包括国家与国际组织之间，也包括调整不同国家的个人与法人之间、个人和法人与他国或国际组织之间。

二、国际经济法的渊源

"法的渊源"一词可在多种意义上使用，实质渊源是指反映法的效力产生的根据，形式渊源是指法的规范的表现形式，历史渊源是指法的规范第一次出现的处所。这里的"法的渊源"是指形式渊源，即法的规范的表现形式，是指国际经济法包括哪些基本法律规范，即外延问题。

（一）国际经济条约

国际经济条约是国际经济法的主流渊源。国际经济条约是国家、国际组织间缔结的以国际法为准并确定相互间经济关系中权利和义务的国际书面协议。国际经济条约包括双边条约和多边条约、世界性条约和地区性条约、普通性条约和专门性条约、造法性条约和契约性条约。

作为国际经济法渊源的国际经济条约主要是多边国际条约，特别是创设新的国际经济规则或确认或改变原有的国际经济规则的造法性条约。世界性的普遍性的多边国际条约主要包括：《关税及贸易总协定》（1947）、《国际货币基金协定》（1944）、《国际复兴开发银行协定》（1944）、《世界贸易组织协定》（1994）等。另有许多专门性多边条约，如国际货物买卖方面的《国际货物买卖统一法公约》（1964）、《联合国国际货物买卖合同公约》（1980）等；国际货物运输方面的《统一提单的若干法律规则的国际公约》（1924）、《联合国海上货物运输公约》（1978）、《联合国国际货物多式联运公约》（1980）等；票据方面的《统一汇票本票法公约》（1930）、《统一支票法公约》（1931）等；工业产权方面的《保护工业产权巴黎公约》（1883）、《商标国际注册马德里协定》（1891）等；国际投资方面的《解决国家和他国国民间投资争端公约》（1965）、《多边投资担保机构公约》（1985）等；仲裁方面的《承认和执行外国仲裁裁决公约》（1958）等。

除国际多边经济条约外，在调整国际经济关系方面，还有大量的区域贸易协定、双边经济协定。20 世纪 90 年代以来区域贸易协定增长迅速，成为国际经济法中的先导规范，截至 2007 年 7 月，正式通知 WTO 的区域贸易协定 380 个。双边国际经济条约作为调整国际经济关系的补充，以友好通商航海条约、贸易协定、相互投资保护协定等名称出现。

（二）国际商业惯例

国际商业惯例是各国、各行业、各地区商人们在长期国际经济交往过程中形成的习惯做法。一般认为，构成国际惯例须具备物质和心理两个因素，即有重复的类似行为，且人们认为有法律约束力。国际商业惯例为国际经济法的发展提供了基础和背景，如"公海航行自由"、"国家财产豁免"、"条约法上的约定必须信守"等惯例，对国际经济关系的正常维系非常重要。

国际商业惯例一般属任意性惯例，即当事人在同意适用时才具有约束力。目前，国际商业惯例已为不少国际条约或国内法肯定与承认，如《联合国国际货物买卖合同公约》第9

条规定："(1)双方当事人业已同意的任何惯例和他们之间确立的任何习惯做法，对双方当事人均有约束力；(2)除非另有协议，双方当事人应视为已默认地同意对他们的合同或合同订立适用双方当事人已知道或理应知道的惯例，而这种惯例，在国际贸易上，已为有关特定贸易所涉同类合同的当事人所广泛知道并为他们所经常遵守。"我国《民法通则》第142条第3款规定："中华人民共和国法律和中华人民共和国缔结或参加的国际条约没有规定的，可以适用国际惯例。"

国际商业惯例是国际交往中逐渐形成的原则和规则，一般是不成文的，为便于掌握和使用，促进国际经济交往，有些民间国际组织（如国际商会）或学术团体，对惯例加以整理、编纂，使之成文。目前，已整理的惯例有：《华沙—牛津规则》、《国际贸易术语解释通则》、《托收统一规则》、《跟单信用证统一惯例》、《土木工程（国际）合同条件》等。

(三)国际组织决议

随着国际实践的发展，联合国、WTO组织、国际货币基金组织、世界银行等国际组织的决议已引起国际社会关注。按《联合国宪章》的规定，联合国大会的职能是讨论和建议问题或事项，决议是建议性质，不具有法律拘束力，许多学者认为，决议本身虽然无拘束力，但是可以产生一定的法律效力或法律后果，在国际经济法形成和发展中占有一定的地位，特别是在争取建立国际经济新秩序方面，联合国大会自20世纪60年代以来，通过了一系列重要决议，如《关于自然资源永久主权宣言》、《建立国际经济新秩序宣言》等，这些决议无疑具有法律效力。国际贸易方面，WTO的无条件最惠国待遇已经成为指导国家间经济贸易活动的基本准则之一；1971年，"77国"集团通过的《利马宣言和行动纲领的原则》，提出发展中国家有充分权利参加改革世界贸易和货币制度的磋商和决策原则，是发展中国家和发达国家之间贸易、投资关系的基本准则。

(四)国内涉外经济法

国内涉外经济法主要包括各国的关税法、对外贸易法、外汇管理法、外资管理法和涉外税法等，它们直接调整国际经济关系。

各国调整涉外经济关系的国内立法分为统一制和分流制。在统一制下，制定的国内经济法既适用于国内经济关系，又适用于涉外经济关系，采取统一制的主要是经济发达国家，如美国、英国、德国、日本等，其民商法和经济法，如反托拉斯法、公平交易法、外贸法、关税法等，均统一适用涉外和内国经济关系；在分流制下，内国经济法和涉外经济法并行，分别调整国内和涉外经济关系，内外有别，采取分流制立法的主要是发展中国家和社会主义国家，出于维护本国经济利益或基于体制的不同。例如，在中国，《民法通则》、《民事诉讼法》、《专利法》、《商标法》等均是统一适用的，同时，又制定涉外经济法，如《中外合资经营企业法》、《中外合作经营企业法》、《外资企业法》、《对外合作开采海洋石油资源条例》等，专门调整涉外经济关系。

通常，国内涉外经济法先于国际经济条约存在，国际经济条约需要借助涉外经济法在国内得到实施，国际经济条约的产生旨在协调各国涉外经济法律和政策的矛盾，使国内涉外经济法趋于统一。但是，国内涉外经济立法及其实施如果违反国际经济条约，则可能被其他缔约方诉至国际争端解决机构。

(五)其他辅助性渊源

1. 国际裁决

WTO 争端解决机制专家组对涉案条款的解释、上诉机构的裁决报告，以及投资争端解决国际中心仲裁裁决书，在实践中起到了英美法"先例"的作用。按照一般国际法原则，WTO 专家组和上诉机构的裁决对日后的案件并无约束力，但是，WTO 专家组和上诉机构在进行 WTO 条款的解释和推理时，无一例外地援引过去专家组和上诉机构报告中的解释和推理，而且往往将过去所有的相关专家组和上诉机构报告全部予以列举，甚至还上溯到 GATT 时期专家组的报告。事实上的"依循先例"，使专家组和上诉机构的报告成为实践中的 WTO 法和司法层面的 WTO 法，其作用不亚于 WTO 协定所蕴涵的制定法规范。[1]

2. 学说

《国际法院规约》第38条规定，各国权威最高之公法学家学说，可以"作为确定法律原则之辅助资料"。权威法学家的学说对法律的解释、适用有很大影响，对确定法律原则很有帮助，但学说毕竟不具有法律约束力，是辅助性法律渊源。

三、国际经济法的基本原则

国际经济法的基本原则，是指获得国际社会广大成员的公认，对国际经济法各个领域均具有普遍意义，并构成国际经济法基础的法律原则。

(一)国家经济主权原则

国家经济主权原则的基本含义是：一国管理本国经济不受外国或其他机构干涉。

按照《各国经济权利和义务宪章》规定，国家在经济上享有独立自主的权利，"每个国家对其全部财富、自然资源和经济活动享有充分的永久主权，包括拥有权、使用权和处置权在内，并得自由行使此项主权"。这表现为：不受条约的约束，一国有权征收其境内的财产；允许或限制与其他国家的贸易；在贸易关系中采取歧视措施；管理本国的货币。[2]

由于经济全球化背景下各国经济相互依赖程度不断提高，各国事实上更倾向于以自我限制或自愿让渡经济主权的方式进行国际经济管理。各国以放松管制的方式进行涉外经济管理，是自我限制经济主权；各国缔结国际经济条约，则是让渡或转移某些经济主权。无论是限制还是让渡经济主权都是各国自主行使经济主权原则的方式，由于这种限制和让渡具有普遍性，为大多数国家所采用，国际经济管理在更为自由的同时，使国际经济得到了更多的发展机会。

(二)公平互利原则

公平互利原则的基本含义是：所有国家在法律上一律平等，作为国际社会的平等成员，有权充分和有效地参与解决世界经济、金融和货币问题，并作出国际决定的过程，公平分享由此产生的利益。[3]

---

① 参见左海聪：《WTO 专家组和上诉机构可适用的法律》，载《法学评论》2005 年第 5 期。

② S. Zomora, *Is There Customary International Economic Law*? German Yearbook of International Law, 1989, p. 34.

③ 参见联合国《各国经济权利和义务宪章》第 10 条。

按《各国经济权利和义务宪章》规定，法律上一律平等，不仅是一般国际经济关系互惠互利，更重要的是，在经济实力悬殊的发达国家和发展中国家的经济关系中，消除不等价的交换关系以及歧视待遇，谋求实质上的平等。其实质平等包括互惠互利和非歧视待遇（非对等的优惠待遇）。

互惠互利是各国平等进行经济交往和合作的基础，"互惠"强调市场准入方面的机会对等和相互给予对方国民对等的保护和待遇，"互利"是"互惠"的结果，是检验"互惠"是否合理的一个标准。在WTO体制中，各成员通过多边贸易谈判达成相互间的互惠关税减让和具体承诺，然后通过信守承诺和规则来维持平衡，在承诺和规则被违反时则通过争端解决机制来恢复平衡就体现了互惠互利。

非歧视待遇包括最惠国待遇和国民待遇。最惠国待遇要求一国在对待不同国家的产品、投资和服务上一视同仁；国民待遇要求一国对国内和外国产品、投资和服务同等对待。在WTO体制中，发展中国家成员无须对发达成员作出对等的减让，就可以享受其他成员的关税减让成果，即体现了非歧视待遇。

(三)国际合作以谋发展的原则

国际合作以谋发展的基本含义是：国际合作和发展密切联系，只有承认发展中国家的发展权，才能实现真正的国际合作，只有通过国际合作，才能保证所有国家特别是发展中国家的发展。

从法律角度来看，WTO协定要求成员信守关税减让和具体承诺，不得或受限制实施阻碍自由贸易的措施，促进各成员的市场开放，促进贸易自由化；一些区域贸易协定对缔约方施加了比WTO协定更高的贸易和经济自由化义务；《国际货币基金协定》规定对经常项目下外汇收支取消限制并设立基金和机构来实现这一宗旨；世界银行为发展中国家提供发展资金并创立投资保险机构和投资争议解决机制；各国缔结双边投资协定以加强对外资保护，所有这些实质上都是强调国际合作以谋求发展。

【案例1-1】

中国为适应改革开放和发展经济的需要，从1980年起，先后在广东省的深圳、珠海、汕头，福建省的厦门，海南省建立了5个经济特区；1984年进一步开放了大连、秦皇岛、天津、烟台、青岛、连云港、南通、上海、宁波、温州、福州、广州、湛江、北海14个沿海城市；1985年后，又陆续将长江三角洲、珠江三角洲、闽南三角地区、山东半岛、辽东半岛、河北、广西辟为经济开放区，从而形成了沿海经济开放带。1990年，决定开发开放上海浦东新区，并进一步开放一批长江沿岸城市，形成了以浦东为龙头的长江开放带。1992年以来，又决定对外开放一批边疆城市和进一步开放内陆所有的省会、自治区首府城市，还在一些大中城市建立了15个保税区、32个国家级经济技术开发区和53个高新技术产业开发区。①

解析：上述事例是对中国对外开放格局形成过程的历史回顾，中国的发展离不开世界。20世纪70年代末中国作出对外开放的重大决策，并作为一项基本国策坚持下来。到

---

① 案例引自中国文化网：http://www.chinaculture.org/gb/cn_zggk/2004-06/28/content_54584.htm。

20 世纪 90 年代，中国基本形成全方位、多层次、宽领域的对外开放格局。本案例适用范围侧重对外开放新格局，强调以"引进来"为主，通过国际合作以谋发展。

国际经济的理论和实践表明，一国放松对外资的管制，开放市场；实行贸易、投资和金融自由化，扩展国际贸易和投资，加强国际金融合作；保障国际贸易和投资的平稳运行，促进资源在世界范围内的有效配置，会增强一国经济活力与竞争力。

第二节　国际经济法的主体

国际经济法的主体，亦称国际经济法律关系的主体，是指在国际经济关系中能行使权利和承担义务的法律人格者。

一、国际经济法的一般主体

西方国家立法把国际经济法主体作为制度的基础，并对此作了相当宽松的规定，认为一般主体包括自然人、法人、国家和国际组织。

（一）自然人

1. 具有一般的法律能力

一般的法律能力是指民事权利能力和民事行为能力，通常依属人法确定。自然人的民事权利能力是指其享有权利和承担义务的资格，始于出生，终于死亡；民事行为能力是指其通过自己的行为实际取得权利、承担义务的资格，各国立法按识别能力将其划分为有行为能力和无行为能力，有的国家还规定有限制行为能力。

2. 具有从事国际经济交往的法律能力和资格

自然人作为一般的民事关系主体，有权从事国际经济活动，但是，受物力、财力所限，个人在国际经济活动中发挥的作用有限。有些国家法律规定，本国自然人不能从事某些国际经济活动。

2004 年修订的《中华人民共和国对外贸易法》第 8 条扩大了"外贸经营权"的范围："本法所称对外贸易经营者，是指依法办理工商登记或者其他执业手续，依照本法和其他有关法律、行政法规的规定从事对外贸易经营活动的法人、其他组织或者个人。"依据修订后的《对外贸易法》，个人可以从事对外贸易。

（二）法人

1. 法人的国际经济法主体资格

法人（Legal Person），是指具有民事权利能力和民事行为能力，依法独立享有民事权利和承担民事义务的组织，即法人是具有民事权利主体资格的社会组织。

法人是世界各国规范经济秩序以及整个社会秩序的重要法律制度，自 1896 年《德国民法典》首次以法律形式规定了系统、完整的法人制度后，其他大陆法系国家民法典纷纷效仿《德国民法典》，英美法系国家也通过制定单行的法律和条例确认法人制度。法人的民事权利能力和民事行为能力依属人法确定，法人的属人法不仅决定法人是否存在、是否具有一般权利能力，而且还决定法人的内部关系、特殊的权利能力和行为能力。

2. 法人的国籍

法人的能力和地位由法人国籍决定，国籍强调隶属于某一特定国家的法律联系。各国通常根据本国法律和司法实践，考虑保护本国及本国公民的利益，在平等互利的基础上确定某一法人国籍，以利于国际经济的合作与交往。① 确定法人国籍的标准通常有以下四种：

（1）成立地说

成立地说，又称登记地说。该学说认为，法人的国籍依其设立地而定，凡在内国设立的法人即为内国法人，凡在外国设立的法人即为外国法人。其理由是，一个组织之所以能成为法人，具有民商事法律关系的主体资格，是因为一国依法对该组织的章程的批准或给予核准登记。赞同这一主张者认为，法人设立地较为确定，易于判断法人国籍；反对者认为，成立地说无法判断出法人实际为何国人所控制，且当事人为规避法律，会到设立限制较少的国家成立法人。

（2）设立行为说

该学说认为，法人是依一国法律的规定，并基于该国家的明示或默示许可而成立的，故法人的国籍依法人设立时所依据的法律确定，即法人的国籍依其成立所依据国家的法律。一国批准或给予登记的行为创设了法人，法人应具有该国国籍。

（3）控制说

控制说，又称成员控制说或资本控制说。该学说认为，法人是由其设立人建立起来的组织，法人的权利实际上属于设立人，法人不能脱离设立人而独立，只能与设立人同一国籍。也即法人国籍的确定，要看法人的资本控制在哪一国国民手中，然后根据资本控制者的国籍来确定法人的国籍。有学者认为，这种主张实行起来有难处：一是弄清法人的资本真正为何国人控制本身非易事；二是控制法人资本的股东经常变动，同一股东的国籍也可能变化；三是股东国籍相异时，应依人数多少或依出资额来确定国籍；四是股东不记名，法人国籍更难确定。

（4）复合标准说

该学说将成立地和设立所依据的法律结合起来确定法人国籍。我国目前对法人国籍的确定，采取复合标准说。《最高人民法院关于贯彻执行〈中华人民共和国民法通则〉若干问题的意见（试行）》第184条第1款规定："外国法人以其注册登记地国家的法律为其本国法，法人的民事行为能力依其本国法确定。"对于中国法人国籍的确定，则采取住所地和注册登记地说相结合的复合标准。《民法通则》第41条第2款规定："在中华人民共和国领域内设立的中外合资经营企业、中外合作经营企业和外资企业，具备法人条件的，依法经工商行政管理机关核准登记、取得中国法人资格。"即在中国境内设立、符合中国法律的规定、经中国工商行政管理机关核准登记的外商投资企业具有中国法人资格。

（三）国家

国家是一个特殊的民事主体，可以自己的名义从事各种国际、国内的经济活动，签订合同、条约和协议，并以国库的全部资产承担责任。除了直接从事各种经济活动外，国家

---

① 参见张庆元著：《国际私法中的国籍问题研究》，法律出版社2010年版，第132页。

具有主权者身份，享有其他主体所不具有的特殊职能，是国际经济法规范的创建者。

1. 国家的主体资格

国家具备独立参与国际关系的能力和直接承担国际法权利和义务的能力，国家作为民事主体参与国际经济活动，与另一方当事人地位平等，其参与国际经济关系主要有以下几种情况：

①签订条约或协定。国家有权同其他国家或国际组织签订国际经济条约或协定，调整国家、国际组织相互之间的经济关系。

②直接参与经济活动。以国家名义与外国私人或国有企业签订合同，实现政府采购、开采或 BOT(建设—运营—移交)。

③国家有权参加各国际组织中的活动，在国际法院诉讼，维护国家主权和利益。

④国家对其全部财富、自然资源和经济活动享有永久主权，并自由行使此项主权。

2. 国家主权豁免原则

国家主权豁免原则，是指国家的行为及其财产不受他国管辖，是从"平等者之间无管辖权"的罗马法概念中引申出来的一项国际法习惯。

(1)国家豁免原则

国家豁免原则，是指一国不受另一国管辖和司法执行的原则，其法律根据是主权原则，各主权国家都是平等的，其主要内容是管辖豁免和执行豁免。管辖豁免是指未经同意，国家不能作为被告在外国法院出庭、应诉，国家财产不能作为诉讼标的；执行豁免是指未经同意，国家财产不能成为外国法院强制执行的对象。

为了适应国际经济交往的需要，国家可以通过一定方式宣布自愿放弃豁免权，以平等的民事主体资格从事各种经济活动。在这种情况下，由国家授权的负责人代表国家进行民事和经济活动。①

(2)国家行为原则

国家行为原则，是指一国法院不能审查一个外国主权者在其自己的管辖范围内所作行为的合法性，而承认外国国家行为的效力的原则。

国家行为原则和国家豁免原则相辅相承，构成主权国家应有的权力和尊严，但两者的意义和效果不同。国家豁免原则是一国是否服从外国法院管辖；国家行为原则是在国家服从外国法院管辖问题上的一种积极的抗辩，否认外国法院对该国政府在其境内行为合法性的审查权。

【案例 1-2】

我国某进出口公司自 1975 年开始对美国出口烟花，其中包括带响的"空中旅行"。1977 年，美国儿童 ST 因燃放我国出口的"空中旅行"而受伤。据查，我国某进出口公司 1975—1977 年上半年，对美国出口 M 牌带响"空中旅行"13770 箱，其中 1976 年中断出口，1977 年又恢复出口，指控的 M 牌"空中旅行"可能是 1977 年出口的品种。原告根据美国产品责任法，向美国得克萨斯州地方法院控告中华人民共和国，认为产品存在缺陷，

---

① 参见张小升、田钰莹：《国际法上的特权与豁免制度比较》，载《人民论坛》2011 年第 8 期。

具有不合理的危险,使燃放者人身受到伤害,要求赔偿损失600万美元。本案争议的焦点是ST的诉讼对象是否正确?诉讼理由是否成立?①

解析:中华人民共和国是主权国家,不受任何外国法院的管辖,中国有权拒绝应诉。ST的诉讼理由成立,美国是世界上产品责任法律制度发展较早也较快的国家,美国大多数州都采用严格责任制度,因此,出口到美国的产品很容易受到产品责任诉讼。根据美国法律,提出产品责任诉讼的原因一般有四种:疏忽、违反担保、误示和侵权行为的严格责任。本案中,上诉人ST指控我国出口的M牌带响"空中旅行"有缺陷,对消费者存在不合理的危险,使其受伤害,原告采用严格责任原则起诉是成立的。为此,我国做了大量工作,1983年2月23日,经双方达成调解后,原告撤回起诉,达成由中国国际贸易促进委员会征募95000美元作为对原告补偿的协议,结束了拖延近4年的案件。

(四)国际经济组织

广义上,国际经济组织包括政府间组织和非政府间组织,两类组织都是超出国界的跨国组织,但是,两者在国际法上的地位不同。作为国际经济法主体的主要是狭义上的国际组织,即政府间国际经济组织,是国家间基于主权原则设立的机构。

1. 国际经济组织的主体资格

国际经济组织必须具有一定的法律人格,才能作为国际经济法的主体行使权利和承担义务,在其职能范围内开展活动,一个国际经济组织是否具有法律人格,取决于各成员国建立该组织的基本文件。具有法律人格的国际经济组织,在其基本文件规定的范围内不受任何国家权力管辖,其基本法律能力包括:缔约、取得和处置财产、进行法律诉讼。

作为国际经济关系主体,国际经济组织享有一定的特权和豁免,这种特权和豁免来自成员国的授权,其基本根据是职能必要说和代表说,即特权和豁免是为更好地履行其职能,在规定的范围内代表成员国的愿望和利益;其内容通常包括:财产和资产免受搜查、征用、没收或其他形式的扣押、档案不受侵犯等。

2. 主要的国际经济组织

依据宗旨、职能、成员构成而分类,国际经济组织可分为普遍性国际经济组织、区域性国际经济组织和专业性国际经济组织。其中,普遍性国际经济组织是成员资格对世界开放,调整国际经济重要性事务的组织,主要有国际货币基金组织、世界银行、世界贸易组织,它们被称为世界经济发展的三大支柱;区域性国际经济组织是由同一区域若干国家组成的国际经济组织,主要有欧洲联盟、北美自由贸易区、安第斯条约组织等;专业性国际经济组织主要是指初级产品出口组织和国际商品组织,前者如石油输出国组织、天然橡胶生产国联盟、香蕉输出国联盟等,后者如就商品购销和稳定物价等问题缔结的多边贸易协定并据此建立的国际组织。其中,普遍性国际经济组织涉及国际货币、金融、贸易等领域,成员众多,在调整国际经济关系中发挥着重要的作用。

(1)国际货币基金组织

国际货币基金组织(The International Monetary Fund,简称IMF),是政府间的国际金融

---

① 案例引自周文重著:《出使美国(2005—2010)》,世界知识出版社2011年版,第80页。

组织，根据1944年7月在美国新罕布什尔州布雷顿森林召开联合国和联盟国家的国际货币金融会议上通过的《国际货币基金协定》而建立，于1945年12月27日正式成立。中国是创始成员国之一，1980年恢复了中国合法席位，至今，国际货币基金组织已有182个成员。

国际货币基金组织的宗旨是作为一个常设机构在国际金融问题上进行协商与协作，促进国际货币合作；促进国际贸易的扩大和平衡发展；促进和保持成员国的就业、生产资源的发展和实际收入的高水平；促进国际汇兑的稳定，在成员国之间保持有秩序的汇价安排，防止竞争性的货币贬值；协助成员国在经常项目交易中建立多边支付制度，消除妨碍世界贸易的外汇管制；在有适当保证的条件下，基金组织向成员国临时提供普通资金，使其平衡国际收支，而不采取危害本国或国际繁荣的措施，缩短成员国国际收支不平衡的时间，减轻不平衡的程度。

国际货币基金组织的主要业务活动包括：向成员国提供货款、在货币问题上促进国际合作、研究国际货币制度改革、研究扩大基金组织的作用、提供技术援助、加强同其他国际机构的联系。

（2）世界银行集团

世界银行集团（World Bank Group，简称WBG）是若干全球性金融机构的总称。目前由国际复兴开发银行、国际金融公司、国际开发协会、多边投资担保机构和解决投资纠纷国际中心五个机构组成，它们分别侧重于不同的发展领域。

国际复兴开发银行又称世界银行，根据1944年7月布雷顿森林会议签订的《国际复兴开发银行协定》，于1945年12月成立，主要对成员国政府、政府机构或政府所担保的私人企业发放用于生产目的的长期贷款提供技术援助；国际金融公司根据世界银行1955年制定的《国际金融公司协定》建立，在需要政府担保的情况下专门针对私人企业发放贷款，并与私人投资者联合向成员国的生产企业投资；国际开发协会根据1960年制定的《国际开发协会协定》建立，专向较贫困的发展中国家的公共工程和发展项目提供条件较宽的长期贷款；多边投资担保机构成立于1988年，向外国私人投资者提供政治风险担保，包括征收风险、货币转移限制、违约、战争和内乱风险担保，并向成员国政府提供投资促进服务，加强成员国吸引外资的能力，推动外商直接投资流入发展中国家；解决投资争端国际中心根据1966年10月正式生效的《解决国家和他国国民间投资争端公约》成立，专为外国投资者与东道国政府之间的投资争端提供国际解决途径，即在东道国国内司法程序之外，另设国际调解和国际仲裁程序。

世界银行集团的主要职能是促进成员国经济长期发展，协调南北关系和稳定世界经济秩序。

（3）世界贸易组织

世界贸易组织（World Trade Organization，简称WTO）根据1994年4月15日在摩洛哥马拉喀什签订的《世界贸易组织协定》成立，于1995年1月1日正式运作，负责管理世界经济和贸易秩序。世界贸易组织是一个独立于联合国的永久性国际组织，在调解成员争端方面具有更高的权威性。2001年11月10日，中国被批准加入世界贸易组织，2001年12月11日，中国正式成为第143个成员。

世界贸易组织的职能主要是为《世界贸易组织协定》和若干单项贸易协定的执行、管理、运作提供方便和共同机构的框架，为各成员国的多边贸易关系谈判提供场所，对争端谅解规则程序进行管理等。

世界贸易组织在决策程序和表决方面，采取协商方式，协商不了的，采取投票方式，各成员均有一票投票权，以多数票通过；对于协议的解释、撤销协定施加给某成员的义务等特定事项，须经 3/4 多数票通过。

二、国际经济法的特殊主体——跨国公司

跨国公司源于 16—17 世纪的特权贸易公司，业务中心在殖民地，以贸易为主，很少进行资金转移等活动。18 世纪末后，跨国公司转向以生产性投资为主，并逐渐在经济全球化中扮演着重要的角色，带动资源国际化配置、生产资本和借贷资本的国际流动，以规模效益促进生产力的发展，推动全球经济紧密维系。

(一)跨国公司的概念

跨国公司(Transnational Corporation)，又称为多国公司，是指由分设在两个或两个以上国家的实体组成，通过一个决策中心经营，具有一贯的政策和共同的战略，且内部各个实体之间有相互联系的公司集团。

1983 年，联合国国际投资和跨国公司委员会(原联合国跨国公司委员会)拟订的《跨国公司行为守则》对"跨国公司"进行了界定："跨国公司是由分设在两个或两个以上国家的实体组成的企业，而不论这些实体法律形式和活动范围如何；这种企业的业务是通过一个或多个活动中心，根据一定的决策体制经营的，可以具有一贯的政策和共同的战略；企业的各个实体由于所有权或别的因素相联系，其中一个或一个以上的实体能对其他实体的活动施加重要影响，尤其可以与其他实体分享知识、资源以及分担责任。"跨国公司采取集中与分散相结合的全球战略，通过对外直接投资，从事国际化生产与经营，形成生产、销售、研究与开发的网状结构，对各国经济乃至世界经济发展具有举足轻重的影响。

(二)跨国公司母公司对子公司的债务承担

位于不同国家的跨国母公司和子公司，在法律上相互独立，在经济上却又相互联系，可能出现法律责任与经济联系相分离，产生特殊法律问题，主要表现为母公司对子公司的债务责任。目前，各国在实践和理论上存在以下三种观点：

1. 有限责任说

跨国公司的经营实体各自独立，作为内国法人，法律性质上与一般法人相同，无论跨国公司的母公司还是子公司，总公司还是分公司，都必须依照母国或者东道国的公司法设立，且分别受母国法律或东道国法律调整。根据各国公司法上的法人有限责任原则，在公司内部，股东的责任仅以其出资额为限，对外则以公司的全部资产承担责任。这样，就把法人的责任与股东的责任严格区分开来，也将不同法人的责任严格区分开，其结果可能使跨国公司的母公司以有限责任为借口逃避应负担的法律责任和经济责任。

2. 整体责任说

英国学者施米托夫认为，要使跨国公司母公司对其全资子公司或受其控制的子公司的债务负责，应当在立法中规定让母公司对其子公司的债务负责任，或者通过代理的概念

（即母公司把子公司作为其代理人）让母公司负责任，实际上是把母公司与子公司看做一个整体来追究责任。① 但是，从目前各国立法实践上来看，有限责任是公司法的一般原则，很少有国家专门制定公司集团法，对此，可以借鉴德国法的规定：①在母公司和子公司间接控制合同或利润转移合同等相联系的情况下，母公司有义务弥补子公司的年度亏损；②在事实公司集团（母子公司不是通过合同相联系，但子公司事实上由母公司管理）情况下，允许母公司干涉子公司事务，但必须对个别的或确定的损害予以补偿；③一体化（接近于合并，但两个公司并不成为一体，相当于母公司对子公司全部持股）的情况下，母公司须对子公司的全部债务负直接责任。然而，仅依其内部控制关系而完全否定有限责任原则通常不会被国际社会广泛接受。

3. **特殊情况下的直接责任说**

基于跨国公司母子公司的关联性，母公司对子公司具有控制权，当出现由于母公司的责任造成子公司丧失对外偿付能力或履行能力时，为保护债权人的利益，法律允许"揭开公司面纱"。"揭开公司面纱"又称公司人格否认、公司法人资格否认、股东有限责任待遇之例外，即按公司法人人格否定理论，由母公司为子公司的债务承担直接责任。在子公司独立人格滥用、母公司投资不足、母公司违反正当法律程序、母子公司之间交易条件不公平、母子公司之间财产混同或不正当流动等情况下，适用公司人格否认制度。

【案例 1-3】

印度博帕尔毒气事件案②

1984 年 12 月，印度中央首府博帕尔市的联合碳化物（印度）有限公司（美国联合碳化物公司印度子公司）所属工厂贮藏的甲基异氰酸盐的金属罐泄漏。据印度报业托拉斯报道，4000 人因这起事故立即死亡，在接下来数周乃至数年又有 1.5 万人丧生。然而，当地人坚持，实际死亡人数是政府公布人数的两倍。印度政府估计，博帕尔地区有近 100 万居民受到不同程度的影响。事件发生后，受害人的代理人代表和印度政府向纽约联邦法院就美国母公司赔偿案提起了诉讼，法院经过 1 年审理后以"非适宜法院"为由驳回。当事人于 1986 年 9 月向印度法院提起诉讼，认为美国公司有不可推脱的责任，工厂是由美国公司设计，贮藏设备差，又没有安装像美国同类工厂的预警计算机系统，而且，公司没有向附近居民发出过警告，而且，有些西方国家已停止生产这种有毒气体，但美国母公司不顾当地政府负责人的警告而决定在博帕尔工厂大量贮藏甲基异氰酸盐，因此美国的母公司应当对惨案的发生负有直接责任。

解析： 印度博帕尔惨案提出了母公司对子公司的债务责任问题。在博帕尔惨案中，美国联合碳化物公司试图以有限责任为借口逃避应负的责任。鉴于母公司的过错给子公司所在国造成严重的损害，应通过代理的概念，即母公司把子公司作为其代理人让母公司负责任，将母公司与子公司看做一个整体来追究责任。

---

① ［英］施米托夫著：《国际贸易法文选》，中国大百科全书出版社 1995 年版，第 157 页。
② 案例引自行之：《博帕尔泄毒事件的教训》，载《城市规划》1985 年第 3 期。

（三）对跨国公司的国际管制

跨国公司在对国际经济发展产生重大意义的同时，也存在种种弊端，如跨国公司大量收购行为和兼并行为，会影响和阻碍东道国经济发展；跨国公司对技术垄断与保密，一定程度上会阻碍技术交流；跨国公司带动大量资本流动引起东道国金融市场不稳定，乃至全球金融市场波动；跨国公司控制东道国很大一部分进出口贸易，会影响东道国外贸政策，加大东道国、投资母国管理的难度；跨国公司转移价格逃避税收和外汇管制，会造成东道国经济损失和市场混乱；跨国公司会加剧世界范围内的利润导向和资源分配在国家和地区间的不均等。针对跨国公司活动的种种不利，国际组织出台相关文件对跨国公司进行管制。

联合国《建立国际经济新秩序宣言》、《建立国际经济新秩序的行动纲领》、《各国经济权利和义务宪章》都对跨国公司作出原则性规定，"根据跨国公司所在国的充分主权，采取有利于这些国家的国民经济的措施来限制和监督跨国公司活动，管理和监督其国家管辖范围内的跨国公司的活动，并采取措施保证这些活动遵守其法律、规章和条例及符合其经济和社会政策"。

1974 年，联合国跨国公司委员会成立，它是联合国经社理事会的辅助机构。1994 年7 月，经社理事会同意该委员会转为联合国贸易和发展理事会的辅助机构，并改名为联合国国际投资和跨国公司委员会。1982 年 5 月，联合国跨国公司委员会完成《联合国跨国公司行动守则（草案）》（以下简称《守则（草案）》）的草拟工作，1990 年跨国公司委员会召集特别会议，会上又一次修订了《守则（草案）》。《守则（草案）》分为 6 章 71 条，其结构包括：序言；定义和适用范围；跨国公司的活动；跨国公司的待遇；政府间合作；守则的实施。

关于《守则（草案）》的法律性质，发展中国家主张《守则（草案）》是具有法律约束力和强制性的文件；而发达国家认为，《守则（草案）》应是自愿或非强制性的，如果是一个有法律约束力和强制性的文件，就要采取多边条约或公约的形式，有待于各国的加入和批准。联合国经社理事会强调《守则（草案）》是"有效的、综合的、普遍接受和普遍采用的"文件。发达国家与发展中国家在跨国公司的待遇、国有化和补偿、国际法的适用等问题上分歧较大，《守则（草案）》对跨国公司的大部分内容取得了一致意见：第一，为东道国管制跨国公司的活动提供基本准则，为其立法提供指导，弥补和解决发展中国家经验缺乏和法制不健全的问题，加强东道国与跨国公司的谈判能力，也为东道国管制的合法性提供了依据，"各东道国将能公开宣告，他们符合《守则（草案）》规定的对跨国公司的措施不容置疑是正确的"；第二，从国际社会的监督和协调角度，对双重征税、限制性商业惯例、违法支付和贿赂行为等作了详细规定，对各国国内法产生示范作用，协调各国的法律和管辖的冲突；第三，体现发展中国家的发言权，与传统的国际法不同，《守则（草案）》全面反映了国际社会各成员的意志，是一种新的国际法律规范，确立了新的国际法原则，也是新的国际经济秩序的组成部分。

第三节　西方国家两大法系的形成和特点

法系是根据若干国家和地区基于历史传统原因在法律实践和法律意识等方面所具有的共性而进行的一种法律分类，是具有共性或共同传统的法律的总称。世界主要法系有三个：大陆法系、英美法系、社会主义法系（以前苏联和东欧国家的法律为代表）。其他的法系有伊斯兰法系、印度法系、中华法系、犹太法系、非洲法系等，其中，影响最大、渊源久远的是大陆法系和英美法系①。

一、大陆法系的形成、渊源和特点

（一）大陆法系的形成

大陆法系是以罗马法为基础发展起来的法律的总称，这一法系的历史渊源是罗马法，在欧洲大陆兴起，这些国家主要由拉丁族和日耳曼族人构成。法系的主要内容是民法，法系的代表文献是《查士丁尼民法大全》和《法国民法典》，故大陆法系又称罗马法系、罗马—德意志法系、法典法系等。属于大陆法系的国家和地区主要以法国、德国为代表，还包括意大利、西班牙等欧洲大陆国家，也包括曾是法国、西班牙、荷兰、葡萄牙殖民地的国家和地区，如阿尔及利亚、埃塞俄比亚，以及中美洲的一些国家。

大陆法系渊源于古代罗马法，经过11—16世纪罗马法在欧洲大陆的复兴、18世纪的资产阶级革命和19世纪的发展成为一个世界性的法系。19世纪初，以罗马法为基础制定的1804年《法国民法典》和1896年《德国民法典》对大陆法系的形成起到了重要作用。这两部法典经过多次修改，至今仍在法国、德国生效。尽管这两部法典都是资本主义国家民法典，但相隔几乎一个世纪，在主导思想方面，前者强调个人权利为主导，反映自由资本主义时期社会经济的特点；后者偏重国家干预和社会利益，是垄断资本主义时期法的典型。两者在结构、立法风格上也显著不同。因此，大陆法系又分为两大支系，即以《法国民法典》为代表的拉丁分支和以《德国民法典》为代表的日耳曼分支。

（二）大陆法系的特点

与英美法系比较，大陆法系具有如下特点：

1. 全面继承罗马法

大陆法系在罗马法的直接影响下发展起来，《法国民法典》以《法学阶梯》为蓝本，《德国民法典》以《学说汇纂》为模式，它们都吸收了罗马私法的原则，采纳了罗马法的体系、概念和术语，例如，赋予集合体以特定的权利能力和行为能力、所有权的绝对性、侵权行为与契约制度、遗嘱继承与法定继承相结合制度等。它们还接受了罗马法学家的整套技术方法，如公法与私法的划分、人法物法诉讼法的私法体系、物权与债权的分类、所有与占有、使用收益权、地役权，以及思维、推理的方式等。

---

① 参见中国大百科全书总编辑委员会：《中国大百科全书（法学卷）》，中国大百科全书出版社2006年版，第245页。

2. 主张编纂法典

在法律形式上，大陆法系国家强调成文法的作用，强调立法结构的法典化，一般不承认判例法。法典是把有关同一类内容的各种法规和原则收集起来，加以系统化，汇编成的单一的法律文件，大陆法系各国的法典具有系统化、条理化、逻辑化的共性特点。在法典编纂体例上，大陆法系各国不完全相同，有的采取民商分立，如法国、德国；有的采取民商合一，如瑞士、意大利、荷兰等。

3. 普通法院与专门法院并存

大陆法系一般采取普通法院与行政法院并行的双轨制，各国普通法院处理民事、刑事诉讼，一般分为一审法院、上诉法院和最高法院三级。行政法院是大陆法系特有的，专门审理行政诉讼案件，包括地方行政法院、高等行政法院、最高行政法院。世界上最早的行政法院可追溯到法国 1799 年的国家参事院，目前，大多大陆法系国家和地区，如法国、德国、奥地利、瑞士、意大利、波兰、芬兰、日本、印尼、巴拿马、哥伦比亚、希腊、葡萄牙、泰国、立陶宛，以及中国澳门等都设有行政法院。

（三）大陆法系的渊源

大陆法系与英美法系的重要区别在于大陆法系在探索法时，以法律为出发点，而英美法系则首先考虑已有的判例。大陆法系国家强调成文法的作用，但是，法律并非唯一的法律渊源，正式的法律渊源包括：

1. 制定法

制定法，又称成文法，包括宪法、法律、条例等。其中，宪法处于最高地位，具有权威性，最高人民法院具有违宪审判权。大陆法系国家的法律通常以法典形式出现，各国一般都建立有除宪法外的五部法典（民法、商法、刑法、民事诉讼法、刑事诉讼法），辅之以若干单行法规，构成完整的成文法体系。

2. 习惯

习惯，又称国内惯例，大陆法系国家一般都承认习惯是法的渊源之一。法国认为，习惯只有在法律明文要求法官必须适用的情况下才起作用；德国认为，法律与习惯相提并论。

此外，在大陆法系国家，判例和学理常常以非正式意义的渊源出现。

大陆法系国家原则上不承认判例与法律具有同等的效力，判例只对被判处的案件有效，对日后法院判决同类案件并无约束力。部分国家，如德国认为判例在《联邦公报》上发表的或者"经常的判例"视为习惯具有法律约束力。

大陆法系国家一般不认为学理是法的渊源，但是，在大陆法系的发展过程中，学理起着重要的作用，表现为：学理为立法者提供法学理论、法律词汇和法律概念，通过立法者的活动，制定为法律；对法律进行解释，并对判例进行分析和评论；通过法学家的著作，培训法律人员，影响法律实施的过程。

二、英美法系的形成、特点和渊源

（一）英美法系的形成

英美法系是以英国普通法为基础而发展起来的法律的总称。英美法系的范围，除英国

（不包括苏格兰）、美国外，主要是英国曾经的殖民地、附属国，如印度、巴基斯坦、新加坡、缅甸、加拿大、澳大利亚、新西兰、马来西亚等。其历史发展为：在罗马法以外独立发展，渊源于11世纪诺曼底人入侵英国后开始逐步形成的普通法，中间经过16世纪衡平法的兴起，17世纪英国的资产阶级革命，到18—19世纪，英国法逐渐由封建制法转为资本主义法。随着英国的殖民扩张，英国的影响扩展到英国以外的广大地区。英美法系分为英国法系、美国法系两大支系，英国是单一制国家，实行不成文宪法；美国有州法和联邦法之分，实行成文宪法制，联邦最高法院具有违宪审查权。

（二）英美法系的特点

1. 判例法是法的主要渊源

判例法，又称为法官法或普通法，是相对于大陆法系国家的成文法或制定法而言的，基于法院的判决而形成的具有法律效力的判定，这种判定对以后的判决具有法律规范效力，能够作为法院判案的法律依据。

判例法的来源不是专门的立法机构，而是法官对案件的审理结果，不是由立法者创造，而是由司法者创造。判例法的基本原则是"遵循先例"，即法院审理案件时，将先前法院的判例作为审理和裁决的法律依据；对于本院和上级法院已经生效的判决，如果遇到与其相同或相似的案件，在没有新情况和提不出更充分的理由时，不得作出与过去的判决相反或不一致的判决，直到将来最高法院在另外一个同类案件中作出不同的判决为止。

2. 法的主要分类是普通法和衡平法

普通法和衡平法都以判例为表现形式。

普通法是英美法系国家法的主要形式，公元1066年诺曼底的威廉公爵征服了英国，建立了中央集权的王朝，逐渐形成了适用于英格兰全境的判例法。判例法产生于法官的判决，是法官从判决中所揭示的原则，是法官创造的法。它是适用于英格兰全境的判例法，因此，被通称为普通法。

衡平法出现于14世纪，是随着商品货币关系进一步发展，社会关系更为复杂，出现了许多过去没有的法律关系，为了补充和纠正普通法的不足而产生，由当时的国王指示枢密大臣审理这类案件，枢密大臣可以不受普通法约束，而按照"公平和正义"的原则作出判决，这些判决形成衡平法。相对于普通法，衡平法重实质而轻形式，诉讼程序简便灵活，审判时既不需要令状也不采用陪审制。当衡平法与普通法的规则发生冲突时，衡平法优先适用。

3. 美国法系分支有联邦法和州法之分

美国联邦法效力高于州法，联邦法与州法相抵触时，适用联邦法。20世纪后，联邦立法活动进一步加强，作用大大提高，但是，美国各州保留有相当大一部分立法权，在日常生活中，州法仍起着重要的作用。

4. 具有独特的法院组织

（1）英国

在英国历史上，衡平法院和普通法院长期并存，直到1875年法院组织改制，才取消普通法院和衡平法院的划分，建立了统一的法院体系。目前，英国法院分为高等法院和低级法院两种。高等法院又可分为高级法院、王冠法院和上诉法院，当事人不服上诉法院判决的，可以向上议院上诉委员会上诉；低级法院分为郡法院和治安法院。此外，英国认为检察官会破坏司法独立和刑事案件当事人的平等地位，因此英国不设检察官制度。

英国是判例法国家，但并不是任何法院的判例都能形成先例，都具有约束力，只有高等法院的判例才能形成先例，才具有约束力。

（2）美国

美国法院有联邦法院和州法院两套系统。美国联邦法院不同于德国、加拿大、澳大利亚等国的联邦法院，后者的联邦法院是设在各级法院之上的，一般只受理上诉案件，不受理第一审案件。而美国联邦法院受理第一审案件。美国联邦法院包括地区法院、上诉法院、最高法院，其中，最高法院具有违宪审查权；各州法院设有两个审级，即一审法院和上诉审法院。

联邦法院仅在美国宪法或国会法律授予审判权的范围内才具有管辖权，确定管辖权的依据主要包括：①诉讼的性质。凡涉及联邦宪法、法律的案件，联邦法院具有管辖权。②当事人的状况。凡属涉及两个州的当事人之间诉讼案件，并且其诉讼标的金额在1万美元以上者，联邦法院有管辖权。联邦法院不具有管辖权的案件，州法院有管辖权，而且即便是联邦法院管辖权范围内的案件，当事人也可向州法院起诉。

（三）英美法系的渊源

1. 判例法

判例法是英美法系国家主要的渊源，实质是19世纪上半叶确立的"先例约束力原则"，在英国，只有上诉法院、高级法院和上议院的判例才能构成判例，对下级或对自己具有约束力，其他法院和准司法机构的判决只具有说服力，不具有约束力。美国法同样主要源于判例法，尤其在私法方面，主要由判例法组成。美国判例数量极大，于1923年成立的美国法学会，将判例汇编成《法律重述》。

2. 成文法

成文法也是英美法系国家重要的法律渊源，英国成文法主要是由国会制定的法律和由行政机关制定的先例，但是，即便国会制定的法律，也必须经过法院判例加以解释，即成文法通过判例才能起作用，这是英国成文法的一大特点。美国联邦宪法占有重要地位，其他一切法律不得与宪法相悖，联邦最高法院具有违宪审查权。

3. 习惯

5世纪下半叶至11世纪中叶的盎格鲁—撒克逊时代，习惯是当时法的主要渊源。现代英国普通法中，习惯的作用极小，根据现在仍然有效的1265年法律，1189年时已经存在的地方习惯才具有约束力。

三、两大法系的发展趋势

20世纪初以后，两大法系发生了明显变化，主要表现在以下方面：

1. 大陆法系中判例的作用日益增强

大陆法系国家传统上不承认判例与成文法具有同等的法律效力，但进入20世纪发生了一些变化，例如，法国赋予法官对法律作"扩大解释"的权力，德国明确规定联邦宪法法院判决对下级法院具有强制约束力。虽然大陆法系国家判例的地位和作用迄今仍不能与英美法系国家相提并论，但打破了原来成文法一统天下的局面。

2. 英美法系成文法的数量迅速增多

美国在 19 世纪中期着手立法的整理编纂，20 世纪 50 年代美国的成文法——《统一商法典》在全球产生了较大的影响力；英国在 19 世纪末开始大规模制定成文法，最有影响力的是 1893 年的《货物买卖法》、1906 年的《海上保险法》，至今有效。

3. 两大法系取长补短，逐渐融合

伴随着全球经济一体化和 WTO 规则的指导，两大法系的融合度越来越高。但是，无论如何，两大法系的历史传统、思维定式等造成的差异不可能完全弥合。

【思考题】

1. 什么是国际经济法？国际经济法的渊源有哪些？

2. 什么是法人？如何确定法人的国籍？

3. 简述跨国公司母公司对子公司的债务承担。

4. 大陆法系和英美法系分别有哪些特点？

5. 南非帕哈姆公司成立于 2006 年 7 月，从事生物科技行业，注册为南非合伙企业，在南非具有较好的市场信誉。2013 年 5 月，帕哈姆公司拟向中国首期投资 2000 万美元，设立"帕哈姆（中国）生物科技有限公司"，在中国生产销售生物科技产品。

请问：

(1) 帕哈姆投资行为是否由国际经济法调整？可能受哪些法律管制？

(2) 帕哈姆公司在向中国投资过程中可能产生哪些法律关系？

6. A 公司是中国知名大型国有企业，其子公司 A(a) 与法国 B 公司在印度尼西亚注册的子公司 B(b) 订立子中外合营企业合同，拟注册资本 6000 万美元设立饭店，双方各出资一半，但绝大部分资金以拟设立饭店名义办理欧洲货币贷款，并由 B 公司提供担保。

请问：

(1) 中外合营企业的法律性质是什么？

(2) A(a) 与 B(b) 对合营饭店的债务承担什么责任？

第二编

国际贸易法律制度

第二章　国际商事合同法

【重难点提示】合同的概念与特征；国际商事合同的形式；对价和约因；国际商事合同的抗辩；违约的形式与法律救济。

第一节　国际商事合同法概述

一、合同的概念及特征

(一)合同的概念

合同亦称契约，在英语中称为 Contract，在法文中称为 Cotrat 或 Pacte，在德文中称为 Uertrag 或 Kontrakt，它们均来自于古罗马法的合同概念 Contractus①。合同是商品交换的法律形式，对于其定义，世界各国并不完全相同。

古罗马法中，合同是指"得到法律承认的债的协议"②。大陆法系国家深受影响，一般均将合同定义为"协议"（Agreement），其本质是双方的一种合意，即合同双方的意思表示一致。《德国民法典》第305条从"法律行为"的角度规定了合同的概念："依法律行为设定债务关系或变更法律关系的，除法律另有规定外，应依当事人之间的合同。"《法国民法典》第1101条规定："合同是一种合意（Consensu），依此合意，一人或数人对其他一人或数人负担给付、作为或不作为的债务。"此外，大陆法系普遍认为当事人之间可以达成无利益交换的协议，如赠与协议。

英美法系国家强调合同的实质是当事人所作的一种"许诺"或"允诺"（Promise），而不仅仅是达成协议的事实。当诺言具备对价，就具备被强制执行的效力，受诺人可以通过法院强制诺言人履行其诺言，此时的诺言称为合同。美国法学会1981年编撰的《第二次合同法重述》第1条规定："合同是一个允诺或一系列的允诺，违反这种允诺，法律将给予其救济（Remedy），或者法律将以某种方式强制其得到实际执行。"英国《牛津法律大辞典》规定："合同是两人或多人之间在相互间设立合法义务而达成的具有法律强制力的协议"。

我国法律认为合同在本质上是一种协议。《民法通则》第85条规定："合同是当事人之间设立、变更、终止民事关系的协议。依法成立的合同，受法律保护。"《合同法》第2

---

① 参见崔建远主编：《合同法》，法律出版社1999年版，第1页。
② 参见[意]彼得罗·彭梵得著：《罗马法教科书》，黄风译，中国政法大学出版社1992年版，第307页。

条规定:"本法所称合同是平等主体的自然人、法人、其他组织之间设立、变更、终止民事权利义务关系的协议"。

尽管各国对合同概念的理解在理论上存在较大的分歧,但是都把当事人之间的意思表示一致作为合同成立的要素。英美法关于合同概念的缺陷在于,忽略了合同中双方当事人合意的因素。为此,一些英美法学者力图将大陆法合同的概念移植到英美法中。近年出版的美国《布莱克法律辞典》和英国《牛津法律大辞典》采用了大陆法关于合同的定义,两大法系有关合同的概念趋于统一。

(二)合同的特征

根据上文对合同概念的表述,合同具有如下法律特征:

1. 合同是双方或者多方法律行为

首先,合同至少需要两个或两个以上的当事人;其次,合同是法律行为,故当事人的意思表示是合同的核心要素;最后,合同是双方法律行为或者多方法律行为,因此合同成立不但需要当事人有意思表示,而且要求当事人之间的意思表示一致,合同的成立是各方当事人意思表示一致的结果。

2. 合同是各方当事人之间民事权利与义务关系的协议①

合同以产生、变更、终止民事权利义务关系为目的。产生民事权利义务关系,是指当事人订立合同以形成某种法律关系,设定某种民事权利和民事义务。变更民事权利义务关系,是指当事人通过订立合同使原有的合同关系在内容、当事人上发生变化。终止民事权利义务关系,是指当事人通过订立合同消灭原法律关系。

3. 合同是双方当事人意思表示一致的协议②

民事法律行为以意思表示为要素,合同是双方或多方的民事法律行为,意味着合同是在双方或多方都有意思表示,而且各方意思表示一致的条件下成立,是当事人协商一致的产物。真实的意思产生于当事人的自由和自愿,因此当事人必须在平等自愿的基础上进行协商,才能使其意思表达成一致,如果双方当事人之间的意思不一致,就无法达成协议,合同因此也不能成立。

4. 合同是具有法律约束力的协议

合同作为一种法律事实,是当事人自由约定,协商一致的结果。如果当事人之间的约定合法,则在当事人之间产生相当于法律的效力,当事人就必须按照约定履行合同义务。任何一方违反合同,都要依法承担违约责任。我国《民法通则》第 85 条规定:"依法成立的合同,受法律保护。"《法国民法典》第 1134 条规定,依法设立的契约,对于缔约当事人双方具有相当于法律的效力。英美法则认为,合同是可以依法执行的许诺。合同具有法律约束力,是它与一般协议,如君子协定不同的地方。

二、各国合同法编制体例

合同法(Contract Law)是各种合同法关系的法律规范。作为调整平等主体之间交易关

---

① 参见崔建远著:《合同法》(第 2 版),法律出版社 2000 年版,第 2 页。
② 参见王利明、崔建远著:《合同法新论》,中国政法大学出版社 1996 年版,第 6 页。

系的法律规范，主要对合同的订立、内容、效力、履行、消灭、救济等方面的问题进行规制。西方国家的合同法编制体系各不相同。

（一）大陆法系

大陆法系国家，合同法以成文法的形式出现，如法国、德国、日本、瑞士、意大利等国，其合同法都包含在民法典或债务法典之中。大陆法系国家的民法理论把合同作为产生"债"的原因之一，把有关合同的法律规范与产生债的其他原因，如侵权行为、不当得利及无因管理等法律规范并列在一起，共同作为民法的一编，称为"债务关系法"或"债编"。

1. 法国法

《法国民法典》第三编为"契约或者合意之债的一般规定"，规定了合同基本制度（第1101～1369条），即合同有效成立的条件、债的效果、债的种类、债的消灭等。《法国民法典》第六编到第十五编进一步对各种具体合同作出规定（第1582～2058条），其中包括：买卖、互易、租赁、合伙、借贷、寄托、赌博性的合同、委托、保证与和解。《法国民法典》采取合同总则与合同分则的形式，没有严格意义上的债法总则，只设立了合同法总则，合同的一般规定与有名合同的规定相分离，在插入第四编"非因合意而发生的债"和第五编"夫妻财产契约及夫妻间的相互权利"之后，从第六编到第十五编规定了有名合同。

2. 德国法

《德国民法典》第二编为"债的关系法"，第一章至第六章规定了合同基本制度（第241～432条），其中第二章"因合同而产生的关系"相当于合同法的总则，第七章规定了各类合同（第433～676条，第688～808条），确认21类合同，如买卖互易、赠与、使用租赁和用益租赁、借用、劳务、承揽及类似的合同、居间、悬赏广告、委托、保管、和解、债务约定和债务承认、指示证券、无记名证券等。与《法国民法典》相同，《德国民法典》也采取"合同总则与合同分则"结构，在处理合同与其他债法制度的关系时，强调合同的主导地位，如将无因管理规定在委托之后，不当得利与侵权行为规定于各种合同之后。较之《法国民法典》，《德国民法典》从债法整体角度安排合同，将合同总则置于"债的关系法"之中规定，强调对合同制度安排的整体性和连贯性。

3. 日本法

《日本民法典》第三编"债权"的第一章"总则"和第二章"契约"规定了合同基本制度（第399～696条），包括赠与、买卖、互易、消费借贷、使用借贷、租赁、雇佣、承揽、委托、合伙、终身定期金、和解。《日本民法典》的篇章结构安排主要以德国民法典为蓝本，不同之处在于，将有名合同与其他制度分离规定，把部分合同的基本制度和有名合同纳入同一章内，另设专章规定其他债法。

（二）英美法系

在英美法系国家，有关合同的法律原则主要包含在普通法之中。除印度以外，英美法系各国均无系统的、成文的合同法。尽管英、美等国也制定了有关某种具体合同的成文法，如英国1893年《货物买卖法案》（*Sale of Goods Act*，1893）、美国1906年《统一买卖法》（*Uniform Sale of Goods Act*，1906）、美国1952年《统一商法典》（*Uniform Commercial Code*，简称UCC）等，但只是对货物买卖合同及其他一些有关的商事合同作了具体规定，合同法的基本原则，仍须依据判例法行事。

（三）中国法

我国的合同法体系以《中华人民共和国民法通则》、《中华人民共和国合同法》为主，以其他单行法中与合同有关的规范和相关司法解释为辅。1986 年 4 月 12 日，第六届全国人民代表大会第四次会议通过《中华人民共和国民法通则》（以下简称《民法通则》），确立了民事活动的基本准则，它是调整民事法律关系的基本法，其中关于民事法律行为和代理、债权、民事责任等规定是合同法的主要渊源和基本规则。1999 年 3 月 15 日，第九届全国人民代表大会第二次会议通过《中华人民共和国合同法》（以下简称《合同法》），1999 年 10 月 1 日起施行。我国现行《合同法》是在合同立法上的里程碑，为市场主体交易活动提供了良好的行为规则。《合同法》以基本法单列，不像大陆法系国家虽然有完整的合同法律规范体系，却没有独立的合同法典，合同关系中产生的权利义务被纳入债篇，由债权法或债务关系法调整；也不像英美法系国家将法院判例作为合同法主要规范，同时将合同制定法作为合同法的渊源。

三、《联合国国际货物买卖合同公约》

为了排除国际贸易往来中的法律障碍，统一国际商事交易的基础法律——合同法，相关的国际组织展开统一各国合同法的工作。联合国国际贸易法委员会在 1964 年两个海牙公约，即《国际货物买卖统一法公约》和《国际货物买卖合同成立统一法公约》的基础上制定《联合国国际货物买卖合同公约》（*The United Nations Convention on Contract for the International Sale of Goods*，以下简称《公约》），于 1980 年 3 月在由 62 个国家代表参加的维也纳外交会议上通过。按照《公约》第 99 条的规定，《公约》在有 10 个国家批准之日起 12 个月后生效。自 1988 年 1 月 1 日起，《公约》对包括中国在内的 11 个成员国生效。

《公约》除序言外，共分 4 部分、101 条。第 1 部分共 13 条，对《公约》的适用范围和总则做出规定；第 2 部分共 11 条，规定合同订立程序和规则；第 3 部分共 64 条，就货物买卖的一般规则、买卖双方的权利义务、风险的转移等作出规定；第 4 部分是最后条款，对《公约》的保管、签字、加入、保留、生效、退出等作出规定。

《公约》是国际贸易统一法的重大成果，既包含买卖法内容，也包含合同法内容，对统一不同社会制度、不同法系、不同国家在货物买卖领域的法律原则有重大建树，受到不同类型国家的普遍欢迎。然而，《公约》存在管辖范围仅限于国际货物买卖领域、对合同的有效性等重大问题上采取回避态度等问题。

我国在核准加入《公约》时，对第 1 条第 1 款 b 项、第 11 条、第 29 条规定提出保留。司法实践中，合同适用的法律，无论是当事人自由选择的法律，还是法院按最密切联系原则确定的法律，都是指该国实体法，而不包括冲突规范和程序法。

四、《国际商事合同通则》

1980 年，国际私法协会起草统一国际商事合同法。经过 14 年的努力，历经多次反复讨论和修改，于 1994 年 5 月在罗马召开的第 73 届会议上，正式通过了《国际商事合同通则》（*Principles of International Commercial Contracts*，简称 PICC），并在 2004 年做了较大修订。

《国际商事合同通则》在继承《联合国国际货物买卖合同公约》合理成分的基础上，进一步全面地确立了国际商事合同领域的各项法律原则，是国际合同法统一化进程中的又一重大成果。该通则尽可能地兼容了不同法律体系和不同社会文化背景的通用的法律原则，同时还总结和吸收了国际商事活动中广泛适用的惯例和最新立法成果。但是，《国际商事合同通则》不是一个国际性公约，不具有强制性，完全由合同当事人自愿选择适用。

1.《国际商事合同通则》的适用范围

《国际商事合同通则》以"一般规则"（General Rules）的形式出现，适用于所有的国际商事合同。"国际"因素包括合同当事人的营业地、惯常住所地在不同国家的情形，以及合同含有国际因素的各种情形。"商事"要求合同当事人有正式的"商人"身份或该交易具有商业性质，但不包括"消费者交易"。"商事"不仅包括提供或交换商品、服务的一般贸易交易，还可包括其他类型的经济交易，如投资和特许协议、技术许可协议、专业服务合同、知识产权转让等。在这些领域交易而达成的合同，除消费、赠与和援助性质的以外，基本上都属于《国际商事合同通则》所调整的范围。①

《国际商事合同通则》旨在为国际商事合同制定一般规则，可用于解释或补充国际统一法的文件，也可作为国内和国际立法的范本。《国际商事合同通则》不是一项国际性公约，因而不需要国家政府参加任何程序，各国当事人完全自愿适用。而且，当无法确定合同的适用法律对某一问题的相关规则时，《国际商事合同通则》可提供解决办法，其对适用范围的定位开拓了广阔空间，有利于作为合同法通用准则的推广和运用，有利于推动世界范围内合同法统一化的进程。

2.《国际商事合同通则》的内容与结构

《国际商事合同通则》分为前言和7章，共109条。《国际商事合同通则》总则部分中确立了国际商事合同的三项基本原则，即合同自由原则、合同的约束性原则、诚实信用和公平交易原则。在法律术语的表达上尽量采用无歧视的表达，对许多条文规定附加注释并举例说明，每个条文冠之以概括其内容的简短标题。

第二节　国际商事合同的订立

合同的订立又称缔约，是双方当事人意思表示一致的过程。合同的本质是一种合意，英美法强调，当事人之间必须达到"相互间的一致"（Mutual Assent）②，有的又称之为"意愿的汇合"（Meeting of the Minds）③。

一、当事人的缔约能力（The Legal Capacity to Contract）

只有相应民事行为能力的当事人才有签订合同的资格，这项原则称为主体合格原则。

---

① 参见吴兴光主编：《国际商法》，中山大学出版社1997年版，第36页。

② Robert N. Corley and the others, *Fundamentals of Business Law*, Prentice Hall, Englewood Cliffs, N. J. 1986, 4th Edition, p. 126.

③ Gordon W. Brown and the others, *Business Law with UCC Application*, Mcgraw Hill Book Company, 1989, 7th Edition, p. 58.

当事人的行为能力是指自然人、法人通过自身的行为取得民事权利和承担民事义务的资格。各国法律都规定合同订立首先要求当事人具有缔约能力，对不具备缔约能力的当事人予以限制。

（一）自然人订立合同的能力

对于自然人限制行为能力人，所订立合同的处理，各国的规定如下：

1. 德国法

德国法区别无行为能力人和限制行为能力人。《德国民法典》第 104 条规定："凡有下列情况之一者，即属于无行为能力人：①未满 7 周岁的儿童；②处于精神错乱状态，不能自由决定意志，而且按其性质，此种状态并非暂时者；③因患精神病被宣告为禁治产者。"禁治产者是大陆法术语，指因精神病或因有酒癖不能处理自己事务的人，或因浪费成性有败家之虞者，经其家属向法院提出申请，由法院宣告禁止其治理财产。年满 7 周岁的未成年人，是限制行为能力人，他们的行为能力受到法律上一定的限制。

依照《德国民法典》，未成年人所作的意思表示，须征得其法定代理人的同意。凡未成年人未经其法定代理人的同意所订立的合同，须经其法定代理人追认后，方可生效。如果法定代理人不予追认，此项合同应视为自始无效。未成年人达到法定年龄或依照法律的其他规定取得完全行为能力后，对于其先前未经法定代理人同意所签订的合同，能用自己所作的追认替代法定代理人的追认。

2. 法国法

法国法只有无行为能力的法律规定。《法国民法典》第 1124 条规定："无订立合同能力人包括：①未解除亲权的未成年人；②受法律保护的成年人，包括身体功能受到损害者致使其不能自行保障其利益的成年人和由于自身因素有可能陷于贫困或影响履行家庭义务的成年人。"亲权是《法国民法典》中规定的父母对子女的人身和财产管束、管理的权利。在以下两种情况下可解除亲权：一是未成年人因结婚而依法当然解除亲权；二是未成年人虽未结婚，但年满 16 周岁后，得由其父母一方或双方向监护法官提出申请，宣告解除亲权。

无订立合同能力人所签订的合同不产生法律效力。未成年人和受法律保护的成年人订立合同，只有经过其监护人或管理人的同意，才具有法律效力，否则合同无效，但是要经过法院宣告无效。《法国民法典》还规定，未成年人、受法律保护的成年人对于其订立的合同，可以依法以无订约能力为由提出抗辩。但是，有订约能力者则不可以与其订约的对方无行为能力而主张合同无效。

3. 英美法

英美法规定，未成年人、精神病人、酗酒者等都属于缺乏订约能力的人，根据不同的情况，可能产生以下三种不同的结果：合同具有约束力、合同被撤销、合同无效。

（1）未成年人

未成年人没有订约能力，其订立的合同原则上是无效的，可以随时撤销，不承担法律责任。但是，有关购买必需品、享受服务、接受训练和教育的合同，未成年人仍然要受其约束，必须履行此类合同。

未成年人在其成年后，如果要撤销其在未成年时订立的合同，必须在达到成年年龄后的适当时间内进行。何谓适当时间是一个事实问题，应由法院根据具体情况来确定。按照美国一些判例的解释，一般为成年后 2 年，而英国规定为 1 年。如果未成年人未能在成年后的适当时间内撤销其合同，则应视为确认该合同，该合同既具有约束力。但是，撤销权仅属于未成年人一方，另一方不得以此为理由主张撤销合同。尽管法律对未成年人给予特别保护，但是未成年人不能利用法律对其保护而故意违约。法律保护未成年人的标准为：①未成年人可以自由违约，而不必支付赔偿费；②未成年人不能利用法律对其保护，违反善意公平的原则。

（2）精神病人

精神病人在其被宣告精神错乱以后所订立的合同，一律无效。至于在宣告精神错乱以前所签订的合同，则可要求予以撤销。

（3）酗酒者

依照美国的法例，酗酒者订立的合同，原则上应有强制执行力，对签订的合同应当承担责任。但是如果酗酒者在订立合同时由于醉酒而失去行为能力，则可要求撤销合同。

4. 中国法

我国《民法通则》第 11 ~ 13 条对行为能力作了规定：①18 周岁以上的公民是成年人，具有完全民事行为能力，可以独立进行民事活动，有完全的订立合同的能力。②16 周岁以上不满 18 周岁的公民，以自己的劳动收入为主要生活来源的，视为完全民事行为能力人。③10 周岁以上的未成年人是限制民事行为能力人，可以进行与其年龄、智力相适应的民事活动；不能完全辨认自己行为的精神病人是限制民事行为能力人，可以进行与其精神健康状态相适应的民事活动。其他民事活动由其法定代理人代理，或者征得其法定代理人的同意。④不满 10 周岁的未成年人和不能辨认自己行为的精神病人是无民事行为能力人，所签订的合同是无效的，应由其法定代理人代理民事活动；但如果是仅带来利益而没有任何负担的法律行为的效果，则可以接受。

（二）法人订立合同的能力

法人（Legal Entity）是由法律所创造的拟制主体，法人的合同主体资格在经济活动中主要表现为合同能力。最常见的法人是公司。

法国 1969 年《商事公司法》第 49 条中增加了如下规定，有限责任公司，"在与第三方的关系中，经理拥有在任何情况下以公司的名义进行活动的最广泛的权利……公司甚至应对经理的不属于公司宗旨的范围的行为负责，但公司举证证明第三方已经知道或根据当时情况不可能不知道该行为超越了公司宗旨范围的除外。仅公布公司章程不足以构成此种证据。限制经理根据本条所产生的权利的章程条款不得对抗第三方"。根据统一法令，《商事公司法》增加的第 113 条内容规定："上述规定也适用于股份有限公司的董事会和董事长。"

英国适用越权无效的原则，即公司无权在其章程规定的经营范围之外签署合同，否则该合同无效。美国早期的判例也接受了越权无效的原则。自 19 世纪末，美国法院在审判实践中出现对公司章程中营业目的条款作扩大解释的倾向。在 20 世纪，越权无效的原则在各州的制定法中逐步被放弃，目前，美国制定法几乎都废弃了这一原则。

根据我国《合同法》的解释，当事人超越经营范围订立合同，法院不因此认定合同无效。但违反国家限制经营、特许经营以及法律、行政法规禁止经营规定的除外。可见，我国对越权的规定符合世界立法潮流。

二、国际商事合同订立的形式

合同形式，是指当事人合意的外在表现形式，是合同内容的载体。

（一）国际商事合同订立形式的基本要求

1. 多数国家都采取"不要式原则"

西方国家的法律，多采用"不要式为原则，要式为例外"的体例，即不要求买卖合同必须采取某种法律特定方式成立。按照这些国家的法律规定，买卖合同可以集体方式订立，无论口头形式、书面形式或者行动表示均可以。但是对某些合同，特别是超过一定金额的国际买卖合同必须按法律规定的特定形式来订立。

英美法把合同分为签字蜡封合同和简式合同。签字蜡封合同是要式合同，它的成立必须由当事人书写或打印成书面形式，并签字、盖章交付给合同对方。目前只须在合同上加一条 Seal 或 L·S 字样的标签，然后由允诺人把合同文本交给对方当事人即告完成。这种合同无须对价，但必须以特定形式订立。按照英国法例，以下合同必须采用签字蜡封合同，否则无效：①没有对价的合同；②转让地产或地产权益的合同；③租赁土地超过 3 年的合同；④转让船舶的合同。但是美国大多数州已经废止了签字蜡封式的合同，这些州的法律认为，对价是合同成立的必要条件，如果没有对价，即使合同采用了签字蜡封的形式，也仍然无效。

简式合同一般为不要式合同，必须要有对价支持。按照英国法，以下几种简式合同是必须以书面形式作成的，否则合同无效或者不能强制执行。

（1）要求以书面形式作为合同有效成立要件的合同

依照英国的法律，下列合同必须以书面形式作出，否则无效：①汇票与本票；②海上保险合同；③债务承认；④卖方继续保持占有的动产权益转让合同。

（2）要求以书面文件或备忘录作为证据的合同

这种书面形式要求同前一种的不同之处在于，不具备这种书面形式要求的合同不是无效，而只是不能以口头证据来证明合同的存在及其内容，因而不能强制执行。如果双方当事人自愿执行，合同仍属有效，以下三种合同要求以书面形式作为证据：①保证合同；②有关土地买卖或处分土地权益的合同；③金钱借贷合同。这种书面形式要求来自于 1677 年英国的《欺诈法》（*Statute of Frauds*）。除《欺诈法》以外，英国还有一些成文法对某些合同的形式要求作出具体的规定。

2.《联合国国际货物买卖合同公约》和《国际商事合同通则》原则上不加以任何限制

《联合国国际货物买卖合同公约》对国际货物买卖合同的形式，原则上不加以任何限制。既可以采用口头形式，亦可用书面形式，并且都不影响合同的有效性，也不影响证据力。《公约》第 11 条规定，买卖合同无须以书面订立或书面证明，在形式方面不受其他任何条件的限制。买卖合同可以用包括人证在内的任何方法证明，《公约》的这一规定，是为了适应当代国际贸易的特点。但《公约》为了照顾某些国家规定买卖合同必须以书面订立的现状，允许缔约国对第 11 条的规定提出声明，予以保留。

《国际商事合同通则》第 1.2 条标题非常鲜明——无形式要求，内容是："通则不要求合同必须以书面形式订立或由书面文件证明。合同可通过包括证人在内的任何形式证明。"合同得益于各种现代的通信方式，使许多国际经济活动能迅速进行，并且无纸化。《国际商事合同通则》顺应了国际贸易发展的大趋势，其无形式要求的原则虽然不被所有的国家采纳，但得到许多法律体系的认可。上述第 1.2 条表明，采用无形式要求的原则，意味着口头证据在司法程序中的可接受性。

3. 我国《合同法》对合同形式作了严格规定

我国《合同法》第 10 条对合同的形式作了规定："当事人订立合同，有书面形式、口头形式和其他形式。法律、行政法规规定采用书面形式的，应当采用书面形式。当事人约定采用书面形式的，应当采用书面形式。"鉴于进出口贸易合同的客观复杂性，我国对进出口合同规定必须以书面的方式作成，把双方当事人的权利义务明确地固定下来，避免口头许诺无证可据。因此，我国在核准《公约》时，对此条款提出了保留，坚持认为，国际货物买卖合同的订立、修改、撤销等均须以书面形式作出。

（二）国际商事合同要式的目的和作用

纵观世界各国，之所以对国际商事合同要求必须按特定形式来订立，有以下两方面不同的目的和作用：

1. 要素原则

采取要式用以作为合同生效的要件（有效性），如果法律要求必须按特定的形式，法定形式就成为合同成立的必备条件，合同如果不依法定形式订立，就不能发生法律上的效力，该合同就无效。例如，按照英国的判例法，以下合同必须采用签字腊封（要式）形式：转让船舶的合同、转让地产权益的合同、抵押合同。

2. 证据原则

采取要式用以证明合同存在的依据（证据力），合同虽然没有按法定的形式订立，但仍然有效，只是不能强制执行，在发生诉讼时，必须以法律规定的形式，作为合同存在及其内容的依据，而不能以口头证言为依据。例如，美国《统一商法典》规定，凡价金超过 500 美元的货物买卖合同，除该法典另有规定的外，均须采取书面形式，否则不能要求法院强制执行。再如，法国法侧重于作为证据要求，规定赠与合同、设定抵押权合同须采用法定形式。

三、国际商事合同的条款

合同的条款，又称合同的主要内容。国际商事合同，通常由三部分组成，即前言（Preamble）、正文（Clauses）和结尾（End）。前言是合同的开头部分，通常写明合同的名称、编号、买卖双方的全称、地址，以及合同签订的时间、地点，订约理由；结尾是合同的结束部分，主要载明合同使用的文字和文本、正本份数以及各种文本的效力、双方当事人的签字。正文是合同的核心，规定当事人的权利和义务，主要内容包括：

1. 标的物条款

标的物条款，又称货物名称条款，《公约》规定要约内容确定的标准之一是是否有货物名称，未指名货物名称则合同无法履行。

2. 品质条款

国际货物买卖中，商品品质不仅要符合合同要求，还要符合国家的强制性规定。如"按卖方品质买卖"、"符合人类食用标准"、"出口包装"、"袋装或桶装"、"立即装船"、"适合海洋运输的包装"、"按港口惯例快速装卸"、"欧洲主要口岸价格"等均无统一确定解释，会使买卖双方产生分歧。

常见的品质条款有以下表示方式：①凭样品。《公约》第 35 条第 2 款 c 项规定："货物的质量与卖方向买方提供的货物样品或式样相同。"为避免矛盾，通常加注"品质与样品大致相符。"②凭说明书。凭说明是指一切能运用文字、图片等来确定商品品质的货物买卖，主要应用于进出口机电仪器产品和大型成套设备的买卖。③凭规格、等级或标准。对农副土特产品或工业原料，可写为"良好平均品质"，加注年份。④凭牌号或商标。主要用于工业成品交易，如电器、轿车等。

3. 数量条款

目前，国际常用度量单位有公制、英制和美制，订约时可约定选择。

在数量条款方面，具有典型代表意义的是英国 1893 年《货物买卖法》，该法第 30 条规定，卖方交付买方之货物数量，如少于卖方订约之数量，买方可以拒绝收货。但若买方接受所交货货物，则必须按合同规定价格付款。卖方交付之货物数量，如多于订约出售之数量，买方得接受合同规定之数量而拒绝其余部分，或拒收全部货物，如买方已接受全部所交货物，则必须按合同规定价格付款。

《公约》第 52 条第 2 款规定："如果卖方交付的货物数量大于合同规定的数量，买方可以收取也可以拒绝收取多交部分的货物。如果买方收取多交部分货物的全部或一部分，必须按合同价格付款。"《公约》把是否接受的决定权交给了买方，即买方具有选择权。

4. 包装条款

货物的包装用来保护和说明货物，英国《货物买卖法》第 13 条规定，卖方所交货物的包装与合同的说明不符，买方有权拒收货物。《公约》第 35 条第 1 款规定，卖方交付的货物必须与合同规定的数量、质量和规定相符，并须按照合同所规定的方式装箱或包装。除双方当事人另有协议外，除非货物按照同类货物通用的方式装箱或包装，如果没有此种通用方式，则按照足以保全和保护货物的方式装箱或包装，否则即为与合同规定不符。

"装箱或包装"要求：①包装所使用的包装材料、包装方式、每箱或每包的数量、内容、包括衬垫物等，都应与合同规定相符合；②符合有关国家法律的强制性规定；③符合国际货物买卖习惯；④尊重商品输入国国民的信仰和禁忌。

5. 价格条款

国际商事合同中，总是以"贸易术语"为基础和一个特定数额的倾向单位来表示商品单价的，如"FOB 安特卫普港每吨 640 英镑"，单价乘以交易商品数量，即为总价。其法律意义在于价格条件本身就含有双方当事人在交易中的运输、保险关系及风险责任承担。

6. 装运和保险条款

装运和保险条款的规定与贸易术语有直接关系。装运条款主要规定装运时间、装运港和目的港以及装运通知等事项；保险条款主要规定由谁负责投保和支付保险费用，以及投保险别和保险金额等。

7. 支付条款

支付条款，是指合同中有关买方支付货款的条款。其中包括支付工具、支付时间和支付方式及卖方为取得货款应提供的单证等规定，国际货物买卖合同中经常采用跟单信用证、跟单托收的付款方式。

8. 商检条款

商检条款是合同中有关商品检验的条款，通常规定检验权、检验机构、检验证书、检验时间和地点，以及检验方法与检验标准等。

9. 免责条款

免责条款，也称不可抗力条款，其内容通常由三部分组成：①规定构成不可抗力的条件；②说明因不可抗力，当事人不能按合同规定履行义务，当事人应不负责任；③规定发生不可抗力事项时，当事人应如何处置。

10. 法律适用条款

前九项条款是合同当事人之间就一笔具体交易中的实体权利和义务的规定，这些规定不可能涉及合同权利与义务关系的所有方面，为此，在合同中通常还规定一项法律适用条款，即"本合同适用于某国法律"。

四、国际商事合同订立的过程

在国际商事活动中，交易的洽商与合同的签订一般要经过询盘、发盘、还盘、接受阶段，其中发盘和接受，即法律上所称的要约与承诺是必经环节，是达成交易所必需的法律步骤。

(一)要约

1. 要约的概念和生效条件

要约(Offer)，亦称发盘、发价或报价，是希望和他人订立合同的意思表示。在要约成立的情形下，发出要约的人是要约人(Offeror)，受领要约的人是相对人或受要约人(Offeree)。

要约通常具有特定的形式和内容，一项要约要发生法律效力，必须具备如下要件：

(1)要约一般应向特定的人发出

一般来说，要约原则上应向特定人发出，非向特定的人提出的订约建议，如果提出建议的人没有明确表示相反的意向，就不是要约。《公约》第14条规定："向一个或一个以上特定的人提出的订立合同的建议，如果十分确定并且表明发价人在得到接受时承受约束的旨意，即构成发价。一个建议如果写明货物并且明示或暗示地规定数量和价格或规定如何确定数量和价格，即为十分确定。"

(2)必须具有订立合同的意图

《国际商事合同通则》第2.2条对要约的定义如下："一项订立合同的建议，如果十分确定，并表明要约人在得到承诺时受其约束的意旨，即构成要约。"不是以订立合同为目的的提议不是要约，而是要约邀请。要约邀请(Invitation for Offer)，又称要约引诱，俗称询盘，即没有约束力的发盘。要约与要约邀请的根本区别在于：作为要约，一经对方承诺，要约人即须受其约束，合同即成立；而作为要约邀请，即使对方完全同意有关交易条件，该发出方仍可不受其约束，除非他对此表示承诺。因此，对要约邀请的承诺，并不能产生一个合同。只有当受要约邀请的一方提出要约，再由发出要约邀请的一方承诺，合同才能成立。

【案例 2-1】

欧文诉图尼森案①

欧文问图尼森是否愿意以 6000 美元的价格出售某一商品。图尼森回答说："除非我能得到 16000 美元的现金，否则让我卖掉它恐怕是不可能的。"欧文表示愿意出 16000 美元购买该商品，但是却遭到图尼森的拒绝。于是欧文向法院起诉。法院认为图尼森的答复并不是一项以 16000 美元的价格出售该财产的要约，而是一个向欧文发出的进行谈判的邀请或者是欧文发出的要约邀请。

（3）要约内容必须确定

一般而言，要约的内容应该包括准备签订的合同的主要条款，但并不要求要约人（发价人）把合同中的所有内容详尽无遗地列在要约中，只要达到足以确定合同的内容的程度即可，至于某些条件，可以留待日后确定。

《公约》规定，发价内容必须十分确定。"发价内容"包括货物的名称、数量和价格。大陆法系国家与英美法系国家的法律规定基本相同，都认为要约的内容应具备合同的必要条款；但并非要求要约人必须在要约中详细载明合同的全部内容。

【案例 2-2】

卡利尔诉石碳酸烟丸公司案②

石碳酸烟丸公司以广告的方式发出如下要约："凡按照印刷的说明，每天服用三次烟丸剂，两周后如患流行性感冒或任何由于着凉引起疾病的人，即付 100 英镑酬金。"并附带说明，该公司于联合银行存有 1000 英镑，"以表明我们对事情的诚意"。卡利尔女士按照说明的要求服用了该烟丸剂。此后，她患流行性感冒并提起诉讼，要求该公司给予酬金。法院判决石碳酸烟丸公司败诉，法院认为，在联合银行存有 1000 英镑的事实说明，应视为对要约具有诚意的证明，这种要约即有可能被许多人承诺，而该案的卡利尔女士是在履行所规定的条件情况下承诺的，所以合同已成立。

（4）要约到达受要约人时生效

英美法认为，要约是通过文字或行为对自愿参加订立具有法律约束力合同的一种正式

---

① 案例引自：Owen v. Tunison，158A，926（Me. 1932）.

② 案例引自：Carlill v. Carbolic Smoke Ball Co［1893］1 QB 256.

通知，而且它在其提出和条款中明确地或隐含地表明，当接受的一方当事人通过行为、放弃行使某些权利或答复表示已接受其要约时，该要约开始对要约人有约束力。即受要约人收到要约后，以真实的意思作出表示接受要约的承诺后，一项要约才真正产生法律效力。

2. 要约的撤回和撤销

（1）要约的撤回

要约的撤回（Withdrawal of Offer），是针对未生效力的要约而言，是阻止要约生效的行为。

各国法律及《公约》均规定要约未生效前可取消或修改，即任何要约生效前都可撤回，只要撤回通知在要约到达受要约人前或与要约同时到达受要约人。《公约》规定，即使发价是不可撤销的，也可以撤回。《国际货物买卖合同成立统一法公约》第5条规定，未送达到受盘人的发盘，对发盘人没有约束力。如果撤回发盘的通知先于发盘或同时到达受盘人，发盘可以撤回。《国际商事合同通则》第2.3条（2）款规定，一项要约即使是不可撤销的，也可以撤回。如果撤回通知在要约送达受要约人之前或与要约同时送达受要约人即可撤回。

【案例 2-3】

英国 Byrne v. Van Tienhoven 案①

被告于10月1日在加迪夫（Cardiff）给住在纽约的原告写信发出要约，提出愿意按一定的价格向原告出售1000箱马口铁，但10月8日被告又发出了一封信要求撤回要约。原告接到要约后于10月11日用电报作出承诺，并且在10月15日再次发出书信确认其承诺，到10月20日原告收到了被告要求撤回要约的信件。后双方就是否达成了合同发生了争议。英国法院判决：双方已经达成有效合同。撤回要约只有在送达受要约人之后才能生效，原告承诺在前，被告撤回要约的信件到达在后，故合同已经成立，撤回要约无效。

（2）要约的撤销

要约的撤销（Revocation of Offer），是针对已发生效力的要约而言，是消灭要约效力的行为。撤销与撤回都旨在使要约作废或取消，并且都只能在承诺作出之前实施。两者区别在于：撤回发生在要约生效之前，而撤销则发生在要约已经到达并生效，但受要约人尚未作出承诺的期限内。我国《合同法》和《公约》原则上允许撤销要约，但撤销要约的通知应当在受要约人发出承诺通知之前到达受要约人。大陆法系的德国等（法国除外）国家，认为要约生效后即有法律约束力，不能撤销；英美法系则认为要约即使已生效，只要在受要约人未作出接受前均可撤销，即使发价人表明该发价不可撤销或在发价中规定了有效期。

我国《合同法》认为要约对要约人是有约束力的，要约可以撤销。撤销要约的通知应当在受要约人发出承诺通知之前到达受要约人。有下列情形之一的，要约不得撤销：要约人确定了承诺期限或者以其他形式明示要约不可撤销；受要约人有理由认为要约是不可撤

---

① 案例引自：Byrne v. Van Tienhoven［1880］5 CPD 344.

销的，并已经为履行合同做了准备工作。

3. 要约的失效

要约的失效，又称要约的终止，是指要约丧失了法律约束力。要约失效后，受要约人也丧失了其承诺的能力，即使其向要约人表示了承诺，也不能导致合同的成立。根据各国法律以及《国际商事合同通则》，在下述情况下要约失去效力：

（1）要约的期限已过

要约如果明确规定了有效期，则在此期限终了时，要约自行失效；要约如果没有规定承诺期限，则分两种情况：①口头要约若未得到当即承诺，要约即失效。（《公约》第18条第2款）；②若当事人以函电方式发出要约，许多大陆法国家（包括德国、瑞士、日本等）的民法典都规定，在当事人之间发出要约而又未规定承诺期限者，如不在相当期间内或"依通常情形可期待承诺达到的期间内"作出承诺，要约即告失效。至于这段时间到底以多少天为适当，属于"事实问题"，应由法官根据两地距离的远近、要约与承诺采取的方式来决定。英美普通法主张，若要约没有规定承诺的期间，应在"合理时间"（Reasonable Time）内承诺，超过此时间要约即告失效。何谓合理时间，也是"事实问题"，应由法官根据具体案情来确定。

（2）要约被受要约人拒绝

《国际商事合同通则》第2.5条规定："一项要约于拒绝通知送达要约人时终止。"对此规则，两大法系是一致的。需注意的是，上述拒绝可以是明示的，也可以是默示的。后者是指接受要约人的答复似有承诺的意思，但对要约作了实质性的添加、限制或修改①，这种默示的拒绝应视为反要约。

（二）承诺

1. 承诺的概念与有效条件

承诺（Acceptance），又称接受，是受要约人同意要约的意思表示。该意思可以用书面方式、口头方式或其他方式表示，如发货、开立信用证的行为等。通常缄默不能视为承诺，但双方当事人事先有约定或依照交易习惯做法时，可以作为承诺的方式，如合同双方为长期客户关系，一方每次发盘，另一方只需发货接受即可，如果某次发盘后，另一方虽未答复，但也视为承诺。一般承诺一经生效，合同就成立，作出承诺的人为承诺人。

一项有效承诺应具备以下条件：

（1）承诺必须由受要约人作出

受要约人包括基本人及其授权的代理人。除此以外，任何第三人即使知道要约的内容并对此作出同意的意思表示，也不是承诺，不能成立合同。

（2）承诺必须在要约的有效期间内作出

要约规定有效期的，须在该有效期内作出承诺；如果要约未规定有效期，承诺应依照下列规定到达：①要约以口头方式作出的，应当即时作出承诺，但当事人另有约定的除外；②要约以书面或其他方式作出的，受要约人则须在"依通常情形可期待要约到达的期

---

① 参见对外贸易经济合作部条法司编译：《国际商事合同通则》，法律出版社1996年版，第23页。

间内"(大陆法)或是"合理的期限内"(英美法)作出承诺。受要约人在邀约期限届满后的承诺,被称为"迟到的承诺"(Late Acceptance),或是"逾期的承诺",它不是承诺,而是一项新的要约,经原要约人承诺后合同才成立。除非承诺逾期是由于受要约人之外的原因造成的接收迟到。《国际货物买卖合同成立统一法公约》规定:如果载有逾期接收的信件或其他书面文件表明它是在传递正常能及时送达发盘人的情况下发出的,则该项逾期接收具有接受的效力,除非发盘人毫不迟延地用口头或书面通知了受盘人,认为他的发盘已经失效。《国际商事合同通则》第2.7条对"承诺的时间"明确规定:要约必须在要约人规定的时间内承诺,或者如果未规定时间,应在考虑了交易的具体情况,包括要约人所使用的通信方法的快捷程度的一段合理时间作出承诺。对口头要约必须立即作出承诺,除非另有情况。我国《合同法》规定,受要约人在要约的有效期内发出承诺,按照通常情形能够及时到达要约人,但因其他原因承诺到达要约人时超过要约期限的,要约人及时通知受要约人因承诺超过期限不接受该承诺的以外,该承诺有效。

(3)承诺的内容必须与要约的内容一致

两大法系的传统理论要求承诺的内容应与要约完全一致,即传统的"镜像规则"(The Mirror Image Rule),承诺应像镜子一样反映出要约的内容。这个原则已经不适应经济的发展,为此,《美国统一商法典》对传统的"镜像规则"作出了适当修改。

《美国统一商法典》第2-207条第(1)、(2)款规定:①一项明确且及时的承诺表示,或一项合理时间内寄送的书面确认书,即使对原要约或原先同意的条款规定了追加的或不同的事项,仍起承诺的作用,除非该承诺明示规定,以同意该追加的或不同的事项为条件;②追加事项应被解释为对合同的追加的建议。在商人之间,这些追加事项构成合同的一部分,除非:a. 该要约明确表示,承诺限于该要约的条件;b. 追加事项实质上改变了要约;c. 对追加事项的异议通知已经发出,或者在收到追加事项的通知后的合理期间内发出。上述两款是相互独立的。第(1)款规范承诺是否有效的问题。只要受要约人不以要约人同意其追加事项为条件,则承诺有效,该合同成立。第(2)款规范在合同成立的情况下,在商人之间,追加事项是否构成合同的一部分的问题。只要属于a、b、c三种情形中的任何一种,追加事项即不成为合同的一部分,应以要约所含的条件成立合同。①

《国际商事合同通则》第2.11条在第1款首先肯定了各国传统的法律原则,强调作为原则,承诺的内容应与要约一致,对要约意在表示承诺但载有添加、限制或其他变更的答复,即视为对该要约的拒绝,并构成反要约;然后在第2款中规定,作为一种例外,承认一定条件下的带有变更的承诺:"但是,对要约意在表示承诺但载有添加或不同条件的答复,如果所载的添加或不同条件没有实质性地改变该项要约的条件,除非要约人毫不迟延地反对这些不符,则此答复仍构成承诺。如果要约人不反对,则合同的条款应以该项要约的条件以及承诺通知中所载的变更为准。"上述第2款规定在一定程度上吸收了《美国统一商法典》第2-207条的合理成分,但并非照搬,两者之间有一点不可忽略的差异。

依照《美国统一商法典》,即使要约人对承诺中所载的追加事项持反对态度,只要该

---

① 转引自沈达明编著:《英美合同法引论》,对外经济贸易大学出版社1993年版,第32页。

承诺不以其追加事项为条件，就不影响该承诺的有效性，不妨碍合同的成立，而只能阻止这些追加事项成为合同的一部分。而依照《国际商事合同通则》，要约人对带有变更的承诺的反应具有决定性作用，只要他毫不延迟地反对那些不符，就可以否定带有变更的承诺的效力，从而否定合同的成立。

根据我国《合同法》第30、31条的规定，受要约人对要约的内容作出实质性变更的，为新要约。有关合同标的、数量、质量、价款或者报酬、履行期限、履行地点和方式、违约责任和解决争议方法等的变更，是对要约内容的实质性变更。承诺对要约的内容作出非实质性变更的，除要约人及时表示反对或者要约表明承诺不得对要约的内容作出任何变更的以外，该承诺有效，合同的内容以承诺的内容为准。

《公约》规定：①凡是对发盘包含有附加条件或修改的接受，均视为对发盘的拒绝，并构成还盘；②但是，对发盘表示接受，但载有添加或不同条件的接受，如所载的添加或不同条件，在实质上并不变更该项发盘的条件，仍构成接受，除非发盘人迅速表示反对外。如果发盘人不表示反对，合同的条件就以该项发盘的条件以及接受通知内所载的更改为准。

【案例2-4】

荷兰H公司诉英国E公司案①

E公司是一家英国的航空公司。一日，E公司为售出某台机器而向荷兰H空中服务公司发出要约：售X机器一台，请汇5000英镑。H公司立即回电：接受你方要约，已汇5000英镑至你银行账户，在交货前该笔款项将由银行代为你方保管，请立即交货。后来，E公司却将X机器高价售予第三人。H公司便诉至英国法院控告E公司违约。英国法院判H公司败诉，理由是：被告要约中规定的付款是无条件的，原告在回电中却变更为付款以交货为前提，这样，原告尽管在回电中使用"接受"一词，也不能构成一项有效的承诺。

(4)承诺应以确定的方式形式作出

承诺有声明和行为两种方式，"声明"即以口头或书面形式作出承诺的意思表示；"行为"则是指针对要约的要求，受要约人履行要约要求的行为。以行为表示承诺是有前提的，要根据该项要约的条件，或依照当事人之间建立的习惯或惯例。如果要约人对承诺的方式有明确要求时，应按要约人的要求发出，否则无效。在这个问题上，大陆法和英美法的认识是一致的，《公约》也规定，受要约人声明或作出其他行为表示同意一项要约，即为承诺。

2. 承诺生效的时间

承诺生效的时间，目前存在两种不同的法律主张，即到达主义和投邮主义。大陆法系国家认为承诺到达要约人时生效；英美法系国家则认为承诺投邮时生效。

---

① 案例引自解琳、张净编著：《美国合同法案例选评》，对外经济贸易大学出版社2006年版，第27页。

（1）投邮主义

投邮主义，是指承诺于承诺的信件或电报寄出时生效。英美法系国家多采用"投邮主义"，即一经投邮立即生效，以此来调和要约人与受要约人之间的利益冲突。美国《合同法重述》第 64 条规定，除非另有规定，承诺采用要约规定的方法和传递工具发出即能生效，而不论要约人是否收到承诺。其目的在于缩短要约人撤销要约的时间，因为要约人不受要约的约束，可以在承诺生效前随时撤销，如果在承诺到达要约人才生效，那么要约人在受要约人作出承诺至承诺到达要约人前仍可撤销要约，这样对受要约人是不利的。大陆法系国家中的瑞士和日本也采纳投邮主义。

【案例 2-5】

汉赫伦诉弗拉塞案①

被告在其利物浦的办公室里寄给住所在伯肯黑德的原告一份要约，要约表明原告可以在 14 天内决定是否购买一幢房屋。第二天，被告又寄出一封信撤销其要约。这封信在下午 5 点到达了伯肯黑德，然而原告却在当天下午 3 点 50 分发出了承诺。这份承诺在第三天上午邮递到被告手中。后双方就是否达成了合同发生了争议，原告起诉。法院判决：合同在第二天下午 3 点 50 分成立，确立的规则是，在要约通过邮递方式进行传达的情况下，合同在承诺被寄出时成立。

（2）到达主义

大陆法系国家多采用到达主义。德国法采取"到达生效"原则，即承诺在到达要约人时才生效。《德国民法典》第 130 条规定："对于相对人以非对话方式所作的意思表示，于意思表示到达于相对人时发生效力。"根据这一法律原则，受要约人承担从发出承诺至到达要约人时止这段时间的风险，如果承诺函电在传递过程中遗失，承诺即不生效，合同不能成立。

《法国民法典》对承诺生效时间未作规定。法国最高法院认为，承诺生效时间取决于当事人的意思，故这是一个事实问题，应根据具体情况特别是当事人的意思来决定，但往往推定为适用"投邮生效"，即承诺于发出时生效。

《日本民法典》在总则部分第 97 条规定，对隔地人之间的意思表示，自通知到达相对人时生效，即采取到达生效。另外在"契约"一章第 526 条又规定，隔地人之间的契约，于发出承诺通知时成立，即对合同成立采取"投邮生效"原则。

《国际商事合同通则》基本上采取到达生效原则。《国际商事合同通则》第 2.6 条第 2 款规定："对一项要约的承诺于同意的表示送达要约人时生效。"采纳到达生效原则优先于投邮生效原则的理由是：由受要约人承担传统的风险，比由要约人承担更合理，因为是由前者选择通信方式，他知道该方式是否容易出现特别的风险或延误，他应能采取最有效的措施，以确保承诺送达目的地。此处的送达，是指递送到被通知人的营业地或通信地址

---

① 案例引自：Henthorn v. Fraser［1892］2 Ch 27.

41

（《国际商事合同通则》第 1.9 条第 3 款）。此外，作为一种例外，《国际商事合同通则》第 2.6 条第 3 款规定："如果根据要约本身，或依照当事人之间建立的习惯做法或依照惯例，受要约人可以通过作出某行为来表示同意，而无须向要约人发出通知，则承诺于作出该行为时生效。"

我国《合同法》第 25 条规定，承诺通知到达要约人时生效，承诺不需要通知的，根据交易习惯或要约的要求作出承诺的行为时生效。

3. 承诺的撤回

撤回承诺，是指承诺人阻止承诺发生法律效力的一种意思表示。承诺必须在其生效前才能撤回。一旦承诺生效，合同即告成立，承诺人不得撤回其承诺。

《国际商事合同通则》第 2.10 条和《公约》第 22 条都规定，承诺可以撤回，只是撤回通知在承诺本应生效之前或同时送达要约人，即都采取了承诺到达生效原则。

英美法对承诺生效采用投邮主义的原则，所以承诺不能撤回。德国法和我国《合同法》采用到达生效原则，承诺可以撤回，但是撤回承诺的通知应当在承诺通知到达要约人之前或者与承诺通知同时到达要约人。例如，以平邮或空邮发出的承诺通知，可以用电报、电传、电话、传真等通信方式予以撤回。

4. 逾期承诺(Late Acceptance)

传统的法律原则主张，承诺逾期送达要约人则无效。在此问题上，《国际商事合同通则》第 2.9 条继承了《公约》第 21 条的灵活规定，旨在促成更多的国际交易，其具体规定如下："①逾期承诺仍应具有承诺的效力，如果要约人毫不迟延地告知受要约人该承诺具有效力，或就该承诺的效力发出通知。②如果载有逾期承诺的信件或其他书面文件表明，它是在传递正常即能及时被送达要约人的情况下发出的，则该逾期承诺仍具有承诺的效力，除非要约人毫不延迟地通知受要约人：此要约已经失效。"

第①条规定针对的是受要约人自己造成的逾期承诺，例如他发出承诺时，按正常传递速度计算，在到达要约人时已超过承诺的有效期限。在此情形下，如果要约人有意成立该合同，他毫不延迟地告知对方该承诺有效，该逾期承诺即为有效，合同于逾期承诺送达要约人时成立。

第②条规定则针对不可预料的传递延迟导致的逾期承诺，在此情形下，受要约人对能及时送达承诺的信赖应得到保护，其结果是逾期承诺视为有效，除非要约人毫不延迟地拒绝。

综上所述，逾期承诺是否具有承诺的效力，取决于要约人的反应：在受要约人自己造成的逾期承诺的情形下，要约人马上表态认可承诺，该逾期承诺即为有效；在传递延迟导致逾期承诺的情形下，该预期承诺本应有效，但如果要约人立即表态反对，合同即不成立。在碰到上述情形时，我国对外经贸企业的外销员应当依据我方成交意图、国际市场行情变化等因素，及时作出反应。

第三节　合同的生效

合同的生效，是指依法成立的合同在当事人之间及对第三人产生的法律约束力。合同的成立不等于合同生效，只有具备生效要件的合同才能发生效力。

一、对价和约因（Consideration and Cause）

在合同效力上，英美法系和大陆法系国家分别有两个特别的概念，即对价和约因，分别作为合同的基础。

（一）英美法系中的对价

1. 对价的概念及其类型

1875 年英国最高法院在"科里诉米萨案"的判决中将对价定义为：对价是指合同一方得到的某种权利、利益、利润或好处，或是他方当事人克制自己不行使某项权利或遭受某项损失或承担某项义务。在英美合同法中，对价不仅是使合同获得强制执行效力的要件之一，而且是整个合同法的基石。

英美普通法把合同分为签字腊封合同和简式合同，签字腊封合同由当事人签字、加盖印鉴并交给对方作成，其有效性完全是源于所采用的形式，不要求任何对价；另一类是简式合同，包括口头合同和以非签字腊封式作成的一般书面合同，这类合同必须要有对价，否则即没有法律效力。

英美普通法根据对价发生的时间把对价分为三种，即过去的对价、已履行的对价和待履行的对价。过去的对价，是指发生在允诺前的行为或不行为；已履行的对价是指发生在允诺后但已履行的法律义务；待履行的对价是指允诺后尚未履行的对价。已履行的对价与过去的对价的区别在于：已履行的对价是在对方作出允诺之时提供的，是以此来换取对方的允诺；而过去的对价是在对方作出允诺之前就已经完成了的，并不是以此来换取对方的允诺。

2. 有效对价的条件

（1）对价必须合法

凡是以法律所禁止的事项作为对价的，都是无效的。例如，贩卖毒品的合同，因作为对价的标的物违法，合同无效。

（2）对价必须是待履行的对价或已履行的对价

英美法遵循一项原则——"过去的对价不是对价"。根据此原则，允诺前的行为或不行为即使有价值并使允诺人受益，该行为或不行为也不能成为允诺的对价，而导致合同无效。

【案例 2-6】

英国 Eastwood v. Ken Yon 案①

原告 Eastwood 是一位监护人，负责监护一位小女孩。他筹借了一定数额的贷款，为女孩支付教育费用。女孩长大成年并结婚后，她的丈夫 Ken Yon 曾经允诺偿还监护人的贷款，但后来未履行其承诺。双方涉诉。在审理中，监护人提出，女孩的丈夫负有道义上的

---

① 案例引自：(1840)，11，Ad. & ER. 438，Queen's Bench.

责任履行他的诺言，因而他的诺言是有约束力的。法院判决：监护人不能强制女孩丈夫履行允诺，因为监护人对这一允诺提供的对价是过去的对价，因而是无效的。

（3）对价必须具有法律上的充分性

在英美法系国家的司法实践中，过去存在的合同义务或其他法律义务不具有法律上的充分性，不构成对价。

（4）对价必须来自受允诺人

对价必须来自受允诺人，是指只有对某项允诺付出了对价的人，才能要求强制执行此项允诺。但是，对价来自受允诺人的规则也有例外，主要存在于一般代理和特殊代理关系中。一般代理关系中，受允诺人的代理人可以履行对价；保险关系中保险人赔偿允诺的对价支付保险费可以来自于非为被保险人的投保人；票据关系中承兑人付款允诺的对价可来自于非持票人；银行信用证或备用信用证关系中，银行保证付款允诺的对价可来自于信用证的非受益人等。

【案例 2-7】

英国 Tweddle v. Atkinson 案①

原告即将与 Williams Guy 先生的女儿结婚，原告的父亲 John Tweddle 与 Williams Guy 先生经商量同意，两人分别给原告一笔钱作为原告结婚的礼物。原告的父亲先支付了一笔钱，但是 Williams Guy 先生还未支付另一笔钱就去世了。于是，原告起诉 Williams Guy 先生的遗产管理人，要求偿付那笔钱。法院判决：驳回起诉。法院认为，原告虽然受有利益，但他本人对于 Williams Guy 先生的允诺并未支付任何对价，因而没有起诉权，只有 John Tweddle 先生才有起诉权(不过，即使他起诉，也只能得到名义上的赔偿)。这一判决表明，原告必须是提供对价的人，这也说明了对价在合同诉讼中的重要地位。

（5）对价不要求充分

对价必须是真实的，必须具有某种价值，但不要求充分或对等。这里所说的价值不一定是指金钱上的价值，也可以是其他东西，如提供某种服务或不行使某种权利等。对价不要求等价，不要求与对方的允诺相等。

【案例 2-8】

恩波拉诉塔拉案②

被告塔拉是矿产主，因为被诊断患有精神病而被强迫住院 4 年，出院后得知其矿产已

---

① 案例引自：Tweddle v. Atkinson[1861]1B&S 393, 398, 121 Eng. Rep. 762, 764(K. B.).

② 案例引自解琳、张净编著：《美国合同法案例选评》，对外经济贸易大学出版社 2006 年版，第45页。

经被监理人卖出。当时，被告一文不名，请求原告恩波拉付给 320 美元以便前往矿产所在地起诉，并许诺，如复得该矿，当以 1 万美元作为酬谢。被告在重得该矿产后拒绝付酬，并谓以 320 美元作为对价换取 1 万元是不适当的。法院认为关键是有无对价，而不在于对价是否相当、相等，故判原告胜诉。

3. 美国法改变了对价原则，强调"不得自食其言"

对价制度的基本作用是通过对价的衡量使欺诈、恩惠等性质的合同归于无效。对价制度的实施会增加当事人撤销合同的机会，这对现代商业活动不利。《美国统一商法典》改变了大量对价的原则，如第 2～209 条规定，即使没有对价也可以具有拘束力。

此外，美国法为了防止在某些情况下由于缺乏对价而产生不公平的结果，形成了一项"不得自食其言"的原则。其含义是，如允诺人在作出允诺时，应当合理地预料到受允诺人会信赖其允诺而作出某种实质性的行为或者放弃去做某种行为，并已在事实上引起了这种结果，只有强制执行该项允诺才能避免产生不公平的后果，那么，即使该项允诺缺乏对价，亦应予以强制执行。

(二)法国法中的约因

1. 约因的概念

法国法中的约因，是指当事人产生某项债务所追求的最近的直接目的。法国法把约因作为合同有效成立的要素之一，在同一类型的合同中，其直接目的即约因往往是相同的。在买卖合同中，约因都是以商品换取金钱；在雇佣合同中，约因都是以金钱换取劳务等。

约因与动机不同，约因直接影响从法律上对当事人之间的债务关系的分析，而动机则主要引向事实层面，可能多种多样。如甲购买房子的动机可能是为了自己居住，或是为了出租而使财产升值，但甲的约因只是获取房产。甲的对方，即卖方的约因是获取合同价款。

2. 法律规定

(1)无约因、基于错误约因或不法约因的债均不发生法律效力

《法国民法典》第 1131 条规定：凡属无约因的债、基于错误约因或不法约因的债，都不发生任何效力。这里的"不法约因"是指当事人订约时的最直接的目的违反法律的强行性规定，或违反善良风俗或公共秩序，以上情形均不发生法律效力。

【案例 2-9】

2006 年 10 月 5 日，法国最高法院审理了这样一个案件：一方向另一方承租了一处位于商业中心的房产；承租方用该房产卖蔬菜水果，并享有一种排他经营权。为了得到这种排他权益，该方还另付了一笔钱。此后，根据有关的法律，出租方无法让承租方实现这种权益。该法院判决，合同因违法而无效，承租方无义务继续履约。这属于标的为禁止流通物的例子。①

① 案例引自何宝玉主编：《英国合同法》，中国政法大学出版社 2006 年版。

（2）赠与合同要有严格形式

根据《法国民法典》第1131条规定，没有约因的合同无效，但赠与合同除外。

通常在双务合同中存在双方当事人各自而且相互给付的约因。但是在无偿或赠与合同中，受赠人具有从赠与人处获取赠与物的约因，而赠与人的约因难以用一般的理论加以解释。因此，法国法强调赠与合同应具备一定的严格形式，比如公证形式，否则无效。

二、合同内容的合法性要求

内容合法是合同产生法律效力的根本前提。我国《合同法》第7条规定，合同的订立和履行，不得违反中华人民共和国法律或者损害社会公共秩序。其他国家的合同法也都规定合同不得违反其本国的法律和公共秩序，如英美法中，赌博合同、高利贷合同、违反行业执照惯例的合同以及与敌国贸易的合同等，都属于违法合同，是无效的。"公共秩序"（Order Public），是大陆法的用语，英美法则使用"公共政策"（Public Policy）。公共秩序是一个弹性概念，西方国家的法官在行使"自由裁量权"（Discretion）时对它作出不同的解释。根据各国判例，属于违反公共秩序或公共政策的包括：合同中含有限制性商业条款（如不合理限制销售渠道和出口市场等）和关于排除或限制产品责任的规定等。

1. 大陆法系国家的规定

大陆法系各国都在民法典中对合同违法、违反公共秩序和善良风俗的情况及其后果作出明确的规定，但各国的处理方法有所不同。

《法国民法典》在总则中原则性地规定，任何个人都不得以特别约定违反有关公共秩序和善良风俗的法律。然后，把违法、违反善良风俗与公共秩序的问题，同合同的原因（即约因，下同）或标的联系在一起加以规定。如《法国民法典》第1128条规定："得为合同标的之物件以许可交易者为限。"第1131条规定："基于错误原因或不法原因的债，不发生任何效力。"接着，又在第1133条对何谓不法原因作出定义："如原因为法律所禁止，或原因违反善良风俗或公共秩序时，此种原因为不法原因。"从上述规定中可以看出，按照法国法，构成合同非法的主要有两种情况：一种是交易的标的物是法律不允许进行交易的物品；另一种是合同的约因不合法，即合同所追求的目的不合法。

德国法和法国法的区别在于，德国法不具体规定合同的标的违法还是合同的约因违法，而是着重于法律行为和整个合同的内容是否有违法的情事。《德国民法典》在第二章法律行为中规定："法律行为违反法律上的禁止者，无效。"并规定，违反善良风俗的法律行为亦无效。这些规定不仅适用于合同，也适用于合同以外的其他法律行为。

上述善良风俗和公共秩序属于道德伦理和政治的范畴，在审判实践中，何谓违反善良风俗和公共秩序，要由法院根据案件的具体情况作出决定，法官有很大的自由裁量权，可以根据不同情况，作出不同的解释。

【案例2-10】

法国最高法院在1905年7月17日判决，购买房屋作为妓院用的买方无权要求违约的卖方返还已支付的价款。该法院在1923年4月17日判决，向一个已婚妇女出借房屋使其离开家庭与情人相聚的出借人无权要求返还房屋。可见，法国法院在审判实践中将道德标准作为评定是否违反善良风俗的尺度。对于违反道德的合同，当事人无权要求返还财产。①

2. 英美法系国家的规定

英美法系认为，一个有效的合同必须具备合法的目标或目的。凡是没有合法目标的合同就是非法的，因而是无效的。在英美法中，违法的合同有两种情况：一种是成文法所禁止的合同；另一种是违反普通法的合同。但由于英美没有成文的民法典，因此，英美法系不像大陆法系那样，以法律行为等抽象概念对违法的情况进行高度的概括，而只能根据某些单行法规的规定和判例法所确立的原则，对各种违法的事由加以排列。根据某些英美法学者的分类，下列三类合同都是非法的。

（1）违反公共政策的合同

所谓违反公共政策的合同是指损害公众利益，违背某些成文法所规定的政策或目标，或旨在妨碍公众健康、安全、道德以及一般社会福利的合同。

（2）不道德的合同

按照英美法的解释，所谓不道德的合同是指那些违反社会公认的道德标准，如法院予以承认将会引起正常人愤慨的合同。但是，各国对道德标准的解释不同，因而对于某种合同是否因其不道德而无效，也有不同的看法。

（3）违法的合同

违法的合同涉及的范围很广，如差使他人去做犯罪行为的合同、以欺诈为目的的合同、同敌人进行贸易的合同、赌博的合同等，都是违法的，因而是无效的。

此外，凡法律要求必须有执照才能执业的专业人员，如医生、律师、药剂师、设计师等，如没有执照即擅自与别人订立合同从事业务活动，这种合同也是违法的。

【案例 2-11】

Cope v. Rowlands 案②

（1836 年）原告是一个股票经纪人，他在伦敦城没有获得工业的许可。被告在该地得到其服务后拒绝付费，原告提起诉讼。法院驳回了他的起诉，理由是，由于制定法禁止他作为一个经纪人行事，法院不能强到执行一个与这样的行为有关的合同。1994 年，英国法院在解释这一原则时依然说："该原则不是一项关于公正的原则，它是一项政策性原则；对它的应用是不倾向于任何一方的。所以，它不会在诉讼时的当事人之间造成不公平的结果。采纳这一原则的结果是，意识到合同的违法性质的当事人不能请求强制执行合同；如果他已经付款或转移其财产，他无权要求恢复原状。

---

① 案例引自何宝玉主编：《英国合同法》，中国政法大学出版社 2006 年版，第 98 页。
② 案例引自：S. C. 2 Gale, 531; 6 L. J. Ex. 6.3. Followed, Cope v. Rowlands, 1836, 5 Bing. N. C. 85.

三、国际商事合同的抗辩

合同是双方当事人意思表示一致的结果，如果当事人对意思表示的内容有误解或者在错误、胁迫、不当影响的情况下订立了合同，这时双方当事人虽然达成了协议，但这种合意是不真实的，因而当事人可以此为抗辩理由，主张合同无效或请求撤销。

（一）误解

误解又称错误，是指合同当事人对于构成他们之间交易基础的事实在认识上发生了误会，在我国《合同法》中称之为"存在重大误解"。各国法律都规定，当事人订立合同中发生误解能够引起合同无效或者撤销的法律后果，但是能引起后果的错误需要具备一定的条件。

1. 大陆法系的规定

大陆法系一般规定，必须是本质性的错误才能导致合同无效或撤销。大陆法系各国关于本质性错误的限定范围很不一样。

《法国民法典》第1110条规定，错误只有在涉及合同标的物的本质时才构成无效合同。标的物本质，是指"基本品质"或者"决定性的考虑"，法国法院采取主观标准而不是客观标准，即考察当事人订约时是否在决定性的考虑上发生了错误。法国法认为，动机上的错误原则上不能构成合同无效的原因。

《德国民法典》第119条规定，表意人对所做的意思表示的内容有误解，或者表意人根本无意为此种意思表示者，也即表意人若知道真实情况并合理地考虑就不会作出意思表示时，表意人可以撤销其意思表示。这包括：①意思表示内容的错误，即表意人在订约时是在误解的情况下作出意思表示的，例如，一方表示愿与对方订约，但是由于搞错了对方是谁或者对方具有的特长下作出的；②意思表示形式的错误，例如，把美元误写成欧元。法院在考虑上述两种错误是否足以撤销合同时，对第一种情形，法院将依据受误解影响的一方是否得到真正想得到的东西而定；对第二种情形，法院将依据表意人究竟想得到什么东西而定。

2. 英美法系的规定

英美法系对错误的要求比大陆法系严格，英美法系一般将错误区分为单方错误和共同错误。一般情况下，英国普通法认为，共同错误才能导致合同无效或撤销，单方错误原则上不能导致合同无效或得以撤销。按照英美普通法，错误会导致合同自始无效。

美国法认为，单方的错误原则上不能要求撤销合同，只有共同的错误才会影响合同的效力。所谓共同错误是指当事人双方对于构成他们之间交易的基础事实在认识上发生了共同的错误。根据美国《合同法重述》第152条规定，受到不利影响的一方如果要以共同错误为由否定合同的有效性，必须证明以下几点：①该错误涉及合同赖以订立的基本假定；②该错误对双方同意的关于履行的互换有重大的影响；③该方没有承担发生这种误解的风险。通常情况下，美国法院宁肯让有错误的一方蒙受自身错误所致的不利后果，而不把损失转嫁给对方。

【案例 2-12】

英国 Raffles v. Wichelhaus 案①

1864 年，原告与被告签订了一份从孟买出发的一艘叫 Peerless 船舶上买卖棉花的合同。原告 Raffles（瑞福斯）期望卖的是 12 月份从孟买出发的 Peerless 上的棉花，被告 Wichelhaus（维切豪斯）却期望买的是 10 月份从孟买出发的 Peerless 上的棉花。结果，原告试图以 Peerless 后一期运输的棉花交付被告时遭拒绝。英国法官认为，原告与被告双方之间不存在有约束力的合同，因为双方对基本条款有不同的理解，属于对事实的共同误解；当双方当事人在误解的情况下签订合同，从客观的观点来看，他们属于合理地相信某一事实是真实的，任何一方当事人都不受此合同约束。法院判决：该合同无效。

3.《国际商事合同通则》

《国际商事合同通则》第 3 ~ 5 条规定，当事人必须是在订立合同时产生了重大误解，同时，还必须满足下列条件之一者，才能宣布合同无效：①双方当事人都犯了相同的误解；②误解是由另一方当事人造成的；③另一方当事人知道或理应知道误解方的错误，但有悖于公平交易的商业合理标准，使误解的当事人一直处于错误状态中；④在宣布合同无效时，另一方当事人尚未依其对合同的信赖行事。

（二）欺诈

欺诈，是指一方当事人故意制造假相或隐瞒真相，致使对方陷入误解或发生错误的行为。由于在欺诈的情况下所签订的合同，是违背了一方当事人的真实意思的，各国法律都允许蒙受欺诈的一方可以撤销合同或主张合同无效。

《国际商事合同通则》和大多数大陆法系国家的民法典一般都只简单规定，欺诈与缔结合同有因果关系时，受欺诈者就可以宣告合同无效或撤销合同。

1. 大陆法系的规定

《法国民法典》第 1116 条规定，如当事人一方不实行欺诈手段，他方当事人决不签订合同者，此种欺诈构成合同无效的原因；《德国民法典》第 123 条规定，因被欺诈或被不法胁迫而为意思表示者，表意人得撤销其意思表示。法国法与德国法在欺诈问题上的区别在于导致的结果不同：一个是合同无效，一个是合同撤销。

德国判例认为，只有当一方当事人负有对某种事实提出说明的义务时，不作这种说明才构成欺诈。如果没有此种义务，则不能仅因沉默而构成欺诈，至于当事人是否有此义务，应按合同的具体情况决定。法国最高法院也持相似的观点。

2. 英美法系的规定

英美法系把欺诈称为"欺骗性的不正确说明"。所谓不正确说明，是指一方当事人在签订合同之前所作的不真实的陈述，目的是诱使对方订立合同，不真实的陈述应包括语言和行为等。根据英国 1967 年《虚假陈述法》，虚假陈述可以分为三类，即欺诈性虚假陈述、疏忽性虚假陈述和完全无意的虚假陈述。

---

① 案例引自：[1864] EWHC Exch J19, (1864) 2 Hurl & C 906.

英美法系国家的司法实践一般承认，导致合同无效或被撤销及承担赔偿责任的欺诈性虚假陈述应具备以下条件：

①欺诈与签订合同的行为具有因果关系。

②行为人存在过错并导致对方当事人的损失。这里所说的过错包括故意和疏忽两方面。但无论是出于故意还是疏忽的虚假陈述，受害人都可以主张合同无效或撤销合同，并要求欺诈方赔偿损失。至于完全无意的虚假陈述，受害者则只能要求宣告合同无效而能请求损害赔偿。

③受欺诈的当事人信赖该欺诈性陈述属于情理之中。在这方面，英美法院一般根据受欺诈的当事人的识别能力作出判决。如果欺诈方是专家，受欺诈方是外行，就会作出对受欺诈方有利的判决；反之，会作出对受欺诈方不利的判决。

【案例 2-13】

英国 Oscar Chess Ltd. v. Williams 案①

1965 年，被告将其车子卖给原告时，称该车是 1948 年车型，但该车实际上是 1939 年车型。当原告了解真相后，便以被告欺诈为由要求赔偿。英国法官认为，原告是一家专门的汽车交易商，在了解真相方面和被告处于同样良好的位置，原告相信被告的陈述是违背常理的，因此，原告的赔偿请求被驳回。

关于沉默的问题，英国法认为，单纯的沉默原则上不能构成不正确说明。但是，在以下几种情况下，英国法认为当事人负有披露实情的义务：①如果在磋商中双方当事人对某一事实所作的说明原为真实的，但签约之前却发现该事实已经发生了改变，此时即使对方未提出询问，该当事人也有义务向对方改正其先前的说明；②凡属诚信合同，如保险合同、公司分派股票的合同、处理家庭财产的合同等，由于只有一方当事人了解事实，所以当事人有义务向对方披露实情，否则即构成不正确说明。

（三）胁迫

胁迫，是指以使人发生恐惧为目的的一种故意行为。各国法律认为，凡在胁迫之下订立的合同，受胁迫的一方可以撤销合同。因为在受胁迫的情况下所作的意思表示，不是自由的意思表示，因此不能产生法律上的有效意思表示的效果。一般来讲，协迫既包括对当事人施加心理上或精神上的压力，也包括对身体上的强制；既包括当事人一方直接对另一方施加的胁迫，也包括当事人一方雇请或默认第三者对另一方所施行的胁迫，还包括当事人本人雇请或默认第三者对另一方的亲属所施行的胁迫。

根据《国际商事合同通则》第 309 条及大多数国家的法律规定，受胁迫的当事人宣告合同无效或撤销合同，必须具有以下两个条件：

1. 胁迫采取非法威胁手段

如果威胁是合法的，则不能以此为由宣告合同无效或撤销合同。如债务人不按期归还

---

① 案例引自：［1957］1 WLR 370.

借款，债权人威胁说，如果债务人在 3 天内不归还借款，将向法院起诉，并申请冻结债务人财产。受此威胁，债务人作出了书面保证，承诺在 3 天内归还借款。事后，债务人不得以存在胁迫为由主张书面承诺无效。

2. 胁迫手段非常紧急、严重，以至于受胁迫者无其他选择

如果威胁使用的手段很缓和，当事人即无权申请合同无效或撤销。实践中当事人抗威胁能力是因人而异的，因此，很多国家的法律都规定，要考虑受胁迫者的年龄、性别及个人情况。

【案例 2-14】

Barton v. Armstrong 案①

原告 Barton(巴顿)和被告 Armstrong(阿姆斯特朗)都是澳大利亚一家大公司的股东，被告想买原告的股份，遭拒绝后，遂采取一系列威胁手段胁迫原告。在一次股东会上，被告对原告说，这座城市并不如你想象得那么安全，你若不和我合作，你会后悔的。原告的住处被被告指使的人监视，原告还常常半夜接到被告的威胁电话。在这种情况下，原告被迫就范，后又上诉至法院。法院判决结果为：本案原告确已遭受胁迫，在胁迫下订立的合同是可以撤销的，被告败诉。

(四)重大失衡

根据《国际商事合同通则》第 3.10 条的规定，合同的重大失衡，是指一方当事人违背诚实信用的原则，利用对方当事人的某种依赖关系、经济困境、紧急需求、缺乏远见、无知、无经验或缺乏谈判技巧等，诱使其签订对自己有利的不合理的合同的行为。例如，父母与子女、律师与当事人、医生与病人、监护人与未成人等之间所订立的合同，如果有不公正之处，即可推定为重大失衡。此种情况下，蒙受不利的一方可以撤销合同。

合同的重大失衡在英美法系中称为"不正当影响"，在大陆法系中称为"显失公平"。例如，《德国民法典》第 138 条规定，显失公平的法律行为就是"甲方乘乙方的穷迫、轻率或无经验"而实施的法律行为，受损害的一方可以要求撤销合同。

第四节　违约及违约救济

一、违约

(一)违约的概念

违约(Breach of Contract)，即违反合同，是指合同依法成立以后，当事人无正当理由不履行或不完全履行合同义务的行为。各国法律均认为，合同一经生效，对双方当事人均有法律约束力，违约一方应承担相应的法律责任，以使对方获得适当救济，但依法解除合

---

① 案例引自：Barton v. Armstrong ［1975］2 WLR 1050.

同义务的除外。

(二)违约责任的归责原则

两大法系都认为承担责任的必要条件是存在违约行为，是否要求行为人主观上必须存在过失，大陆法系与英美法系分歧较大。

1. 大陆法系的规定

大陆法系沿袭罗马法后期的传统过错原则，强调要有可归责于债务人的事由(即过错)才能承担合同责任，因不可归于债务人的事由导致债务不履行的，债务人可免除责任。如《法国民法典》第1147条规定："凡不履行合同是由于不能归责于债务人的外来原因所造成的，债务人即可免除损害赔偿的责任。"《德国民法典》第276条第1款规定："债务人，如无其他规定，应就其故意或过失的行为负其责任。怠于为交易中必要的注意者，为有过错。"法国法和德国法都确立了在合同中的过错责任原则，但在坚持过错责任原则的同时，还应有条件地适用无过错责任原则。例如，金钱债务的迟延责任、不能交付种类物的责任、瑕疵担保责任、债权人受领迟延责任、迟延履行后的责任等，均适用严格责任，债务人不论其主观上是否具有过错，都应承担违约责任。

2. 英美法系的规定

英美法系奉行严格责任原则。严格责任是与过错责任相对立的一种归责形式，是指在违约的情况下，只要不属于法定或约定免责的情形，违约这一客观事实本身即决定违约者应承担违约责任，而不必考虑违约者有没有主观上的错误。美国《合同法重述》第314条规定："凡没有正当理由不履行合同中的全部或部分允诺者，构成违约。"美国《第二次合同法重述》第260条规定："如果合同的履行义务已经到期，任何不履行都构成违约。"

3. 中国法的规定

我国《合同法》第107条规定："当事人一方不履行合同义务或者履行合同义务不符合约定的，应当承担继续履行、采取补救措施或者赔偿损失等违约责任。"我国在违约责任归责原则上采取严格责任原则，过错责任原则作为补充出现在《合同法》分则中，主要有以下几类：赠与合同中赠与人的损害赔偿责任；保管合同中保管人的过错责任；委托合同中受托人的过错责任；居间合同中居间人的过错责任等。

(三)催告制度

催告是大陆法系特有的一种制度，是指债权人提请债务人履约的通知。催告是在合同没有明确规定履行日期的情况下，只有经债权人催告后，债务人才承担迟延履约的责任。《法国民法典》第1139条规定：债务人的迟延责任，须于接到催告或其他类似证书后才能成立。

《德国民法典》第284条第1款规定：债务人在清偿期限届至后，经债权人催告仍不给付时，自催告时起负迟延责任。

关于催告的方式，法国法要求必须采取书面形式，并由法警送达债务人。德国法则不要求必须采用某种特定的方式，书面方式或口头方式均可，只要把催告传达给债务人即可。

催告能引起以下三种法律后果：

①自催告生效之日起，不履约的风险完全由违约一方承担；

②自催告生效之日起，债权人有权就对方不履行合同请求法律救济；

③从送达催告之日起，开始计算损害赔偿及其利息。

英美法系没有催告制度。英美法系认为，如果合同规定有履行期限，债务人必须按合同规定的期限履行合同；如果合同没有规定履行期限，则应于合理的期间内履行合同，否则即构成违约；债权人无须催告即可请求债务人赔偿由于延迟履约所造成的损失。合理的期间是事实问题，由法官来决定。

二、违约的分类

（一）大陆法系的规定

1. 德国法的规定

德国法将违约分为给付不能和给付延迟两种情况。

（1）给付不能（Supervening Impossibility of Performance）

"给付"是实现合同内容的作为或不作为（Act or Omission）。给付不能，是指债务人由于某种原因而无法履行合同义务，如因合同标的物灭失而无法履行给付。《德国民法典》又将给付不能分为自始给付不能（原始不能）与嗣后给付不能（后发不能）。自始给付不能是指合同成立时就不能履行。嗣后给付不能是指合同成立时是有可能履行的，但合同成立后，因为某些情况的阻碍，使得合同不能履行。自始给付不能关系到合同的成立；嗣后给付不能关系到合同的履行。《德国民法典》第306条规定："以不能给付为标的的合同，无效。"因此，自始给付不能的合同，在法律上是无效的。但《德国民法典》第307条规定："当事人在订立合同时，已知或应知其为给付不能者，应对受害方负损害赔偿的义务。"嗣后给付不能的后果，要依据债务人有无过错而定。《德国民法典》第280条规定："因可归责于债务人的事由致不能给付时，债务人应对债权人赔偿因不履行而造成的损害。"《德国民法典》第275条规定："因债的关系发生后产生不可归责于债务人的事由以致给付不能的，债务人免除其给付义务。"

（2）给付延迟（Delay in Performance）

给付延迟，是指债务已届履行期，而且是可能履行，但是债务人没有按期履行其合同义务。给付延迟包括无过失给付延迟和过失给付延迟。无过失给付延迟情况下，债务人不负延迟给付责任。《德国民法典》第284、285条规定，债务人对延迟履行有过错的，自债权人"催告"时起，债务人应负延迟责任（损害赔偿或解除合同）；债务人对延迟履行没有过错的，则不承担迟延责任。

2. 法国法的规定

《法国民法典》第1147条将违约分为债务不履行和债务延迟履行两种情况。债务人对于其不履行债务或延迟履行债务，必须负损害赔偿责任。对于双务合同，如果债务人不履行合同义务，债权人有权请求法院解除合同并要求债务人支付损害赔偿。

（二）英美法系的规定

1. 英国法的规定

英国法的合同条款分为要件（Condition）与担保（Warranty），违约情形也划分为违反要件与违反担保。违反要件（Breach of Condition）是指违反合同的主要条款，如买卖合同中有关货物品质、数量、交货期限等的规定。但对于哪些是重要的、根本性的，可以构成"要件"；哪些是次要的，从属于合同的主要目的，均由法官根据合同的内容与当事人的意思作出决定。违反担保(Breach of Warranty)是指违反合同的次要条款或附随条款。次要条款是指合同中除了主要条款之外的条款。

英国法中还有预期违约和履行不可能。

（1）预期违约(Anticipatory Breach of Contract)

预期违约是指当事人在合同履行期届临之前事先表示将不履行合同义务，分为明示违约和默示违约。明示违约是以口头或书面表示将不履行所承担的合同义务；默示违约是以行动表明不准备履行合同义务。违约方预期违约时，受害方有权选择：或解除合同并要求损害赔偿；或坚持合同有效，要求对方履约，同时自己也做好履约准备。

（2）履行不可能(Impossibility of Performance)

履行不可能分为订立合同时的不可能履行（如出售特定货物的买卖合同，货物在缔约时已经灭失）和合同成立后的不可能履行（如出售特定货物的合同，事后非因当事人的过失而货物在风险转移前灭失）。前者相当于德国法中的自始给付不能，后者相当于德国法中的嗣后给付不能。

2. 美国法的规定

美国法把违约分为轻微违约(Minor Breach)和重大违约(Material Breach)。轻微违约是指违约方虽对受害方造成损害，但受害方仍能取得合同的主要利益；重大违约是指违约方对受害方造成严重损害，致使受害方不能取得合同的主要利益。轻微违约相当于英国法中的违反担保，重大违约相当于英国法的违反要件。

【案例 2-15】

美国杰克波斯公司诉肯特案①

原告与被告肯特达成一项为被告肯特建一乡间居所的合同，规定所有的钢管必须是电镀完好、复合焊接的"瑞定"标准管。但原告装的却是实质上相似的替代管。被告知道真相后要求原告全部更换为原定的钢管，原告则认为更换工程不仅困难而且费用高昂，被告所用的钢管质量、外表、价值与成本是一样的，因此要求被告付款。美国法院认为，当事人未全面履行其义务，才能解除合同，但是在本案中原告已实质性履行了其义务，只是存在轻微的违反合同的行为，因此被告不能解除合同，只能获得少量的赔偿。

（三）《联合国国际货物买卖合同公约》

《联合国国际货物买卖合同公约》将违约分为根本性违约、非根本性违约和预期违约。

1. 根本性违约(Fundamental Breach)和非根本性违约(Non-Fundamental Breach)

《联合国国际货物买卖合同公约》第 25 条对根本性违约的定义："一方当事人违反合同的结果，如使另一方当事人蒙受损害，以至于实际上剥夺了他/她根据合同规定有权期

---

① 案例引自何宝玉主编：《英国合同法》，中国政法大学出版社 2006 年版，第 97 页。

待得到的东西，即为根本违反合同，除非违反合同一方并不预知而且一个同等资格、通情达理的人处于相同情况中也没有理由预知会发生这种结果。"可见，构成根本性违约一看违约造成损害的程度，即必须是已给对方造成实质性的损害；二看违约方主观有无过错，即违约方是否预知或是否应预知损害的结果。只有同时具备以上两个方面，才是根本性违约，否则是非根本性违约。该公约规定，根本性违约时，受损害方有权要求宣告合同无效并要求损害赔偿；而非根本性违约时，受损害方只能要求损害赔偿，不能主张合同无效。

2. 预期违约(Anticipatory Breach)

《联合国国际货物买卖合同公约》第71、72 条规定预期违约分为两种情况：一是在订立合同之后，发现对方履约能力或信用有严重缺陷，可以中止履行其义务，但必须通知对方，若对方对履行义务提供充分保证，则须继续履行合同；二是如果在履行合同之前，明显看出对方将根本违反合同，可以解除合同。

【案例 2-16】

中国公司诉德国公司根本违约案①

中国一公司于 2002 年 2 月与德国一公司签订了一批冷暖空调进口合同，约定合同的交货期为当年的 6 月。中方公司签约后，向德国公司开支了不可撤销信用证，德国公司于 6 月将空调运至货港。中方公司开箱检验发现该批空调只具备单项制冷功能。《联合国国际货物买卖合同公约》规定，一方当事人违约使另一方当事人蒙受损害，以至于实际上剥夺了他根据合同规定有权期待得到的东西，即为根本违反合同。在本案中，中方公司订购制热和制冷两种功能兼备的空调，而德国公司所提供的空调仅具备制冷功能，从根本上侵害了中方公司的利益，属于根本违反合同。

(四)《国际商事合同通则》

《国际商事合同通则》第 7.1.1 条中规定的合同不履行包括：瑕疵履行或迟延履行；不可免责的不履行和可免责的不履行。对于可免责的不履行，受损害方无权要求损害赔偿或实际履行，但有权要求终止合同。

(五)中国法

我国《合同法》把违约分为预期违约与实际违约。

1. 预期违约

预期违约是指在合同履行期限到来之前，一方无正当理由明确表示其在履行期到来后将不履行合同，或者其行为表明其在履行期到来后将不可能履行合同。预期违约又可分为明示预期毁约和默示预期毁约。

2. 实际违约

实际违约是指当事人在履行合同义务期间，不履行或不适当履行合同的情形。实际违

---

① 案例引自：苏号朋主编：《美国商法制度、判例与问题》，中国法制出版社 2006 年版，第 88 页。

约又分为不履行合同义务与不适当履行合同义务：前者是指合同生效后，当事人根本不履行自己的合同义务；后者是指当事人虽对合同义务作了履行，但是其履行义务的行为不符合合同约定的内容或法律的规定，其中包括延迟履行、瑕疵履行和加害给付。

三、违约的救济方法

违约救济（Remedies for Breach of Contract），是指一方违约时，法律给予受损害方（The Aggrieved Party）的补救。违约救济是针对受损害方，违约责任（Liability for Breach of Contract）则针对违约方。

（一）实际履行

实际履行（Specific Performance）也称继续履行、具体履行或强制履行，是指违约方根据对方当事人的请求继续履行合同规定的义务的违约责任形式。

大陆法系以实际履行作为违约救济的主要方法。《德国民法典》第 241 条第 1 款规定："债权人因债的关系得向债务人请求给付。"据此，债权人有权请求法院强制债务人履约。《法国民法典》第 1184 条规定："双务契约当事人一方不履行其债务时，债权人有权选择：或如有可能履行契约时，要求他方履行契约；或者解除契约并请求损害赔偿。"

英美法系的违约救济以金钱赔偿为主，实际履行只是辅助性衡平救济手段。英美普通法不承认实际履行这种救济方法，认为若一方当事人不履行其合同义务，对方只能要求其损害赔偿。而英美衡平法认为在采用损害赔偿仍不能补偿受害方所受损失时（如当合同标的物是特定物，或者违约的损失难于估计，或者唯有实际履行才能使受损害方得到公正待遇），法院才颁布特别履行令。英美法认为所有不动产都是特定物，而动产中的古董、赛马、相传动产以及不上市公司的股票等，也是特定物。法院拒绝颁发特别履行令的情况如下：①提供个人服务的合同；②需要法院长期监督履行合同的；③履约细节规定模糊不清的合同；④只能强制一方履行的合同。

《国际商事合同通则》原则上允许给予实际履行的救济，但第 7.2.2 条规定下列情况的除外：①在法律上或事实上不可能；②会造成不合理的负担或费用；③可以合理地从其他渠道获得履行；④履行具有完全的人身性质；在知道或理应知道该不履行后的一段时间内未要求履行。《国际商事合同通则》第 7.2.4 条规定，如果当事人不执行实际履行的判决，法院可以令其支付罚金。该罚金应支付给受损害方，否则，除非法院所在地另有规定，该罚金的支付并不排除损害赔偿的权利。《国际商事合同通则》第 7.2.5 条规定，如果实际履行未得到实施，当事人可以再诉诸其他的救济手段。也即，受损害方并不因实际履行而从此丧失得到金钱赔偿或其他救济权利。

《联合国国际货物买卖合同公约》第 28 条对实际履行作了折中规定，当事人一方有权要求他方履行某项义务，法院没有义务作出裁决，要求实际履行此项义务，除非法院依照其自身的法律对不受该公约支配的类似买卖合同可以这样做。

我国则明确规定实际履行是违约的主要责任形式。《合同法》第 109、110 条区别债务人不履行金钱债务和非金钱债务，分别对债权人要求实际履行的权利作出具体规定：当事人一方不履行非金钱债务或者履行非金钱债务不符合约定的，对方可以要求履行，但法律上或事实上不能履行，或者债务的标的不适于强制履行或履行费用过高，或者债权人在合理期限内未要求履行的，则不要求履行。

（二）损害赔偿

损害赔偿（Damages），也称赔偿损失，是指违约方用支付金钱的方式来补偿受害方因违约所遭受的损失。损害赔偿是最常见的合同违约救济措施，各国法律对此规定有差异。

1. 损害赔偿责任的成立

大陆法系认为损害赔偿的成立，须具备 3 个条件：①损害事实。基于如果根本没有发生损害，就不存在赔偿的原则，受害方对于发生损害的事实，须出具证明。②归责于债务人的原因。③损害发生的原因与损害事实之间须有因果关系。即损害是由于债务人应予负责的原因造成的。如《德国民法典》第 280 条规定：因可归责于债务人的事由致不能给付时，债务人应对债权人赔偿因不履行而造成的损害。

英美法系则认为，只要一方违约，受害方就可提起损害赔偿之诉。至于违约方有无过失、是否发生实际损害，不构成损害赔偿责任成立的前提。比如，若违约并未给对方造成实际损害，法院可以作出名义上损害赔偿（Nominal Damages）的判决，即判令违约方支付一笔微不足道的金额，比如 1 美元或 2 英镑，以表明形式上已发生违约。

我国《合同法》对损害赔偿责任成立的条件包括债务人有违约行为并给债权人造成实际损害，不以债务人主观上存在过错为构成要件。

《联合国国际货物买卖合同公约》关于损害赔偿责任的成立主要考虑买卖双方的实际利益。

2. 损害赔偿的方法

损害赔偿的方法包括：恢复原状和金钱赔偿。恢复原状是指用实物赔偿损失，使恢复到损害发生前的原状，此种方式虽可达到损害赔偿的目的，但有时实施不便；而金钱赔偿最为简便，但有时无法满足损害赔偿的主旨。德国法以恢复原状为原则、金钱赔偿为例外，即只有在不能恢复原状或恢复原状已不足以赔偿债权人的损害时，才允许金钱赔偿；而法国法则相反，以金钱赔偿为原则、恢复原状为例外。英美法系则采用金钱赔偿的方法，目的是为了使受损害方恢复到合同未履行时相同的经济地位。

3. 损害赔偿的范围

关于损害赔偿的范围，德国和法国的规定基本一致，包括实际损失和预期利益的损失。实际损失是现实财产的减少，也称直接损失；预期利益是指缔约时可以预见到的履行利益，也称可得利益或间接利益。《法国民法典》第 1149 条规定，损害赔偿一般应包括"所受的损失和所失的可获得的利益"。《德国民法典》第 252 条规定，应赔偿的损害也包括所失利益。

英美法系认为损害赔偿的范围包括：①直接损害（Direct Damage），是指违约行为直接造成的损失；②附带损害（Incidental Damage），是指出除直接损失外，受害人附带遭受的损失，如受害人一方因对方违约对货物的保管、运输、检验等方面所支出的费用；③间接损失（Consequential Damage），是指违约所造成的损害后果，不包括违约行为直接造成的损失。

《联合国国际货物买卖合同公约》第 74 条规定，违约方违反合同应负的损害赔偿额，应与受损害方因他违反合同而遭受包括利润在内的损失额相等。这种损害赔偿不得超过违约方在订立合同时，依照他当时已知道或理应知道的事实和情况，对违反合同预料到或理应预料到的可能损失。

我国《合同法》第113条规定，损害赔偿额应相当于因违约所造成的损失，包括合同履行后可以获得的利益，但不得超过违反合同一方订立合同时预见或者应当预见到的因违反合同可能造成的损失。

【案例 2-17】

Bacon v. Cooper(Metals) Ltd. 案①

因被告供应的金属与合同不符，导致原告已经使用了3年的裂碎机损坏。原告购买了一台新裂碎机，并要求被告赔偿购买新裂碎机的全部费用及利息。被告不同意。原告诉至法院。在审理中，被告辩称，一台新型裂碎机的使用寿命大约为7年，而原告损坏的裂碎机已使用了3年，原告购买新机器又可以使用7年，所以赔偿额应适当扣除。法官指出，原告虽购买了一台新机器，但并非出于原告的过错，而是由于被告的过失，况且，原告也无法购买一台正好使用了3年的裂碎机。

（三）禁令

禁令（Injunction）是英美衡平法上采取的一种特殊的救济方法。禁令是指法院应有关当事人一方的要求作出的，禁止或要求债务人不许作出某种行为，或必须作出某种行为的判令。禁令救济的行使权完全掌握在法院手中，法院有权自由裁量，当事人无权要求法院必须给予这种救济。

禁令在合同法中作为救济方法是指由法院作出的强制合同的当事人执行合同所规定的某项消极的义务的命令，即由法院判令被告不许作某种行为的命令。禁令适用于消极合同，禁止当事人为某一行为，迫使履行许诺。

英美法院仅在下述情况下才会适用这种救济：①采取一般的损害赔偿救济方法不足以补偿债权人所受的损失；②禁令必须符合公平合理的原则。一般在涉及侵犯专利权、商标权时，英美法院才会判禁令，通常合同法中使用得不多。

在我国，禁令不是《合同法》明文规定的违约救济方法，虽然也出现过法院向银行发布止付令的情况。

（四）违约金

违约金（Liquidated Damages）是违约方支付给受损害方一定数量的金钱或财物。

大陆法系把违约金分为惩罚性违约金（德国）和赔偿性违约金（法国）。德国法规定，违约金是对债务人不履行合同的一种制裁，具有惩罚性质。因此，当债务人不履行债务时，债权人除请求违约金外，还可要求由于违约所造成的损害赔偿。法国法原则上不允许债权人在请求违约金的同时，要求债务人履行主债务或另行提出不履行债务的损害赔偿。英美法系认为对于违约只能要求赔偿，不能予以惩罚。英美法系上的违约金主要是对违约

---

① 案例引自：Bacon v. Cooper (Metals) Ltd. [1982] 1 All ER 397.

状态下的受害者提供的法律补救措施，已尽可能减少违约给受约人带来的损害。

我国《合同法》把违约金看做违约的损失赔偿。《合同法》第114条规定，当事人可以约定一方违约时，应当根据违约情况向对方支付一定数额的违约金；也可以约定因违约产生的损失赔偿额的计算方法。当事人延迟履行约定违约金的，违约方支付违约金后，还应当履行债务。《合同法》第114条第2款规定，约定的违约金低于造成的损失的，当事人可以请求人民法院或者仲裁机构予以增加，约定的违约金过分高于造成的损失的，当事人可以请求人民法院或者仲裁机构予以适当减少。

(五)解除合同

解除合同(Rescission)，是指合同当事人依照约定或法律规定的条件和程序行使解除权，提前终止合同的行为。将解除合同作为违约救济手段始于《法国民法典》，之前欧洲各国奉行罗马法主张，认为双务合同的一方当事人如不履行合同，另一方当事人只能请求损害赔偿，而不能解除合同(买卖合同除外)。

《法国民法典》第1184条规定，双务契约当事人一方不履行其债务时，应视为有解除合同的约定。《德国民法典》第325、326条规定，双务契约的一方当事人在给付不能或给付迟延时，他方当事人有请求损害赔偿或解除合同的权利。在英美法系中，解除合同是一种衡平救济方法，在一方当事人违反合同要件或重大违约时，另一方当事人就有权解除合同。《联合国国际货物买卖合同公约》第49、64条规定，在买方或卖方根本违反合同时，卖方或买方可以解除合同，并要求损害赔偿。

我国《合同法》第94条规定，有下列情形之一的，当事人可以解除合同：①因不可抗力致使不能实现合同目的；②在履行期限届满之前，当事人一方明确表示或者以自己的行为表明不履行主要债务；③当事人一方迟延履行主要债务，经催告后在合理期限内仍未履行；④当事人一方迟延履行债务或者有其他违约行为致使不能实现合同目的；⑤法律规定的其他情形。《合同法》第96条规定，当事人一方主张解除合同的，应当通知对方。合同自通知到达对方时解除。

四、违约免责情形

(一)不可抗力(Force Majeure)

不可抗力，是指在合同订立之后发生的订立合同时不能预见、当事人不能避免或人力不可抗力的意外事故。不可抗力作为法定的免责事由为多国民商法接受。我国《民法通则》第153条规定，不可抗力是指不能预见、不能避免并不能克服的客观情况；第107条规定，因不可抗力不能履行合同或者造成他人损害的，不承担民事责任，法律另有规定的除外。我国《合同法》也将不可抗力作为解除合同的条件进行了规定。

不可抗力事件包括自然事件(如地震、暴风、火灾、洪水等)和社会事件(如战争、罢工、政府禁运等)。不可抗力事件可引起全部免责、部分免责和迟延履行合同三种法律后果。但是，因不可抗力而不能履行或不能完全履行合同的一方当事人，应及时通知对方以减轻其损失，并在合理期限内提供相关证明。

《联合国国际货物买卖合同公约》第79条第5款规定，当事人因不可抗力原因不履行义务时仅得以免除损害赔偿责任，而任何一方行使其他救济方法的权利不受妨碍。

（二）情势变更

情势变更（Changes of Circumstances）是大陆法系中的一项重要制度。情势变更，亦称情势变迁，是指合同成立后，作为合同关系基础的情势，由于不可归责于当事人的原因，发生了非缔约当初所能预料到的变化，如仍坚持原来的法律效力，将会产生显失公平的结果，有悖于诚实信用原则，因此应将合同作相应变更或解除的制度。

（三）合同落空

合同落空（Frustration of Contract）是英美法系的术语，类似大陆法系中的情势变更。合同落空，是指合同成立之后，非由于当事人自身的过失，而是因某种意外事件，致使当事人在缔约时所谋求的商业目标受到挫折。在此情况下，对于尚未履行的合同义务，当事人可免除履行的责任。英美法中导致合同落空的情势大体有：标的物灭失；合同因法律修改而变为非法；情况发生根本性变化；政府实行封锁禁运或进出口许可证制度等。

【案例 2-18】

英王爱德华三世登基典礼案

原告同意于 1902 年 6 月 26 日和 27 日将自己的房子的阳台出租给被告。被告想利用该阳台观看该两日举行的英王爱德华三世的加冕典礼。由于这位国王生病，庆典被取消，被告拒绝支付尚未支付给原告的 2/3 的租金。英国上诉法院判决，合同的目的因该庆典的取消而落空，合同虽然没有载明租房的目的是为了观看登基典礼，但从有关背景可以发现这是合同的基础，而由于登基典礼已告取消，该合同的基础即不复存在。

【思考题】

1. 简述合同的概念和法律特征。
2. 什么是要约？要约和要约邀请有何不同？
3. 什么是承诺？承诺的构成要件是什么？
4. 试比较投邮主义和到达主义。
5. 简述欺诈和胁迫。
6. 违约的救济方法有哪些？
7. 2012 年 6 月 5 日，加拿大 C 公司向印度尼西亚 D 公司发出要约："以每吨 800 美元 CIF 印度尼西亚港口的价格出售某种谷物 300 吨，6 月 25 日前承诺有效。"D 公司接到电话后，要求 C 公司将价格降到 750 美元。经研究，C 公司决定将价格定为 780 美元，并于 7 月 1 日通知对方："此为我方最后定价，7 月 10 日前承诺有效。"D 公司于 7 月 8 日来电接受 C 公司的最后发盘，但此前 C 公司得知世界市场上该种谷物的价格已上升至每吨 820 美元，并于 7 月 7 日致函 D 公司要求撤盘，D 公司认为合同已经成立，C 公司撤盘系违约行为。

请问：C 公司能否作出撤销要约的行为？为什么？

8. 2011 年 1 月，中国甲公司与日本乙公司签订合同，由乙公司按 CIF 交货条件将 8 万只用于显像管生产的电子枪按时交予甲公司。收到货后，甲公司在使用过程中发现电子枪存在质量问题，经双方协商，同意由中国商检机构进行品质检验。经检验证明，电子枪的质量存在较大质量缺陷。甲公司随即与乙公司交涉并达成索赔协议。协议规定：（1）甲公司对已收货物中已使用的部分电子枪暂不退还给乙公司；（2）乙公司应在3个月内将符合质量要求的7.5万只电子枪发送到甲公司；（3）更换的货物运到后，甲公司将抽样检测，若不合格率大于20%，则整批退货。结果，乙公司交来的货物仍然质量不合格。后经双方协商，甲公司提出，乙公司可将应提供的电子枪品牌更换为"日天"或"星星"牌。乙公司表示同意，并将此作为索赔协议的一部分。后由于新供货方的原因，乙公司仍然未能履行义务。2012年5月，甲公司向法院提起诉讼，请求：（1）乙公司退还7.5万只电子枪的价款及利息；（2）已经使用的5000只电子枪造成的经济损失由乙公司承担；（3）有关检验的相关费用由乙公司承担；（4）保管费、货物差价等经济损失由乙公司承担。

请问：

（1）乙公司是否构成根本违约？

（2）甲公司有何种权利？

第三章　国际货物买卖法

【重难点提示】国际货物买卖法的渊源；国际贸易术语；买卖双方的义务；货物风险的转移；商检权与复检权。

第一节　国际货物买卖法概述

一、国际货物买卖的概念和特征

国际货物买卖(International Sale of Goods)，是指营业地处于不同国家的当事人之间的有形商品贸易。国际货物买卖是传统意义上的国际贸易，是国际经济交往的主要形式。

国际货物买卖具有以下特征：

1. 买卖双方的营业所必须分设于两个国家领域内

这是判断一宗货物买卖是否适用国际货物买卖的根本标准，也即买卖关系超出了一国的法律管辖范围，它是涉及外国法律和外国法律运用的法律行为，国际货物买卖关系与某国境内的货物买卖关系不同，后者属于一般的国内民事法律关系，由国内的民法或商法调整。

2. 国际货物买卖中的货物必须作跨越国境的运输

经买卖双方所在海关的检查和登记后进口或出口。

3. 国际货物买卖合同的标的是有形商品和可以移动的物品

即仅指有形动产，不包括不动产、货币、股票、债券和流通票据，也不包括提供劳务的交易，这些属于国际工程承包、国际技术贸易、国际票据规则中的内容。

4. 国际货物买卖是通过订立和履行国际商事合同来实现的

国际商事合同的法律制度是国际货物买卖法的核心，调整国际货物买卖的法律包括国际公约、国际惯例和国内法。

二、国际货物买卖的国际公约

调整国际货物买卖的国际公约主要有：1964年两个海牙公约，即《国际货物买卖统一法公约》、《国际货物买卖合同成立统一法公约》；1980年《联合国国际货物买卖合同公约》。

(一)海牙公约

罗马国际统一私法协会于 1926 年成立之初，就着手研究制定国际货物买卖法。从 1930 年起，该协会开始起草《国际货物买卖统一法公约》，1935 年完成初稿。1936 年开始起草《国际货物买卖合同成立统一法公约》，期间第二次世界大战爆发，工作中断，直至 1952 年在 21 个国家参加的海牙外交会议上对两个公约文本进行讨论和修改，1958—1963 年完成对两个公约的第二次修订后，于 1964 年 4 月 25 日在海牙外交会议上获得通过。《国际货物买卖统一法公约》(*The Uniform Law on International Sale of Goods*，简称 ULIS)于 1972 年 8 月 18 日生效，参加国或核准国有：英国、比利时、联邦德国、冈比亚、以色列、意大利、荷兰、圣马力诺 8 国。《国际货物买卖合同成立统一法公约》(*The Uniform Law on the Formation of Contract for International Sale of Goods*，简称 ULF)于 1972 年 8 月 23 日生效，参加国或核准国为除以色列以外的上述 7 国。

由于上述两个海牙公约在理论与实践中存在较大的局限性，合同法原则仅采纳大陆法系国家的规定，而且公约条文过于烦琐和晦涩，未能兼顾考虑发展中国家利益，因此，未能被世界绝大多数国家承认和接受。

(二)《联合国国际货物买卖合同公约》

联合国国际贸易法委员会在 1969 年成立国际货物买卖工作组，着手在上述两个公约的基础上制定一部统一的国际货物买卖法。1978 年，完成《联合国国际货物买卖合同公约》(*United Nations Convention on Contracts for the International Sale of Goods*，以下简称《公约》)的起草工作，并于 1980 年 3 月份在维也纳召开的有 62 个国家参加的外交会议上获得通过，1988 年 1 月 1 日正式生效。迄今为止，该公约成员已达 70 多个，包括美国、德国、法国、意大利、挪威、瑞士、瑞典和中国等世界主要贸易国。

1.《公约》的适用范围

《公约》第 1 条规定："①本公约适用于营业地在不同国家的当事人之间所订立的货物销售合同：(a)如果这些国家是缔约国；或(b)如果国际私法规则导致适用某一缔约国的法律；②当事人营业地在不同国家的事实，如果从合同或从订立合同前任何时候或订立合同时，当事人之间的任何交易或当事人透露的情报均看不出，应不予考虑；③在确定本公约的适用时，当事人的国籍和当事人或合同的民事或商业性质，应不予考虑。"

根据《公约》第 1 条第 1 款(a)项规定，适用标准是当事人的营业地，而不是货物的国际转移。所谓营业地，是指固定的、永久的、独立进行营业的场所，代表机构所在地不是《公约》意义上的营业地。当事人营业地所在国必须是《公约》的缔约国，或是国际私法规则导致适用缔约国法律。对于《公约》第 1 条第 1 款(b)项规定，我国提出了保留，即我国只承认中国商事主体与缔约国商事主体所订立的合同适用于《公约》，或者双方当事人营业地均为《公约》缔约国。

2.《公约》规定的货物范围

所谓货物，各国法律有不同规定，通常指有形动产，包括尚待生产与制造的货物，即包括现货和期货。《法国民法典》规定，交易范围内的物品除特别法禁止出让外，均为买卖的标的。《日本民法典》中，买卖标的包括动产、不动产、无限权力的交付。英国《1893

年货物买卖法》①专门定义"货物"为："劳务和金钱以外的一切动产，在苏格兰则指除金钱以外的一切有形动产。"该定义还包括庄稼、正在制造中的工业产品以及附着于或已经成为动产一部分而同意加以分离出售的物品。《美国统一商法典》中的"货物"是指：除作为支付手段的金钱、投资证券和处于诉讼中的货物以外的所有特定于买卖合同项下的可以移动的物品（包括特别制造的货物），以及尚未出生的动物及幼仔、生长中的农作物和有关将与不动产分离之货物以及其他附着于不动产但已特定化的物品。我国《合同法》第 132 条第 2 款规定："非法律和行政法规禁止或限制的皆可作为买卖合同的标的。"

《公约》没有直接对货物下定义，而是采用排除法，列举了不适用《公约》的货物买卖。

《公约》第 2 条规定："本公约不适用于以下的销售：（a）购供私人、家人或家庭使用的货物的销售，除非卖方在订立合同前任何时候或订立合同时不知道而且没有理由知道这些货物是购供任何这种使用；（b）经由拍卖的销售；（c）根据法律执行令状或其他令状的销售；（d）公债、股票、投资证券、流通票据或货币的销售；（e）船舶、船只、气垫船、或飞机的销售；（f）电力的销售。"《公约》第 3 条规定："①供应尚待制造或生产的货物的合同应视为销售合同，除非订购货物的当事人保证供应这种制造或生产所需的大部分重要材料。②本公约不适用于供应货物一方的绝大部分义务在于供应劳力或其他服务的合同。"

3.《公约》不涉及的事项

《公约》第 4 条规定："本公约只适用于销售合同的订立、卖方和买方因此种合同而产生的权利和义务。特别是，本公约除非另有明文规定，与以下事项无关：（a）合同的效力，或其任何条款的效力，或任何惯例的效力；（b）合同对所售货物所有权可能产生的影响。"《公约》第 5 条规定："本公约不适用于卖方对于货物对任何人所造成的死亡或伤害的责任。"

《公约》仅适用合同的订立和买卖双方的权利、义务，并不涉及合同的效力，或其任何条款的效力或惯例的效力；合同对所有权的影响；货物对人身造成的伤亡或损害的产品责任问题。凡《公约》未涉及的问题，可依照双方业已同意的惯例或依据合同适用的国内法予以解决。

4.《公约》不具有强制性

《公约》第 6 条规定，双方当事人可以不适用本公约，即《公约》的适用不具有强制性。即使双方当事人营业地分处《公约》的两个缔约国，只要当事人在合同中约定不适用《公约》，就可排除《公约》的适用。但如果当事人没有明确约定法律适用问题时，则《公约》就自动适用于营业地分处不同缔约国的当事人的货物买卖合同。

除上述不适用《公约》的情形外，当事人有权部分地排除《公约》的适用，或以合同条款改变《公约》中的规定。

---

① 参见《1979 年货物买卖法》（1995 年修订本）第 61 条货物定义。

【案例3-1】

1999 年 7 月，营业地位于美国华盛顿州的 A 公司与营业地位于阿根廷的 B 公司订立了一项买卖 5 架 AX—400 型客机的合同。B 公司于合同生效后 5 年内，分批向 A 公司支付 4 亿美元的货款。后因货款支付问题，A 公司向美国某联邦法院对 B 公司提起诉讼。由于该合同未就法律适用作任何约定，因此 A 公司主张适用华盛顿州的法律，而 B 公司则认为，由于美国与阿根廷均为《公约》的缔约国，故该合同应适用《公约》。

解析： 由于 A 公司与 B 公司的营业地分别处于不同国家，且均是《公约》缔约国，并且双方又没有约定不适用《公约》，因此，如果 A 公司与 B 公司所签订的买卖合同属于《公约》调整范畴，《公约》就适用。但《公约》规定以下情形不适用：购供私人、家人或家庭使用的货物的销售；经由拍卖的销售；根据法律执行令状或其他令状的销售；公债、股票、投资证券、流通票据或货币的销售；船舶、船只、气垫船、飞机的销售；电力的销售。A 公司与 B 公司签订的是飞机买卖合同，因此不能适用《公约》。

三、国际货物买卖的国际惯例

国际货物买卖惯例是商人们在长期的国际贸易实践中形成的习惯。国际货物买卖中，买卖双方可以在合同中采用某种国际惯例，确定双方的权利义务。目前，国际货物买卖方面的国际惯例主要有以下三种：

（一）1932 年《华沙—牛津规则》

《华沙—牛津规则》（*Warsaw-Oxford Rules*），是国际法协会（International Law Association）1928 年在华沙制定，并于 1932 年在牛津修订。该规则共有 21 条，对 CIF（成本加运费、保险费）合同中的买卖双方承担的责任、费用与风险做了规定，在国际上具有较大的影响。

（二）1941 年《美国对外贸易定义修订本》

《美国对外贸易定义修订本》（*Revised American Foreign Trade Definitions*）源于美国九大商业团体 1919 年在纽约制定的《美国出口报价及缩写》。其后，在 1940 年举行的美国第 27 届全国对外贸易会议上对《美国出口报价及缩写》进行了修订，并于 1941 年经美国商会、美国进口商理事会和美国对外贸易理事会组成的联合委员会通过。该惯例对美国在对外贸易中经常使用的 6 种贸易术语作了解释，即 EX（产地交货价）、FOB（运输工具上交货价）、FAS（船边交货价）、C&F（成本加运费价）、CIF（成本加保险费、运费价）和 EX DOCK（目的港码头交货价），并且具体制定了在这 6 种不同的贸易术语条件下买卖双方的权利和义务。该惯例在美洲国家中有很大影响。

（三）《国际贸易术语解释通则 2010》

《国际贸易术语解释通则 2010》（*International Rules for the Interpretation of Trade Terms 2010*，简称 Incoterms 2010）是国际商会（International Chamber of Commerce，简称 ICC）根据国家货物贸易的发展，对《国际贸易术语解释通则 2000》的修订，于 2010 年 9 月 27 日公布，2011 年 1 月 1 日实施。

该通则的目的在于对国际贸易合同中使用的主要术语，提供一套具有国际性通用的解释，使从事国际商业的人们在这些术语因国家不同而有不同解释的情况下，能选用确定而统一的解释。该通则是国际买卖法的主要渊源，不但最有影响，在实践中也得到了广泛使用。

相对《国际贸易术语解释通则2000》，《国际贸易术语解释通则2010》主要有以下变化：

1. 贸易术语的分类由EFCD四组改为两类

第一类适用于各种运输方式的术语包括：EXW（EX Works，工厂交货）、FCA（Free Carrier，货交承运人）、CPT（Carriage Paid to，运费付至目的地）、CIP（Carriage and Insurance Paid to，运费、保险费付至目的地）、DAT（Delivered At Terminal，目的地或目的港集散站交货）、DAP（Delivered At Place，目的地交货）、DDP（Delivered Duty Paid，完税后交货）；第二类适用于水上运输方式的术语包括：FAS（Free Alongside Ship，装运港船边交货）、FOB（Free On Board，装运港船上交货）、CFR（Cost and Freight，成本加运费）、CIF（Cost，Insurance and Freight，成本、保险费加运费）。

2. 贸易术语的数量由原来的13种变为11种

删除了《国际贸易术语解释通则2000》中D组贸易术语中的DAF（Delivered At Frontier，边境交货）、DES（Delivered Ex Ship，目的港船上交货）、DEQ（Delivered Ex Quay，目的港码头交货）和DDU（Delivered Duty Unpaid）（未完税交货），新增了DAT（Delivered At Terminal，指定目的地或目的港集散站交货）和DAP（Delivered At Place，指定目的地交货）。DAT和DAP术语，是"实质性交货"术语，在将货物运至目的地过程中涉及的所有费用和风险由卖方承担。此术语适用于任何运输方式，因此也适用于各种DAF、DES、DEQ和DDU以前被使用过的情形。

3. 取消了"船舷"的概念

在海运条件下，卖方承担货物装上船为止的一切风险，买方则承担货物自转运港装上船之后的一切风险。

4. 扩大了贸易术语的适用范围

将贸易术语的适用范围扩大到国内贸易中，赋予电子单据与书面单据同样的效力，增加对出口国安检的义务分配，要求双方明确交货位置，将承运人定义为缔约承运人。

以上都在很大程度上反映了国际货物贸易的实践要求，并进一步与《联合国国际货物买卖合同公约》及《鹿特丹规则》衔接。

《国际贸易术语解释通则2010》中的贸易术语的主要内容，参看表3-1。

(四)常用的国际贸易术语

1. FOB术语

FOB术语的全称是Free on Board（named port of shipment），即装运港船上交货。FOB是海上运输出现最早的国际贸易术语，也是目前国际上普遍应用的贸易术语之一。《国际贸易术语解释通则2000》规定，船上交货（……指定装运港）是货物在指定的装运港越过船舷，卖方即完成交货。这意味着卖方必须从该点起承担货物灭失或损坏的一切风险。FOB术语要求卖方办理货物出口清关手续。该术语仅适用于海运或内河运输。如当事各方无意越过船舷交货，则应使用FCA术语。

表 3-1

国际贸易术语表（INCOTERMS 2010）

组别	术语	英文	中文名	交货地点	风险转移界限	签订运输合同及支付运费	保险责任及费用	出口报关责任及费用	进口报关责任及费用	适用运输方式	详细概念
E组	EXW	Ex Works	工厂交货	车间、仓库、工厂所在地	买方处置货物后	买方	买方	买方	买方	任何运输方式或多式联运	指当卖方在其所在地或其他指定地点将货物交由买方处置时，即完成交货。代表卖方最低义务
F组	FCA	Free Carrier	货交承运人	出口国的地点或港口	承运人或运输代理人处置货物后	买方	买方	卖方	买方	任何运输方式或多式联运	指卖方在其所在地或其他指定地点将货物交给买方指定的承运人或其他人
	FOB	Free on Board	船上交货	指定的装运港口	货物交到船上时	买方	买方	卖方	买方	海运或内河水运	指卖方以在指定装运港将货物装上买方指定的船舶或通过取得已交付至船上货物的方式交货
	FAS	Free Alongside Ship	船边交货	指定的装运港口	卖方将货物交到船边时	买方	买方	卖方	买方	海运或内河水运	指当卖方在指定的装运港将货物交到买方指定的船边（如置于码头或驳船上）时，即为交货
C组	CFR	Cost and Freight	成本加运费	指定的装运港口	货物交到船上时	卖方	买方	卖方	买方	海运或内河水运	指卖方在船上交货或以取得已经这样交付的货物方式交货。CFR价=FOB价+运费
	CIF	Cost Insurance and Freight	成本保险费加运费	指定的装运港口	货物交到船上时	卖方	卖方	卖方	买方	海运或内河水运	指卖方在船上交货或以取得已经这样交付的货物方式交货。CFR价=FOB价+保险费+运费，俗称"到岸价"
	CPT	Carriage Paid to	运费付至	国内陆路口岸或港口	在交货地点，买方指定的承运人控制货物后	卖方	买方	卖方	买方	任何运输方式或多式联运	指卖方将货物在双方约定地点交给买方指定的承运人或其他人。CPT=FCA+运费
	CIP	Carriage and Insurance Paid to	运费保险费付至	国内陆路口岸或港口	在交货地点，买方指定的承运人控制货物后	卖方	卖方	卖方	买方	任何运输方式或多式联运	指卖方将货物在双方约定地点交给买方指定的承运人或其他人。CIP=FCA+运费+保险费

67

国际贸易术语表（INCOTERMS 2010）

组别	术语	英文	中文名	交货地点	风险转移界限	签订运输合同及支付运费	保险责任及费用	出口报关责任及费用	进口报关责任及费用	适用运输方式	详细概念
D组	DAP	Delivered At Place	目的地交货	指定目的地	买方处置货物后	卖方	卖方	卖方	买方	任何运输方式或多式联运	指卖方在指定的目的地交货，只需做好卸货准备无须卸货即完成交货。卖方应承担将货物运至指定的目的地的一切风险和费用（除进口费用外）
	DAT	Delivered At Terminal	运输终端交货	指定港口或目的地的运输终端	买方处置货物后	卖方	卖方	卖方	买方	任何运输方式或多式联运	指当卖方在指定港口或目的地的指定运输终端将货物从抵达的载货运输工具上卸下，交由买方处置时，即为交货。"运输终端"意味着任何地点，而不论该地点是否有遮盖，例如码头、仓库、集装箱堆积场或公路、铁路、空运货站。卖方应承担将货物运至指定的目的地或目的港的集散站的一切风险和费用（除进口费用外）
	DDP	Delieved Duty Paid	完税后交货	进口国国内目的地	买方处置货物后	卖方	卖方	卖方	卖方	任何运输方式或多式联运	指当卖方在指定目的地将仍处于抵达的运输工具上，但已完成进口清关，且已做好卸货准备的货物交由买方处置时，即为交货。代表卖方最大责任

根据上述规定，FOB 术语卖方的责任包括：①提供商业发票及交货凭证；②自负费用及风险，办理出口许可证及出口手续，交纳出口的捐、税、费；③按照约定的时间、地点，将货物装上买方指定的船舶，并及时通知买方；④承担在装运港货物越过船舷以前的风险和费用。

买方的责任包括：①支付货款；②自负费用及风险，取得出口许可证及办理进口手续，交纳进口的捐、税、费；③自费租船，并将船名、装货地点、时间及时通知对方；④承担货物在装上船后的一切风险。

在使用 FOB 术语时，应注意以下几个问题：①充分通知。首先，买方租船后，应将船名、装货时间、地点及时通知卖方。如果买方未通知，或指定船只未按时到达，或未能按时收载货物，或比规定的时间提前停止装货，由此产生的货物灭失或损失应由买方承担。其次，卖方在货物装船时，要及时通知买方。否则，由于卖方未给予充分通知而导致买方受到的损失，应由卖方负责。(2)注意各国对 FOB 贸易术语的不同解释。如 1941 年的《美国对外贸易定义修订本》把 FOB 术语分为 6 种，其中只有 FOB vessel 与《国际贸易术语解释通则 2000》中的 FOB 术语含义类似。因此，在对美贸易中，若用 FOB 术语成交，需要注明出处。

【案例 3-2】

A(卖方)和 B(买方)两个公司签订了一份购买成套设备的合同，FOB 伦敦(在伦敦船上交货)，买方 B 与 C(船方)签订了货运合同。卖方按照买方的指示将设备运到伦敦港，C 在使用船上吊杆把成套设备从 A 的船上往 C 船上运时，吊杆折断，造成货损，此时货物尚未越过船舷，风险并未转移给买方，卖方需承担损失，由卖方 A 向负责装卸的船方 C 提出索赔。因此，以船舷为界原则，如货物在装船时脱钩入海，则由于货物没有越过船舷，其风险由买方承担，但只要货物越过船舷，如货物掉在 C 的甲板上导致货损，则风险由买方承担。①

2. CIF 术语

CIF 术语的全称是 Cost Insurance and Freight(named port of destination)，即成本、保险费加运费付至(指定目的港)。《国际贸易术语解释通则 2000》规定，成本、保险费加运费是指在装运港当货物越过船舷时卖方即完成交货义务。卖方必须支付将货物运至指定的目的港所需的运费和费用，但交货后货物灭失或损坏的风险及由于各种事件造成的任何额外费用即由卖方转移到买方。但是，在 CIF 条件下，卖方还必须办理买方货物在运输途中灭失或损坏风险的海运保险。因此，由卖方订立保险合同并支付保险费。买方应注意到，CIF 术语只要求卖方投保最低限度的保险险别。如买方需要更高的保险险别，则需要与卖方明确地达成协议，或者自行作出额外的保险安排。CIF 术语要求卖方办理货物出口清关手续。该术语仅适用于海运和内河运输。若当事人无意越过船舷交货则应使用 CIP 术语。

根据上述规定，CIF 术语的卖方责任包括：①提交装运单据，包括提单、保险单；②自负费用和风险，办理出口通关手续；③租船订舱，承担运费；④自费投保、交纳保险费；⑤承担货物在装运港越过船舷之前的一切费用和风险；⑥负责将货物装船，并及时通知买方。

买方的义务包括：①并接受单据，按时提取货物；②支付货款；③自负费用和风险，办理出口通关手续；④承担货物在装运港越过船舷后的一切风险及除运费和保险费以外的费用。

使用 CIF 术语要注意的问题：①替买方投保，并支付保险费是卖方的义务。但是，当

---

① 案例引自成荣芬主编：《国际贸易实务精品课程案例分析》，载浙江工贸职业技术学院精品课程网：http://jpkc. zjitc. net/gjmy/special/gensystem. asp，2007 年 2 月 3 日。

双方未就保险条款和投保险别加以约定时，卖方只负责按伦敦保险业协会货物保险条款投保海上运输的最低险别，在投保范围中也不包括某些特别险种。买方如要投保其他险别或特别险，应在合同中说明，并自负该项加保费用。②缩略语后的港口名称是目的港名称，指明运输费和保险费的计算是从装运港至目的港全程的运输费和保险费，而不是指卖方的交货地点。和 FOB 一样，在 CIF 术语中，卖方的交货义务是在装运港将货物交到船上完成的。

3. CFR 术语

CFR 术语的全称是 Cost and Freight(named port of destination)，即成本加运费(指定目的港)。《国际贸易术语解释通则 2000》载明规定，成本加运费(……指定目的港)是指在装运港货物越过船舷卖方即完成交货义务。卖方必须支付将货物运至指定的目的港所需的运费和费用，但交货后货物灭失或损坏的风险，以及由于各种事件造成的任何额外费用，即由卖方转移到买方。CFR 术语要求卖方办理出口清关手续，该术语仅适用于海运或内河运输。如当事各方无意越过船舷交货，则应使用 CPT 术语。

CFR 术语的与 CIF 术语的区别仅在于价格构成。在按 CFR 术语成交时，不包括保险费，即买方要自行投保并支付保险费。其余皆同于 CIF 术语。

使用 CFR 要注意的问题是装船通知。卖方将货物装船后必须立即通知买方，以便对方投保。否则，因为通知不及时造成漏保货运险造成损失，卖方需承担赔偿责任。

四、国际货物买卖的国内立法

(一)英美法系国家国内立法

英美法系国家的货物买卖法由判例和成文法构成。在成文法方面，英国《1893 年货物买卖法》(Sale of Goods Act，1893)和《美国统一商法典》(Uniform Commercial Code，简称 U. C. C.)是英美法系买卖法的典范。

英国《1893 年货物买卖法》是在总结法院数百年来有关货物买卖案件所做判例的基础上制定的，它是资本主义国家最早的货物买卖法，是英美法系各国制定本国买卖法的蓝本。这部法律自公布以来历经多次修订，现行有效的是在《1979 年货物买卖法》基础上修订，于 1995 年生效的《货物买卖法》。该法由契约的成立、契约的失效、契约的履行、未收货款的卖方对货物的权利、对违约的诉讼和补充等六部分组成，共 62 条。

《美国统一商法典》是于 1942 年，由美国统一各州法律委员会和美国法学会，在美国《1906 年统一买卖法》(Uniform Sale of Goods Act，1906)，《1933 年统一信托收据法》等单行法基础上起草的。《美国统一商法典》公布于 1952 年，随后经历多次修订，最新版本是 1998 年版，但迄今各州适用最为广泛的仍是 1977 年公布的文本。该法典第二篇调整货物买卖关系，包括简称、解释原则和适用范围；合同的形式、订立和修改；当事人的一般义务和合同的解释；所有权债权人和善意购买人；履约、违约和免费救济等共计 7 章 104 条。美国各州虽对是否采用《美国统一商法典》有完全的自主权，但因该法典能够适应当代美国经济发展的要求，故现在除路易斯安那州部分接受该法典之外，各州均已通过立法程序采用了《美国统一商法典》，使之成为本州的立法。《美国统一商法典》施行后，《1906 年统一买卖法》即予废止。

（二）大陆法系国家国内立法

在大陆法系国家，大都将买卖法以独立的章节形式编入民法典之中。如《德国民法典》第二编第二章、《法国民法典》第三编第六章、《日本民法典》第二章第三节，都对货物买卖双方的权利义务作出了具体规定。对于专门的商业活动、海上、保险等交易，诸如日本、法国等大陆法系国家，还制定了商法典对此作出具体规定。商法典并不专门就买卖的法律作出规定，但如果是商业上的买卖活动，即双方都是商人，则其买卖除受民法的调整之外，亦需受商法的调整。如《法国商法典》第一编、《日本商法典》第七编，可适用于商人之间的买卖合同。但是也有一些大陆法系国家仅制定了民法典，没有商法典，如意大利、瑞士等。

（三）中国法

目前，我国有关货物买卖的法律是 1986 年的《民法通则》，以及 1999 年生效的《合同法》①。《民法通则》对货物买卖做了原则性规定，如第四章第一节民事法律行为的规定、第五章第二节债权的规定，以及第六章民事责任的规定。《合同法》第九章规定了货物买卖合同，《公约》对中国生效后，中国当事人在对外签订货物买卖合同时，可以选择适用《公约》，除第 1 条"合同的形式"和第 11 条"公约适用范围"保留外。《公约》未尽事项，适用《民法通则》和《合同法》的有关规定。

第二节　国际货物买卖卖方和买方的义务

一、卖方的义务

《公约》第 30 条规定："卖方必须按照合同和本公约的规定，交付货物，移交一切与货物有关的单据并转移货物所有权。"《公约》第 35 条规定："卖方交付的货物必须与合同所规定的数量、质量和规格相等，并须按照合同所规定的方式装箱或包装。"《公约》第 41 条规定："卖方所交付的货物，必须是第三方不能提出任何权利或要求的货物。"《公约》第 42 条规定："必须是第三方不能根据工业产权或其他知识产权主张任何权利或要求的货物。"据此，卖方应承担以下义务：

（一）交付货物和转交单据义务

交货是卖方应在合同约定的地点、时间、数量、质量、包装等方式交付标的物并转移标的物的所有权与买方，约定的地点和时间可以由贸易术语确定。如果合同对交货地点、时间未作规定，则适用公约和各国买卖法的相应规定。

1. 交货地点

交货地点关系到买卖双方风险和费用的分担问题。如果合同规定了交货地点，则卖方应在合同规定的地点交货。当合同没有规定交货地点时，则应根据适用法律来确定交货地。

（1）英美法系的规定

---

①　在此之前，我国在 1989 年通过了《中华人民共和国经济合同法》，1985 年通过了《中华人民共和国涉外经济合同法》。上述两部法律在 1999 年废止，被新颁布的《中华人民共和国合同法》取代。

《美国统一商法典》和英国《1893 年货物买卖法》都规定，对于非特定物的买卖，以卖方营业地为交货地点，没有营业地则应在卖方居住地。同时，如果卖方负有运输货物的义务，那么在卖方将货物交予第一承运人时就完成交货，但卖方必须以买方的名义来签订运输合同，否则不能构成交货。对于特定物，若买卖双方在签订合同是都知道货物的所在地，则在该地交货。

（2）大陆法系的规定

对于非特定物的买卖，法国和瑞士与英美等国的规定相近，均在卖方的营业地交货；但《日本民法典》则规定在买方的营业地交货。对于特定物的买卖，各国法律规定在双方订约都知道的货物所在地交货。德国法没有将欲交付的货物区分为特定物或非特定物，通常情况下，无论货物是否特定，卖方可选择的第一交付地为其住所地，只有当货物交付这种债务是产生于业务经营过程中（尽管这是经常发生的），且营业地与住所地不同时，营业地才被确认为交付地点。

（3）我国《合同法》的规定

根据我国《合同法》第 61、141 条的规定，若是当事人无法确定交付货物的地点，可以适用下列方法：①如果货物需要运输，卖方应将货物交付给第一承运人以交付给买方；②当货物不需要运输，卖方和买方在订立合同同时知道货物在某一地点的，卖方应在该地点交付货物；不知道货物在某一地点的，应当在卖方订立合同时的营业地交付货物；③交付不动产的，在不动产所在地履行。

（4）《公约》的规定

按照《公约》第 31 条的规定，卖方没有义务在任何其他地点交付货物，而是在自己的营业地向买方提交货物。但是，如果在订立合同时，双方都知道货物不在卖方的营业地，而是在某一特定地点，则交货地点即是该货物存放或生产制造的特定地点。涉及运输时，卖方只要把货物交给第一承运人就算履行了交货义务。

2. 交货时间

交货时间是一个关系买卖双方成本利益的问题，各国立法的利益保护倾向不同，对此的规定也有所区别。如果买卖合同对交货时间做了规定，则卖方应按合同规定的时间交货。如果合同没有规定交货时间，则应根据适用法律来确定交货时间。

（1）英美法系的规定

英美法系以"合理时间"作为合同未规定交货时间的解决办法，如《美国统一商法典》第 2-309 条（a）款规定："如本章未做规定，当事人又未做约定，合同上指的发货时间或交货时间或其他合同规定行为的时间应为合理时间。"英国《1893 年货物买卖法》第 29 条（b）款规定："如果买卖契约规定卖方必须将货物送到买方，但对送交时间并无规定时，卖方应在合理时间内履行之。""合理时间"应视具体的交易状况而定。

（2）大陆法系的规定

《德国民法典》第 271 条规定："未约定给付期限或不能从情况推定给付期限者，债权人得立即请求给付，债务人亦得立即履行给付。"

（3）我国《合同法》的规定

我国《合同法》第 139 条规定，合同没有约定货物交货期限，或约定不明确的，可以协议补充，达不成协议时，按照交易习惯确定。按上述情况仍不能确定时，根据《合同法》第62条第4款的规定，卖方可以随时交换，买方也可随时要求交货，但应当给对方必要的准备时间。

(4)《公约》的规定

《公约》第33条规定，卖方必须按以下规定的日期交付货物：(a)如果合同规定有日期，或从合同可以确定日期，应在该日期交货；(b)如果合同规定有一段时间，或从合同可以确定一段时间，除非情况表明应由买方选定一个日期外，应在该段时间内任何时候交货；或者(c)在其他情况下，应在订立合同后一段合理时间内交货。"合理时间"，是作为事实由法院根据货物的性质及合同的其他规定决定的。

3. 单据的交付

在国际货物买卖中，存在两种交货方式：一种是实际交货(actual or physical delivery)，即指卖方亲自把货物和代表货物所有权的单据一起交到买方手中，完成货物所有权与占有权的同时转移；另一种是象征性交货(symbolic delivery)或拟制性交货(constructive delivery)，即卖方只把代表货物所有权的证书(提单)交给买方手中，完成货物所有权的转移即为完成交货义务。

《公约》第34条规定："如果卖方有义务转移与货物有关的单据，他必须按照合同所规定的时间、地点和方式移交这些单据。如果卖方在那个时间以前已移交这些单据，他可以在那个时间到达前纠正单据中任何不符合同规定的情形，但是，此一权利的行使不得使买方遭受不合理的不便或承担不合理的开支。但是，买方保留本公约所规定的要求损害赔偿的任何权利。"

各国的国内法普遍未对卖方的交单义务作出具体规定，《公约》明确要求卖方提交相关单据，但具体提供哪些单据，则完全按照合同约定和有关国际惯例来决定。《公约》把交货和交单同等看待，没有实际交货和象征性交货的区别。但是在《国际贸易术语解释通则2000》中，强调了CIF、FOB交易条件下交单的重要性，这被认为是交货的标志，因而产生了实际交货与象征交货的区分。

【案例3-3】

1993年，美国出口商A与韩国进口商B签订了一份CFR合同，规定A出售1000吨小麦给B。小麦在转运港装船时是混装的，当时在A装运的3000吨散装小麦中，有1000吨是卖给B的，货物运抵目的港后，将由船公司负责分拨1000吨给B。但受载船只在途中遇到高温天气使小麦发生变质，该批货物损失1200吨，其余1800吨安全运抵目的港。A在货到目的港时声称，出售给B的1000吨小麦全部损失，并且认为按CFR合同，A对此项风险不负任何责任。买方则要求卖方履行合同，双方争执不下，遂根据合同中的仲裁条款请求仲裁解决。仲裁机构经过取证，最后裁决卖方不应推卸自己交货的责任，对货物在途中发生的损失不能转嫁给买方。①

解析：在CFR合同下，货物的风险从货物在装运港越过船舷时转移。卖方A对买方

① 案例引自广东工业大学经济管理学院网站：http：//metc. gdut. edu. cn/trade/case/case3_3. asp.

B 负有交付 1000 吨小麦的责任。虽然按照 CFR 合同的规定，如果货物已经按照合同规定的时间，在装运港把货物装上运往目的港的船只，自货物装船越过船舷之时起，货物的风险已由卖方转移给买方。这种规定适合一般情况下的 CFR 合同。但在本例中，由于卖方出售的 1000 吨小麦是散装的，即货物未特定化。因此，在这 1000 吨小麦交给 B 以前，卖方 A 不能以损失 1200 吨为理由，把其中 1000 吨认定是卖给 B 的。所以 A 不能推卸交付 B1000 吨小麦的责任。

(二)担保义务

担保义务，是指卖方要保证交付的货物在各方面与合同规定相符，包括所交货物的瑕疵担保和权利保证。如合同未作具体规定，则按合同所适用的有关国家的法律或国际公约办理。

1. 品质担保

品质担保又称瑕疵担保，指卖方对其所售货物的质量、特性或适用性承担的责任。

(1)英美法系的相关规定

英国《1979 年货物买卖法》第 13~15 条规定，卖方所交付的货物在品质上应符合以下默许要件(Implied Condition)：

①凭说明书的买卖(Sale by Description)。卖方所交的货物必须与说明书相符；如兼用凭样品买卖和凭说明书买卖，所交货物只与样品相符是不够的，还必须与说明书相符。

②凭样品买卖(Sale by Sample)。在凭样品买卖的合同中应含有以下三项默示要件：A. 所交货物在质量上应与样品相符；B. 买方应有合理机会去对货物和样品进行比较；C. 所交货物不应存在有导致不适合商销的瑕疵，而这种瑕疵是在合理检查样品时不易发现的。

③对商品质量或适用性的默示责任。

A. 卖方依据合同提供的货物应具有商销品质(Merchantable Quality)，但下列情况除外：(a)在缔约前已将货物的瑕疵特别提请买方注意；(b)买方在缔约前已检查过货物，而该瑕疵是在检查中应该能发现的。

B. 如买方明示或默示地使卖方了解购买该货物是为了特定用途时，则除非有证据表明买方并不信赖或不可信赖卖方的技能或判断力，卖方根据有关合同供应的货物，应合理地适合于该项用途，不管此类货物通常是否为此目的而供应。

C. 供应商品质量或特定用途适合性的默示要件或担保，可以因存在习惯做法而附加在买卖合同中。

《美国统一商法典》第 2-313~2-317 条将卖方对货物的品质担保义务分为明示担保和默示担保。

①明示担保(Express Warranty)。《美国统一商法典》第 2-323 条规定了明示担保的三种方式：(a)卖方对买方就货物所作的事实上的确认或许诺；(b)卖方对货物所作的任何说明；(c)作为交易基础的样品或默示。明示担保既是交易的基础，又是买卖合同的组成部分。

②默示担保(Implied Warranty)。默示担保分为商销性的默示担保和适合特定用途的

默示担保。《美国统一商法典》第2-314条对货物的商销性作出下列要求：（a）合同项下的货物在本行业中可以毫无异议地通过；（b）如果所出售的货物是种类物，则货物在该规定内必须达到良好的平均品质；（c）货物应适合它的一般用途；（d）除合同允许有差异外，货物的每一单位和所有单位在品种、品质和数量方面都应相同；（e）货物应按合同要求适当地装入容器，加上包装、贴上标签；（f）货物须与容器或标签上所许诺或确认的事实相符。《美国统一商法典》第2-314条对适合特定用途的默示担保作出规定，如卖方在订立合同时理应知道买方对货物所要求的特殊用途，而且买方信赖卖方的技能和判断力来挑选或提供合适的货物，则卖方应对买方承担货物必须适合这种特殊用途的默示担保。

《美国统一商法典》第2-316条规定，在以下情况下卖方可以排除或限制其对货物品质的默示担保义务：（a）卖方如要排除或限制默示担保义务，必须采用书面形式，措辞应醒目、显眼；（b）卖方可使用诸如"依现状"（as is）、"有各种残缺"（with all faults）或其他按常识能引起买方注意的措辞排除一切默示担保义务；（c）卖方如在订立合同前，已按其意愿充分地检验过货物或其样品、模型，或者买方拒绝进行检验，则对于通过此种检验能发现的缺陷，就不存在任何默示担保；（d）默示担保也可以根据双方当事人过去的交易做法、履行过程或行业惯例排除或限制。

《美国统一商法典》第2-317条还规定，无论明示担保或默示担保，都应做相互一致和互为补充的解释。如明示担保与默示担保相互抵触，则应按以下规则处理：（a）精确的或技术的规格说明取代不相一致的样品或模型或者一般的说明；（b）现存批量货物中的样品取代普通语言所作的不相一致的说明；（c）明示担保排除不相一致的默示担保，但适合特定用途的默示担保除外。

但是，根据美国《1974年担保法》，在消费交易中，卖方不得在合同中排除其各项默示担保义务。

（2）大陆法系的规定

大陆法系将品质担保称为物的瑕疵担保责任，即卖方应担保货物在风险转移于买方之前具有卖方所保证的品质。卖方如违反品质担保义务，根据《法国民法典》第1644条、《德国民法典》第462条或《瑞士债务法典》第205条的规定，买方可以提起解除合同或减少价金之诉；《日本民法典》第570、566条规定，买方可以解除合同，或者请求损害赔偿。

（3）我国《合同法》的规定

如果当事人在合同中就标的物的质量要求没有约定或约定不明确的，首先应当按《合同法》第61条规定加以确定：如果该条仍不能确认时，应按国家标准、行业标准履行；没有国家标准、行业标准的，按照通常标准或者符合合同目的的特定标准履行。如果当事人在合同中对包装方式没有约定或者约定不明确，依照第61条仍不能确定的，应当按照通用的方式包装，没有通用方式的，应当采取足以保护标的物的包装方式。

（4）《公约》的规定

《公约》中没有采用"担保"的字眼，而是采用了货物与合同相符（Conformity）的说法。根据《公约》第35条的规定，卖方交付的货物必须符合下列要求：①货物应适用于同一规格货物通常使用的用途。②货物应适用于订立合同时买方已明示或默示地通知卖方的任何特定的用途，除非情况表明买方并不依赖卖方的技能和判断力，或者这种依赖对卖方来说是不合理的。③货物的质量应与卖方向买方提供的样品或模型相同。④货物应按同类货物通用的方式装入容器或包装，如无此种通用方式，则以上四项义务适用于卖方，不过，根据《公约》的规定，双方可以在合同中以相反的约定来排除或改变上述义务。《公约》第35条(c)款还规定，如果买方在订立合同时已经知道或者不可能不知道货物是不符合合同的，则卖方无须承担货物与合同不符的责任。

【案例 3-4】

中国某公司向科威特出口冻北京鸭 200 箱，合同规定：屠宰鸭要按伊斯兰教的用刀方法。货到科威特后，冻鸭外体完整，颈部无任何伤痕。进口当局认为这违反了伊斯兰教的用刀方法，因此科威特的进口商拒绝收货，并要求中国公司退回货款。①

解析：买方已将特殊用途告诉卖方，卖方提供的商品不具备该特征，违反合同默示担保义务。因此，进口商的要求合理。

2. 权利担保

权利担保也称为所有权担保、追夺担保，是指卖方保证对其出售的货物拥有完全的权利，不存在法律上的障碍，主要包括三方面内容：①卖方保证对其出售货物拥有所有权或有权转让货物所有权；②卖方保证所售货物不存在任何未曾向买方透露的担保物权，如抵押权、质权或留置权；③卖方保证所售货物未侵犯他人的知识产权。

上述权利担保义务在各国法律中均有规定，是卖方的法定义务，即使买卖合同中对此没有规定，卖方仍须依法承担这些义务。不过当事人一般通过合同增加或减少卖方依法应承担的权利担保义务(如《法国民法典》第 1677 条和《美国统一商法典》第 2-312 条)，但英国《1979 年货物买卖法》却规定买卖合同中的这种规定都是无效的。

(1)英美法系的规定

英国《1979 年货物买卖法》第 12 条规定，卖方应对所出售的货物的所有权承担如下默示责任(Implied Undertaking)：①卖方有权出售该批货物；②所出售的货物不会涉及买方在缔约前所不了解的任何费用或纠纷，从而使买方能够不受阻扰地受领有关货物。《美国统一商法典》第 2-312 条也规定了卖方对所有权和不存在侵权的担保义务。

(2)大陆法系的规定

《法国民法典》第 1603 条规定，出卖人有防止买卖标的物被追夺的义务(追夺担保)；《德国民法典》第 434 条和《瑞士债务法典》第 192 条第 1 款都规定，出卖人负有使第三人不得就买卖的标的物，对买受人主张任何权利的义务；《日本民法典》第 560～563 条也对卖方的权利担保义务作了明确的规定。

(3)我国《合同法》的规定

根据我国《合同法》的规定，出卖人就交付的标的物，负有保证第三人不得向买受人主张任何权利的义务；但买受人订立合同时知道或者应当知道第三人对买卖的标的物享有权利的，则出卖人不承担此项义务。

---

① 案例引自浙江理工大学网站：http：//gjmysw. jpkc. zstu. edu. cn/view. asp？id＝2098。

（4）《公约》的相关规定

《公约》第 41、42 条对卖方的权利担保义务作了如下规定：

①卖方所交付的货物，必须是第三方不能提出任何权利或要求的货物，除非买方同意在这种权利或要求的条件下，收取货物。

②卖方所交付的货物，必须是第三方不能根据知识产权主张任何权利或要求的货物，但以卖方在订立合同时已知道或不可能不知道的权利或要求为限。

③卖方在以下两种情况下应对买方承担责任：A. 如果买卖双方在订立合同时预期货物将转售某国，第三方根据该国法律主张权利或请求时，卖方应承担权利担保责任；B. 在任何情况下，卖方对第三方根据买方营业地所在国家的法律提出的权利或请求，买方也应承担权利担保责任。

④卖方在下列两种情况下不对买方承担责任：A. 买方在订立合同时，已知道或不可能不知道第三方会提出知识产权方面的要求；B. 第三方提出的权利或要求，是由于卖方遵照买方所提供的技术图样、图案、程序或其他规格制造的货物而发生的。

【案例 3-5】

1990 年，中国某机械进出口公司向一法国商人出售一批机床。法国商人又将该批机床转售给美国及一些欧洲国家。机床进入美国后，美国的进口商被起诉侵权了美国有效的专利权，法院判令被告赔偿专利人损失，随后美国进口商向法国出口商追索，法国商人又向我方索赔。①

解析：根据《公约》的规定，作为卖方的中国某机械进出口公司应该向买方——法国商人承担所出售的货物不会侵犯他人知识产权的义务，但这种担保应该以买方告知卖方所要销往的国家为限，否则，卖方只保证不会侵犯买方所在国家的知识产权人的权利。因此，如果中方机床按法国商人提供图纸或规格生产，法国商人最终应承担责任，不能向中方追索。如果法国商人在订立合同时已告知中方货物将销到美国，中方应承担责任，法国商人可以向中方追索。

二、买方的义务

在国际货物买卖合同中，买方有两项主要义务，即支付价款和收取货物。

1. 英美法系的规定

英国《1979 年货物买卖法》第 27 条规定，买方有责任按照规定接受货物和支付价款。该法对于买方接受货物的义务作了如下规定：

（1）规定了买方检验货物的权利

该法第 34 条规定：①当货物交付买方时，如他以前未曾对该货进行过检验，则除非等到他有一个合理的机会加以检验，以便确定其是否与契约规定者相符时，不能认为他已

---

①　案例引自外经贸部人事教育劳动司编：《国际经济贸易题解》，中国对外经济贸易出版社 1994 年版，第 89 页。

经接受了货物。②除另有约定者外，当卖方向买方提出交货时，根据买方的请求，卖方应向其提供一个检验货物的合理机会，以便能确定其是否符合契约的规定。

（2）将收到货物（receipt of goods）与接受货物（acceptance of goods）相区别

买方收到货物不等于接受货物，日后他如发现货物与合同不符，他仍有权拒收货物。根据该法第 35 条的规定，只有在下列情况下，才认为买方已接受了货物：①买方通知卖方，他已接受了货物。②如货物已交付买方，但买方对货物已作出任何与卖方所有权相抵触的行为。③买方留下货物后，经过一段合理时间，并未向卖方发出拒收该项货物的通知。

英国《1979 年货物买卖法》第 36 条还规定，除另有约定外，当货物交与买方，而买方有权拒收时，他不负责将货退回给卖方，而只需通知卖方表示拒绝收货即可。

《美国统一商法典》第 2-513 规定，除另有约定外，买方在支付货款和接受货物之前，有权对货物进行检验。如合同对检验的地点、时间和方式未作出规定，买方可以在任何合理的地点、时间，用任何合理的方式进行检验。检验费用应由买方承担，但如果货物不符合合同并且被拒收，买方可以向卖方收回费用。

在合同中如规定采用交货付现（cash on delivery）或付款交单（document against payment）等条款，买方通常先凭装运单据付款，而在货物运抵目的地后才进行检验。这样买方就必须在检验前付款。

2. 大陆法系的规定

《法国民法典》第 1650 条规定，买方的主要义务是按照买卖合同规定的日期及地点支付价金。该法第 1654 条还规定，如买方不支付价金，卖方得请求解除买卖合同。《德国民法典》第 433 条和《瑞士债务法典》第 211 条规定，买方除支付约定的价金外，还负有受领买卖物的义务。

此外，根据《瑞士债务法典》第 204 条、《德国商法典》第 379 条、《日本商法典》第 527 条的规定，买方对于从别处运到的货物，主张瑕疵而不愿意受领时，如卖方在货物受领地没有代理人，买方有代为保管的义务。

3.《公约》的规定

《公约》第 53 条规定："买方必须按照合同和本公约规定支付货物价款和收取货物。"

（1）支付货款给卖方

①按合同约定或法律规定的手续支付价款。《公约》第 54 条规定："买方支付价款的义务包括根据合同或任何有关法律和规章规定的步骤和手续，以便支付价款。"

②价格的确定。《公约》第 55 条规定："如果合同已有效的订立，但没有明示或暗示地规定价格或规定如何确定价格，在没有任何相反表示的情况下，双方当事人应视为已默示地引用订立合同时此种货物在有关贸易的类似情况下销售的通常价格。"第 56 条规定："如果价格是按货物的重量规定的，如有疑问，应按净重确定。"

③支付地点。《公约》第 57 条规定："A. 如果买方没有义务在任何其他特定地点支付价款，他必须在以下地点向卖方支付价款：（a）卖方的营业地；或者（b）如凭移交货物或单据支付价款，则为移交货物或单据的地点。B. 卖方必须承担因其营业地在订立合同后发生变动而增加的支付方面的有关费用。"

④支付时间。《公约》第58条规定："A. 如果买方没有义务在任何其他特定时间内支付价款，他必须于卖方按照合同和本公约规定将货物或控制货物处置权的单据交给买方处置时支付价款。卖方可以支付价款作为移交货物或单据的条件。B. 如果合同涉及货物的运输，卖方可以在支付价款后方可把货物或控制货物处置权的单据移交给买方作为发运货物的条件。C. 买方在未有机会检验货物前，无义务支付价款，除非这种机会与双方当事人议定的交货或支付程序相抵触。"《公约》第59条规定："买方必须按合同和本公约规定的日期或从合同和本公约可以确定的日期支付价款，而无须卖方提出任何要求或办理任何手续。"

（2）收取货物

《公约》第60条规定："买方收取货物的义务如下：采取一切理应采取的行动，以期卖方能交付货物和接收货物。"

【案例 3-6】

甲国公司和乙国公司签订一份出售大米合同。合同规定，按照卖方仓库交货条件买卖。买方提货时间是 8 月。合同订立后，卖方于 8 月 5 日将提货单交给买方。买方据此付清了全部货款。由于买方未在 8 月底前提货，卖方遂将该批货物移放到另外的仓库。但到 9 月 10 日，买方前来提货时发现，该批货物已经部分腐烂变质。双方为此损失由谁承担发生争议。①

解析：该损失由卖方承担。根据《公约》规定，如果买方推迟收取货物，或在支付价款和交付货物应同时履行时，买方没有支付价款，而卖方仍拥有这些货物或仍能控制这些货物的处置权，卖方必须按情况采取合理措施，以保全货物。他有权保有这些货物直至买方把他所付的合理费用偿还给他为止。即使买方未按时提货，卖方也应该妥善保管货物。

第三节　货物所有权与风险的转移

一、货物所有权的转移

所有权，是指货主依法对其财产享有占有、使用、受益和处分的权利。在国际货物买卖中，货物买卖的实质是买卖货物的所有权，即实现货物所有权转移。货物所有权何时起由卖方转移到买方，是关系到当事人切身利益的重要问题，但是国际公约和各国法律对此没有作统一规定。所以，货物使用权转移只能根据冲突法规则来适用相应的国内法。

（一）英国《1979 年货物买卖法》的规定

英国《1893 年货物买卖法》以及现行《1979 年货物买卖法》（1995 年修订本）认为，货物所有权转移时间的确定取决于该买卖合同是特定物（Specific Goods）的买卖还是非特定物（Uncertain Goods）的买卖。

---

① 案例引自外经贸部人事教育劳动司编：《国际经济贸易题解》，中国对外经济贸易出版社 1994 年版，第 94 页。

1. 特定物买卖

英国《1979 年货物买卖法》第 17 条规定，所有权应在双方当事人意图转移的时候转移。如果当事人没有作出明确的约定，法院应按下列规则来确定双方当事人的意图：①凡属于无保留条件的特定物的买卖合同，并且该特定物已处于可交付状态（Deliverable State），则货物所有权在合同有效成立时即发生转移；②特定物买卖合同中，如果卖方还要对货物作出某种行为才能使之处于可交付状态，则货物所有权须于卖方履行了这项行为，并在买方收到相关通知时才转移给买方；③特定物买卖合同中，如果该特定物已处于可交付状态，但卖方仍须对货物进行衡量、丈量、检验或其他行为才能确定其价金者，则须在上述行为完成后，并在买方收到相关通知时，货物的所有权才转移给买方；④当货物是按"实验买卖"（Sale on Approval）或按"余货退回"（Sale or Return）条件交付给买方时，货物所有权应于买方向卖方表示认可或接受这项货物，或以其他方式确认这项交易，或在合同规定的退货期或合理的时间内未发出退货通知时转移给买方。

2. 非特定物买卖

非特定的货物通常是指仅凭说明进行交易的货物。根据该法第 16 条的规定，在货物没有特定化之前，所有权不发生转移。特定化就是把处于可交付状态的货物无条件地划拨到合同项下的行为。但经过特定化之后，所有权是否发生转移，还取决于卖方是否保留对货物的处分权。根据该法第 19 条的规定，以下情况应认为卖方保留了对货物的处分权：①卖方在合同条款中附加条件保留对货物的处分权；②卖方用提单的抬头表示保留对货物的处分权；③卖方通过对装运单据的处理方法来表示卖方保留对货物的处分权。

（二）《美国统一商法典》的规定

《美国统一商法典》第 2-507 条规定，货物在特定于合同项下之前，所有权不发生转移。除双方另有协议，特定化后的货物所有权是在实际交付的时间和地点发生转移（第 2-401 条）。

①当合同规定在目的地交货时，所有权在目的地由卖方提交货物时发生转移。

②当合同规定卖方需要将货物发送买方而无须送至目的地时，货物所有权在交付发货的时间和地点转移买方。

③当不需转移货物即可交付时，如卖方需提交所有权凭证时，所有权在交付所有权凭证的时间和地点发生转移；在货物已特定化且不需提交所有权凭证时，所有权在订立合同时发生转移。

（三）《法国民法典》的规定

《法国民法典》规定，货物所有权转移在合同订立时发生。《法国民法典》第 1583 条规定，当事人就标的物及其价金相互同意时，即使标的物尚未交付、价金尚未支付，买卖即告成立，而标的物的所有权亦于此时在法律上由出卖人转移于买受人。但在实践中，所有权的转移还可适用以下原则：①对于种类物的买卖，必须在经过特定化之后，所有权才发生转移；②对于附条件的买卖，在满足条件后所有权发生转移；③买卖双方在合同中自由约定所有权转移的时间。

（四）《德国民法典》的规定

德国法认为所有权转移属于物权法范畴，买卖合同属于债权法范畴，买卖合同不能解决所有权转移的问题。依据《德国民法典》第929条的规定，在动产买卖中，所有权转移必须具备两个条件：①双方当事人除买卖合同外必须另外就所有权转移问题成立物权合同；②必须以交付标的物为条件，即必须由卖方将货物交付给买方，才能完成所有权的转移。在卖方交付物权凭证（如提单）的场合，卖方可以通过交付物权凭证来代替实际交货而完成所有权转移。

（五）中国法的规定

我国《民法通则》第72条第2款规定："按照合同或者其他合法方式取得财产的，财产所有权从财产交付时起转移，法律另有规定或者当事人另有约定的除外。"最高人民法院《关于贯彻执行〈中华人民共和国民法通则〉若干问题的意见（试行）》第84条规定："财产已经交付，但当事人约定财产所有权转移附条件的，在所附条件成就时，财产所有权方为转移。"我国《合同法》第133条规定："标的物的所有权自标的物交付时起转移，但法律另有规定或者当事人另有约定的除外。"

（六）《公约》及相关国际贸易惯例的规定

由于各国法律对于所有权转移的规定分歧较大，难以统一，因此，《公约》第4条（b）项明确规定，该公约不涉及买卖合同对货物的所有权可能产生的影响。《公约》规定了卖方义务将货物的所有权转移给买方，并保证所交付的货物必须是第三人不能提出任何权利或请求权的货物，而对所有权转移给买方的时间、地点和条件，以及买卖合同对第三人的货物的所有权所产生的影响等问题，都未作出任何规定。

在国际贸易惯例中，只有1932年《华沙—牛津规则》对所有权转移的时间和条件作出了规定。该规则第6条规定，在CIF合同中，货物的所有权转移的时间应是卖方把装运单据（提单）交给买方的时间。一般认为，这项原则还可以适用于卖方有提供提单义务的其他装运港交换合同，包括CFR合同和FOB合同。至于卖方没有提供提单义务的合同，例如EXW合同，则一般可以推定，货物的所有权是在卖方把货物交付给买方处置的时候转移给买方。①

二、货物风险的转移

货物风险的转移，是指对风险造成的损失的承担，从何时起由卖方转移到买方。货物风险是指货物遭遇高温、水渍、水灾、严寒、盗取或查封等非正常情况下发生的短少、变质或灭失等损失。风险转移时间往往成为合同争议的焦点问题，当事人一般会在合同中用Incoterms的贸易术语来划分风险。如果当事人既未采用贸易术语成交，也没有直接确定风险转移时间时，就要参照有关法律的规定。

（一）各国法律的规定

各国对风险转移问题的规定大致有以下两种：

1. 物主承担风险原则

风险转移同所有权转移联系起来，风险随所有权转移而转移。采用此原则的国家主要有英国、法国。根据该原则，风险应由对货物享有所有权的一方承担，即在货物所有权转

---

① 参见冯大同主编：《国际货物买卖法》，对外贸易教育出版社1993年版，第132页。

移买方之前，货物风险由卖方承担；而在货物所有权转为买方所有时，无论货物是否交付，风险由买方承担。即所有权和风险同步由卖方转移给买方，风险转移的时间和地点就是所有权转移的时间和地点。

英国《1979 年货物买卖法》第 20 条规定："除另有约定外，卖方应负责承担货物的风险直至所有权转移给买方时为止。但所有权一经转移给买方，则不论货物是否已经交付，其风险均由买方承担。如由于买方或卖方的过失，使得货物交付延迟，则由此项过失所引起的损失应由责任方承担。"该法第 32 条第 2 款还规定："除另有约定外，如货物由卖方运交买方过程中须经过海运，而按照一般惯例应予保险的，则卖方须将有关情况通知买方以便其能办理海洋运输保险；否则，货物在海运途中的风险应由卖方负担。"《法国民法典》第 158 条也对物主承担风险的原则作了规定。

2. 交货时间确定风险原则

美国、德国、奥地利、瑞士、瑞典的法律均采取交货时间确定风险原则，即以交货时间决定风险转移的时间。

《美国统一商法典》第 2-509 条规定："在没有违约的情况下，如果合同没有要求卖方在某一特定目的地交货，货物风险在卖方适当地交给承运人时转移给买方；如果合同要求卖方在某一特定目的地交货，货物风险由卖方在目的地提供货物时转移给买方。"该法典第 2-510 条规定："在卖方违约，所提供或交付的货物与合同不符，以致买方有权拒收的情况下，货物风险仍由卖方承担。"

我国《合同法》第 142 条规定："标的物毁损、灭失的风险，在标的物交付之前由出卖人承担，交付之后由买受人承担，但法律另有规定或者当事人另有约定的除外。"第 144 条规定："出卖人出卖交由承运人运输的在途标的物，除当事人另有约定的以外，毁损、灭失的风险自合同成立时起由买受人承担。"

（二）《公约》的规定

《公约》第 4 章第 66 ~ 第 70 条对货物风险转移作了具体规定，原则上以交货时间确定风险转移的时间。

1. 风险转移的后果

《公约》第 66 条规定："货物在风险移转到买方承担后遗失或损坏，买方支付价款的义务并不因此解除，除非这种遗失或损坏是由于卖方的行为或不行为所造成。"

2. 买卖合同涉及货物运输的风险转移

《公约》第 67 条规定："①如果销售合同涉及货物的运输，但卖方没有义务在某一特定地点交付货物，自货物按照销售合同交付给第一承运人以转交给买方时起，风险就移转到买方承担。如果卖方有义务在某一特定地点把货物交付给承运人，在货物于该地点交付给承运人以前，风险不移转到买方承担。卖方受权保留控制货物处置权的单据，并不影响风险的移转。②但是，在货物上加标记、或以装运单据、或向买方发出通知或其他方式清楚地注明有关合同以前，风险不移转到买方承担。"

3. 货物在运输途中出售的风险转移

《公约》第 68 条规定："对于在运输途中销售的货物，从订立合同时起，风险就移转到买方承担。但是，如果情况表明有此需要，从货物交付给签发载有运输合同单据的承运人时起，风险就由买方承担。尽管如此，如果卖方在订立合同时已知道或理应知道货物已经遗失或损坏，而又不将这一事实告之买方，则这种遗失或损坏应由卖方负责。"

4. 货物不涉及运输时风险的转移

《公约》第69条规定："①在不属于第67条和第68条规定的情况下，从买方接收货物时起，或如果买方不在适当时间内这样做，则从货物交给买方处置但其不收取货物从而违反合同时起，风险移转到买方承担；②但是，如果买方有义务在卖方营业地以外的某一地点接收货物，当交货时间已到而买方知道货物已在该地点交给他处置时，风险开始移转；③如果合同指的是当时未加识别的货物，则这些货物在未清楚注明有关合同以前，不得视为已交给买方处置。"

根据《公约》的规定：

若在卖方营业地交货。此时，风险从买方接受货物时转移给买方，或在货物交给买方处置但遭受到无理拒绝时起转移给买方。

若在卖方营业地以外的地方交货。当交货时间已到，而买方知道货物已在该地点交他处置时，风险才开始转移给买方。所谓货物交买方处置，是指卖方已经将货物划拨到合同项下，完成交货的装备工作并向买方发出通知等一系列行为，卖方完成上述行为即为将货物已交买方处理。

5. 根本违反合同时风险转移的情况

《公约》第70条规定："如果卖方已根本违反合同，第67条、第68条和第69条的规定，不损害买方因此种违反合同而可以采取的各种补救办法。"

此项规定仅适合于卖方根本违反合同的场合，如果卖方的违约行为不是根本违约，不能适用此项规定。

根据此项规定，即使卖方已经根本违反合同，却不影响货物的风险根据《公约》的规定转移给买方。但在这种情况下，买方对卖方根本违反合同所应享有的采取各种补救方法的权利不应受到损害。即在卖方根本违反合同的情况下，即使货物风险已经转移到买方，买方仍然有权采取撤销合同、要求卖方交付替代物或请求损害赔偿等救济措施。

【案例 3-7】

我国香港某公司与我国内地某公司于1997年10月2日签订进口服装合同。11月2日货物出运，11月4日香港公司与瑞士公司签订合同，将该批货物转卖，此时货物仍在运输途中。①

请问：货物风险何时由香港公司转移到瑞士公司？

解析：对于在运输途中销售的货物，从订立合同时起，风险就转移到买方承担。但是，如果情况表明有此需要，从货物交付给签发载有运输合同单据的承运人起时，风险就由买方承担。尽管如此，如果卖方在订立合同时已知道或理应知道货物已经遗失或损坏，而他不将这一事实告知买方，则这种遗失或损坏应由卖方负责。此案中，货物装运后，香

---

① 案例引自成荣芬主编：《国际贸易实务精品课程案例分析》，载浙江工贸职业技术学院精品课程网：http://jpkc.zjitc.net/gjmy/special/gensystem.asp，2007年2月3日。

港公司于 11 月 4 日和瑞士公司签订合同，将货物转卖，因此，货物风险从该日转移给瑞士公司承担。

第四节　商检、复检与索赔

一、商检

商检，又称商品检验检疫，是在货物发出前，通过买卖双方同意的第三方机构在对货物的质量、数量或某些特定的品质做检验，并出单证明的一项活动。

商检通常都用于进出口贸易，是随着国际贸易的发展而逐渐成为商品买卖的一个重要环节和买卖合同中不可缺少的一项内容。商品检验体现了不同国家对进出口商品实施品质管制，对买卖双方严格履行合同所设定的权利和义务可起到敦促和威慑的作用，又是确定买卖双方责任归属、办理索赔及解决争议的依据。

(一)商检权的两种观点

1. 最后依据说

最后依据说试图以商检机构出具的检验证书来排除外商复检权，欠缺理论依据，也不符合国际贸易惯例和平等互利的原则，实践中难以实施，而且往往起不到"最后依据"的作用。

2. 允许复检说

允许复检说，以装运口岸商检机构出具的检验检疫证书作为卖方交货和议付货款的依据，允许买方有复检权，并可凭复检结果提出索赔。允许复检说公平合理，为买方所接受。为贯彻公平合理的原则，在 L/C 付款方式下，一般规定："双方同意以装运港出入境检验检疫局签发的品质和数量检验证书作为议付货款单据的一部分。买方有权对货物的数量和品质进行复检，复检费由买方负担。如发现品质或数量与合同不符，买方有权向卖方提出索赔，但须提供经卖方同意的公证机构出具的检验报告。索赔期限为货物到达目的港后×天内。"

(二)商检条款

商检条款一般包括检验机构、检验的时间与地点、检验的方法与标准，以及检验证书的效力等。

商检条款的拟定既要维护国家的经济利益，又要符合大多数国家的法律规定和国际贸易的习惯做法，同时也应体现平等互利的对外贸易原则。商检条款的作用在于买方可以减少收到货物质量不好或数量不足的风险，卖方则可以减少买方以质量或数量问题推迟或减少付款的风险。

二、复检权

(一)概念

复检权，是指接受货物前买方对货物进行检验检疫的权利。无论买卖双方在交易中采取哪一种贸易术语，也无论是按离岸品质、离岸数量，还到岸品质、到岸数量为准，买方都应有机会对货物进行检验，这是买方的一项基本的不可剥夺的权利。

国际公约惯例及各国法律都赋予买方对货物享有复检权，如发现其复检结果与合同规定不一致时可以拒收货物或者提出损害赔偿。《公约》第58条规定："买方在未有机会检验货物前，无义务支付价款，除非这种机会与双方当事人议定的交货或支付程序相抵触。"买方的这项权利是与卖方应当提交与合同相符的货物的义务相对应的。《公约》第38条规定："买方必须在按情况实际可行的最短时间内检验货物或由他人检验货物。"《华沙—牛津规则》第19条规定："如果买方没有被给予检查货物的合理机会和进行这种检查的合理时间，那么不应认为买方已经接受了该项货物。"

（二）复检的时间、地点、范围及复检权的丧失

1. 复检的时间

实践中常有的做法：①买方在风险转移之前对货物行使复检权。即买方在卖方将货物装船前，到卖方的工厂、仓库对货物进行检验。《美国统一商法典》规定，如果买方在订立合同前，已经检验过货物或样品模型，或者买方拒绝进行检验，则卖方对于通过此项检验本应能发现的缺陷，就不承担任何默示担保义务。②买方在货物风险转移时行使复检权。这种做法多用于实际交货的情形，如 EXW（工厂交货）、DDP（完税后交货）等情形。③买方在货物风险转移之后行使复检权，这是较为普遍的做法。《公约》第38条第1款规定，"买方应当在实际可行的最佳时间内检验货物"；第2款规定，"如果合同涉及货物的运输，检验可推迟到货物到达目的地后进行"。

2. 复检地点

在货物抵达目的港卸货之后，买方应在合理的时间内行使复检权，以决定是否接受货物。但买方对货物进行复检的地点会发生延伸，买方可能不在货物的卸岸码头进行复检，而将卸岸货物运往内地，则其复检的地点还应当延伸到最终的目的地。

【案例3-8】

卖方是肉类进口商，出售了一吨带皮的肥腌肉给买方，买方是肉类的批发经销商。在该货物运抵伦敦码头时，买方本来有机会对这批肉类进行检验，但他们没有利用这个机会，而是把肥腌肉运到切斯特的仓库。在仓库里买方发现这批肉类不符合合同规定，因而拒收，并且通知银行停付他们开给卖方作为支付价金的支票。卖方以买方违约起诉，买方则以交货不合约定为理由提出反诉，请求损害赔偿。法官判决买方胜诉，理由是虽然交货的地点是伦敦的码头，但买方仍享有复检权，复检地点已延伸到切斯特的仓库。

3. 复检范围

根据国际公约、惯例、国内法的规定和国际商事司法与仲裁的实践，可归纳出复检范围：复检的结果能证明货物的瑕疵在装船之前即已存在，应由卖方负责；如果货物的损失及引起损失的原因是在装船之后发生的，其风险仍由买方负担。

4. 复检权的丧失

复检权的丧失，即指买方自行放弃或过期不行使对货物进行复检权而发生的一种情

况。依据英国《1979 年货物买卖法》第 35 条的规定，以下三种情况的发生均可能使买方丧失对货物进行复检、拒收货物或索赔的权利：（1）当买方通知卖方，他已接受货物时；（2）除第 34 条另有规定外，当货物已交付给买方，买方对货物作出了任何与卖方的所有权相抵触的行为；（3）经过了一段合理的时间之后，买方留下货物，没有通知卖方他已拒收此项货物。

应特别注意的是，与卖方的所有权相抵触的行为，是指买方以货物的所有权人的身份而对货物进行的任何处置行为，如把货物转卖、发运或者把货物交给第三人，或把货物作为担保的抵押品等行为。关于"合理时间"是一项具有弹性的规则，须依据具体的情形确定，一般情况下，买方应当在货物运到检验地点后及时对货物进行检验。

【案例 3-9】

日本 A 公司出售一批货物给香港 B 公司，B 公司又将该货物转卖给泰国 C 公司。在货物到达香港后，B 公司已发现货物有问题，但仍将原批货物转船运往泰国。泰国 C 公司在收到货物之后，发现货物品质有问题，拒绝收货，并要求退回货款。于是香港 B 公司又转向日本 A 公司提出索赔，但遭到 A 公司的拒绝。

解析：本案 A 公司拒绝 B 公司的索赔要求有道理，B 公司丧失了向 A 公司索赔的权利。卖方 A 公司未按照合同规定的品质交货，买方 B 公司本应有权利在对货物复检后，依合同向 A 公司提出索赔，但是，买方 B 公司行使这项权利，不能作出与卖方的货物所有权相抵触的行为。这些行为包括：使用或消费了货物或者未经卖方同意而自行转售了货物等。B 公司在收到货物之后，立即把原货转船运往泰国，履行了货物买卖合同，这种行为与卖方 A 公司对货物的所有权相抵触，视为买方 B 公司接受了货物，因而丧失了向 A 公司索赔的权利。

三、索赔条款

索赔，是指国际货物买卖的一方违反合同的规定，直接或间接地给另一方造成损害，受损方向违约方提出损害赔偿要求。索赔条款与商品检验检疫条款关系密切，国际商事合同往往直接把商品检验检疫条款与索赔条款合二为一，规定为"商品检验与索赔条款"。

（一）索赔对象

索赔的对象，是指应承担损失赔偿法律责任的当事人。

1. 一般情况下

一般情况下，索赔对象为违约或侵权当事人。

2. 中间商情况下

在国际货物买卖实践中，中间商有三种形态，即居间介绍中间商、代签合同中间商、垫款进货中间商。在前两种情况下，大多数国家的法律和国际惯例都规定，凡在合同中明示或默示为一方或双方介绍的中间商，因执行合同中的交货、付款、品质等而产生的争议，中间商无须承担法律责任，而应由中间商的被代理人负责，这是由代理法律制度所决定的。在后一种情形下，中间商以自己的名义签订合同并承担法律责任，应成为索赔的对象。

3. 保险索赔、运输索赔、银行索赔等情况下

国际货物买卖索赔的对象还可能因为保险索赔、运输索赔、银行索赔等使索赔问题复杂化，可依贸易术语解决。

（二）索赔条款的规定

1. 异议索赔条款

"异议索赔条款"一般是针对卖方交货品质、数量或包装不符合同规定而订立的条款。一项完整的索赔条款，应包括索赔时限、索赔依据、索赔范围、索赔的处理等，其中，对索赔范围应引起足够的重视，不规定索赔范围的索赔条款和忽略间接损失赔偿的做法都不可取。

2. 罚金条款

大宗货物买卖和机械设备的合同一般在规定"异议索赔条款"的同时，还规定"罚金条款"。规定一方如未履行或未完全履行合同义务时，应向对方支付一定数额的约定罚金，金额大小一般视延误时间的长短而有别，并规定最高的罚款金额，以补偿对方损失。

四、货物保全条款

"货物保全"条款可与索赔条款合并，也可另列一条成为一项独立的条款。依据《公约》规定，当事人有义务采取合理措施保全货物（费用由另一方负担）。设定"货物保全"，对保障贸易安全、防止争议有积极意义。

援引《公约》规定，即使卖方违约，货到买方，买方也有责任保全货物。当然，如买方违约，而货物在卖方控制下，卖方也有责任保全货物。

【思考题】

1. 简述国际货物买卖法的渊源。

2. FOB、CIF、CFR 术语的异同。

3. 什么是货物品质的明示担保和默示担保？

4. 简述国际货物买卖合同中卖方和买方的义务。

5. 在国际货物买卖中，货物风险何时转移？

6. 简述商检权。

7. 2012 年 4 月 1 日，中国甲公司与加拿大乙公司签订了一份国际货物买卖合同。合同约定：交货条件为 CIF 宁波；货物应于 2012 年 5 月 1 日之前装船；买方应于 2012 年 4 月 10 日之前开出以卖方为受益人的不可撤销的即期信用证。4 月 5 日，买方开出了信用证。4 月 24 日，卖方向承运人瑞典丙公司提交货物，并向英国丁保险公司投保。4 月 27 日，承运人向卖方签发了提单。提单载明：承运人为瑞典丙公司；提单签发日期为 2012 年 4 月 27 日；本提单生效后为已装船提单。卖方即向买方发出货物已装船及已办理保险的通知。随后，卖方凭借提单及有关单据向议付行结汇。实际上，货物于 5 月 5 日才开始装船，至 5 月 15 日始装运完毕，船舶于 5 月 25 日抵达目的港。另外，在运输途中，由于遭遇台风和海啸，货物遭受部分损坏。接到卖方的通知以后，买方即与韩国戊公司签订了

一份货物转售合同,交货日期为5月15日。但由于货物于5月25日才抵达目的港,买方无法如期向韩国戊公司交货;韩国戊公司解除了合同。由此,买方不但丧失了其预期利润,而且还承担了向韩国戊公司的损害赔偿的责任,此外,由于市场行情发生了很大的变化,买方只得以低价就地转售,又遭受了一笔损失。买方在查实情况后,即向法院起诉。但承运人丙公司提出:其所签发的提单只是一份备运提单,只有在货物实际装船以后,才能被认为是已装船提单,这是国际惯例。因此,买方的损失与己无关。

请问:

(1)承运人丙公司的理由是否成立?为什么?

(2)承运人丙公司签发上述提单构成什么性质的行为?为什么?

(3)货物在运输途中遭受的损失由谁承担?为什么?

(4)如何确定被告方的赔偿范围?

8. 2012年1月甲国A公司(买方)与中国B公司(卖方)签订了关于买卖新型电动自行车的合同。合同约定的标的是试生产中的第一批全部数量为1000辆的电动自行车,交货日期为2012年3月31日至2012年7月31日,分批交货。合同签订后,B公司又与丙国的C公司签订了销售合同,以较高的价格将该批电动自行车全部出售。2012年3月3日,B公司电告A公司,称生产厂家为了对该批新型电动自行车进行技术完善,将进一步改进生产线,故第一批货物的装运只能延期到2012年9月。A公司获知B公司已将货物卖给了C公司,因此拒绝了B公司延期交货的要求,B公司也没有交付合同项下的货物。

请问:

(1)B公司的行为是否构成违约?为什么?

(2)针对此情况,A公司应采取何种补救措施?

9. 2011年11月,美国S公司与北京A公司签订了购进100吨钼铁的买卖合同,交货条件是天津FOB每吨3000美元,于2012年2月前交货。合同签订后,A公司立即与各生产厂家联系,但由于当时钼铁市场需求量很大,各厂家供货成了问题,A公司向S公司要求推迟交货期,遭到S公司拒绝。2012年开始,国际市场钼铁价格暴涨,A公司要求S公司抬高合同价格,也遭到拒绝。2月前,A公司未能履行交货义务。4月,国际市场钼铁价格已涨到合同签订时的近2倍。6月5日,S公司根据合同中的仲裁条款向中国贸易仲裁委员会提请仲裁,要求A公司赔偿S公司于6月初补进的100吨钼铁与合同价格的差额货款。

请问:S公司的请求是否合法?为什么?

10. 中国公司曾与科威特某客户成交价值87000美元的羊毛衫,原订当年10月交货,实际未按期交货,中方要求延展至翌年3月,结果到4月份才装船。货物运出后,该客户不同意延展,货到科威特后,客户拒收,货物放在码头达半年之久,无人保管。

请问:

(1)本案责任应由谁承担,为什么?

(2)由此产生的费用应由谁支付?为什么?

第四章　国际货物运输法

【重难点提示】班轮运输与租船运输；提单；航次租船合同；《华沙公约》；《国际铁路货物联合运输协定》；《联合国国际货物多式联运公约》。

第一节　国际海上货物运输法

国际货物运输，是指采用一种或多种运输工具，把货物从一国的某个地点，运至另一国的某个地点的商事活动。国际货物运输的方式包括海上运输、江河运输、铁路运输、公路运输、航空运输，以及上述若干方式组合的多式联运，其中，国际海上货物运输是国际货物运输的主要方式。

一、国际海上货物运输概述

（一）国际海上货物运输的概念和种类

国际海上货物运输，是指以海洋为通径，以船舶为工具，将货物从一国港口运送到另一国的指定港口的海上商事活动。

国际海上货物运输由承运人将托运人的货物从一国的某一港口经海道运至另一国某一港口，与其他运输方式相比，海上货物运输具有货物运输量大、价格便宜、安全便利的特点。目前，国际海上货物运输承担着国际贸易总量3/4的货物运量。

1. 依据营运方式的不同，国际海上货物运输分为班轮运输和租船运输

（1）班轮运输

班轮运输，是指在固定的航线上，以既定的港口顺序，按照事先公布的船期表航行的海上运输方式。班轮运输通常用于成交数量小、批量小、交接港口分散的货物运输，由于班轮运输合同通常通过提单来表现，故又称为提单运输。在班轮运输合同中，货主称托运人，船主称承运人。

（2）租船运输

租船运输，是货主在一定时间内租用船主的全部、部分或指定舱位运送货物的运输方式。租船运输适用于批量大、货种单一、交货集中的大宗货物运输，由于租船运输一般没有固定的船期、固定的航线和停靠港口，又称为不定期船运输。在租船合同中，货主称船舶承租人，船主称船舶出租人。

2. 依据租船方式的不同，国际海上货物运输分为航次租船运输、定期租船运输和光船租赁运输

（1）航次租船运输（定程租船运输）

航次租船，是指船舶所有人保留船舶的所有权和占有权，自己雇用船长、船员，按一个航次或几个航次将船舶出租给租船人以供运输，并按照装运货物的数量收取运费的运输方式。1976 年修订的航次租船合同的"金康"标准合同格式，由英国航运总会文件委员会和东京航运交易所文件委员会采纳，为国际社会广泛使用。

（2）定期租船运输

定期租船，是指船舶所有人保留船舶的所有权和占有权，自己雇用船长、船员，在一定期间内将船舶出租给租船人以供运输，并按租船人使用船舶的时间收取租金的运输方式。"1939 年波尔的摩"定期租船合同格式是波罗的海国际航运公会统一定期租船合同，在世界范围内具有一定的影响。

（3）光船租赁运输

光船租赁运输，是指船舶所有人保留船舶所有权，而将船舶的占有权转移给租船人以供运输，由租船人雇用船长、船员，并按使用船舶的时间支付租金的运输方式。目前国际上使用广泛的光船租赁的合同格式是波罗的海航运公会于 1974 年制定的"标准光船租赁合同"（1989 年修订），租船合同代号为"贝尔康"，有 A、B 两种格式，B 式用于通过抵押融资的新建船舶的租赁。

（二）国际海上货物运输的国际公约

调整国际货物运输关系的有国际条约、国际惯例和有关国家的国内立法，其中，起主要作用的是国际条约中的统一实体公约，包括：《国际集装箱安全公约》、《联合国班轮公会行动守则公约》、《国际海事组织公约》、《1972 年集装箱关务公约》、《1972 年国际海上避碰规则公约》等，以及有关提单的三个公约，即《海牙规则》、《维斯比规则》和《汉堡规则》。在海上航运中，一些航运习惯起着重要作用，如"抛弃货物"；有的习惯被编纂成册，如 1974 年《约克—安特卫普规则》。

1.《海牙规则》（Hague Rule）

《海牙规则》由欧美 26 个航运国家于 1924 年 8 月 25 日在布鲁塞尔签订，全名为《1924 年统一提单的若干法律规则的国际公约》，1931 年 6 月 2 日正式生效。

《海牙规则》是海上货物运输，特别是班轮运输中的重要的国际公约。19 世纪末，随着世界航运业的发展，以英国为代表的船舶所有人利用自己的强势地位和"契约自由"的原则，在自行制定的格式化的提单中规定了诸多的免责条款，使力量弱小的货方失去合理的平等和利益保障，影响了国际贸易和海上运输的发展。针对这种情况，1893 年美国通过《哈特法》（Harter Act），规定提单中任何免除承运人应尽义务的条款无效，以保护美国货主的利益。之后，澳大利亚（《1904 年海上货物运输法》）、加拿大（1910 年《水上运输法》）等国纷纷仿效。为了缓和船方、货主以及其他提单相关人之间日益尖锐的矛盾，1921 年国际法协会所属的海洋法委员会在海牙召开会议，拟订了《海牙规则草案》，并于 1924 年正式通过了《海牙规则》。

目前，世界上有 80 多个国家和地区加入了《海牙规则》。中国至今没有加入该公约，

但是在 1993 年 7 月 1 日生效的《中华人民共和国海商法》和中国航运公司制定的提单中吸纳了《海牙规则》关于承运人责任和豁免的规定。

2.《维斯比规则》(*Visby Rules*)

由于参加制定《海牙规则》的主要是航运业发达的国家，没有也不可能解决船东和货主之间权益失衡问题，某些条款明显偏袒承运人，因此，《维斯比规则》一直受到货方和航运业不发达国家的反对。特别是随着"二战"后集装箱运输的广泛发展，《海牙规则》对新的运输方式难以调整。1963 年，国际海事委员会对《海牙规则》提出了修改方案，1968年在布鲁塞尔召开了外交会议，英国、法国和北欧等国参加，签订了《修改统一提单的若干法律规则的国际公约的议定书》，简称《维斯比规则》。该规则于 1977 年 6 月 23 日生效。《维斯比规则》在保留《海牙规则》的基本责任制度的基础上，作了一些修改和补充。

3.《汉堡规则》(*Hamburg Rules*)

《维斯比规则》仅对《海牙规则》作了非本质的修改和补充，而广大第三世界国家要求对《海牙规则》作全面修改。联合国国际贸易法委员会于 1976 年草拟了《海上货物运输公约草案》，随后于 1978 年 3 月在汉堡召开的由 78 个国家参加的全权代表大会正式通过了公约草案，定名为《1978 年联合国海上货物运输公约》，简称为《汉堡规则》。该公约于1992 年 11 月 1 日生效。

4.《国际运输法公约(草案)》

虽然联合国、国际商会等国际组织在国际货物运输方面积极探索，但一直未形成具有法律效力的国际货物多式联运公约，这影响了国际多式联运业的发展。为此，联合国国际贸易法委员会于 1996 年开始委托国际海事协会(CMI)起草国际运输公约。2001 年 CMI 向联合国国际贸易法委员会提交了草案，但草案的框架很大，将所有运输方式的调整都包括在内，经审议后，将草案调整的范围缩小到国际海上运输加上两港(即装运港和卸货港)，向内陆延伸的运输不包括在内，而由相应的国际公约调整；草案吸收了《海牙规则》、《维斯比规则》和《汉堡规则》的归责原则。目前，该草案仍处于联合国国际贸易法委员会审议中。

除国际公约外，世界上大多数国家都制定有调整海上货物运输的法律。大陆法系国家一般在商法典中专列"海商法"编，如《法国商法典》(1807 年)第二编为海商法、《日本商法典》(1979年)第四编为海商法。其内容通常包括：船舶的所有权、法律地位及海上航行权的取得；各级船员的录用和船长的职责；海上货物运输台同；海上旅客运送合同；定期租船合同；海上拖带合同；海上救助；船舶碰撞；共同海损；海上保险合同等。英美法系国家则大多制定单行法规，如英国《1971 年海上货物运输法》、美国《1936 年海上货物运输法》等。

1992 年 11 月通过的《中华人民共和国海商法》(以下简称《海商法》)，共有 278 条，包括总则、船舶、船员、海上货物运输合同、海上旅客运输合同、船舶租用合同、海上拖航合同、船舶碰撞、海难救助、共同海损、海事赔偿责任限制、海上保险合同、时效、涉外关系的法律运用、附则等 15 章。《海商法》第四章第二节至第六节有关提单合同的规定，是以《海牙规则》和《维斯比规则》为基础，吸收了《汉堡规则》的条款；第七节是对航次租船合同的特别规定，参照了"金康"标准合同格式；第八节关于多式联运合同的特别规定，依据的是 1980 年《联合国国际货物多式联运公约》和《联运单证统一规则》。《海商法》第六章第二节定期租船合同的规定，参照了"1939 年波尔的摩"标准合同格式。

二、班轮运输的法律规定

(一)提单

提单,是指用以证明海上运输合同和货物已由承运人接管或装船,以及承运人保证凭以交付货物的单据。① 根据这一定义,提单有以下三个作用:

1. 提单是托运人与承运人之间订有运输合同的凭证

班轮运输中,当托运人与承运人之间已事先就运输货物订有货运协议时(如订舱单、托运单等),提单是双方运输合同的证明;如事先无货运协议或其他类似性质的任何协议,则提单是双方订立的运输合同。当托运人将提单通过背书方式转让给第三人时,在承运人和第三人之间(通常就是收货人),提单是承运人和收货人之间的运输合同。

大陆法系认为,提单是承运人与托运人订立的运输合同;而英美法系认为提单仅是二者的运输合同的证据,如英国判例表明,提单不是合同本身,只是合同条款的证据。

【案例 4-1】

"阿登内斯"轮代理人对一批橘子的托运人口头保证:该轮在西班牙港口卡塔黑纳装上该批橘子后,将直接驶往伦敦并卸货。而"阿登内斯"轮未直接驶往伦敦,而是先驶向比利时的安特卫普。结果当托运人的橘子到达伦敦时,橘子的进口关税提高了,且由于其他橘子的大量到货使橘子的价格下降。托运人认为如果货轮是依口头约定直驶伦敦的,关税的提高和橘子价格的下跌都应该在船到达之后发生。托运人向法院起诉,要求承运人赔偿其遭受的损失。被告则辩称:提单中载明有规定承运人可任意地经过任何航线将货物直接或间接地运往目的地的条款,因此,自己不应因绕道安特卫普引起的损失承担赔偿责任。②

请问:承运人应否赔偿托运人的损失?

解析:本案的焦点是提单是否运输合同本身,如果不是,那双方的口头约定就有效,承运人应赔偿托运人的损失。首先,从理论上说,合同是以当事人双方意思表示一致为生效的主要条件的,而提单是由一方当事人签发的;其次,从时间上说,运输合同是在提单签发之前成立的;再次,在立法上,《汉堡规则》、我国《海商法》以及英国的相应判例均采用了提单是运输合同的证明的观点;我国《海商法》第71条规定:"提单,是指用以证明海上运输合同的订立和货物已经由承运人接收或者装船,以及承运人保证据以交付货物的单证。"因此,提单只是运输合同的证明,而非运输合同本身。

2. 提单是承运人收到托运货物后签发给托运人的货物收据

班轮运输中,有权签发提单的是承运人(船长或者其代理人),托运人将货物交给承运人后,承运人按提单上所列内容收取托运货物,日后即按提单所载内容向收货人交付货物。

---

① 参见《汉堡规则》第1条(7)。
② 案例引自王传丽主编:《国际经济法案例分析》,高等教育出版社2008年版,第81页。

3. 提单是货物所有权的凭证

承运人签发提单之后，有义务在目的地将货物交给持有提单的人，谁持有提单，谁就可以要求承运人交付货物，并享有占有和处分货物的权利。

（二）《海牙规则》有关承运人责任与免责的规定

1. 承运人的责任

承运人的责任主要体现在《海牙规则》第 3 条，规定了承运人必须履行的最低限度的责任。

（1）承运人须在开航前和开航时恪尽职责使船舶适航

《海牙规则》第 3 条第 1 款规定："承运人应在开航前与开航时恪尽职责使船舶具有适航性；适当地配备船员、设备和船舶供应品；使货舱、冷藏舱和该船其他载运货物的部位适宜和安全地收载、运送和保存货物。"

①适航。根据《海牙规则》的规定，适航包括三项内容：其一，船舶适于航行。广义的船舶适航是指船舶在各方面都能满足预定航线航行的需要。狭义的船舶适航是指包括船体强度、结构、设备及性能都能满足在预定航线上安全航行的需要。实践中，船舶具备适航证书并不能在法律上证明船舶适航，而取决于船舶在航行中是否能抵御通常海上航行中所具有的一般风险，达到安全航行的标准。其二，船员的配备、船舶装备和供应适当。船员配备适当，是指船员在个人素质、资格、人数上都能满足特定航行的要求，例如，船员要具备适合海上航行的健康体魄，取得行使其职能的有效的职务证书；此外，船上要备齐海上航行中应当具备的一定数量的船员等。船舶装备适当，是指船上设备齐全、安全可靠，备齐海上航行必需品，如雷达、仪器、仪表。海图等航海资料应是最新的、准确无误的。船舶供应适当，是指带足海上航行中必不可少的燃料动力、食品药物、淡水等供应品，并在开航前将中途补给的来源和地点一一落实。其三，船舶要适货。货舱、冷藏舱及其他载货处能适宜、安全地收受、运送和保管货物，货仓的消毒、冷藏或排水、通风等要适应所载货物的安全运送和保管。

②开航前和开航时。根据《海牙规则》的规定，船舶适航与否，是以开航前和开航时的这段时间为标准，不包括航行中或到达目的地时是否适航。《海牙规则》并不要求承运人承担开航后乃至到达目的地以前整个航程中船舶适航的责任，根据判例，所谓开航前和开航时是指在装运港从装货开始至起锚之时的整个期间。

【案例 4-2】

某轮装运一批货物从美国出发开往日本，在由拖船带动下离开码头时，碰撞了混凝土码头，以致船壳出现裂缝。发生碰撞时，船上还有两根缆绳仍系在码头的系绳处。碰撞后，船长未对该船进行检验就出发了。在船舶航行途中，海水经由裂缝渗进船舱，损及货物。显然，碰撞造成了船舶的不适航。①

请问：承运人是否要承担开航前不适航的责任？

解析： 承运人应于何时开始使船舶适航，按照英国法对《海牙规则》的解释，承运人

---

① 案例引自王传丽主编：《国际经济法案例分析》，高等教育出版社 2008 年版，第 101 页。

应于"开航前与开航时"使船舶适航，即承运人只对航程的开始负责，而不是对全程负责。所谓开航前，确切地说，是指开始装货之时；开航时，是指船舶离开锚地之时。但适航的时间并不仅仅指开始装货之时与开航时这两个孤立的时间，而是指开始装货至开航这整段时间。本案中，轮船离开码头时发生碰撞导致的不适航，由于轮船还没离开锚地，应为开航前的不适航。

③恪尽职守。《海牙规则》要求承运人恪尽职守，保证船舶适航。根据判例，这一义务不仅适用承运人本人，也适用所雇用的任何人，如船员、代理人、验船师等，由于受雇人或代理人的疏忽导致船舶的不适航，承运人仍要承担责任。承运人只要在开航前和开航时做到恪尽职守使船舶适航就算履行了自己的义务，不包括开航后和到达目的地的整个期间。①

【案例4-3】

某航运公司将某肉品公司的一批牛舌罐头由悉尼运往伦敦，货船在出航前入坞进行特检及例行载重线年检，为了便于验船师进行检验，全船31个防浪阀全部被打开，验毕盖好。但由于一名很有经验的钳工没有把其中两个防浪阀的螺丝钉旋紧，出航后，在恶劣天气下，海水由未盖好的防浪阀涌入第五舱，到达伦敦时，第五舱积水达15英尺，113箱罐头已变质。货方认为：承运人在开航时未能恪尽职责使船舶适航，应负赔偿责任。船方认为：恪尽职责限于本人，而船方已选择经验丰富的钳工来检修船舶，已做到了恪尽职责。②

请问：承运人应否对货物损失承担责任？

解析：恪尽职责应是承运人亲自履行的义务，如果承运人委托验船师或其他代理人为其检验船舶，而这些人没有尽到谨慎处理的责任，承运人就应对他们的疏忽负责。

(2)适当和谨慎地装载、搬运、配载、运送、保管、照料和卸载所运货物

《海牙规则》第3条第2款规定："除依照第4条的规定外，承运人对所承运的货物应适当和谨慎地装载、搬运、配载、运送、保管、照料和卸载。"

"适当"是从技术方面要求承运人对《海牙规则》所列的装载、搬运、配载、运送、保管、照料和卸载七个工作环节要具备一定的技术知识、技术水平和能力；"谨慎"是从个人素质方面，要求承运人尽心尽力做好职能范围内的工作。以上七个工作环节是否做到适当和谨慎是事实问题而不是法律问题。实践中，除取决于承运人的技术水平和个人责任心以外，还要根据装卸码头的习惯做法和货物的特性判断。

2. 承运人责任的豁免

《海牙规则》实行承运人的不完全过失责任，其第4条第2款和第4款列举在18种情况下免除承运人依应承担的责任。但是，《海牙规则》第5条规定，承运人也可在提单中

---

① See Riverstone Ment Company v. Lancashire Shipping Company Ltd., Lloyd's Report 1961, Vol. 1.

② 案例引自王传丽主编：《国际经济法案例分析》，高等教育出版社2008年版，第150页。

明确规定放弃某项权利的豁免或加重自己的责任和义务。

（1）承运人对船长、船员、引水员或承运人的雇佣人员在航行或管理船舶中的行为、疏忽或不履行义务不承担责任

与《海牙规则》规定的承运人在开航前或开航时恪尽职守使船舶适航的义务相一致，承运人对船长和船员在开航后船舶操作中的疏忽和过失可以享受免责。船长、船员管理船舶中的行为、疏忽、不履行义务是和承运人的管货义务相对应的。对船长、船员管船中的过失，承运人可以免责。但在实践中，管货行为与管船行为，往往不易分清。

【案例4-4】

第一例：船员查看货物后，在离开货仓时没有把防水舱关好，导致海水打入舱内使货舱中的水泥受损，船东认为是管理船舶中的失误要求免责。

第二例：由于天气寒冷，燃油舱内燃油结块，为了使燃油顺利燃烧，船员对燃油舱加热，但由于疏忽，离开时忘记停止加热，导致货舱中的大豆受热变质。①

请问：上述两例中船方是否可以因管船的过失要求免责？

解析： 法院在处理这类案件时，主要是根据船长或船员的行动意图或目的来区分是管货行为还是管船行为，由此判断承运人是否应承担过失责任。

在第一例情况下，船员进入货舱是去查看货物，而不是去检查货舱，离开货舱时忘记关好舱门导致货损，属于管货中的疏忽。根据《海牙规则》第3条第2款的规定，船员违反了妥善保管货物的义务，因此，承运人要承担责任。在第二例情况下，燃油舱加热的目的是船舶航行的需要，而不是货物的需要，因此船员忘记停止加热导致货损，属于船舶管理中的失误，承运人可以免责。

（2）火灾

航行中，船上发生火灾，可以免除承运人的责任，只要这种火灾不是因承运人的实际过失或私谋引起的，例如，船员在船上吸烟导致火灾，承运人可以免责；若是因承运人违反开航时或开航前船舶适航义务或由承运人指使、纵容引起火灾，则承运人要承担责任。

（3）海难

海难是《海牙规则》中特有的概念，是指海上或其他通航水域的灾难、危险和意外事故。

（4）天灾

天灾是不可抗力的一种，特指由自然条件引起的事故，如雷电、飓风等。

（5）战争

战争是指不管公开宣战与否，一国对另一国付诸武力的行为。

（6）公敌行为

公敌行为是指以船旗国为敌的两交战国之间的行为，包括作为国际公敌的海盗行为。

（7）政府、君主、当权者或人民的管制或依法扣押

---

① 案例引自王传丽主编：《国际经济法案例分析》，高等教育出版社2008年版，第150页。

检疫限制是指政府出于政治目的与保护公共利益对船舶进行的扣押，不包括由于私人之间债务纠纷，债权人向法院提出申请扣押令而发生的扣押。

（8）检疫限制

这是指承运人无法预料、不能避免的政府行为，例如为防止疫情，政府要对所有入港船舶进行熏蒸，由此导致的货损，承运人可以不承担责任。

（9）托运人或货主的过失

托运人或货主的过失包括托运人或货主及其代理人或代表的行为或不行为，由托运人或货主过失导致的货损免除承运人的责任；反之，如果托运人的过失给承运人带来损害，如托运人隐瞒货物的易燃易爆性，导致船舶发生火灾或爆炸，托运人还要对承运人蒙受的损失承担赔偿责任。

（10）罢工

不论何种原因引起的局部或全面罢工、关厂、停工或限制工作，包括装卸港口工人罢工或船上船员或雇佣人员的罢工，由此导致的货损，承运人不承担责任。应当注意的是，这种罢工不是由于承运人的过失引起的，如克扣船员薪金。此外，罢工发生后，承运人仍负有妥善保管货物的义务。

（11）暴动和骚乱

暴动和骚乱是承运人不能预料的事故，但承运人仍负有采取合理措施加以防范、妥善保管货物的义务。与罢工一样，暴动和骚乱的发生不是由于承运人的过失引起的。但如果暴动和骚乱是由于承运人挑衅或故意唆使发生，则承运人不能免责。

（12）救助或企图救助海上人命或财产

《海牙规则》对承运人海上救助的免责从人命救助扩大到财产救助，由此发生的货物灭失和损害，承运人不承担责任。

（13）货物的固有缺点、性质或缺陷引起的体积或重量亏损或者其他灭失、损害

因货物的固有缺点造成重量或体积亏损，只要在合同规定的或合理损耗限度之内，可免除承运人的责任。因货物固有缺陷造成质量损害，如生虫、腐烂、自燃等，在实践中是比较复杂的问题，货物的损害也可能因船舶不适航引起，解决办法只能依案件的具体事实加以判断。

（14）包装不善

由于货物包装不善导致的货损，只要承运人在签发提单时曾对包装不善情况加以注明，就可以免除其应当承担的责任。但是如果包装不善是承运人在收货时可以从外观上发现的，在提单上未加批注而签发了清洁提单，则不能被免除责任。

（15）唛头不清或不当

在货物或包装上印刷运输标志是托运人的责任，唛头不清或不当导致承运人运错港或交错货或给日后提货人提货带来不便，承运人不承担责任。

（16）虽恪尽职守亦不能发现的船舶潜在缺陷

此项规定是针对承运人应在开航前和开航时恪尽职守保证船舶适航的义务而言。潜在缺陷不单纯指肉眼看不见的缺陷，还包括合格的验船师用符合标准的检验手段不能发现的船舶缺陷。《海牙规则》要求承运人承担的适航义务不是绝对的，如果承运人在开航前和

开航时已恪尽职守，雇用合格的人员用合理的检验手段仍不能发现船舶存在的缺陷，则可以免除承运人的责任。

【案例 4-5】

为了使船舶适航，某船舶在定期检查时抽样钻探船身铁板厚度。由于检验的习惯做法是抽样钻探，以致一处已被腐蚀 76% 的地方未被发觉。检船人员认为船身厚度合格。船舶开航后，在途中该处被腐蚀 76% 的地方裂开，海水涌入造成船舶所载货物的湿损，货主要求承运人赔偿损失。①

解析：承运人在开航时已经做到恪尽职责，检船人员也已恪尽职责，检船时不可能每处都钻探。在恪尽职责后仍未发现的缺陷属于潜在缺陷，承运人对此无须负责。

(17)非承运人的实际过失或私谋引起的其他任何原因

此项规定又称"杂项免责条款"，其他任何原因是指不包括上述 16 条，但与上述 16 条内容具有同一性质的或类似的原因，这些原因都不是承运人本人的过失或私谋，包括承运人的代理人或雇佣人员的过失或疏忽引起的。

(18)合理绕航

合理绕航包括为救助或企图救助海上人命或财产发生的绕航，以及任何合理绕航，均免除承运人由此承担的货物灭失和损害的责任。所谓任何合理绕航，在实践中通常包括依据提单中订立的合理偏离航线条款发生的绕航行为，或为船、货双方的利益发生的，或该绕航与船舶本身承担的运输义务不发生严重抵触。

3. 承运人的责任期间

承运人的责任期间是承运人对货物运送负责的时间范围。《海牙规则》第 1 条第 5 款对承运人的责任期间规定为：自货物装上船的时候起直至卸下船的时候止的一段时间，从装货时吊钩受力开始至货物卸下船脱离吊钩为止的整个期间，即实行"钩到钩原则"(Tackle to Tackle Rule)。当使用岸上吊杆装卸时，则货物从装运港越过船舷时起至卸货港越过船舷为止的整个期间，即实行"舷到舷原则"(Rail to Rail Rule)。

4. 责任限制

根据《海牙规则》，承运人有权限制其对货物的灭失或残损的责任，责任限制就是承运人对货物灭失或残损的最高赔偿额。《海牙规则》第 4 条第 5 款和第 9 条对承运人的责任限制作了如下规定：不论是承运人或是船舶，在任何情况下，对货物或货物有关的灭失或损害，对每件或每单位，超过 100 英镑或与其等值的其他货币部分均不负责。但托运人于装船前已就该项货物的性质和价值提出声明并已列入提单的，不在此限。100 英镑是指 1924 年金本位英镑，不以英镑为货币单位的国家，可按 100 金英镑的价值换算成本国货币，如美国规定为 500 美元，加拿大规定为 500 加拿大元，日本规定为 10 万日元。

《海牙规则》通过以后不久，实行金本位的国家先后放弃金本位，于是承运人改以 100 英镑纸币作为赔偿货主的最高限额。由于英镑纸币不断贬值，100 英镑纸币已大大低于

---

① 案例引自王传丽主编：《国际经济法案例分析》，高等教育出版社 2008 年版，第 108 页。

100 金英镑的价值，引起货主的不满。于是英国的船舶所有人、保险商和货主在英国海事法律协会的帮助下，于 1950 年 8 月订立"黄金条款协议"，将 100 英镑的限额提高为 200 英镑，仍以纸币支付。这个规定只对协议的参与人有效。

5. 诉讼时效

按照《海牙规则》第 3 条第 6 款的规定，货物自卸货港交货前或交货时，收货人应将货物的灭失和损害的一般情况以书面方式通知承运人；在灭失或损坏不明显时，该书面通知应于交货之日起 3 天内提交。对承运人的赔偿请求权期限是 1 年。如在交货时，承运人和收货人已对货物进行联合检验或检查，则无须再提交书面通知。无论在任何情况下，从货物交付日或应交付日起，托运人或收货人应就货物的灭失或损坏情况在 1 年之内提起诉讼。货主如果在《海牙规则》规定的诉讼时效的期限内未提出诉讼就丧失法律所给予他向承运人请求补偿的权利。

（三）《维斯比规则》有关承运人责任的规定

《海牙规则》实行多年后，随着国际贸易的发展，暴露出种种弊端。在《海牙规则》基础上修改后的规则简称《维斯比规则》。《维斯比规则》对《海牙规则》的修改主要有如下方面：

1. 适用范围

《海牙规则》适用于在任何缔约国所签发的一切提单，《维斯比规则》改为：公约适用于两个国家港口之间有关货物运输的每一份提单，如果提单在一个缔约国签发，或者从一个缔约国的港口启运，或者提单或由提单证明的运输合同中规定，该提单（或合同）受《海牙规则》约束，或受《海牙规则》生效的国内立法的约束，而不考虑船舶、承运人、托运人、收货人或任何其他有关人员的国籍如何。

2. 提单的证据力

《海牙规则》规定，承运人向托运人签发提单，是承运人收到该提单中所载货物的初步证据，根据这一规定，承运人有权提出反证，否定提单所载内容的真实性，这对托运人没有不公平，货物是托运人提交的，提单所载内容由托运人填写，但是，对于善意的提单的受让人则可能不公平。有鉴于此，《维斯比规则》规定，当提单已经转给善意行事的第三人时，与此相反的证据不予接受，也即存在善意第三人的情况下，提单对于善意的受让人是最终证据。

3. 责任限制

《维斯比规则》对责任限制作了较大的扩充和修改：①承运人的责任限制和抗辩理由，适用于就运输合同所涉及的有关货物的灭失或损害对承运人所提起的任何诉讼，无论该诉讼是以合同为根据还是以侵权行为为根据；②承运人的这种责任限制和抗辩理由，同样适用于承运人的雇佣人员和代理人（如果该雇佣人员或代理人不是独立的缔约人），即认可了"喜马拉雅条款"（Himalayas Clause）的合法性；③赔偿金额从原来的 100 英镑改为双重限额，每件或每一单位为 10000 法郎，或按灭失或损坏的货物毛重每公斤 30 法郎（1 法郎是纯度为 900‰的黄金 65.5 毫克），以较高者为限；④拼装货的计算。《维斯比规则》增加了对用集装箱、托盘或类似的装运器具拼装时赔偿金额的计算。规定提单中如载明装在这种装运器具中的件数或单位数，则按所记载的件数或单位数计算，否则，整个集装箱或托盘视为一件。

【案例 4-6】

阿德勒诉狄克逊案①

阿德勒夫人是一名游客，在搭乘 P&O 公司的一艘名为喜马拉雅号游轮时，于下船时因船梯断裂而摔伤。由于阿德勒夫人持有的船票上载有承运人的疏忽免责条款，故阿德勒夫人转而以侵权行为为由对船长和水手提起诉讼。船长和水手认为作为船公司的雇员，他们有权享受船票上关于承运人免责的规定。法院判决认为，船票上的免责条款是船公司和乘客之间签订的，有权援引该条款的只能是该契约的当事人。作为船公司的雇佣人员无权享受不是由他签订的合同中免责条款的权利。结果，阿德勒夫人胜诉。之后，船公司为了避免此类事件的发生，在合同中增加"喜马拉雅条款"，规定承运人的免责和限制赔偿金额的权利，同样适用于其雇佣人员和代理人。

4. 诉讼时效

《维斯比规则》除维持《海牙规则》的 1 年时效外，规定经双方同意可以延长时效。即使 1 年期满后，承运人仍有不少于 3 个月的时间向第三人追偿。

5. 核能损害责任

《海牙规则》对此未作规定；《维斯比规则》规定，《海牙规则》的规定不影响任何国际公约或国内法有关对核能损害责任的各项规定。

（四）《汉堡规则》有关承运人责任的规定

《维斯比规则》对《海牙规则》的修改没有解决《海牙规则》中权益失衡的本质问题，对承运人的责任和豁免、责任起讫、托运人的义务等均未作实质性改变。《汉堡规则》按照船方和货方合理分担风险的原则，适当加重了承运人的责任，使双方权利义务趋于合理、平等。其主要内容如下：

1. 适用范围

与《海牙规则》和《维斯比规则》相比，《汉堡规则》的适用范围更为明确，《汉堡规则》适用于两个国家之间的所有海上货物运输合同：①装货港位于一个缔约国内；②预订卸货港或实际卸货港位于一个缔约国内；③提单或证明海上运输合同的其他单据是在一个缔约国内签发；④提单或证明海上运输合同的其他单据中规定，公约的各项规定或实施公约的各国国内立法，对提单有约束力；⑤依租船合同签发的提单，约束承运人和非租船人的提单持有人之间的关系。

2. 增加实际承运人的概念

实际承运人，是指接受承运人委托执行货物运输或部分运输的任何人。《汉堡规则》中所有关于承运人责任的规定，不但适用于承运人的代理人、雇员，也同样适用于受其委托的实际承运人。

3. 货物

《海牙规则》中货物的概念不包括舱面货或集装箱装运的货物以及活动物。《汉堡规

---

① 案例引自王传丽主编：《国际经济法案例分析》，高等教育出版社 2008 年版，第 111 页。

则》规定，承运人只有与托运人达成协议或符合特定的贸易习惯、法规、条例要求时，才能在舱面载运货物，否则要对舱面货发生的损失负赔偿责任。对于活动物，只要承运人证明是按托运人对活动物作出的指示办事，则对货物的灭失、损坏或延迟运货造成的损失视为运输固有的特殊风险而不承担责任。

4. 关于清洁提单的规定

《海牙规则》规定，承运人在签发提单时应注明货物的表面状况，但是，承运人、船长或承运人的代理人，不一定会将任何货物的唛头、号码、数量或重量标明或标示在提单上。按照这一规定，一张由承运人签发的所谓表面状况良好的提单，实际上并不意味着是一张清洁提单，因为承运人的怀疑或无法核对的事项并没有如实反映在提单的批注当中。为了避免或减少由此产生的争议，《汉堡规则》规定，如果承运人或代其签发提单的其他人确知或有合理的根据怀疑，提单所载有关货物的一般性质、主要唛头、包数或件数、重量或数量等项目没有准确地表示实际接管的货物，或者无适当的方法来核对这些项目，则承运人或上述其他人必须在提单上作出保留，注明不符之处、怀疑根据或无适当核对方法。与《海牙规则》不同，《汉堡规则》虽然要求承运人必须在提单上注明货物的表面状况，但如果承运人未在提单上批注货物的表面状况，则视为已在提单上注明货物的表面状况良好。

5. 承运人责任起讫

《汉堡规则》将《海牙规则》规定的"钩至钩"、"舷至舷"，扩展为自承运人接管货物时起至货交收货人为止，货物在承运人掌管之下的全部期间。

6. 承运人赔偿责任基础

《汉堡规则》将《海牙规则》中承运人的"不完全过失责任"改为承运人的"推定完全过失责任制"。即除非承运人证明他本人及代理人或所雇佣人员为避免事故的发生及其后果已采取了一切合理的措施，否则承运人对在其掌管货物期间因货物灭失、损坏及延迟交货所造成的损失负赔偿责任。如果承运人将运输全部或部分委托给实际承运人履行时，承运人仍需对全程运输负责，如果双方都有责任，则承担连带责任。

7. 提高赔偿金额

《汉堡规则》将承运人的最低赔偿金额在《海牙规则》和《维斯比规则》规定的基础上提高到每件或每一货运单位 835 计账单位，或相当于毛重每公斤 2.5 计账单位的金额，以较高者为限。"计账单位"是指国际货币基金组织规定的特别提款权，以此取代原来采用单一货币所带来的汇率波动风险。

8. 增加对于延迟交货赔偿的规定

《汉堡规则》对承运人延迟交货时的赔偿作出明确规定，即以相当于该延迟交付货物应付运费的 2.5 倍为限，但不得超过海上运输合同中规定的应付运费总额。"延迟交货"是指货物未能在明确议定的时间内，或在没有此项议定时，按照具体情况对一个勤勉的承运人未能在合理的时间内，在合同规定的卸货港交货，均构成延迟交货。

9. 保函

在国际海上货物运输实践中，托运人为取得清洁提单，向承运人出具承担赔偿责任的保函的做法一直被司法实践认为是一种欺诈行为而无效。但在实践中，这一做法却因为实用、简便而经常为当事人采纳作为紧急情况下的一种变通做法。《汉堡规则》对如何正视这一问题并找出合理的解决办法作出了规定。《汉堡规则》将保函合法化，规定托运人为取得清洁提单而向承运人出具承担赔偿责任的保函在托运人和承运人之间有效，但对提单受让人，包括任何收货人在内的第三方无效。在发生欺诈行为的情况下（无论是托运人或承运人欺诈），承运人均需承担损害赔偿责任，并且不能享受《汉堡规则》规定的责任限制的利益。

10. 索赔与诉讼时效

《汉堡规则》将《海牙规则》和《维斯比规则》规定的 1 年时效改为 2 年，并经接到索赔要求人的声明，可以多次延长。收货人应在收到货物次日，将损失书面通知承运人，如货物损失属非显而易见的，则在收货后连续 15 日内，延迟交货应在收货后连续 60 天内将书面通知送交承运人，否则收货人将丧失索赔的权利。

11. 管辖权

《汉堡规则》增加了关于管辖权的规定。原告就货物运输案件的法律程序，可就法院地作如下选择：①被告主营业所在地或惯常居所；②合同订立地，且合同是通过被告在该地的营业所、分支机构或代理机构订立的；③装货港或卸货港；④海上运输合同中指定的其他地点。

根据《汉堡规则》的规定，凡《海牙规则》和（或）《维斯比规则》的缔约国，在加入《汉堡规则》时，必须声明退出《海牙规则》和（或）《维斯比规则》，如有必要，这种退出可推迟至《汉堡规则》生效之日起 5 年，即以前曾为《海牙规则》和（或）《维斯比规则》的缔约国，在加入《汉堡规则》后，从 1997 年 11 月 1 日起，不再是前述两公约的缔约国。

（五）我国《海商法》中承运人责任的规定

我国《海商法》第四章第二节规定了承运人的责任。

1. 适航

《海商法》第 47 条规定："承运人在船舶开航前和开航当时，应当谨慎处理，使船舶处于适航状态，妥善配备船员、装备船舶和配备供应品，并使货舱、冷藏舱、冷气舱和其他载货处所适于并能安全收受、载运和保管货物。"

2. 承运人管理货物的责任

《海商法》第 48 条规定："承运人应当妥善地、谨慎地装载、搬移、配载、运输、保管、照料和卸载所运货物。"

3. 免责事项

《海商法》第 51 条规定："在责任期间货物发生的灭失或者损坏是由于下列原因之一造成的，承运人不负赔偿责任：

①船长、船员、引航员或者承运人的其他受雇人在驾驶船舶或者管理船舶中的过失；

②火灾，但是由于承运人本人的过失所造成的除外；

③天灾，海上或者其他可航水域的危险或者意外事故；

④战争或者武装冲突；

⑤政府或者主管部门的行为、检疫限制或者司法扣押；

⑥罢工、停工或者劳动受到限制；

⑦在海上救助或者企图救助人命或者财产；

⑧托运人、货物所有人或者他们的代理人的行为；

⑨货物的自然特性或者固有缺陷；

⑩货物包装不良或者标志欠缺、不清；

⑪经谨慎处理仍未发现的船舶潜在缺陷；

⑫非由于承运人或者承运人的受雇人、代理人的过失造成的其他原因。

承运人依照前款规定免除赔偿责任的，除第②项规定的原因外，应当负举证责任。"

本条的规定与《海牙规则》第 4 条第 2 款的规定一致。本条规定的免责事项虽然只有 12 项，但是包括了《海牙规则》18 项免责事项的内容，主要对《海牙规则》免责事项中的重复条款予以了合并。

4. 责任期间

《海商法》第 46 条规定："承运人对集装箱装运的货物的责任期间，是指从装货港接收货物时起至卸货港交付货物时止，货物处于承运人掌管之下的全部期间。承运人对非集装箱装运的货物的责任期间，是指从货物装上船时起至卸下船时止，货物处于承运人掌管之下的全部期间。在承运人的责任期间，货物发生灭失或者损坏，除本节另有规定外，承运人应当负赔偿责任。"

5. 货物迟延交付责任

《海商法》第 50 条规定："货物未能在明确约定的时间内，在约定的卸货港交付的，为迟延交付。除依照本章规定承运人不负赔偿责任的情形外，由于承运人的过失，致使货物因迟延交付而灭失或者损坏的，承运人应当负赔偿责任。"

6. 责任限制

《海商法》第 56 条规定："承运人对货物的灭失或者损坏的赔偿限额，按照货物件数或者其他货运单位数计算，每件或者每个其他货运单位为 666. 67 计算单位，或者按照货物毛重计算，每公斤为 2 计算单位，以二者中赔偿限额较高的为准。但是，托运人在货物装运前已经申报其性质和价值，并在提单中载明的，或者承运人与托运人已经另行约定高于本条规定的赔偿限额的除外。货物用集装箱、货盘或者类似装运器具集装的，提单中载明装在此类装运器具中的货物件数或者其他货运单位数，视为前款所指的货物件数或者其他货运单位数；未载明的，每一装运器具视为一件或者一个单位。"

7. 实际承运人的责任

《海商法》第 60 条规定："承运人将货物运输或者部分运输委托给实际承运人履行的，承运人仍然应当依照本章规定对全部运输负责。对实际承运人承担的运输，承运人应当对实际承运人的行为或者实际承运人的受雇人、代理人在受雇或者受委托的范围内的行为负责。虽有前款规定，在海上运输合同中明确约定合同所包括的特定的部分运输由承运人以外的指定的实际承运人履行的，合同可以同时约定，货物在指定的实际承运人掌管期间发生的灭失、损坏或者迟延交付，承运人不负赔偿责任。"

8. 舱面货的责任

《海商法》第 53 条规定："承运人在舱面上装载货物，应当同托运人达成协议，或者符合航运惯例，或者符合有关法律、行政法规的规定。承运人依照前款规定将货物装载在舱面上,对由于此种装载的特殊风险造成的货物灭失或者损坏,不负赔偿责任。承运人违反本条第 1 款规定将货物装载在舱面上,致使货物遭受灭失或者损坏的,应当负赔偿责任。"

9. 诉讼时效

《海商法》第 257 条第 1 款对海上货物运输合同即提单合同的诉讼时效作出规定:"就海上货物运输向承运人要求赔偿的请求权,时效期间为 1 年,自承运人交付或者应当交付货物之日起计算;在时效期间内或者时效期间届满后,被认定为负有责任的人向第三人提起追偿请求的,时效期间为 90 日,自追偿请求人解决原赔偿请求之日起或者收到受理对其本人提起诉讼的法院的起诉状副本之日起算。"

当货物灭失或损坏情况非显而易见时,在货物交付的次日起连续 7 日内;集装箱货物交付的次日起连续 15 日内;延迟交货自次日起 60 天内以书面通知承运人。

(六)托运人责任的有关规定

1. 国际公约有关托运人责任的规定

①按照《海牙规则》第 3 条第 5 款和《汉堡规则》第 17 条,托运人应保证所提供货物的标志、号码、数量和重量的正确性;还应保证货物的性质或价值的正确性。托运人应对由于上述资料的不正确造成的损失对承运人负责。

②《海牙规则》(第 4 条第 6 款)和《汉堡规则》(第 13 条)均规定,托运人托运危险货物,均应将其危险性质通知承运人。如未通知,而承运人又不知其危险性质,托运人应赔偿承运人由于装运危险货物遭受的损失。承运人可以卸货,无须赔偿。

③按照《汉堡规则》的规定,托运人应保证赔偿承运人由于接受保函未对提单批注而受到的损失;《海牙规则》没有关于保函的规定。

2. 我国《海商法》有关托运人责任的规定

①《海商法》第 66 条规定托运人应保证提供的货物的标志、数量和重量的正确性。这与《海牙规则》、《汉堡规则》的有关规定相同。

②《海商法》第 68 条规定托运人托运危险品,应将其危险性质和预防措施通知承运人。如果托运人未作通知,承运人可以将货物卸下、销毁,托运人对承运人因运输危险品所受到的损害应负赔偿责任。这与《海牙规则》、《汉堡规则》的有关规定基本上一致。

③《海商法》第 69 条规定:"托运人应当按照约定向承运人支付运费。"

三、租船运输的法律制度

租船运输是采用不定期航线的国际海上租船运输,通过租船运输合同调整出租人和承租人之间的关系。租船合同的性质与提单不同,它不仅是运输合同的证明,而且大多数常用的租船合同本身就是运输合同。此外,租船合同只具有运输合同的作用,既不能作为承运人收到托运货物的收据,也不能起到货物所有权凭证的作用。

(一)航次租船合同的法律问题

航次租船合同在租船运输中得到广泛应用。航次租船合同多以标准格式出现,常见的有波罗的海国际航运公会(The Baltic and International Maritime Conference,简称 BIMCO)制定的《统一杂货租船合同》(Uniform General Charter),简称"金康"合同(Cencon);《澳大利亚谷物租船合同》(*Chamber of Shipping Australian Grain Charter*),简称"奥斯特拉尔"(*Austral*)等。其中,"金康"合同在国际上被广泛使用。"金康"合同的主要内容包括:

1. 基本条款

航次租船合同的基本条款包括出租人姓名、承租人姓名或公司名称;船舶名称与国籍;货物名称;装货日期;装货港、目的港及费率。

2. 船东责任条款

在以下情况下,船东承担货物灭失、损坏或延迟交付的赔偿责任:①因货物积载不当或疏忽或船舶不适航导致的货物灭失、损坏或延迟交付;②可归咎于船东或船东经理人员本人的行为或过失。

在以下情况下,免除船东的赔偿责任:①除上述情况外的其他原因引起的货物灭失、损坏或延迟支付,包括船东所雇用人员在履行职责时的疏忽或过失引起的;②货物损坏是由于与其他货物接触,其他货物的渗透、串味,蒸发,货物的易燃易爆性质,关于提供船舶和船期的规定,不良包装引起的,并且不得视为配载不当或疏忽。

3. 装货与卸货条款

装货与卸货条款既约束出租人,也约束承租人。安全、合理、快速装卸关系到双方的切身利益,要求双方紧密配合,承租人在规定的期限内未完成合同规定的装卸义务的,要按超过时间交纳滞期费。如提前完成装卸义务,则可得到速遣费。"金康"合同对装货与卸货作了如下规定:

①准备装卸通知书与装卸时间的起算。装卸时间的起算取决于"准备装卸通知书"的送达时间。"准备装卸通知书"是指在船舶到达指定港或泊位,在各方面做好装卸准备后,由船长签署并向承租人发出的书面通知。根据合同规定,如果装卸通知于午前送达,则装卸时间从午后1点起算;如通知书于午后送达,则从下一个工作日的上午6点起算。

②装卸时间的表示。可用工作日(working days)、连续日(running days)、连续工作日(running working days)表示。船舶因等候泊位而丧失的时间也算装卸时间。

③滞期费计算。"金康"合同只规定了滞期费,未规定速遣费。滞期费按天计收,费率由双方约定。不足1日的按比例计算。滞期期限为10个连续日。超出10天,则按违约计算损失。

④装卸费用。每件或每包装件货物超过2吨重,则装船、积载和卸船均由承租人承担风险和费用。如货物由运输机装船进舱,由船东负责平舱费。

4. 装运港和卸货港条款

为了船舶的安全,出租人要求承租人在选择港口时应选择安全港,或在合同中订明船舶只能驶往安全的港口。安全港口既指地理上的安全,也指政治上的安全。就地理上的安全来说,该港口应是船舶能安全进出;就政治上的安全来说,船舶不会遭到扣押、没收或拿捕的危险。出租人在订立合同时有义务对港口情况进行调查,如果合同中订明了具体的装运港和卸货港,而在履行时发生了不安全的情况,根据德国法和英国法的解释,承租人不负责任。

5. 留置权条款

当货物还在承运人(船东)掌管之下时,承运人有权就未支付的运费、空舱费、滞期费及滞期损失对货物行使留置权，但承租人仍要对发生于装货港的空舱费、滞期费及滞期损失承担责任。在卸货港，当船东对货物无法行使留置权时，承租人要对发生于卸货港的运费及滞期损失承担责任。

6. 解约条款

①出租人在预定的准备装货之日前未准备就绪装货，不论是否在泊位，即在预定装货日未到达指定装货港或未做好装货准备；

②双方约定的解约日届满；

③如无约定，当船舶因海损或其他原因延误，则在及时通知承租人后，延误时间不得超过预订装船日 10 天；

④在船东要求延迟到达的情况下，承租人在船舶预定到达装货港前 48 小时内发出解约的通知。

7. 运费及其支付条款

支付运费是承租人的一项主要义务。租船合同对运费的计算方法和支付方法一般都有具体的规定。运费的支付方法有以下两种：

(1)预付运费

预付运费的基本原则是"无论船舶与货物灭失与否，一概不予退还"，但是，在下列三种情况下，船方必须退还预付运费：未能提供适航船舶在合理时间内开航；货物由于免费条款以外的事故而遭受灭失；货物在预付运费的付款期截止前已遭灭失。预付运费一般在出租人接管货物或签发提单时支付，例如，中国租船公司的租船合同规定，运费应在签发提单后 7 个工作日内支付。

(2)到付运费

到付运费支付时间原则上是在船舶抵达目的港交货前付清。在到付运费的情况下，船方只有在收到全部运费后才有交付货物的义务；反之，船方不交货，租方就没有义务支付运费。因此，在到付运费的条件下，如果货物在途中灭失，租方就没有支付运费的义务。

8. 罢工、战争以及冰封条款

(1)一般罢工条款规定

船东或承租人对因罢工或停业使得租约中的义务无法履行或延迟履行均不承担责任。如果罢工或停业影响到货物的全部或部分装船，则在驶往装货港途中或抵港后，船长(船东)可要求承租人宣布同意不把罢工或停业因素计入船舶停滞时间。如果承租人在 24 小时内未以书面形式作出答复，则船东有权解除合同，在只有部分货物装船的情况下，船东仍必须按原计划开航，并按已装船的货物数量计收运费，但船东可根据自己的需要在航程中搭载其他货物。

如果罢工或停业影响到卸货，则由收货人在 48 小时内作出选择：①船舶等候至罢工结束，并按滞期费的一半支付超过卸货时间的滞期损失；②船舶驶往另一安全港口卸货。如果替代港距离超过 100 海里，则按比例增收运费。

(2)一般战争条款规定

当船旗国处于战争状态并危及船舶的安全或如因交战原因，货物已成为禁运品，并依国际法或交战国宣告，可能被予以扣押或没收，则任何一方有权宣布解除合同。如货物已装船，则由承租人或货主承担费用和风险，在装货港或开航后最近一个安全地点卸下货物。船东有权用其他货物取代禁运货物运载。当装货港被封锁，则在该港口装运货物的合同失效。

在租船提单中，不得以任何被封锁的港口为目的港。如在提单签发后，目的港被封锁，则船东可在船舶未开航时将货物卸于装货港，如在开航后，则船东按托运人指示将货物卸于任何安全港口；如无指示，则卸货于最近的安全地方，并收取全部运费。

（3）一般冰封条款规定

装货港：①当船舶驶往或到达装货港时，为避免船被封冻，船长有权决定不载货离港，租船合同宣告无效。②在装货期间，为避免封冻，船长有权将已装货船舶驶离装货港，对装货港已装船货物要按租约的规定送达目的港，并按交付货物比例计收运费。但船东有权为自己的利益在途中其他港口装载其他货物，并不得向收货人索取因此而产生的一切额外费用。③当租约订有一个以上装货港，其中一个或几个港口被封冻时，船长或船东有选择权，或宣布租约无效；或在其中非冰封港装载货物，并有权在航程中其他港口装载自己安排的货物。

卸货港：①如冰封使船舶无法抵达卸货港，则收货人在接到船东通知后 48 小时内作出选择：船舶一直等至冰封消除并支付滞期费；或令船舶驶向一个无冰封的安全卸货港口。②在卸货期间，为避免封冻，船长有权将正在卸载中的船舶驶向他认为能安全卸货的港口，并收取相等于在原卸货港卸货的运费。当驶往替代港的距离超过 100 海里时，运费应按比例增加。

9. 违约赔偿

任何一方因不履行租约所给予的损害赔偿，不得超过预计的运费数额。

在租约未执行的情况下，船东至少向经纪人支付按预计运费和空舱费计算的经纪费的 1/3 作为经纪人所付费用和劳务的补偿。在航次不止 1 次的情况下，补偿额由双方议定。

10. 共同海损

共同海损按 1950 年《约克—安特卫普规则》理算。共同海损费用即使是船东雇用人的疏忽或过失引起的，货主亦应按货物比例参与分摊。

11. 绕航

船东有权为任何目的，按任何顺序，停靠任何港口或数港；有权在无引水员的情况下航行，有权拖带或救助任何位置的船舶，有权为救助人命或财产而绕航。

在实践中，由于《海牙规则》不适用于租船合同，而各船公司在制定标准合同时又往往不可避免地有利于本公司，因此，租船人通常争取把《海牙规则》的有关内容写入合同中，以平衡船舶所有人与租船人的责任。

（二）定期租船合同的法律问题

国际上常见的定期租船标准合同有纽约物产交易所（New York Produce Exchange，简称 NYPE）制定的《定期租船合同》（Time Charter），波罗的海国际航运公会（BIMCO）制定的《统一定期租船合同》（Uniform Time Charter），以及中国租船公司制定的《中外定期租船合同》（Sino Time Charter）等。中国租船公司制定的《中外定期租船合同》，租约共 36 条，主要内容如下：

1. 船东保证条款

（1）船舶适航

出租人应提供约定的船舶，并在租期内使船舶处于完好、有效的状态。因此，合同中通常都要载明船名、船籍、船级、吨位、载重量、载货容积、燃油消耗量、航速等项目。出租人提供的船舶应与合同规定相符，否则，承租人有权提出赔偿。

出租人提供的船舶，不仅要在租期开始时具有适航性，而且在整个租期都应保持船舶的完好和有效状态。因此，出租人有责任维修和支付修理费用，由于修理船舶而影响船舶的使用，承租人有权停止租用，但出租人不再负担因修船而给承租人造成的其他损失；如果由于出租人未及时修船而给承运人造成损失，则出租人要承担赔偿责任。

（2）航行范围

定期租船合同中，通常船东只保证租船人在有限的营运范围内活动，超出该范围，则由承租人承担船舶保费和其他一切损失。中国租船公司的《中外定期租船合同》规定，本船在伦敦保险业学会保证条款的范围内，在本船能安全浮起的安全港口、锚地或地点进行合法贸易，在船东保险人承保的情况下，租船人可到许可以外的地区或在船东支付无险附加保费的地区进行贸易，如果本船航行到中国受阻，租船人有解除租约的选择权。

（3）交船

船东要向租船人发出预计交船日和确定交船日通知，交船日船东未准备就绪并交付，则承租人有解除租约的选择权。交船时，货舱需打扫干净，适于接受货物，交船港口应是租船人指定的、能安全浮起的港口。

（4）船东供应项目

在定期租船方式下，虽然船舶的船长与船员是由出租人雇用，并由出租人担负船长、船员的给养、工资以及与船舶有关的各项开支和物料，但是，船舶的营运要由承租人掌握，承租人必须担负营运所需的燃料、压舱物料、锅炉用水的供应以及港口费、引水费、码头费、拖带费等与营运有关的费用。

（5）提单

《海牙规则》不适用租船合同，却适用于租船合同下签发的已转让给第三者的提单。中国租船公司的《中外定期租船合同》规定，根据船长签发的或应承租人要求授权承租人签发的提单，船东或其经理人作为承运人，按《海牙规则》第3条和第4条规定，对提单下所载货物的短少、灭失、残损负责。

2. 租船人责任条款

（1）租船人供应项目

租船人供应并支付航行所需燃油、港口、运河、码头的各种捐、税、费，以及装舱、理货、上船执行公务人员所需费用。

（2）租金

与航次租船合同不同，租金不考虑货物重量或航线。中国租船公司的《中外定期租船合同》约定的租金是按船舶载重吨每月计算，每个月支付一次。第一次租金在交船后7个营业日内支付。以后各次在到期日前7个营业日内预付。租船人未履行支付义务时，出租人有权撤船并可对船上货物行使留置权。

（3）停租

在发生以下情况时，承租人有停止支付租金的权利：①船东违反船舶规范与适航义务以及其他租约义务，导致停工和时间延误；②船舶或货物遇到海损事故及维修造成延误；③船长、船员或水手罢工、拒航或失职；④因船东及雇佣人员的原因导致船舶被扣留；⑤因恶劣天气发生的绕航、折返或挂靠非租船人指示的港口；⑥因装卸设备损坏导致开工不足或时间延误，延误时间有 6 周以上，租船人有解约的选择权。停租时间可计入租期内，并且因时间延误导致的额外费用，由船东承担并可由承租人从租金中扣除。

（4）租用目的、航行区域和租用期限

合同中通常对租用船舶的目的作出规定，运载为法律许可的货物，不得运载易爆、易燃的货物。

航行区域即船舶航运的范围。承租人可以在合同规定的区域内指示船舶行驶任何航线和停靠任何港口。除非双方另行协议，一般不准在航行区域外进行营运业务。

租期的起讫时间是从船舶在交船港实际交给承运人开始，在约定地点把船舶交还给出租人为止。如果延误交船或还船是合理的，是由于意外事故造成的，不构成违约，但承租人应按约定的费率，支付超过租船日期的租金。租赁期满，租船人应将预计还船时间和港口提前 10 天通知船东；返还的船舶应保持与出租时大体相同的良好状态并应在安全、没有冰冻的港口返还，如果迟延归还，应按归还时的较高租率支付超期租金。

（5）装卸

装卸工和理货员由租船人安排，但作为船东的雇员，接受船长的指示和指导。因此，租船人对装卸人员的疏忽、过失或判断错误，对引水员、拖船或装卸人员因疏忽或装载不良造成船舶的灭失或损坏不承担责任。

第二节　国际航空货物运输法

一、国际航空货物运输的国际公约

（一）《华沙公约》

《关于统一国际航空运输某些规则的公约》（简称《华沙公约》），1929 年订立于华沙，1933 年 2 月 13 日生效。该公约规定了以航空运输承运人为一方，以旅客、货物托运人与收货人为另一方的权利义务和相互关系，是国际空运的一项最基本的公约。全世界有 100 多个国家和地区参加了该公约，中国于 1958 年正式加入该公约。

（二）《海牙议定书》

《修改 1929 年统一国际航空运输某些规则的公约的议定书》（简称《海牙议定书》），订立于 1955 年，1968 年 8 月 1 日生效。《海牙议定书》是对《华沙公约》的某些不适应国际航空运输发展要求规则的修改，如对旅客伤亡的责任限制的增加。中国于 1975 年正式加入该议定书。

（三）《瓜达拉哈拉公约》

《统一非缔约承运人所办国际航空运输某些规则以补充华沙公约的公约》（简称《瓜达

拉哈拉公约》），订于 1961 年，1964 年 5 月 1 日生效。《华沙公约》和《海牙议定书》都没有明确规定"承运人"究竟是指与旅客或货物托运人订立运输合同的承运人，还是包括根据订约承运人授权负责具体履行运输事宜的承运人。《瓜达拉哈拉公约》主要明确了这一问题。中国未加入该公约。

(四)《蒙特利尔公约》

旧的《华沙公约》体系(指 1999 年《蒙特利尔公约》产生之前的《华沙公约》体系)每个文件均是独立的条约，而这些文件的参加国又不完全相同，加之几次的修改补充不仅没有实现国际航空运输规则的统一，反而使得《华沙公约》原本确立的统一航空承运人责任制度处于严重混乱状态，甚至遭到破坏，可适用的责任制度多达 44 种，很容易导致同一事件却适用不同责任制度，旅客或货主所得赔偿可能大不相同，有失法律的公平和公正，这与《华沙公约》的制定宗旨相悖。

随着旅客流动性的日益增加和航空运输的全球化，旧的《华沙公约》体系的问题越来越突出。有鉴于此，在 1975 年的蒙特利尔外交会议上，一些国家建议国际民航组织起草一个合并所有《华沙公约》体系文件的统一文本，以改变承运人责任制度的混乱状况。1995 年，国际民航组织决定起草一部新的统一的公约，旨在全面修订和合并旧的《华沙公约》体系的各个文件。1999 年 5 月 10 日，国际民航组织在加拿大的蒙特利尔召开航空法的国际会议，5 月 28 日通过了新公约——《统一国际航空运输的某些规则的公约》(简称 1999 年《蒙特利尔公约》)，公约于 2003 年 11 月 4 日生效，中国于 2005 年 2 月 28 日加入该公约。

二、国际航空运输的若干法律规则

(一)空运单证

空运单证，又称为空运托运单，是订立合同、接受货物、运输条件以及关于货物的重量、尺码、包装和件数的初步证据。

1. 空运单证不是货物所有权的凭证

空运速度快，通常在托运人把托运单送交收货人之前，货物已经运到目的地，这在很大程度上排除了通过转让装运单据来转让货物的需要，虽然《华沙公约》并不妨碍签发可转让的空运托运单，但在实际业务中，空运单据一般都印有"不可转让"字样。货物运达目的地后，收货人凭承运人的到货通知及有关证明提货，不要求空运人凭空运托运单提货。

2. 空运单证的主要内容

空运单证主要包括以下内容：①起运地、目的地及约定的经停地点；②托运人，承运人或第一承运人及必要时收货人的名称、地址；③货物名称、性质、包装件数、包装方式与标志、重量、数量、体积或尺寸及货物和包装的外观状况；④运费金额、支付时间、地点、付款人；⑤货物价值；⑥货运单份数及随附单证；⑦运输期限及航线；⑧注明货运单受《华沙公约》或《海牙议定书》约束。

3. 空运单证上的责任

按照《华沙公约》的规定，承运人有权要求托运人填写空运单证，每件货物应填写一套单证，每一份托运单应有三份正本，并与货物一起提交承运人。其中第一份注明"交承运人"，由托运人签字；第二份注明"交收货人"由托运人签字后随同货物递送；第三份在货物受载后由承运人签字，交给托运人。根据《华沙公约》的规定，如果承运人接受了货物但未填写货运单，则承运人无权援引公约关于免除或限制承运人责任的规定。《海牙议定书》改为承运人在货物装机前签字，托运人还须向承运人提交有关货物运输和通过海关所必需的单证，如发票及装箱单等。托运人应对他在托运单上所填报的有关货物资料的正确性负责，如填报不实或有遗漏导致承运人遭受损失，托运人应负赔偿责任。

(二)承运人的责任与豁免

1. 承运人的责任

根据《华沙公约》的规定，承运人的责任如下：

①空运货物的承运人应对货物在空运期间所发生的毁灭、灭失、损害或延迟交货自动承担责任。所谓空运期间是指货物交由承运人保管的整个期间。

②承运人对货物损失的赔偿责任为每公斤250法郎。如托运人在交货时特别声明货物价值，并缴纳了必要的附加费，则承运人的赔偿额以所声明的价值为限。

2. 承运人的责任豁免

承运人可以引用《华沙公约》所规定的免责事由要求免责，但不能在空运合同中排除其对货物所应承担的责任。这些免责事由包括：

①承运人证明自己和其代理人已为避免损失采取了一切必要措施或不可能采取这种措施；

②损失的发生是由于驾驶上、航空器的操作上或领航上的过失；

③货物的灭失或损坏是由于货物的属性或本身质量缺陷造成的；

④损失是由受害人的过失引起或造成。

《华沙公约》规定的承运人免责和损害赔偿限额是一个最低标准，任何超出该公约免责范围并规定更低赔偿额的合同条款，一律无效。当货物的损坏和灭失是由于承运人及其代理人或雇佣人员故意的不良行为引起时，承运人无权援引该公约关于免责和限制责任的规定。

(三)托运人的责任

根据《华沙公约》的规定，托运人承担如下责任：

①托运人对托运单上关于货物的各项声明的正确性及由于延误、不合规定、不完备给承运人及其代理人造成的损失承担责任；

②托运人在履行运输合同所规定的一切义务的情况下，有权在起运地、目的地将货物提回或在途中经停时中止运输，或将货物运交非货物单上指定的收货人，但不得使承运人或其他托运人遭受损害；

③托运人需提供各种必要资料以便完成货交收货人前的海关、税务或公安手续，并将有关证件、附货运单交给承运人，并承担资料或证件缺乏、不足或不合规定给承运人造成的损失。

《华沙公约》规定，托运人有权在运输途中把货物退回，或在中途经停时中止运输，或要求承运人把货物运回起运地机场，或要求在目的地或中途经停地点把货物交给原来指定的收货人以外的第三者，但托运人应交付由此产生的一切费用。

(四)异议、索赔与诉讼时效

《华沙公约》规定当货物发生损坏时，发货人或收货人有权立即向承运人提出异议，或应该在收到货物后 7 天内提出。如果延迟交货，应在货物交给收货人支配之日起 14 天内提出异议。异议应当在运输凭证上或以书面形式提出。《海牙议定书》对提出异议的期限作了修改，将其中的 7 天延长至 14 天，其中的 14 天改为 21 天。根据《海牙议定书》的规定，除非承运人有欺诈行为，否则超过该期限，收货人不能对承运人起诉。根据《华沙公约》的规定，由几个连续承运人办理的航空运输，第一承运人和每一段运输的承运人要对托运人和收货人负连带责任。

有关空运的诉讼时效为 2 年，从货物到达之日，或货物应到达之日，或运输终止日起算，如逾期不提出诉讼，胜诉权即归于消灭。诉讼地点由原告选择，可以是承运人住所地、主要营业地、目的地或合同订立地的法院。

第三节　国际铁路货物运输法

国际铁路运输主要适用内陆接壤国家之间的货物运输。相对海上运输、航空运输，铁路运输具有受天气影响小、连续性强、载货量比空运大、速度比海运快、风险小等特点。目前，世界上最长的国际铁路运输线"欧亚大陆桥"东起中国江苏省连云港市，经新疆阿拉山口，穿越独联体全境，直通荷兰鹿特丹，被称为"现代钢铁丝绸之路"。

一、有关国际铁路货物运输的国际公约

关于国际铁路货物运输的国际公约主要有两个：一是《关于铁路货物运输国际公约》（简称《国际货约》）；二是《国际铁路货物联合运输协定》（简称《国际货协》）。

《国际货约》于 1890 年制定，1893 年 1 月 1 日起实行，是在 1938 年修改的《伯尔尼货运公约》基础上发展而来的。1961 年由奥地利、法国、比利时、德国等国家在瑞士伯尔尼签订，于 1970 年 2 月 7 日修订，修订后的《国际货约》于 1975 年 1 月 1 日生效。参加《国际货约》的国家有德国、奥地利、比利时、丹麦、西班牙、芬兰、法兰西、希腊、意大利、列支敦士登、卢森堡、挪威、荷兰、葡萄牙、瑞典、瑞士、土耳其、南斯拉夫，此外有西亚的伊朗、伊拉克、叙利亚，西北非的阿尔及利亚、摩洛哥、突尼斯等国家。中国没有加入这一公约。

《国际货协》是由前苏联、波兰、捷克斯洛伐克、匈牙利、罗马尼亚等 8 个国家于 1951 年签订的，目前生效的是 1974 年 7 月 1 日经修订和补充的新条文。中国和朝鲜、蒙古于 1953 年参加了该协定，后来越南加入。由于 1990 年 10 月，原民主德国与联邦德国合并，同年底原民主德国宣布退出《国际货协》。之后，原捷克斯洛伐克、匈牙利、罗马尼亚也相继退出，但仍承认《国际货协》的规定。1991 年，前苏联解体，15 个加盟共和国各自独立，除亚美尼亚没有参加《国际货协》外，其余独联体国家均参加了《国际货协》。加上阿尔巴尼亚、波兰、保加利亚、中国、越南、朝鲜、蒙古、伊朗等共 22 个国家为《国际货协》目前的成员国。

二、《国际铁路货物联合运输协定》的主要规定

(一)国际铁路运输合同

1. 国际铁路运输合同的订立

《国际货协》第6、7条规定，发货人在托运货物的同时，应对每批货物按规定的格式填写运单和运单副本，由发货人签字后提交给始发站，从始发站在运单和运单副本上加盖印戳时起，运输合同即成立。运输合同的形式是铁路始发站签发的运单，发站所在国为合同成立地所在国，戳记日期为合同成立日期。运单中的承运人一方为铁路，包括发站和到站的铁路局；托运人一方为发货人，亦包括收货人。

2. 铁路运单的作用

铁路运单是铁路收取货物、承运货物的凭证，也是在终点站向收货人核收运杂费用和提交货物的依据。与提单不同，铁路运单不是物权凭证，因此不能转让。铁路运单副本在加盖印戳后退还发货人，并成为买卖双方结清货款的主要单据。

(二)托运人的权利和义务

1. 托运人的基本义务

(1)如实申报义务

托运人应对他在运单中填报和声明的事项的正确性负责。如果记载和声明的事项有错误或遗漏，由此产生的一切后果，均由发货人负责。

(2)文件完整义务

托运人必须递交货物在运送途中为履行海关或其他规章所需要的添附文件。如未递交，始发站可以拒绝承运。铁路没有义务检查托运人在运单上所附的文件是否正确与安全。托运人对未添附文件或文件不齐全、不正确造成的后果负责。

(3)货物的交付义务

托运人在填写运单的同时，要提交全部货物和付清运费及有关费用。提交的货物可以是整车，也可以是零担。但不得属于下列货物：①邮政专运物品；②炸弹、炸药和军火；③属于《国际货协》附件(四)中所列的其他危险物品；④重量不足10公斤的零担货物。凡是属于金、银、白金制品、宝石、贵重毛皮、电影片、画、雕像、古董、艺术制品和特种光学仪器等贵重物品，均应声明其价值。

(4)托运人或收货人应按规定交付运送费用

运送费用包括货物的运费、押运人的乘车费、杂费及与运送有关的其他费用。《国际货协》第13、15条规定：①发送国铁路的运送费用，按发送国的国内运价计算，在始发站由发货人支付；②到达国铁路的运送费用，按到达国铁路和国内运价计算，在终点站由收货人支付；③如始发站和终点站属于两个相邻的国家，则无须经由第三国过境运输，而且这两国的铁路间订有直通运价规程时，则按运输合同订立当天有效的直通运价规程计算；④如货物需经第三国过境运输时，过境铁路的运输费用，应按运输合同订立当天有效的《国际铁路货物联运统一过境运价规程》(以下简称《统一货价》)的规定计算，可由始发站向发货人核收，也可由到达站向收货人核收。但如按《统一货价》的规定，各过境铁路的运送费用必须由发货人支付的，则不准将这项费用转由收货人支付。

《国际货协》还规定了各国铁路之间的清算方法。其主要原则是，每一铁路在承运或交付货物时向发货人或收货人按合同规定核收运费和其他费用之后，必须向参加这次运输业务的各铁路支付该铁路应得部分的运送费用。

2. 托运人的基本权利

①发货人或收货人有权在终点站凭运单领取货物。

②发货人或收货人都有权在协定允许范围内对运输合同作必要的更改，但是，无论是发货人还是收货人，都只能各自变更一次，而且在变更时，不准将整批货物分开办理。此外，变更的一方要承担因此而引起的费用。

发货人可以变更下列事项：在始发站将货物领回；变更到达站；变更收货人；要求将货物运还始发站。收货人可以变更下列事项：在到达国范围内变更货物的到达站；变更收货人。

③在铁路运单项下的货物毁损或腐坏时，收货人有权拒绝领取货物，并按规定向承运人索赔。但是，收货人只有在货物因毁损或腐坏而使质量发生变化，以致部分或全部货物不能按原用途使用时，才可"拒领货物"。

（三）承运人的权利和义务

1. 承运人的基本义务

①将运单项下的货物运至到达站，交付给收货人。

②执行托运人按规定提出的变更合同的要求。如由于铁路承运人的过失未能执行有关要求，铁路承运人要对此后果负责。

③应妥善地保管发货人在运单内所记载并添附的文件。如由于铁路承运人的过失而遗失，铁路承运人要对此后果负责。

④承运人在承运期间，即自签发运单时起至交付货物时止的一段时间内，对货物因逾期运到，以及因货物全部或部分灭失或损毁所造成的损失负赔偿责任。

⑤按运单承运货物的铁路承运人，应负责完成货物的全程运输，直到在到达站交付货物时止。每一继续运送货物的铁路承运人，自接受附有运单的货物时起，即作为参加这项运输合同并因此而承担义务。

2. 承运人的基本权利

①承运人有权收取运费及其他费用。在收货人非法拒领货物时，有权按规定向他收取罚款。

②核查运单和货物。铁路承运人有权检查发货人在运单中记载事项是否正确，并在海关和其他规章有规定的情况下，或为保证途中行车安全和货物完整，在途中检查货物的内容。

③留置权。在托运人未付清费用的情况下，有权对货物行使留置权。

④拒绝变更合同。根据《国际货协》的规定，在下列情况下，铁路承运人有权拒绝托运人变更运输合同或延缓执行这种变更：执行变更的铁路车站在收到变更申请或始发站或到达站的通知后无法执行；与参加运送的铁路承运人所属国家现行的法令和规章相抵触，违反铁路营运管理；在变更到达站的情况下，货物价值不能抵偿到新指定到达站的一切费用。

⑤承运人有权按规定引用免责条款，拒绝托运人的索赔。

按照《国际货协》第22条的规定，如果货物由于下列原因而遭受损失时，铁路承运人可不负责任：铁路承运人不能预防和不能消除的情况；货物的特殊自然性质，以致引起自燃、损坏、生锈、内部腐坏和类似的后果；发货人或收货人的过失或者其要求，而不能归咎于铁路者；发货人或收货人装车或卸车所造成；发送铁路规章许可，使用敞车类货车运送货物；发货人或收货人的货物押送人未采取保证货物完整的必要措施；在承运时无法从外部发现容器或包装的缺点；发货人用不正确、不确切或不完全的名称托运违禁品；发货人在托运应按特定条件承运的货物时，未按本协定的规定办理；由于货物在规定标准内的途耗。

如果货损是由上述第1、3项原因引起的，铁路应负举证责任。由其他各项原因引起的，如果发货人或收货人未能证明是由于另外原因引起的，即应认为是由于这些原因所造成的。

此外，如果在运输过程中发生雪(沙)灾、水灾、崩陷和其他自然灾害，或因按有关国家政府的指示，发生其他行车中断或限制的情况，致使货物未能按规定期限运达时，铁路亦可免除责任。

3. 承运人对货物损失的赔偿限额

《国际货协》第22条规定，承运人对货物赔偿损失的金额，在任何情况下，都不得超过货物全部灭失时的款额。

当货物遭受损坏时，铁路赔付额应与货价减损金额相当；如果货物发生全部或部分灭失时，承运人的赔偿金额应按外国售货者在账单上所开列的价格计算；如果发货人对货物的价格另有声明时，承运人应按声明的价格予以赔偿；如货物运到逾期时，承运人应以所收运费为基础，按逾期长短，向收货人支付规定的逾期罚款。如逾期不超过总运到期限的1/10时，应支付相当于运费6%的罚款；逾期超过总运到期限4/10时，应支付相当于运费30%的罚款等。

(四)索赔与诉讼

《国际货协》第28条规定，发货人和收货人有权根据运输合同提出赔偿请求。不同的索赔权应由不同的当事人行使，以书面方式由发货人向发送站提出，或由收货人向到达站提出。在提出赔偿请求时，应附有相应根据并注明款项：①货物全部灭失时，由发货人提出，或由收货人提出，同时须提出运单副本或运单；②货物部分灭失、毁损或腐坏时，由发货人或收货人提出，同时须提出运单和铁路在到达站交给收货人的商务记录；③货物运到逾期时，由收货人提出，同时须提出运单；④多收运送费用时，可以由发货人按他已交付的款项提出，同时必须提出运单副本或发送路的国内规章、规定等文件：也可由收货人按照其所交付的费用提出，同时也必须提出运单。

铁路承运人自有关当事人向其提出赔偿请求之日起，必须在180天内审查这项请求，并予以答复。凡是有权向铁路承运人提出赔偿要求的人，即有权根据运送契约提出诉讼。但只有提出赔偿请求而未得到合理解决后，才可提起诉讼。

《国际货协》第30条规定，提出赔偿请求和诉讼的时效为逾期交货为2个月，其他方面为9个月，时效对赔偿请求与诉讼均相同。

诉讼时效的起算日如下：①关于货物损毁或部分灭失以及运到逾期的赔偿，自货物交付之日起计算；②关于货物全部灭失的赔偿，自货物运到期限届满后 30 日起算；③关于补充运费、杂费、罚款的要求，或关于退还这项款额的赔偿请求，或纠正错算运费的要求，应自付款之日起计算；如未付款时，应自交货之日起算；④关于支付变卖货物的余款的要求，自变卖货物之日起算；⑤在其他所有情况下，自确定赔偿请求成立之日起算。时效期满的赔偿请求和要求，不得以诉讼形式提出。

第四节　国际货物多式联运法

一、国际货物多式联运产生的法律问题

国际货物多式联运，是指以至少两种不同的运输方式将货物从一国接管货物的地点运至另一国境内指定交付货物的地点的一种运输方式。国际多式联运出现在 20 世纪 50 年代，是随着集装箱运输在国际贸易中的运用而发展起来的，目前发达国家 90% 以上的货物采用国际多式联运。国际货物多式联运在国际贸易运输中得到普遍采用，由此也产生了一些法律问题。

（一）货物风险的划分

由于国际多式联运把传统的分阶段的不同的运输过程联结为单一的整体运输过程，简化和加速了货物的装卸、搬运程序，运输服务可以从过去的港至港一直延伸到门至门，产生了买卖双方之间如何确定风险的转移，以及在若干不同的承运人之间如何确定货物损失的分担的问题。

（二）法律适用问题

国际上目前尚无适用于多式联运的国际公约，货物在整个运输过程中，采用不同的运输方式，就要适用不同的法律。例如，海运部分适用《海牙规则》，空运部分适用《华沙公约》，陆运部分适用《国际货协》等。在国际货物多式联运的情况下，海、陆、空运输联结在一起，货物在整个运输过程中大多是密封在一个集装箱内，如果发生灭失或损坏，很难确定发生于哪个阶段，并且各种运输方式的赔偿金额也不一样，就很难确定究竟应当根据哪一项国际公约来确定承运人的责任与义务。为了解决这些法律问题，国际商会曾于 1973 年制定了《联合运输单证统一规则》，对于"联运"、"联运经营人"、"联运单证"等作了解释，对确定经营人的责任和义务、联运当事人的权利和义务、联运经营人对货物灭失或损害的赔偿责任等也作了规定。之后联合国贸易和发展会议主持起草了《联合国国际货物多式联运公约》，公约于 1980 年 5 月 24 日在日内瓦会议上获得通过，有 67 个国家（包括中国）在最后文件上签字，但是公约目前尚未生效。

（三）运输单据的性质问题

根据《海牙规则》，海运提单是运输合同的凭证，也是物权凭证。《华沙公约》和《国际货协》规定空运单和铁路运单不具有物权凭证的性质，只能作为运输合同的证据。多式联运可能既涉及海运，又涉及空运和铁路运输，存在如何确定由承运人开具的联运单据是否具有物权凭证性质的问题。

二、《联合国国际货物多式联运公约》的规定

(一)几个相关的定义

1. 国际货物多式联运

国际货物多式联运，是指按照多式联运合同，以至少两种不同的运输方式，由多式联运经营人将货物从一国境内接管货物的地点运至另一国境内指定交付货物的地点。

2. 多式联运经营人

多式联运经营人，是指其本人或通过其代表同发货人订立多式联运合同的当事者本人，而不是发货人的代理人或代表，也不是参加多式联运的承运人的代理人或代表，多式联运经营人负有履行联运合同的责任。

3. 多式联运合同

多式联运合同，是指多式联运经营人凭以收取运费、负责完成或组织完成国际货物多式联运的合同。

(二)多式联运单据

多式联运经营人在接管货物时，应签发一项多式联运单据，具有证明多式联运合同、多式联运经营人已接管货物并负责按照合同条款交付货物的作用。根据《联合国国际货物多式联运公约》的规定，多式联运单据依据交货人的选择，可以作成可转让的单据，也可以作成不可转让单据。实践中，只有在单据的签发人承担全程责任时，才有可能作成可转让的单据，可转让单据具有物权凭证的性质和作用。如签发可转让的单据，应列明是按指示交付或是向持票人交付。如列明按指示交付，须经背书后转让；如列明向持票人交付，无须背书即可转让。不可转让的多式联运单据，应指明记名的收货人。多式联运承运人将货物交给不可转让单据所指明的记名收货人才算履行了交货义务。

按照《联合国国际货物多式联运公约》的规定，多式联运单据应当载明 15 项内容：①货物种类、标志、危险特征的声明、包数或件数、毛重；②货物的外表状况；③多式联运经营人的名称与主要营业地；④发货人名称；⑤收货人名称；⑥多式联运经营人接管货物的时间、地点；⑦交货地点；⑧交货日期或期间；⑨联运单据可转让或不可转让的声明；⑩联运单据签发的时间、地点；⑪联运经营人或其授权人的签字；⑫每种运输方式的运费、用于支付的货币、运费由收货人支付的声明等；⑬航线、运输方式和转运地点；⑭关于多式联运遵守本公约规定的声明；⑮双方商定的其他事项。

根据《联合国国际货物多式联运公约》的规定，以上一项或数项内容的缺乏，不影响单据作为多式联运单据的性质。如果多式联运经营人或其代表知道或有合理的根据怀疑多式联运单据所列货物的品类、主要标志、包装或件数、重量或数量等事项没有准确地表明货物的实际状况，或无适当的方法进行核对，则应在多式联运单据上作出保留，注明不符之处或怀疑的根据或无适当的核注方法。若多式联运经营人未在多式联运单据上对外表状况加以批注，则应认为货物的外表状况是良好的。

多式联运单据的签发，并不排斥在必要时按照适用的国际公约或国家法律签发同国际多式联运所涉及的运输或其他服务有关的其他单据，但这种单据的签发不得影响多式联运单据的法律性质。

（三）联运经营人的赔偿责任

联运经营人不是发货人的代理人，也不是参加多式联运的承运人的代理人。作为多式联运合同的原主，负有履行合同的责任。

1. 责任期间

《联合国国际货物多式联运公约》规定多式联运经营人全程统一责任制，即对货物灭失或损害的赔偿责任，是从接管货物时起到交付货物时为止的整个期间。当收货人无理拒收货物时，则按照合同或交货地点适用的法律或特定行业惯例，将货物置于收货人支配之下，或交给依交货地点适用的法律或规章必须向其交付的当局或其他第三方。

2. 赔偿范围

关于货物赔偿责任的基础，《联合国国际货物多式联运公约》采用完全的过失责任原则。联运经营人要对他本人的行为、不行为，或其受雇人、代理人在受雇范围内行事时的行为或不行为而造成的货物灭失、损坏和延迟交付所引起的损失负赔偿责任。除非多式联运经营人能证明本人、受雇人或代理人为避免事故的发生及其后果，已经采取一切合理的措施。根据《联合国国际货物多式联运公约》的规定，当确定的交货日届满后连续 90 天内未交货，则视为货物已经灭失。

3. 赔偿责任限制

关于联运人的赔偿责任限额，按灭失或损坏的货物的每件或其他货运单位 920 记账单位计算，或按货物毛重每公斤 2.75 记账单位计算，以较高者为准。如多式联运中不包括海运或内河运输，则按毛重每公斤 8.33 记账单位计算。这里所说的记账单位是指国际货币基金组织所确定的特别提款权。对延迟交货的损害赔偿为相当于交付货物应付运费的 2.5 倍，但不得超过联运合同规定的应付运费的总额。另外，如果能确切知道货物的灭失或损坏发生于多式联运的某一特定阶段，而这一阶段所适用的国际公约或国内法所规定的赔偿额高于上述赔偿额时，则应按较高的赔偿额偿付。

如经证明，货物的灭失、损坏或延迟交付是由于多式联运经营人有意造成或明知可能造成而毫不在意的作为或不作为所引起的，或多式联运经营人意图诈骗，在多式联运单据上列入有关货物的不实资料，或漏列有关货物种类标志、件数、重量及货物外表状况，则联运经营人无权享受公约规定的赔偿责任限制的利益，并需负责赔偿包括收货人在内的第三方因信赖该多式联运单据所载明的货物状况行事而遭受的任何损失、费用。

如货物灭失、损坏或延迟交付是由于多式联运经营人、其受雇人或代理人的过失与疏忽与其他原因相结合而产生的，则多式联运经营人仅就自己及其受雇人、代理人等的过失或疏忽部分承担责任，但有义务证明其他损失并非由于本人及受雇人或代理人的过失造成的。

未经发货人告知，而多式联运的经营人又无从得知危险货物特性时，多式联运经营人可视情况需要，随时将货物卸下、销毁而无须承担任何赔偿责任。

（四）发货人的责任

1. 保证责任

在多式联运经营人接管货物时，发运人应当向多式联运经营人保证他在联运单据中所提供的货物种类、标志、件数、重量、数量及危险特性的陈述是准确无误的。如果事实上他违反了该项保证则要对由此引起的损失负赔偿责任。

2. 过失责任

凡因发货人或其受雇人或代理人在受雇范围内的过失或疏忽行为给联运经营人造成损失的，发货人应负赔偿责任。

3. 遵守运送危险品的特殊规则

发货人将危险品交多式联运经营人时，应告知危险品的危险特性，必要时应告知采取的预防措施，否则，要对多式联运经营人因运送该类货物遭受的损失负赔偿责任。

（五）索赔与诉讼

1. 通知义务

（1）收货人通知

根据《联合国国际货物多式联运公约》的规定，当货物发生灭失或损坏时，除非收货人不迟于在货物交给他的次一工作日，将说明此种灭失或损坏的情况以书面通知送交联运人，否则，此种货物的交付即为联运人已按多式联运单据交货的初步证据。如货物的灭失或损坏不明显时，收货人应在交货后6天以内提出上述书面通知。对于延迟交货的索赔，收货人应于交货后60天内向联运人送交书面通知，否则，联运人可以不予赔偿。

（2）多式联运经营人通知

如果联运人由于发货人或其雇佣人或代理人的过失或疏忽而遭到损失，联运人有权要求发货人给予赔偿。但联运人必须在发生这种损失后90天内，或者在提交货物后90天内（以较迟者为准），将说明此种损失情况的书面通知送交发货人，否则，未送交这种通知，则视为联运人未因发货人及其代理人的过失或疏忽而遭受任何损失。

2. 时效

有关国际多式联运的任何诉讼或仲裁，其诉讼时效为2年，自货物交付之日起算。如果在货物交付之日起6个月内，没有提出书面索赔通知，则诉讼在此期限届满后即失去时效。

（六）海关过境手续

根据《联合国国际货物多式联运公约》的规定，各缔约国应该核准使用国际多式联运的海关过境手续，给予国际多式联运货物过境自由。如果缔约国海关当局认为，有关办理海关过境手续的各项要求已经办到，联运货物在进出口时，一般只检验海关印记及其他安全措施，在途中一般不再受海关检查，不再履行过境制度以外的任何海关手续，同时，也无须向过境国家交付进出口关税及其他税收。

三、我国《海商法》有关多式联运的规定与《联合国国际货物多式联运公约》规定的差异

《海商法》第四章第八节对多式联运进行了专门的规定，该法的规定和《联合国国际货物多式联运公约》的规定存在以下差异：

（一）对多式联运的定义不同

《海商法》第102条规定："本法所称多式联运合同，是指多式联运经营人以两种以上的不同运输方式，其中一种是海上运输方式，负责将货物从接收地运至目的地交付收货

人，并收取全程运费的合同。"

（二）增加了承运人之间的约定

《海商法》第103、104条规定了多式联运经营人的责任期间和责任方式，与《联合国国际货物多式联运公约》的规定相同，即多式联运经营人在多式联运货物的责任期间，自接受货物时起至交付货物时止，需要对全程运输负责。但是，《海商法》允许多式联运经营人与联运的各区段承运人另以合同约定相互之间的责任，这种约定不得影响多式联运经营人对全程运输应承担的责任。

（三）损害赔偿额规定的差异

《海商法》第105、106条规定，当损失发生在多式联运的某区段时，多式联运承运人的赔偿责任和责任限额，适用调整该区段运输方式的有关法律规定；不能确定运输区段时，则依照《海商法》关于海上运输合同中承运人赔偿责任和责任限额的规定负赔偿责任。

【思考题】

1. 什么是国际海上货物运输？有哪些种类？

2. 简述提单的概念和作用。

3. 有关提单的国际公约有哪些？试将它们进行对比。

4. 如何理解海上货物承运人的责任？

5. 什么是租船运输？租船合同的性质是什么？

6. 国际航空货物运输承运人的责任有哪些？

7. 什么是国际货物多式联运？它会产生哪些新的法律问题？

8.《联合国国际货物多式联运公约》关于多式联运经营人责任的规定有哪些？

9. 中国A公司向希腊B公司租用Y轮，从地中海某港口载运化肥2万吨到大连。双方签订了航次租船合同。合同规定，不论靠泊与否，船都可立即提交卸货通知书，等泊时间计为装卸时间；装卸时间可调剂使用，装卸时间为20天，星期天除外，滞期费为每日40美元。

Y轮于2012年5月31日（周四）抵达大连，船长立即递交了卸货准备就绪通知书，由于港口拥挤，货船不得不在大连港外锚地等泊，直到6月20日船舶在联检后靠泊，当日下午13时30分开始卸货；7月1日，由于接货车未到，Y轮被移至锚地；7月15日，该船返回卸货泊位继续卸货，7月27日12时卸货完毕。事后，Y轮船东向A公司索赔32.5天的滞期费。

请问：Y轮船东向A公司索赔32.5天的滞期费是否有依据？

10. 2011年7月初，韩国化工公司委托中国某远洋运输公司承运两个集装箱，自韩国釜山至中国香港。箱内装有桶装过氧化氢，包装容器上有通气孔，韩国公司向船方提交了"危险货物证明书"，船方在编制配载图时，将韩国公司货物编制装载于甲板。但实际配载时，将该货物装于该轮第三舱内，该舱同时装有棉纱等货物。7月23日，第三舱失火。7月24日香港公证处进行检验，出具检验证明称：货物堆装不良，上层过氧化氢桶倒下，内装物泄漏。事故发生后，该航次提单项下货主向船方提起索赔，船方进行了赔付。2011年11月，中国某远洋运输公司（船方）向海事法院起诉，要求韩国公司承担赔偿责任。

请问：

(1)承运人中国某远洋运输公司是否应当承担责任？为什么？

(2)托运人韩国化工公司是否应当承担责任？为什么？

第五章　国际货物运输保险法

【重难点提示】保险法；国际货物运输保险合同；保险的基本原则；承保的风险、损失与费用；中国海上货物运输保险条款；伦敦保险协会海上货物运输保险条款。

第一节　国际货物运输保险法概述

国际货物运输保险是伴随着国际货物的运输而发展的，目前，国际社会没有关于国际货物运输保险的统一规定，保险人与被保险人的权利义务通常由各国国内法和当事人订立的保险合同来确定。

一、保险与保险法

(一)保险的概念

保险，是指当事人约定一方支付保险费，另一方对因不可预料或不可抗力的事情所致的损害负责赔偿的经济补偿行为。保险体现的是一种民事法律关系，具有分散风险和损失补偿两个基本职能。风险是客观存在的，但同时也是不确定的、偶然的、能测定的，投保人和保险人通过合同约定保险范围，投保人支付保险费，一旦发生保险范围内的损失，投保人可以从保险人处获得一定的经济补偿。

保险的产生可以追溯到公元前 800 年至公元前 700 年，巴比伦、印度、希腊、罗马等地的航海商人中一种以船舶和货物为抵押的借款，如果船货在航海中灭失，则借款免还；船舶安全到达，则本息均须偿还。当时偿还的利息比一般的借款利息要高得多，高出的部分实际就是海上保险费，是海上保险的雏形。

(二)保险法

现代意义上的保险法出现在 14 世纪后，在当时世界贸易中心或地中海地区的城邦，如西班牙的巴塞罗那和意大利北部的热那亚、佛罗伦萨等，先后发布了各种海事法规，大多含有海上保险的内容。其中 1435 年的西班牙《巴塞罗那法令》规定了海上保险承保规则和损害赔偿的手续，该法令被视为"世界上最古老的海上保险法典"①。

保险法是调整保险法律关系规范的总称。各国的立法体例有所不同，除英国是成文法和判例法并存外，其他国家的保险法都采用成文法。从体例上可以分为：①单独制定各项保险法律、法规，如法国、英国、瑞士、丹麦等；②将保险合同法并入民商法典，单独制

---

① 参见刘大伦主编：《国际商法》，南京大学出版社 2004 年版，第 153～154 页。

定保险法，如德国、日本；③制定保险法典并公布，我国采用此例，由保险合同法和保险业法构成一部保险法典。①

我国现行保险法是 1995 年 6 月 30 日制定的《中华人民共和国保险法》(以下简称《保险法》)。2002 年 10 月和 2009 年 2 月分别对该法作了两次修订，2009 年 10 月 1 日开始正式实施修订后的《保险法》。该法对保险法的基本原则、保险合同、保险公司、保险经营规则、保险业的监督管理、保险代理人和保险经纪人及法律责任等作了具体规定。此外《中华人民共和国海商法》(以下简称《海商法》)对海上保险作了规定，政府有关部门对保险业管理制定了一些行政法规。

目前，世界上尚无国际贸易保险的统一惯例、规则或公约。英国保险业历史悠久，在世界上的影响很大，其保险条款成为各国制定保险条款的范本。联合国贸易和发展会议航运立法工作组多次召开会议讨论海运保险的法规和条款统一化的问题，计划制定一套国际标准化条款，促进国际保险规则的统一。

二、国际货物运输保险合同

国际货物运输保险合同，是指进出口商对进出口货物按照一定的险别向保险公司投保，交纳保险费，约定当货物在国际运输途中遇到风险，由保险公司对进出口商遭受保险事故造成的货物损失和产生的费用予以赔偿的协议。

(一)国际货物运输保险合同的主体

保险合同的主体，是指参加保险合同、享有权利和承担义务的人，包括保险合同的当事人和关系人。②

1. 国际货物运输保险合同的当事人

(1)保险人

保险人，是指经营保险事业的组织，根据保险合同收取保险费，并在承保保险事故发生时，依其承保的责任，承担赔偿义务的人。根据各国法律规定，保险人的设立需政府主管机关特许，非保险人不得兼营保险或类似保险的业务。目前，多数国家只准许依法登记的法人组织经营保险业务，只有英国允许自然人经营保险业务，但这些保险人只能作为劳合社的成员，按照劳合社的规定进行承保。③

(2)投保人

投保人，是指对保险标的具有保险利益，向保险人申请订立保险合同，并负有交付保险费义务的人。各国法律对投保人的资格未作限制，只要对保险标的具有特别利益，无论是自然人或法人，都可以作为投保人。在国际货物运输保险中的投保人是进出口商。

(3)被保险人

被保险人，是指在保险事故发生时，遭受损害，享有赔偿请求权的人。在国际货物运输保险中，被保险人通常就是投保人。投保人通常以自己的货物为标的同保险人订立保险

---

① 参见陈晶莹、邓旭编著：《国际商法》，中国人民大学出版社 2010 年版，第 175 页。
② 参见吴百福主编：《国际货运风险与保险》，对外经济贸易大学出版社 2002 年版，第 73 页。
③ 参见魏润泉、陈欣编著：《海上保险的法律与实务》，中国金融出版社 2001 年版，第 64 页。

合同，当保险事故发生而遭受损失时，有权向保险人请求损害赔偿。

如果进出口商在 CIF 条件下交货，一般是出口商投保，然后把保险权利转让给进口商，一旦发生保险责任范围内的损失，进口商可以向保险人提出索赔。

2. 国际货物运输保险合同的关系人

保险合同的关系人，是指与保险合同有间接利害关系的人，包括保险代理人、保险经纪人和保险公证人。

（1）保险代理人

保险代理人，是指根据代理合同或授权书，向保险人收取佣金为保险人代营保险业务的机构或个人。保险人为了更好地开展保险义务，往往通过保险代理人代理保险业务。保险代理人经保险人的授权，可以代理保险人招揽业务、代收保险费、处理索赔等事宜，代理人所产生的权利义务后果直接由保险人承担。

（2）保险经纪人

保险经纪人，是指基于被保险人的利益，为投保人与保险人订立保险合同提供中介服务，并向承保的保险人收取佣金的人。保险经纪人是根据被保险人的指示向保险人投保，负有代替被保险人向保险人交纳保险费的责任，并协助被保险人进行索赔的中间人。在英美国家，保险经纪人的活动十分活跃，是一些大型企业的保险经理人或风险管理人，他们通过对风险的认识与衡量，选择有利的保险人签订保险合同。依据英国的商业习惯，海上货物运输保险合同的签订，均由保险经纪人办理，并代投保人申请保险，支付保险费并处理日后发生的赔偿。保险经纪人的权利在被保险人授权的范围内行使，因保险经纪人的疏忽而使被保险人遭受损失，保险经纪人负赔偿责任。

（3）保险公证人

保险公证人，又称保险公证行或保险公估行，是指保险人向被保险人收取费用，为其办理保险标的查勘、鉴定、损失估计、赔偿的理算，并予以证明的人。由于公证人的检验技术、审慎态度及公正立场对其公证结果具有很大的影响，保险公司通常在保险合同条款中会说明公证机构的选择权。

（二）国际货物运输保险合同的订立

国际货物运输保险合同属于财产保险合同的一种。根据各国保险法的规定，保险合同的有效成立，必须具有以下条件：

1. 投保人或被保险人对于保险标的具有保险利益

保险利益是投保人或被保险人对于保险标的具有利害关系所享有的利益。国际货物运输保险，必须以保险利益的存在为前提。各国保险法规定，如果投保人或被保险人对保险标的无保险利益，则所订立的合同无效。在国际货物买卖中，保险利益通常随提单、保险单的转移而转让。

2. 投保人与保险人之间必须达成协议

保险合同的订立必须经历投保（要约）和承保（承诺）两个步骤。在英美国家，保险合同由投保人通过保险经纪人作为代理人才能订立。保险经纪人出具承保单，保险公司在承保单上签字，合同即告成立。保险经纪人交纳保险费并从保险公司收取佣金。如投保人不交保险费，则不能从保险经纪人手中得到保险单。在我国，投保人可以直接向保险公司投保，由被保险人提出保险要求，经保险人同意承保，并就货物保险条款达成协议后，合同成立。

中国人民保险公司的投保手续主要分两种情况：

①如果是由收货人直接投保的，应填制投保单一式两份，列明货物名称、保险金额、运输路线、运输工具、投保险别等事项。其中一份由保险公司签章后交还被保险人作为承保的凭证，另一份留在保险公司凭以出具保险单。

②如果是由外贸进出口公司投保的出口货物运输保险，由于业务量大，为节省手续，一般不填制投保单，而是利用有关出口单据的副本，如出口货物明细单、货物出运分析单等来代替投保单。

3. 必须采用书面形式

保险合同是要式合同，大多数国家的保险法规定，保险合同必须以书面形式订立，或规定保险合同必须以保险单证明。

(三)国际货物运输保险合同的主要内容

保险实务中，通常把保险单的条款视同保险合同的内容。根据各国保险法的规定，保险单通常包括以下条款：

①保险人和被保险人的名称及住所。

②保险标的。

③保险责任。合同中必须载明保险事故，即保险人保险的种类及范围，一般通过载明投保的险别来明确。

④保险责任开始的时间及保险期间。

⑤保险金额。保险金额是保险人在保险事故发生后应赔偿的最高限额，也是计算保险费的依据。国际惯例一般以发票金额的110%来投保。

⑥保险费及支付方法。

⑦除外责任。即当事人约定，保险合同无效或投保人、被保险人及受益人丧失合同权利的事由。例如，投保人违反如实告知义务，或欠缴保险费达一定期限则合同自始无效或丧失保险金的请求权等。但此种约定，不能违反法律的强制性规定。

⑧合同订立的日期。合同订立日期一般为保险当事人在合同上签名的日期，其作用主要是确定保险合同是否有效成立。如果订立合同时保险标的已经发生危险或者保险标的已经消失，除少数例外情况，合同通常无效。

此外，还须列明运输工具、运输路线等。

(四)保险合同当事人的义务

1. 投保人的主要义务

（1）据实说明的义务

订立合同时，投保人对于保险人的书面询问，应据实说明。若投保人故意隐匿，或因过失遗漏，或作不实说明，其结果足以变更或减少保险人对于危险的估计时，保险人可以解除合同。

（2）危险通知的义务

在承保期间，一旦发生保险人承保范围内的保险责任事故，投保人或被保险人应当从速或者在法律规定的时间内，将发生危险事故的情况通知保险人。在合同存续期间，保险标的物危险程度有所增加时，如航线的变更可能增加风险，投保人或被保险人要如实通知保险人，否则，保险人因此所受的损失，投保人或被保险人应负赔偿责任。

（3）支付保险费

保险费是投保人付给保险人的报酬，也是作为保险人负担风险赔偿责任的对价。保险费的数额由保险人决定，投保人接受后，双方不得任意增减。但法律允许在某些情况下，保险人可以增减保险费，如果投保人不同意增加保险费，合同即行终止。投保人拖欠保险费或不支付保险费，保险即暂行中止或宣告终止。

（4）防止或缩小保险事故的发生及其后果

许多国家保险法规定，投保人或被保险人必须依合同或法律的规定，防止或缩小保险事故的发生及后果范围。投保人或被投保人为履行此义务所付出的必要费用，由保险人负担。

2. 保险人的主要义务

（1）承担危险担保责任

保险合同成立后，保险人即应承担危险担保责任，这是保险人给付赔偿金的前提和依据。保险人所承担危险担保责任的范围，因保险种类的不同而不同，通常包括：由于不可预料或不可抗力所造成的损失；由于投保人或被保险人或其代理人或其受雇人的过失而造成的损失，但故意行为造成的损失除外；由于投保人或被保险人履行道德上或法律所允许的故意行为所造成的损失。

（2）给付赔偿金额

保险事故发生后，保险人应向被保险人或受益人支付赔偿金额。财产保险的赔偿金额根据损失的实际情况确定，一般不超过保险金额。

（3）退还保险费

当保险合同宣告无效或解除时，保险人应向投保人退还全部保险费。但是若合同的无效或被解除是由投保人违反义务所造成的，保险费不予退还或只退其中一部分。

（五）保险合同的变更、无效与解除

1. 保险合同的变更

保险合同的变更，是指在保险合同存续期间其主体或内容的变更。保险合同主体的变更可以通过背书或交付方式，此时，保险人对于投保人所具有的抗辩，可以对抗保险合同的受让人；经保险合同双方当事人同意，保险合同的内容可以变更，通常应采用书面形式。

2. 保险合同的无效与解除

保险合同的无效，是指合同订立后，由于当事人约定的无效原因发生，或法定的无效事实出现而使合同无效。当事人可以在合同中约定某些无效的原因，例如，约定保险费不得欠交，否则合同无效，但这种约定不得违反法律的强制性规定，并要明确记载在合同内。各国保险法中，一般都明文规定了保险合同无效的事由，例如，投保人或被保险人已经知道保险事故不可能发生或者已经发生时，合同无效。

保险合同的解除，是指由于一方当事人根据某种事由而行使解除权，使合同自始无效。合同的解除分为约定解除和法定解除。约定解除，是指当事人约定，当某种事由发生时，一方或双方在一定期限内有权解除合同；法定解除，是指依法律规定而解除合同。根据各国法律规定，投保人违反了据实说明的义务或危险增加通知义务等，保险人有权解除合同；保险人被宣告破产时，投保人可以解除合同。

三、国际货物运输保险单证

保险单证是保险人与被保险人之间订立保险合同的证明文件，反映保险人与被保险人之间的权利和义务关系，是保险人对被保险货物的承保证明。被保险货物遭受承保范围内的损失时，保险单证是被保险人索赔和保险人理赔的依据。

（一）保险单（Insurance Policy）

保险单俗称"大保单"，是保险人与被保险人之间订立保险合同的一种正式证明。保险单是使用最广的保险单证，是保险合同中最重要的书面形式。保险单将保险合同的全部内容详尽列明，除载明保险人和被保险人名称、地址，被保险货物名称、数量或重量、唛头，运输工具、保险起止地点、承保险别、保险金额和保险期限等项目外，还载明保险人的责任范围、保险人和被保险人双方的权利、义务。

虽然各类保险业务承保的标的和风险不同，具体内容上各有特点，在格式和条款文字上也各不相同，但是，在明确各自的权利和义务方面是一致的。保险单是保险人制定和出具的，通常为格式条款，主要内容包括：

1. 保险项目

被保险人名称、保险标的种类、保险金额、保险期限、保险费的确定、有关承保风险的声明。其中，承保风险声明的内容是按照投保人在申请投保时提供的材料，列入保险单内，作为保险人承保风险的依据，如果申报不实，由投保人自行负责，保险人有权拒赔。

2. 保险责任

保险人承担的保障责任，包括损失赔偿、责任赔偿、保险金给付、费用负担（施救、救助、诉讼费用等）。

3. 除外责任

这是对保险人承保责任的限制和修正，通常包括：不保的风险事故、不保的损失、不保的财产、不保的所在地等。

4. 附注条件

附注条件是对履行双方享受权利和履行义务的规定，保险合同是一种赔偿合同，享有权利的主要是被保险人，附注条件多为被保险人为取得赔偿权利应履行的义务，如保单的变更、转让、注销、索赔期限、索赔手续、代位追偿、争议的处理等。

保险单虽然是保险合同的证明，但保险合同的存在与否并不以保险人是否已出立保险单为准。只要投保人的要约一经保险人承诺，保险合同即告成立，即使保险人尚未出立保险单，也应承担保险责任。在个别情况下，保险合同的订立不一定出具保险单。

【案例 5-1】

原告某粮食进出口公司与被告某保险公司有长期的保险业务关系。原告于 2011 年 11

月为其一份鱼粉进口合同向被告投保，险别为一切险，包含火烧、霉变、结块险。原告投保后，虽经被告催促却一直没有领取保险单，直至 2012 年 1 月货物出险，原告要求被告履行填发保单和理赔之义务，但遭被告拒绝。法院最终认定保险合同成立，判决被告赔偿原告货物损失。①

解析：作为诺成性合同的海上货物运输保险合同，在双方当事人达成合意时即告成立，而保险单或是其他由保险人签发给投保人的保险凭证则是将双方约定的合同内容固定下来的书面形式。本案中货物出险时虽没有保险单，但被告曾多次催促原告领取保险单，由此可以证明被告并不否认保险合同的存在。因此，既然保险合同已经合法并有效成立，那么被告对保险单出具前保险标的发生的保险事故，应根据保险合同承担赔偿责任。

（二）保险凭证（Insurance Certificate）

保险凭证，俗称"小保单"，是一种简化了的保险单证。除在凭证上不载明保险人与被保险人双方的权利、义务等详细条款外，其他内容与保险单相同，且与保险单有同样的效力。但若信用证要求提供保险单，一般不能以保险凭证代替。

（三）联合凭证（Combined Certificate）

联合凭证是一种将发票和保险单相结合的，比保险凭证更为简化的保险单证。保险公司在投保人的商业发票上加注保险编号、保险险别、保险金额，并加盖保险公司的印戳，即作为承保凭证，其余项目以发票所列为准。

（四）预约保单（Open Policy）

预约保单又称预约保险合同，是被保险人（一般为进口人）与保险人之间订立的总合同。订立这种合同的目的是简化保险手续，又可使货物一经装运即可取得保障。合同中规定承保货物的范围、险别、费率、责任、赔款处理等条款，凡属合同约定的运输合同，在合同有效期内自动承保。在实际业务中，预约保单适用于自国外进口的货物，凡属预约保单规定范围内的进口货物，一经起运，保险公司即自动按预约保单所订立的条件承保。

（五）批单（Endorsement）

批单是在保险单出立后，因其内容有所变更，保险人应被保险人的要求而签发的批改保险内容的凭证，具有补充、变更原保险单内容的作用。被批准的批单，一般被粘贴在保险单上，并加盖骑缝章，作为保险单不可分割的组成部分。

保险单证的转让无须取得保险人的同意，也无须通知保险人，经背书或其他方式进行转让。即使在保险标的发生损失之后，保险单证仍可有效转让。在 CIF 或 CIP 条件下，保险单证的形式和内容，必须符合买卖双方约定的要求，特别是在信用证支付条件下，必须符合信用证的有关规定。保险单证的出单日期不得迟于运输单据所列货物装船或发运人或承运人接受监管的日期，因此，办理投保手续的日期不得迟于货物装运日期。

---

① 参见上海海事法院编写：《涉外海事案例精选》，上海人民出版社 2004 年版，第 134 ~ 138 页。

四、保险的基本原则

(一)可保利益原则

1. 可保利益的概念

可保利益，又称保险利益，是指投保人或被保险人在保险标的上因具有某种利害关系而享有的为法律所承认、可以投保的经济利益。保险合同的目的是使被保险人可以弥补遭受的损失，被保险人对于特定的保险标的应有一定的保险利益方能投保。

投保人或被保险人对特定的保险标的的有利益关系。例如，英国1906年《海上保险法》规定，被保险人无本法规定的可保利益，或在订约时无取得此项利益的希望，应视为赌博或打赌的契约；以赌博为目的而订立的海上保险契约，应视为无效。我国《保险法》规定，投保人对保险标的应当具有保险利益，投保人对保险标的不具有保险利益的，保险合同无效。

2. 可保利益的来源

国际货物运输保险是一种财产保险，其可保利益通常来源于保险标的的所有权、担保物权(主要包括抵押权、质权和留置权)，以及对保险标的的承担的风险和责任。

投保人或被保险人对保险标的的所具有的利益必须是合法的、可以主张的利益，而不应是违反法律规定、通过不正当手段获得的利益，如果是属于违法行为所获得的利益，如海上走私，或者是属于违反国家利益或社会公共利益而产生的利益，都不能作为可保利益而订立保险合同，即使订立，也属无效合同。

3. 确立可保利益原则的意义

(1)避免道德风险

道德风险，是指投保人或被保险人为获取保险赔偿而故意作为或不作为，由此造成或扩大保险标的的损失。有了可保利益原则，当保险事故发生时，保险公司以被保险人对其具有利益关系为前提予以赔偿，而保险标的的损坏或灭失，只能对被保险人带来损失，不会带来益处，因而可有效地避免道德危险的发生。

(2)防止赌博现象

制定保险利益原则是为了防止将保险用于赌博，如果被保险人不具有保险利益，保险合同无效。① 判断保险签约与赌博性约定的界限关键在于看投保人对其投保标的的有无可保利益，如果投保人在没有可保利益的情况下与保险公司签订了保险契约，则意味着以他人的财产进行赌博。可保利益原则的确定，可从根本上防止变保险契约为赌博性约定。

(3)限制补偿金额

可保利益原则是制定保险金额和赔偿限额的根据，投保人对保险标的的所具有的可保利益是保险人承担责任的最高限额，保险金额必须以投保人对保险标的的保险利益的大小为限，若超过其保险利益，不能因保险标的的受损而获得超过保险利益的额外收入。

(二)最大诚信原则

最大诚信原则，又称最高诚信原则，是指在保险合同签订和履行的过程中，双方均应

---

① 参见任荣明、侯兴政编著：《国际商法》，清华大学出版社2007年版，第268~270页。

本着绝对的诚意办事，恪守信用，互不隐瞒和欺骗，特别是在签订保险合同时，无论是否被问及，双方当事人均应主动地把与投保标的有关的重要情况向对方作充分、正确的披露（告知）。最大诚信原则是保险法各项基本原则中的首要原则，英国1906年《海上保险法》第17条规定："海上保险契约是以最大诚信为基础。倘任何一方不遵守最大诚信原则，另一方得主张此项契约无效。"

1. 告知义务

告知，是指投保人或被保险人在签订保险合同前或同时，应将所知道或在通常业务中应当知道的与保险标的有关的重要事实告诉保险人。告知存在于合同签订之前，不是合同规定的义务，而是保险法规定的投保人或被保险人的特别义务。但是，告知义务的履行不是保险合同成立的前提条件，只是合同上权利存续的条件；违反告知义务，保险合同仍可成立，但保险人有权解除合同。

（1）告知的内容

①实际知道（actual knowledge）的重要事实。例如，某船船东（被保险人）的管理部门在办理投保时，收到船长和轮机长提交的报告，反映船舶的主机润滑油泵经常失压，需要尽快检修，这一事实就是被保险人实际知道的重要事实，被保险人在投保时必须告知保险人。

②推定知道（presumed knowledge）的重要事实。根据英国1906年《海上保险法》第18条第1款的规定，所谓推定知道的重要事实是指"在一般业务过程中所应知道的重要事实"，这些事实，不管被保险人实际上是否知道，均视为被保险人已经知道。

在各国保险法中，对重要事实一般都规定有检验的标准。英国1906年《海上保险法》第18条第2款对重要事实的定义为："凡能影响谨慎的保险人关于确定保险费的事项，或关于决定是否承保的事项，都是重要事实。"

根据上述英国《海上保险法》的定义，一项事实是否属于重要事实，并不是从被保险人的角度，按照被保险人的想法来确定的，而是从保险人的角度，按照"谨慎的保险人"（a prudent insurer）所要求的标准加以判定的。由于该规定有利于保险人而不利于被保险人，长期以来不断受到人们的批评。近年来，学术界和判例中曾出现以"通情达理的保险人"（a reasonable insurer），甚至以"通情达理的被保险人"（a reasonable insured）的概念取代"谨慎的保险人"概念的主张。

我国《海商法》第222条对"重要事实"所下的定义："有关影响保险人据以确定保险费率或者确定是否同意承保的重要情况。"我国《保险法》第16条也有类似的规定，但对保险人是指"实际保险人"，还是指"谨慎的保险人"未加明确。

（2）告知方式

关于投保人或被保险人的告知方式，根据各国保险法，一般分为"无限告知"和"询问回答告知"两种方式。

①无限告知，即法律对告知的内容没有确定性的规定，而是只要事实上与保险标的的危险状况有关的任何重要事实或情况，投保人或被保险人都有义务如实告知保险人，而且须与客观存在的事项相符。目前，法国、比利时及英美法系的一些国家采取这一告知方式。

②询问回答告知，即保险人在投保单上将自己所要了解的事项列出，由投保人或被保

险人逐项回答。凡投保单上所询问的事项都被认定为重要事实，投保人或被保险人只须逐项如实回答，即认为已履行了告知义务；对保险人询问以外的问题，投保人或被保险人没有告知义务，即使询问以外的情况具有重要性，亦不负告知义务。采取这种方式符合现代保险技术进步的趋势，也足以保护被保险人的利益。目前多数国家都采取询问回答告知方式。

在保险业务中，一方当事人（一般指被保险人）在订立保险合同时，未将重要事实告知另一方当事人（一般指保险人）即构成违反告知义务。对违反告知义务的法律后果，各国保险法律的规定不尽相同，主要有保险合同无效和保险人有权解除保险合同两种。目前多数国家赋予保险人解除合同的权利，并区别故意的违反和非故意的违反，对其法律后果作不同的规定。

2. 保证义务

保证，又称担保，是最大诚信原则的另一项重要内容，根据英国1906年《海上保险法》的规定，保证是指被保险人在保险合同中所作的保证要做或不做某种事情；保证某种情况的存在或不存在，或保证履行某项条件等。

一般商业合同中，保证是一项从属于主要合同的许诺，如果一方违反保证仅仅使另一方具有请求赔偿的权利。但保险合同中的保证则是合同赖以成立的基础，如果被保险人在保险有效期内，违背了其在保险合同中所做的保证，则无论违背的事项是否重要，是否给保险人造成损害，保险人均可以从被保险人违反保证之日起解除保险合同，除非保险单另有明文规定。

英国1906年《海上保险法》根据保证存在的形式，把保证分为明示保证和默示保证。

（1）明示保证

明示保证是指保险合同双方当事人以任何形式（主要是书面形式）在合同中约定的事项或指保险合同中的保证条款。在多数情况下，保险人为慎重起见，在投保单或保险单中印有保证条款，投保人或被保险人一旦签订了合同，就必须遵守该条款的规定。例如，在船舶保险中，为了冬季航行的安全，作出"保证不在北纬60°以北地区航行"的保证条款

（2）默示保证

默示保证是指保险合同双方当事人在合同中没有作出明确的规定，而是根据法律或惯例推定应该履行的条件或事项。英国1906年《海上保险法》中规定了海上保险中的三个默示保证：①被保险人要保证开航时船舶的适航性；②船舶不得绕航；③被保险人必须保证本航次航行的合法性。因船舶装运走私品、违禁品、非法品而受到有关国家部门的扣押、查缉，而使货物受到损失，保险人不予以负责。

（三）补偿原则

补偿原则，是指在财产保险中被保险人与保险人签订保险合同，将特定的风险转由保险人承担，当保险标的发生了承保责任范围内的损失时，保险人应当按照保险合同条款的规定履行全部赔偿责任。保险人的赔偿不应使被保险人因此而获得额外利益，即保险人的赔偿金额不得超过保险单上的保险金额或被保险人遭受的实际损失，即不能超过被保险人对保险标的所具有的可保利益。

1. 超额保险中超额部分无效

立法强制规定超额投保部分无效，严格限制了被保险人的超额请求权，使保险人依法赔偿的金额完全与被保险人的实际经济损失一致，从而使其不能额外受益。在保险标的部分损失的情况下，超额保险中保险人的赔偿责任，除合同有特别约定外，以实际损失为限。

2. 重复保险的赔偿金额总和不得超过保险价值

重复保险，是指被保险人对同一保险标的就同一保险事故向几个保险人重复订立合同，而使该保险标的保险金额总和超过保险标的价值的特殊形式的保险。通常狭义的重复保险仅指保险金额总和超过保险价值的超额重复保险，而不足额的重复保险和足额的重复保险则称为"共同保险"。重复保险的分摊原则也主要适用于狭义重复保险的情况。

3. 分摊原则

分摊原则，是指在投保人对同一保险标的、同一保险利益、同一保险事故分别与两个以上保险人重复订立保险合同的情况下，该保险标的保险金额总和超过保险标的的保险价值时，被保险人获得的赔偿金额总和不得超过保险标的受损价值或保险价值，为了防止被保险人获得额外利益，需将保险标的损失在各保险人之间进行分摊。

根据英国习惯法的规定，当被保险人拥有多份重复保险的保险单时，可以只向其中某保险人索赔，该保险人必须在其责任限额内对损失负责赔偿，只有在支付赔款之后才能请求其他保险人进行分摊。另外，还可以根据保险合同条款的规定来决定如何在保险人之间进行分摊。我国《海商法》第 225 条也规定，除合同另有约定外，被保险人可以向任何保险人提出赔偿请求；任何一个保险人支付的赔偿金额超过其应当承担的赔偿责任的，有权向未按照其应当承担赔偿责任支付赔偿金额的保险人追偿。当然，被保险人向任何一个保险人请求赔偿的金额不得超过该保险人单独应负的赔偿责任限额。

我国《保险法》确定的比例责任分摊方式，仅适用于保险合同没有特别约定的情况。当保险合同对重复保险的赔偿（分摊）方式另有特别约定时，应当依合同约定的方式赔偿（分摊）。而我国《海商法》第 225 条确定的方式只能是比例责任方式。因此，在海上保险合同中不得约定采取其他方式，如有此类约定，该约定无效。

(四)代位追偿与委付原则

1. 代位追偿

代位追偿，又称代位求偿或代位请求，是指在财产保险中，当保险标的发生了保险责任范围内的事故造成损失时，根据法律或合同，第三者需要对保险事故引起的保险标的损失承担损害赔偿责任，保险人向被保险人履行了损失赔偿责任之后，在其已赔偿的金额的限度内，拥有与被保险人向该第三者索赔的相同权利，即代位被保险人向第三者进行追偿；保险人享有的这种权利称为代位追偿权(right of subrogation)。例如，在海运货物保险中，由于承运人的管货责任导致承运货物受海水浸泡，而该损失又属于货物保险人承保的责任范围时，保险人按保险合同赔偿被保险人(货主)之后，有权向该损失的责任方——承运人进行追偿，即代位行使货主对该承运人的损害赔偿请求权。

保险人行使代位追偿权必须符合下列条件：

(1)保险合同必须具有补偿性

由于代位追偿原则是补偿原则派生出来的一种维护补偿原则的规定，其目的就是防止被保险人获得额外利益。如果保险合同不具补偿性，也就不存在被保险人获得额外利益的可能，如在多数人身保险中，基于生命无价、精神损失无客观标准等因素，不会发生超额赔偿问题。因此，在给付性的人身保险中不适用代位追偿原则。只有在财产保险、海上保险、责任保险及保证保险等补偿性保险合同中才有被保险人获得额外利益的可能，此类保险合同可适用代位追偿原则。

（2）第三者应负损害赔偿责任

损失必须是保险双方以外的第三者因疏忽或过失产生的侵权行为或违约行为所致，而且该第三者对这种损失，依据法律的规定或在合同中的约定负有损害赔偿责任。

（3）第三者的损害或违约行为应是保险合同承保的责任范围

如果第三者的损害或违约行为与保险无关，就无法构成保险上的代位追偿权。因此，在这种情况下，被保险人同时具有两个索赔请求权：一是对保险人的损失补偿请求权（基于保险合同而产生）；二是对第三者的损害赔偿请求权（基于侵权或违约而产生）。在保险实务中，往往保险人先满足被保险人的第一个索赔请求权，然后代位行使被保险人的第二个索赔请求权。

（4）保险人必须赔付被保险人的全部损失

根据我国《保险法》、《海商法》，以及大多数国家的法律规定，代位追偿权发生于保险人赔付被保险人的全部损失之时，只有保险人支付了保险赔款，被保险人才有额外获利的可能。

2. 委付

海上保险的委付，是指被保险人把保险标的的一切权利转让给保险人，而请求支付保险标的的保险金额。

当船舶或货物受到的全损是实际全损时，被保险人不必向保险人办理委付手续，即不必向保险人发出委付通知，即可取得保险标的的保险金额。但当全损是推定全损时，被保险人必须发出委付通知，经接受后，才能要求给付保险金额。这是因为，被保险人对推定全损可以采取两种处理办法：一种是把它作为部分损失处理，另一种是把它作为全损处理。如采取前一办法，就无须发出委付通知，而只索赔修理等费用。但如采取后一种办法，就应发出委付通知，以表明被保险人作出的选择。

保险委付的效力有两个：一是保险标的物的权利的转移，保险人取得被保险人对保险标的物的权利，包括保险标的物的剩余部分及其一切所有权；二是被保险人可以请求支付保险金额的全部。

3. 委付权与代位追偿权的区别

保险人根据委付取得保险标的物的权利与代位权不同。只有在推定全损下，保险人才能根据委付取得标的物的权利；而代位权，只要付了赔款，不论全损或部分损失，保险人都可取得，委付是转让标的物的所有权，而代位权是转移对第三者的诉权。如果是代位权，保险人给付赔款是被保险人权利转让的先决条件，而委付没有这一条件。

（五）近因原则

近因原则，是指保险人只对承保风险与损失之间有直接因果关系的损失负赔偿责任，而对不是由承保风险造成的损失，不承担赔偿责任。如英国1906年《海上保险法》第50条第5款规定："除本法另有规定或保险单另有约定外，保险人对直接由于承保的风险所引起的任何损失，均负赔偿责任；对于非直接由于承保的风险所引起的任何损失，均不负赔偿责任。"

根据英国的判例，近因不一定是第一原因，也未必是最后原因，而是有支配力的、起决定作用的或有效的原因。所谓有支配力的或起决定作用的，是指在这种原因与结果之间存在着一种直接的联系，而且这一原因足以使人们在一系列事件发展的任何一个阶段上，都能合乎逻辑地预料出这一连串事件的下一事件是什么，直到最后结果的产生。如果有若干个原因在起作用，那么，近因是在导致事件结果产生过程中具有支配力的、起决定性作用的最有力的那个原因。

实际保险业务中，如何应用近因原则，确定致损的近因，是比较困难的。最初的事件与最终的事件常常是显而易见的，困难往往在于怎样确定相互之间是否存在直接的因果关系链，或是否曾有某种新的原因干预并在导致最终损失发生的过程中取代了最初的原因，而使因果关系链中断，这是英国法官在许多判例中总结出的用以解释近因原则的"链条规则"。该规则认为，从事件的发生到最终结果，其中的各事件如同节节的链环，如果这些链环环环相扣、联系紧密，则该链环的顶环(而非尾环)即是导致保险事故发生的近因。因此，确定近因可以采用下列方法，即从事件链上的第一个事件开始，认真考虑，合乎逻辑地发展下去的另一个事件可能是什么，如果答案是从第一个事件依次引向下一个事件，直到最终事件，那么第一个事件就是最后事件的近因，如果在这个过程的某一阶段上，链环上的两个环节之间没有明显的联系，那么事件链就会中断，损失的原因肯定是另外某一事件。

第二节　国际海上货物运输保险条款

现代海上保险起源于14世纪的英国。18世纪后半叶，英国大法官孟斯菲尔德参照商事习惯和判例，确定了现代海上保险的基本原理，直到今天，英国保险业仍居世界市场之首，各国保险条款的订立都以伦敦保险市场为基础。1906年英国颁布《海上保险法》，并以1906年英国劳氏S.G.保险单作为海上保险法的附件，被尊为标准保险单格式。目前，在世界范围内使用最为广泛的是英国伦敦保险协会制定的"货物保险条款"，许多国家的保险条款都是参照其内容制定的，对条款内容的解释也基本相同。

一、国际海上货物运输保险承保的风险、损失与费用

海上货物运输保险，是指以海上运输的货物作为保险标的的保险。海上货物运输保险的内容包括承保的风险、承保的损失和承保的费用。

(一)承保的风险

国际海上货物运输保险的风险包括海上风险和外来风险，前者包括自然灾害和意外事故，后者包括一般外来风险和特殊外来风险。

1. 海上风险

（1）自然灾害

自然灾害，是指不以人们意志为转移的自然界力量所引起的灾害。在海上保险业务中，自然灾害并不是泛指一切由于自然力量所造成的灾害，而是仅指恶劣气候、雷电、海啸、地震、或火山爆发等人力不可抗拒的灾害。

（2）意外事故

意外事故，是指由于偶然的非意料中的原因所造成的事故。在海上保险业务中，所谓的意外事故并不是泛指海上意外事故，仅指运输工具遭受搁浅、触礁、沉没、船舶与流冰或其他物体碰撞以及失踪、失火、爆炸等。

①搁浅，是指船底同海底或浅滩保持一定时间的固定状态。这一状态必须是在事先预料不到的意外情况下发生的，规律性的潮汐涨落造成船底触及浅滩或滩床，退潮时搁浅、涨潮时船舶重新浮起继续航行，则属于必然现象，不能作为保险上的"搁浅"事故。

②触礁，是指船体触及海中的险礁和岩石等造成的意外事件，船只同沉船的"残骸"相接触，也可以视为"触礁"。

③沉没，是指船体的全部或大部分已经没入水面以下，并已失去继续航行的能力，如船体的一部分浸入水中或者不继续下沉，海水仍不断渗入舱内，但船只还具有航行能力的，则不能视为沉没。

④碰撞，是指船舶与他船或其他固定的、流动的固体物猛力接触。例如同码头、桥梁、浮筒、灯标等相撞。船只同海水的接触，以及船只停泊在港口内与他船并排停靠码头旁边，波动相互挤擦，均不能作为碰撞。

⑤失踪。船舶在航运中失去联络，音信全无，达到一定时间，仍无消息，可以按"失踪"论处。"一定时间"，并无统一的规定，有些国家规定为 6 个月，也有规定为 4 个月的。船舶的失踪，大部分是由于海上灾害引起的，但也有人为因素造成的，如敌方的扣押、海盗的掳掠等。

⑥失火，又叫火灾，既包括船只本身、船上设备和机器的着火，也包括货物自身的燃烧等。引起火灾的原因有自然灾害的因素，如闪电、雷击等；有货物本身的特性受到外界气候、温度等影响而自燃，如黄麻、煤块等在一定高温下自己燃烧起来；有人为因素，如船上人员或修船人员的疏忽所引起等。

2. 外来风险

外来风险，是指海上风险以外的其他外来原因所造成的风险。外来风险分为一般外来风险和特殊外来风险。

（1）一般外来风险

一般外来风险，是指被保险货物在运输途中由于偷窃、玷污、渗漏、破碎，受热受潮、串味、生锈、钩损、淡水雨淋、短少、提货不着、短量、碰损等外来原因所造成的风险。偷窃一般是指暗中的窃取，不包括公开的攻击性的劫夺；玷污是指货物在运输途中受到其他物质的污染所造成的损失；渗漏是指流质或者半流质的物质因为容器的破漏引起的损失；破碎是指易碎物品遭受碰压造成破裂、碎块的损失；受热受潮是指由于气温的骤然变化或者船上的通风设备失灵，使船舱内的水气凝结，引起发潮发热导致货物的损失；串味是指货物受到其他异味物品的影响而引起串味导致的损失；生锈是指货物在运输过程中发生锈损现象；钩损是指货物在装卸搬运的操作过程下，由于挂钩或用手钩不当而导致货物的损失；淡水雨淋是指由于淡水、雨水或融雪而导致货物水残的损失；短少和提货不着是指货物在运输途中被遗失而未能运到目的地，或运抵目的地发现整件短少，未能交给收货人；短量是指货物在运输过程中发生重量短少；碰损主要是指金属及其制品在运输途中因受震动、受挤压而造成变形等损失。

（2）特殊外来风险

特殊外来风险，是指由于军事、政治、国家政策法令以及行政措施等特殊外来原因所造成的风险与损失。如战争、罢工、因船舶中途被扣而导致交货不到，货物被有关当局拒绝进口或没收而导致的损失等。

（二）承保的损失

承保的损失，是指保险人承保哪些性质的损失，海上货物运输保险承保的是海上损失，即可能遭受海上风险的财产，可分为有形标的和无形标的损失，如预期取得的收入（运费、租金、佣金等）和对第三人的责任。这里按货物损失程度，分为全部损失和部分损失。

1. 全部损失（Total Loss）

（1）实际全损（Actual Total Loss）

按照英国保险法的解释，所谓实际全损，是指货物全部毁灭或因受损而失去原有用途，或被保险人已无可挽回地丧失了保险标的。

（2）推定全损（Constructive Total Loss）

推定全损是指被保险货物实际全损已经不可避免，或者修理、恢复受损货物，以及运送货物到原定目的地的费用超过该目的地货物的价值。

实际全损，由保险人予以赔偿。推定全损，由被保险人选择：按实际全损进行索赔或按部分损失进行索赔。如按实际全损索赔，则必须向保险人发出委付通知（Notice of Abandonment），即把全损货物委付给保险人；如不发通知，则视为按部分损失进行处理。

在我国实践中，全部损失是指以下的情形：一张保单所保货物的完全损失；一张保单所保的分类货物的完全损失；装卸过程中一个整件货物的完全损失；使用驳船装运货物时，一条驳船所载货物的完全损失；一张保单下包括多张提单的货物时，一张或几张提单货物的完全损失。

【案例 5-2】

A 公司将其一批货物向保险公司投保了平安险，该批货物是由一张保险单承保的，但却分为三张提单出运。在运输途中，其中一张提单上的货物全部灭失。①

请问：

（1）平安险承保被保险货物在运输途中由于自然灾害造成的货物的全损，应如何理解全损？

---

① 案例引自姚梅镇主编：《国际经济法概论》，武汉大学出版社 2008 年版，第 98 页。

（2）对于一张提单上的货物全部损失，保险公司是否应赔偿？

解析：虽然货物由一张保险单承保，但是在我国实践中，对一张提单上的货物全部灭失的，可以视为全部损失。

2. 部分损失（Partial Loss）

部分损失，是指除了全部损失以外的一切损失。在海上运输货物保险中，分为共同海损、单独海损。

（1）共同海损（General Average）

共同海损，是指在海上运输中，船舶、货物遭到共同危险，船方为了共同安全，有意和合理地作出特别牺牲或支出的特殊费用。共同海损的成立须具备以下条件：

①必须有危及船、货共同安全的危险存在。这种危险是共同的、真实的，不是臆想和推断的。

②作出的牺牲和费用是特殊的、直接的。如海上遇到台风，船开往避风港，不算特殊情况。

③作出的牺牲和费用是有意的。即是人为的、有意识的行为，而不是意外事故。

④作出的牺牲和费用是合理的。共同海损行为之作出，是必要的、节约的，符合全体利益的。例如，抛货是价低体重的，符合当时情况的需要；牺牲和费用是为共同安全作出的等。

⑤共同海损措施是有效的。经过有意采取这些合理措施后，船货得到部分挽救和保留。

作为构成共同海损的以上条件，缺一不可。对于共同海损所作的牺牲和支出的费用，用获救船舶、货物、运费获救后的价值按比例在所有与之有利害关系的受益人之间进行分摊。因此，共同海损属于部分损失，保险公司对因共同海损作出的牺牲和费用以及共同海损分摊都给予赔偿。

（2）单独海损（Particular Average）

单独海损，是指货物由承保风险引起的不属于共同海损的部分损失。单独海损是海上运输中非任何人的有意行为造成的，只涉及船舶或货物单独一方利益的部分损失，因此，这种损失只能由受损失方自己承担。保险公司对单独海损造成的部分损失是否给予赔偿，取决于当事人投保的险别以及保险单的条款是如何规定的。

单独海损与共同海损的主要区别在于：①起因不同。共同海损是人为有意识造成的，单独海损是承保范围内的风险造成的。②补偿方法不同。共同海损由利益方按照最后获救的价值比例共同分摊，单独海损由受损害方自行承担。

【案例5-3】

一条载货船从青岛港出发驶往日本，在航行途中货船起火，大火蔓延到机舱，船长为了船货的共同安全，命令采取紧急措施，往舱中灌水灭火。火扑灭后，由于主机受损，无法继续航行。船长雇用拖轮将货船拖回青岛修理，检修后重新将货物运往日本。事后经调查，此次事件造成的损失有如下几项：（1）500箱货物被烧毁；（2）1500箱货物因灌水灭火受到损失；（3）主机和部分甲板被烧坏；（4）雇用拖轮的费用；（5）额外增加的燃料和船长及船员的工资。①

请问：本案中哪些是共同海损？哪些是单独海损？

解析：第（2）、（4）项是共同海损，第（1）、（3）、（5）项是单独海损。灌水和雇用拖轮都是为了保证船货的共同安全。

（三）海上费用

海上费用，是指海上货物运输遇险后，为了营救被保险货物所支出的费用。保险货物遭遇保险责任范围内的事故，除了能使货物本身受到损毁导致经济损失外，还会产生费用方面的损失。这种费用，保险人也应给予赔偿，主要包括：

1. 施救费用

施救费用是指被保物品遭受灾害事故时，被保险人一方为防止损失扩大而采取的抢救措施所支出的费用。施救费用必须是由承保危险引起的，是必要的和合理的，并且是在被保险人一方自救过程中产生的，施救费用不包括保险人自行采取措施避免或减少保险标的的损失而发生的任何费用。保险人应在保险标的损失赔偿之外另行支付施救费用，即使保险单中没有施救条款，保险人也应对施救费用负责。

2. 救助费用

救助费用是指第三人在保险标的遭遇灾害时采取救助行动所支付的费用。依据国际惯例，船舶或货物遭遇灾难，其他船舶有义务采取救助措施，被救助方应支付相应的报酬，保险人亦负责赔偿救助费用。

3. 特别费用

特别费用是指货物的运输工具遭遇海上灾害或意外事故不能继续航行，必须把货物卸下船仓，或再由原船装载续运，或由他船受载代运等所产生的费用。

4. 额外费用

额外费用是为索赔举证等而支付的必要费用，此项费用只有在保险标的确有损失，赔案确实成立的情况下，保险人才予以赔偿。

二、中国人民保险公司《海洋货物运输保险条款》

中国人民保险公司《海洋货物运输保险条款》，简称中国保险条款（CIC），是参照国际惯例的一般习惯而制定的，经过多次修改，目前使用的是经过 1981 年修订的条款。按照我国的保险习惯，海上货物运输保险概括起来分为基本险别和附加险别两大类，基本险别包括平安险、水渍险和一切险；附加险别包括一般附加险、特别附加险和特殊附加险。

（一）基本险别

1. 平安险（Free From Particular Average）

平安险，原意为"单独海损不赔"。它包括：①被保险货物在运输途中由于气候恶劣、雷电、海啸、地震、洪水等自然灾害造成的整批货物的全部损失或推定全损；②由于运输

---

① 案例引自王传丽主编：《国际经济法案例分析》，高等教育出版社 2008 年版，第 106 页。

工具搁浅、触礁、沉没、互撞、与流冰或其他物体碰撞以及失火、爆炸、意外事故造成货物的全部或部分损失；③在运输工具已经发生搁浅、触礁、沉没、焚毁等意外事故的情况下，货物在此前后又在海上遭受恶劣气候、雷电、海啸等自然灾害所造成的部分损失；④在装卸或转运时，由于一件或数件整件货物落海造成的全部或部分损失；⑤被保险人对遭受承保范围内危险的货物采取抢救、防止或减少货损的措施而支付的合理费用，但以不超过该批被救货物的保险金额为限；⑥运输工具遭遇海难后，在避难港由于卸货所引起的损失以及在中途港、避难港由于卸货、存仓以及运送货物所产生的特别费用；⑦共同海损的牺牲、分摊和救助费用；⑧运输合同中订有船舶"互撞责任"条款，根据该条款规定应由货方偿还船方的损失。

平安险是基本险别中保险人责任最小的一种。"单独海损不赔"实际上是不确切的，它仅指对由于自然灾害造成的单独海损不赔，对由于意外事故发生的单独海损以及运输工具在运输途中发生搁浅、触礁、沉没、焚毁等意外事故前后发生的单独海损，保险公司仍要赔偿。

2. 水渍险（With Particular Average）（W. P. A. ）

水渍险，原意为"单独海损负责"。其范围除包括上述平安险的各项责任外，还负责被保险货物由于气候恶劣、雷电、海啸、地震、洪水等自然灾害所造成的部分损失。即水渍险包括平安险以及平安险中不包括的那部分单独海损。

3. 一切险（All Risks）

一切险除包括上述平安险和水渍险的各项责任外，还负责被保险货物在运输途中由于外来原因导致的全部或部分损失。"外来原因"是指一般附加险应负担的风险，而特别附加险和特殊附加险则不负担。因此，投保一切险并不意味着保险公司承担了一切损失责任。

（二）附加险别

1. 一般附加险

（1）偷窃、提货不着险（Theft，Pilferage and Non-delivery，T. P. N. D）

承保货物在运输过程中遭偷窃或在货到目的地后整件货物短交造成的损失，但保险公司只就船方或其他责任方按运输合同规定免除赔偿的部分负责赔偿。

（2）淡水、雨淋险（Rain Fresh Water Damages）

承保直接由于淡水和雨水（包括舱杆、船上淡水舱或水管漏水等）造成的货物损失。但包装外需有淡水或雨水痕迹予以证明。它与平安险和水渍险的不同之处在于，后者承保的仅是海水所致的损失。

（3）短量险（Risk of Shortage）

承保货物在运输过程中因外包装破裂或散装货发生数量短少和实际重量短缺的损失，但不包括正常的途耗。

（4）混杂、玷污险（Risk of Intermixture and Contamination）

承保货物在运输过程中因混进杂质及与其他货物接触混装而被污染引起的损失。

（5）渗漏险（Risk of Leakage）

承保流质、半流质、油类货物在运输过程中由于容器损坏而引起的渗漏损失以及用液体储存的货物因液体渗透而使货物发生变质、腐烂等损失。

(6)碰损、破碎险(Risk of Clashing and Breakage)

承保被保险货物在运输过程中因震动、碰击、被压造成的破碎和碰撞损失。所谓碰撞损失，主要是指对金属货物或木制家具等在运输过程中因受震、受压、碰击造成货物本身凹瘪、脱瓷等。所谓破碎，主要指对易碎货物(如玻璃、瓷器等)在运输过程中因受震、受压、受撞造成的破碎。

(7)串味险(Risk of Odour)

承保货物在运输过程中受其他货物影响引起的串味损失。如茶叶、食品、药材、化妆品等与樟脑放在一起，受樟脑味影响发生串味损失。

(8)受潮、受热险(Damages Caused by Sweating and/or Heating)

承保货物在运输过程中由于气候变化或船上通风设备失灵导致舱内水气凝结、发潮、发热造成的货物损失。

(9)钩损险(Hook Damages)

承保货物在运输过程中因使用钩子装卸导致包装破裂、货物外漏或钩子直接勾破货物的损失以及对包装进行修补或调换所支付的费用。

(10)包装破裂险(Loss and/or Damages Caused by Breakage of Packing)

承保货物在运输过程中因搬运或装卸不慎使包装破裂造成的货物短少、玷污、受潮等损失以及为继续运输对包装进行修补或调换所支付的费用。

(11)锈损险(Risk of Rusting)

承保货物在运输过程中受海水、淡水、雨淋或潮湿生锈发生的损失，但可锈、必锈物质，如裸装金属板、块、条等，不予承保。

以上11种一般附加险不能单独投保，它们全部被包括在一切险之中，或是由投保人在投保了平安险或水渍险之后，根据需要，再选择加保其中的一种或几种险别。

此外，中国人民保险公司还设立了7种特别附加险和3种特殊附加险。与一般附加险不同，这些险别不被包括在一切险之中，而需要投保人向保险公司提出申请，经特别同意后，在投保了基本险别的情况下，保险公司才予以承保。

2. 特别附加险

(1)交货不到险(Failure to Deliver)

这是指自货物装上船舶时开始，满6个月未运到原目的地交货，则不论任何原因，保险公司按全损予以赔付。对于战争险下可以赔付的损失或因未申领进口许可证不能进口导致的交货不到，保险公司不予赔偿。

(2)进口关税险(Import Duty)

承保被保险货物发生保险范围内损失，被保险人仍要按完好货物的价值交纳进口关税时，保险公司对这部分关税损失给予赔偿。

(3)舱面险(On Deck)

承保货物因置于舱面被抛弃或风浪冲击落水的损失。

(4)拒收险(Rejection)

承保被保险货物在进口时，不论什么原因，在进口港遭有关当局禁止进口或没收发生的损失。为此，被保险人必须保证提供所保货物进口所需要的许可证及其他证明文件。

（5）黄曲霉素险（Aflatoxin）

承保被保险货物经进口国卫生当局化验发现其所含黄曲霉素超过规定的限制标准，被拒绝进口、没收或强制改变用途而造成的损失。

（6）出口货物到香港（九龙）或澳门存仓火险责任扩展条款（Fire Risk Extension Clause for Storage of Cargo at Destination Hong Kong including Kowloon or Macao）

承保出口到香港（包括九龙）或澳门的货物，卸离运输工具后，如直接存放于保单所载明的过户银行所指定的仓库时，保单存仓火险责任扩展，自运输责任终止时开始，直至银行收回押款解除对货物的权益后终止，或自运输责任终止时起算，满30天为限。

（7）卖方利益险（Contingency Insurance Covers Sellers' Interest Only）

承保在 FOB 和 CFR 合同中以托收方式支付货款的情况下，买方拒绝付款赎单时卖方蒙受的货物损失。

3. 特殊附加险

（1）战争险（War Risk）

中国人民保险公司《海上运输货物战争险条款》规定，战争险的承保范围包括：①由战争、类似战争行为、敌对行为、武装冲突或海盗行为直接引起或作为上述行为的后果造成的被保险货物的损失；②由于上述事件导致货物被捕获、没收、扣留、禁制或扣押造成的损失；③因各种常规武器包括水雷、鱼雷和炸弹造成的损失；④由上述原因导致的共同海损牺牲、分摊和救助费用。但对由于敌对行动使用原子和核武器造成的损失和费用，基于执政者、当权者或任何其他武装集团扣留、限制或扣押造成的承保航程损失或落空提出的索赔，保险公司不予赔偿。

（2）战争险的附加费用（Additional Expenses-War Risks）

承保因战争后果所引起的附加费用，如卸货、存仓、转运、关税，等等。

（3）罢工险（Strikes Risk）

承保因罢工被迫停工、工潮、暴动或民变造成被保险货物的直接损失。按照国际保险习惯，罢工险通常与战争险同时承保，投保人只需在保单上注明战争险包括罢工险，并附上罢工险条款即可，无须另加付保险费。

（三）除外责任

对海上运输中被保险货物发生的下列损失，中国人民保险公司不负责赔偿：①被保险人的故意或过失导致的损失；②属于发货人责任引起的损失；③损失责任开始前，被保险货物已经存在的品质不良或数量短差造成的损失；④被保险货物的自然损耗、本质缺陷、特性以及市场跌落、运输延迟引起的损失或费用；⑤属于中国人民保险公司海洋运输货物战争险条款和货物运输罢工险条款中规定的责任范围和除外责任。

（四）保险责任起讫

1. 仓至仓条款（Warehouse to Warehouse Clause，W/W）

仓至仓条款，又称运输条款（Transit Clause）。即承保人的责任起讫为"仓至仓"：①从被保险货物运离保险单所载明的启运地仓库或储存处开始运输时起，至该货物到达保险单所载目的地收货人的最后仓库或储存处，或被保险人用做分配、分派或非正常运输的其他储存处所为止；②如未抵达上述仓库或储存处所，则以货物在最后卸载港全部卸离海轮后满60天为止；③如在上述60天内货物被转运至保单所载目的地以外地点，则保险责任从货物开始转运时终止。

战争险的承保责任是自被保险货物在保单所载明的装运港装上油轮或驳船时开始，至保单所载明的目的港卸离海轮或驳船为止。如果被保险货物不卸离海轮，则保险责任从船舶到达该港口之日午夜时起算，满15天为限。当需要中途转船时，不论被保险货物是否卸载，则保险责任在该转运港的最长期限从船舶到达该港口或卸货地之日午夜起算，满15天为限。然而，如果被保险货物装上续运海轮，则本保险恢复有效。

2. 扩展责任条款

扩展责任条款，又称运输合同终止条款(Termination of Contract of Carriage Clause)。当货物被运往非保险单所载目的地是由于被保险人无法控制的运输延迟、绕道、被迫卸货、重新装载、转载或因承运人依运输合同赋予的权限所作的任何航海上的变更或终止运输合同，则保险单在下列情况下可继续有效：①被保险人及时将上述情况通知保险人；②加付保险费。

在这种情况下，保险人的扩展责任按下列规定终止：①被保险货物如在非保单所载目的地出售，保险责任至交货时止。但不论何种情况，均以被保货物在卸货港全部卸离海轮后满60天为止；②被保货物如在上述60天期限内继续运往保单所载原目的地或其他目的地时，保险责任仍按"仓至仓"条款的规定终止。

(五)被保险人义务

根据中国人民保险公司《海洋货物运输保险条款》的规定，被保险人应承担以下义务：①提货。当被保险货物抵达保险单所载目的港(地)后，被保险人须及时提货。②交纳保险费。③不得违反保证。④索赔。当发现被保险货物遭受任何损失，应即向保单上所载明的检验、理赔代理人申请检验。如发现被保险货物整件短少或有明显残损痕迹，应即向承运人、受托人或有关当局(海关、港务当局等)索取货损、货差证明。如果货损、货差是由于承运人、受托人或其他有关方面的责任造成的，则应以书面方式向其提出索赔，必要时须取得延长时效的认证。⑤保全货物。对遭受承保范围内危险的货物，被保险人应迅速采取合理的救助措施，防止或减少货物的损失。被保险人采取该项措施，不应被视为放弃委付的表示。⑥通知。当发生航程变更或发现保单所载货物、船名或航程有遗漏或错误时，被保险人应在获悉后立即通知保险人，并在必要时加付保险费，保险单继续有效。在获悉运输合同中"船舶互撞"责任条款的实际责任后及时通知保险人。⑦提供单证。在向保险人索赔时，必须提供下列单证：保险单正本、提单、发票、装箱单、磅码单、货损货差证明、检验报告及索赔清单。如涉及第三者责任，还须提供向责任方追偿的有关函电及其他必要单证或文件。被保险人未履行以上义务，影响到保险人利益时，保险人对有关损失，有权拒绝给予赔偿。

(六)索赔期限

保险单索赔时效，从被保险货物在最后卸载港全部卸离海轮后起算，最多不超过2年。

三、伦敦保险协会制定的"货物保险条款"

英国伦敦保险协会所制定的"货物保险条款"历史悠久，是目前影响最大并为大多数国家所采用的保险条款。该条款最早制定于1912年，后经过多次修订，目前通用的是1983年4月1日起与新保险单配套使用的"新货物保险条款"。

(一)伦敦保险业协会货物保险条款的特点

1. 用英文字母表示原来各基本险别名称

在1963年条款中，货物的险别为平安险、水渍险和一切险。而在1983年条款中险别主要包括货物条款A、货物条款B、货物条款C、战争险条款、罢工险条款和恶意损害险条款六种。其中，前五种可作为独立险单独予以承保。新保险条款分别改用英文字母A、B、C来表示险别，避免过去因险别名称含义不清，且与承保范围不符而容易产生的误解。

2. 消除原险别之间的交叉和重叠

原水渍险和平安险承保的范围基本是重叠的。水渍险只增加了平安险不承保的那一部分，即对由于自然灾害引起的货物部分损失给予赔偿。而平安险虽称为单独海损不赔，但对在运输工具发生触礁、搁浅等意外事故的情况下，如在此之前或之后又遇自然灾害给货物造成部分损失，又给予赔偿，这样水渍险和平安险之间的差别更小了。修改后的货物条款B承保因自然灾害造成的全部或部分损失以及因重大或非重大意外事故(如装卸时货物落海或摔落造成整件全损)造成的货物全部或部分损失，而货物条款C只承保由重大意外事故造成的货物全损或部分损失，这样，两种险别之间减少了交叉和重叠，界线更为清楚。

3. 新货物保险条款增加了承保陆上风险

货物条款B、货物条款C承保由陆上运输工具的颠翻、出轨、碰撞引起的保险标的的损失或损害以及湖水、河水浸入船舶造成的损害。

4. 独立投保的保险条款

伦敦保险协会的六种新货物保险条款中，除恶意损害险条款外，各条款均分为承保范围、除外责任、期限、赔偿、保险受益、减少损失、避免延误、法律和惯例以及附注9部分。与旧货物保险条款不同，新货物保险条款中的战争险条款和罢工险条款既可以在投保了货物条款A、B、C后加保，也可以作为独立的险别进行投保。

(二)六种保险条款的承保范围与除外责任

1. 货物条款A(Institute Cargo Clause A)

货物条款A相当于旧货物保险条款中的"一切险"，采取"一切风险减去除外责任"的办法来确定保险人的责任，即保险人除对"除外责任"项下所列举的风险不负责外，对其他风险都负责承保。

货物条款A的除外责任包括：

(1)一般除外责任

一般除外责任包括归因于被保险人故意的不法行为造成的损失或费用；自然渗漏、自然损耗、自然磨损、包装不足或不当造成的损失或费用；保险标的内在缺陷或特性造成的损失或费用；由延迟直接引起的损失或费用；由于船舶所有人、租船人经营破产或不履行债务而造成的损失或费用；由于任何原子或核武器而造成的损失或费用。

（2）不适航、不适货除外责任

不适航、不适货除外责任是指保险标的在装船时，如被保险人或其受雇人已经知道船舶不适航，以及船舶、装运工具、集装箱等不适货，保险人不负赔偿责任。

（3）战争除外责任

战争、内乱、革命、叛乱、造反或由此引起的骚乱，或交战势力或针对交战势力的任何敌对行为；捕获、拘留、扣留、禁制或扣押（海盗行为除外），以及因此引起的后果或任何企图；遗弃的水雷、鱼雷、炸弹或其他遗弃的战争武器。

（4）罢工除外责任

因罢工、停工、工潮、暴动或民变造成；因任何恐怖主义者或任何带有政治动机的人的行为造成的责任除外。

2. 货物条款 B（Institute Cargo Clause B）

货物条款 B 相当于旧货物保险条款中的"水渍险"。其承保因自然灾害以及重大与非重大意外事故造成的保险标的损失或损坏。

对货物条款 B 和货物条款 C 的承保风险，采取与货物条款 A 不同的方法——"列举承保风险"，即在条款的第 1 条明确地把保险人所承保的风险一一列出，凡列出的风险，保险人均予以承保。货物条款 B 承保的风险包括：①火灾、爆炸；②船舶或驳船触礁、搁浅、沉没或倾覆；③陆上运输工具倾覆或出轨；④船舶、驳船或运输工具同水上的外界物体碰撞；⑤在避难港卸货；⑥地震、火山爆发、雷电；⑦共同海损牺牲；⑧抛货；⑨浪击落海；⑩海水、湖水或河水进入船舶、驳船、运输工具、集装箱、大型海运箱或贮存处所；⑪货物在装卸时落海或摔落造成整件的全损。总体上，货物条款 B 的承保风险与中国的水渍险相类似。

3. 货物条款 C（Institute Cargo Clause C）

货物条款 C 相当于旧货物保险条款中的"平安险"。货物条款 C 所承保的风险比货物条款 A 和货物条款 B 少得多，只承保重大意外事故，而不承保自然灾害和非重大意外事故，包括：①火灾、爆炸；②船舶或驳船触礁、搁浅或倾覆；③陆上运输工具倾覆或出轨；④在避难港卸货；⑤共同海损牺牲；⑥抛货。总体上，货物条款 C 的承保风险与中国的平安险不同，其承保范围比平安险的责任范围小。

4. 战争险条款（Institute War Clause-Cargo）

战争险条款承保范围包括：①战争等敌对行为对货物造成的损害；②因战争行为引起的捕获、扣留、扣押等；③非敌对行为使用原子武器造成的损失。对海盗行为、敌对行为使用原子武器不予承保。

5. 罢工险条款（Institute Strike Clause-Cargo）

罢工险条款承保范围包括：①由罢工者及参与罢工的人员造成的货物损失或损害；②因罢工、停工等给保险标的造成的损害；③恐怖分子或出于政治动机而行动的人对保险标的造成的损害。但对航程终止后因罢工造成的存仓费、重新装船费等不予承保。

6. 恶意损害险条款（Malicious Damage Clause）

恶意损害险条款与修改前的"罢工、暴动和民变险"内容基本相同。其承保由于恶意行动、故意破坏行动而导致保险标的灭失或损害。如果出于政治动机的行为，则不予承保。

关于各险别的承保责任起讫，伦敦保险协会的新、旧货物保险条款的规定与中国人民保险公司《海洋货物运输保险条款》的规定基本相同。

第三节　其他国际货物运输保险

一、国际陆上货物运输保险条款

（一）承保范围

1. 陆运险

其承保范围包括：①被保险货物在运输途中遭受暴风、雷电、洪水、地震等自然灾害；②运输工具遭受碰撞、倾覆、出轨；或在驳运过程中因驳运工具遭受搁浅、沉没；或由于遭受隧道坍塌、崖崩或失火、爆炸等意外事故所遭受的全部或部分损失；③被保险人对遭受承保范围内危险的货物采取抢救、防止或减少货损的措施而支付的合理费用，但以不超过该批被救货物的保险金额为限。

2. 陆运一切险

其承保范围除包括上述陆运险的责任外，还负责承保被保险货物在运输途中由于外来原因所致的全部或部分损失。

（二）责任起讫

陆运货物保险条款负"仓至仓"责任，包括在正常运输过程中的陆上和与其有关的水上驳运在内。如货物未抵达目的地仓库或储存处所，则以被保险货物运抵最后卸货的车站满60天为止。

（三）被保险人的义务

1. 及时提货

被保险货物运抵目的地以后，被保险人应及时提货，当发现保险货物遭受任何损失，应立即向保险单上所载明的检验、理赔代理人申请检验。如发现被保险货物整件短少，或有明显残损痕迹，应立即向承运人、受托人或有关当局索取货损货差证明。如货损货差是由于承运人、受托人或有关方面责任造成的，则应以书面方式向他们提出索赔，必要时须取得延长时效的认证。

2. 采取合理的抢救措施

对遭受承保责任内危险的货物，被保险人应迅速采取合理的抢救措施，防止或减少货物的损失。

3. 遭索赔时提供单证

在向保险人索赔时，须提供下列单证：保险单正本、运单、发票、装箱单、磅码单、货损货差证明、检验报告及索赔清单。当涉及第三者责任时，还须提供向第三者追偿的有关函电及其他必要单证或文件。

(四)除外责任

保险公司对由于下列原因造成的货物损失，不负赔偿责任：①被保险人的故意行为或过失造成的损失；②属于发货人责任引起的损失；③在保险责任开始前，被保险货物存在的品质不良或数量短差造成的损失；④被保险货物的自然损耗、本质缺陷、特性以及市价跌落、运输延误造成的损失和费用；⑤陆上货物运输战争险条款和罢工险条款规定的责任范围和除外责任。

(五)索赔时效

索赔时效自被保险货物在最后目的地车站全部卸离车辆后计算，最多不超过 2 年。

二、国际航空货物运输保险条款

(一)责任范围

航空货物运输保险分航空运输险和航空运输一切险两种。

1. 航空运输险

其承保范围包括：①被保险货物在运输途中遭受雷电、火灾、爆炸或由于飞机遭受恶劣气候或其他危难事故而被抛弃，或由于飞机遭受碰撞、倾覆、坠落或失踪等意外事故所造成的全部或部分损失；②被保险人对遭受承保范围内危险的货物采取抢救、防止或减少货损的措施而支出的合理费用，但以不超过该批被救货物的保险金额为限。

2. 航空运输一切险

航空运输一切险除包括上述航空货物运输险的责任外，还负责承保被保险货物由于外来原因所致的全部或部分损失。

(二)责任起讫

①航空货物运输保险条款负"仓至仓"责任，自被保险货物运离保险单所载明启运地仓库或储存处所开始运输时生效，包括正常运输过程中的运输工具在内，直至该货物到达保险单所载明目的地收货人的最后仓库或储存处所或被保险人用做分配、分派或非正常运输的其他储存处所为止。

②如未抵达上述仓库或储存处所，则以被保险货物在最后卸载地卸离飞机后满 30 天为止。

③由于被保险人无法控制的运输延迟、绕航、被迫卸货、重新装载、转载或承运人适用运输合同赋予的权限所作的任何航行上的变更或终止运输合同，致使被保险货物运到非保险单所载目的地时，在被保险人及时将所获知的情况通知保险人，并在必要时加付保险费的情况下，保险单继续有效，并按下列规定终止：被保险货物如在非保单所载目的地出售，保险责任至交货时为止，但无论如何，均以被保险货物在卸载地全部卸离飞机后满 30 天为止；被保险货物如在上述 30 天期限内继续运往保单所载原目的地或其他目的地时，保险责任仍按"仓至仓"的规定终止。

还有除外责任、被保险人义务以及索赔期限三部分条款，由于与陆上货物运输保险条款相同，故不赘述。

另外，关于国际多式联运货物保险，目前我国尚无单独的保险条款。实践中，采取按各个承保区段分别计算的办法处理。

三、国际邮包运输保险条款

(一)邮包险

邮包险的责任范围包括被保险货物在运输途中遭受恶劣气候、雷电、海啸、地震、洪水等自然灾害，或由于运输工具遭受搁浅、触礁、沉没、碰撞、倾覆、出轨、失踪、坠落，或由于失火、爆炸等意外事故所造成的全损或部分损失，以及有关费用，但以不超过保险金额为限。

(二)邮包一切险

邮包一切险的责任范围除包括上述邮包险的服务外，还包括被保险邮包在运输途中由于外来原因(包括被偷窃、短少在内)造成的全部或部分损失。

邮包险和邮包一切险的保险责任自被保险邮包离开保险单所载明的启运地——寄件人的处所运往邮局时开始，直至该项邮包运达保险单所载明的目的地邮局，自邮局发出到货通知的当日午夜算起，满15天为止或邮包一经递交收件人处所，保险责任即告终止。

(三)邮包战争险

邮包战争险是一种附加险，只有在投保了邮包险或邮包一切险的基础上经投保人与保险公司协商方可加保。

邮包战争险的责任范围是自被保险邮包经邮局收讫后自储存处所开始运送时起算，直至该邮包运达保险单所载明的目的地邮局送交收件人为止。

必须指出的是，在附加险方面，除战争险外，海上货物运输保险中的一般附加险和特殊附加险险别与条款均可适用于陆上货物运输保险、航空运输保险和邮政包裹险。

【思考题】

1. 简述各国保险法的立法体例。

2. 简述国际货物运输保险合同的主要内容。

3. 简述可保利益原则的意义。

4. 简述最大诚信原则的内容。

5. 简述国际海上货物运输保险标的损失种类及界定。

6. 简述委付和代位追偿的含义及两者的区别。

7. 什么是国际海上货物运输保险? 其主要险别及承保范围是什么?

8. 中国某外贸公司与荷兰进口商签订了一份皮手套合同，价格条件为 CIF 鹿特丹，向中国人民保险公司投保一切险。生产厂家在生产的最后一道工序将手套的温度降到最低，然后用牛皮纸包好装入双层瓦楞纸箱，再装入 20 尺集装箱。货物到达鹿特丹后，检验结果表明全部货物湿、霉、玷污、变色，损失价值达 8 万美元。据分析，该批货物的出口地不异常热，进口地鹿特丹不异常冷，运输途中无异常，完全属于正常运输。

请问:

(1)保险公司对该批货损是否负责赔偿? 为什么?

(2)进口商对受损货物是否支付货款? 为什么?

9. 2010 年 5 月，中粮集团公司与巴西某公司签订了进口 12000 吨(12000 包)白糖的合同，价格条件为 CFR 上海，每吨单价为 437 美元。由中粮集团公司向中国人民保险公司上海分公司投保水渍险。该批货物由美国籍某轮承运。在里约热内卢港装货的过程中，船长先后向托运人发出书面声明和抗议，指出货物堆放于码头无任何遮盖物并遭到了雨水的污染，宣布货物为不清洁。而托运人为了结汇则出具了保函，要求承运人签发清洁提单。船长在接受了保函的情况下签发了清洁提单。货轮于 5 月 23 日抵达上海港，经上海外轮理货公司理货，发现 578 包有雨水污染，并确认货物短少 608 包。

请问：

（1）承运人签发了清洁提单，收货人是否还能向其索赔？

（2）承运人是否可以依保函要求收货人向托运人索赔？

（3）该批货物已投保了水渍险，收货人是否能直接向保险人索赔？

第六章　国际技术贸易法

【重难点提示】国际技术贸易的概念和特点；国际技术贸易的标的；国际技术贸易的方式；国际技术许可合同；限制性商业条款。

第一节　国际技术贸易法概述

一般认为，世界范围内真正的技术贸易始于 19 世纪末，并在"二战"后获得了持续迅猛发展。据有关资料统计，近 50 年，国际技术贸易额平均不足 5 年翻一番，其速度大大快于货物贸易，也快于一般的服务贸易。①

一、国际技术贸易的概念和特点

(一)国际技术贸易的概念

国际技术贸易，又称为国际技术转让，是指跨越国界的技术转移，即转让方以一定的方式将其所有的技术进行跨国转让的行为。

国际技术贸易中所称的技术，是指人们在实践活动中，制造一种产品、应用一种工艺或提供一项服务的系统知识。技术既可以体现为一项发明、实用新型、外观设计或者一项动植物新品种，也可以体现为技术情报、技能技巧，甚至可以反映在专家所提供的设计、安装、建立、维持一个工厂或者管理一个工商企业而提供的服务或援助之中。技术包括生产技术和经营技术，专利技术和专有技术。

国际技术贸易涉及的技术转让，是指转让关于制造一项产品、应用一项工艺或提供一项服务的系统知识，但不包括只涉及货物出售或只涉及货物出租的交易。技术转让包括技术所有权的让与和技术使用权的让与。技术转让多表现为技术使用权的让与，而非技术所有权的让与，技术使用权可以转让给多个受让方，但是技术所有权仍归属于转让方。据1978 年的《联合国国际技术转让行动守则（草案）》的规定，技术转让包含以下形式：①各种形式工业产权的转让、出售和授予许可，但不包括在技术转让交易中的商标、服务标志和商品名称；②以可行性研究、计划、图表、模型、说明、手册、公式、基本或详细工程设计、培训方案和设备、技术咨询服务和管理人员服务以及人员训练等方式，提供的诀窍和技术知识；③提供关于工厂和设备的安装、操作和运用以及交钥匙项目所需的技术知

---

① 参见温怀德：《货物贸易、服务贸易与技术贸易发展趋向》，载《商业研究》2010 年第 6 期，第211 页。

识；④提供关于取得、安装和使用以购买、租借或其他方法取得的机器、设备、中间产品（半成品）和（或）原料所必需的技术知识；⑤提供工业和技术合作协议的技术内容。

（二）国际技术贸易的特点

国际技术贸易是不同国家的自然人、法人或其他组织之间，按照一般商业条件，向对方出售或者向对方购买技术所有权、使用权的一种国际贸易行为。国际技术贸易虽然有时与国际货物贸易联系在一起，但国际技术贸易不同于国际货物贸易。国际技术贸易具有如下特点：

1. 无形性

国际技术贸易的标的表现为技术知识，而不是某种有形的产品。货物转让是货物所有权的转移，货物不能同时为多人所有。技术知识是无形的，技术作为商品转让，其所有权可以不随之转移，转让方可以只转让技术的使用权，而保留技术的所有权，并且可以同时允许不同主体使用同一技术。

2. 跨国性

一项技术贸易是否"跨越国界"，这是区分该项技术是否具有"国际性"的评判标准。当前世界各国对"国际性"的判断还存在较大的分歧。西方发达国家坚持以"跨越国界"为判断的唯一标准，即只有当技术贸易的双方当事人分别属于不同的国家或地区时才为国际技术贸易。但以 77 国集团为代表的发展中国家还将一种不必跨越国界的技术贸易也视为国际技术贸易：如果技术贸易的转让方是某个外国公司的子公司、分公司或者受外国公司实际控制的其他公司，即使技术贸易的双方同处于一个国家或地区范围之内，也属于国际技术贸易。这样就可以有效防止某一外国公司规避受让方国家调整涉外技术转让的法律法规。我国对技术贸易的"国际性"判断采取了"跨越国境"转移的标准。我国于 2001 年通过的《技术进出口管理条例》第 2 条规定："本条例所称技术进出口，是指从中华人民共和国境外向中华人民共和国境内，或者从中华人民共和国境内向中华人民共和国境外，通过贸易、投资或者经济技术合作的方式转移技术的行为。"

3. 有偿性

严格地说，国际技术转让可以分为有偿转让和无偿转让两种方式。无偿转让是非商业性的技术转让，不具有交易的性质，如政府间的技术援助。有偿转让是有偿的、具有商业性的技术转让，具有交易的性质。技术有偿转让同货物贸易一样广泛存在于不同国家的自然人、法人和其他组织之间，国际技术贸易一般为有偿的技术转让。

4. 复杂性

国际技术贸易的方式有很多种，例如许可证贸易、特许经营、国际合资经营、国际工程承包等，这使得国际技术贸易不仅涉及知识产权问题，也与国际贸易、外商投资、跨国服务、国际税收、对外贸易管制等诸多法律问题联系在一起。国际技术贸易受限于国内法、国际公约和国际惯例，与一国的经济、科技政策直接相关，国际技术贸易与货物贸易相比具有更多的特殊性和复杂性。

【案例 6-1】

据海外权威机构统计，目前全球 500 家世界最大的跨国公司垄断和控制着 90% 的世界技术贸易。据联合国贸易和发展会议资料显示：跨国公司掌握了80%的新工艺、新技术；当前世界上90%以上民用科技的研究、开发和转让都是由跨国公司进行的，并支持着大多数的私人企业的研究与开发。① 目前，许多跨国公司都在积极发展技术输出，除了核心的关键生产技术外，将一些即将淘汰的技术和组装技术向其他国家输出，且技术转让多在公司内部进行。美英两国跨国公司向海外子公司转让的技术大约分别占其技术出口额的80%和85%。②

尽管20世纪80年代中期以来，亚洲和拉美一些国家立足于本国的自然禀赋和传统优势，大力发展新兴实用技术，国内技术水平得到较快发展，但国际技术交易的不平衡格局仍未被打破，技术交易的主导权仍然掌握在少数工业化国家手中。据测算，目前发达国家之间的技术交易额占世界技术贸易的80%以上，发达国家和发展中国家之间成交的技术贸易额占世界技术贸易的10%，而发展中国家之间的技术贸易额所占比重不到10%。另据了解，当前国际信息技术市场，美国占25%，日本占15.6%，欧盟占12.2%。国际技术市场这种不合理的格局，不仅影响着发展中国家的科技水平的提高，而且也制约了国际技术贸易本身进一步的发展。③

请结合国际贸易实际，谈谈国际技术贸易的发展特点。

解析： 当前国际技术贸易的发展主要呈现以下特点：第一，国际技术贸易的速度加快，领域不断拓宽。20世纪90年代以来，国际技术贸易额平均每10年翻两番，已接近世界贸易总额的1/2。技术转移的领域由以直接投资和贸易推动为主，转为合作开发、资源共享。第二，国际技术贸易的标的逐渐从"硬件"转变为"软件"。过去的技术转让多数是通过物质商品的交换，通过机器设备和新产品的买卖而进行的，软件技术是购买硬件设备的附带品，软件跟随硬件转移。第三，国际技术贸易的主体以发达国家为主，发展不平衡。全球80%以上的科技开发均在发达国家进行，发达国家之间技术贸易额占世界技术贸易总额的80%以上，发展中国家之间的技术贸易量不足10%。④

二、国际技术贸易的标的

标的是合同当事人双方权利和义务所共同指向的对象。国际技术贸易的标的是指技术转让的转让方与受让方权利与义务共同指向的对象，也就是国际技术贸易法律关系的客体。国际技术贸易的标的表现为各种类型的知识产权。根据世界贸易组织（WTO）《与贸易有关的知识产权协议》的规定，知识产权包括：版权及相关权利；商标权；地

---

① 参见易显飞、张昊天：《科技全球化背景下国际技术交易趋势分析》，载《文史博览》2010年第12期。

② 参见芮宝娟、许继琴：《国际技术贸易的特点与趋势分析》，载《宁波大学学报（人文科学版）》2004年第1期。

③ 参见易显飞、张昊天：《科技全球化背景下国际技术交易趋势分析》，载《文史博览》2010年第12期，第50页。

④ 参见聂汉香：《国际技术转移路在何方——浅析我国的国际技术转移现状和应对措施》，载《改革与开放》2012年第9期。

理标志权；工业设计权；专利权；集成电路布图设计权(拓扑权)；未披露过的信息所有权。

1. 专利技术

专利技术就是享有专利权的技术，发明创造人根据一国专利法的规定，对其完成的发明创造向专利主管部门提出申请，经批准后公开，并在该国领域享有独占权的技术。国际社会通常将发明专利和实用新型专利作为专利技术，工业品外观设计作为一种独立的知识产权单独立法保护。《中华人民共和国专利法》(以下简称《专利法》)将发明、实用新型和外观设计都作为专利技术来保护。发明是指对产品、方法或者其改进所提出的新的技术方案。实用新型是指对产品的形状、构造或者其结合所提出的适于实用的新的技术方案。外观设计是指对产品的形状、图案或者其结合以及色彩与形状、图案的结合所作出的富有美感并适于工业应用的新设计。专利技术是国际技术贸易的主要标的，但专利技术具有严格的时间性和地域性。

2. 专有技术

专有技术，又称为技术秘密，是指不为公众所知悉、能为权利人带来经济利益、具有实用性并经权利人采取保密措施的技术信息。专有技术具有秘密性、实用性、经济性、保密性等特点。专有技术表现为未被披露的设计资料、程序、产品配方、制作工艺、制作方法、管理诀窍等技术信息。专有技术不受时间和地域限制，但许可他人使用很容易造成泄密，技术秘密的权利人也无权禁止他人反向破译，一旦泄密或者被他人反向破译，技术秘密的权利人事实上就会失去对技术秘密的独占权。

3. 商标

商标俗称商品或服务的牌子，是将不同企业的商品或服务进行相互区别的专用标记。商标分为注册商标和未注册商标。经商标局核准注册的商标为注册商标，包括商品商标、服务商标、集体商标和证明商标。商标注册人享有商标专用权，受法律保护。在我国，《商标法》不保护未注册商标，但对未注册的驰名商标提供特殊保护，未注册的著名商标在一定程度上可以通过《反不正当竞争法》进行保护。我国《商标法》第8条规定："任何能够将自然人、法人或者其他组织的商品与他人的商品区别开的可视性标志，包括文字、图形、字母、数字、三维标志和颜色组合，以及上述要素的组合，均可以作为商标申请注册。"商标从严格意义上讲并不是一种技术，但商标可以与技术一起转让，这时商标就成为国际技术贸易的标的。

4. 版权

版权也称著作权，是指作者或其他著作权人依法对文学、艺术和科学作品所享有的各项专有权利的总称。著作权法所称作品，是指文学、艺术和科学领域内，具有独创性并能以某种有形形式复制的智力创作成果。受我国《著作权法》保护的作品包括：文字作品；口述作品；音乐、戏剧、曲艺、舞蹈、杂技艺术作品；美术、建筑作品；摄影作品；电影作品和以类似摄制电影的方法创作的作品；工程设计图、产品设计图、地图、示意图等图形作品和模型作品；计算机软件；法律、行政法规规定的其他作品。受版权保护的工程设计图、产品设计图、示意图、说明书、技术资料、计算机软件等都是国际技术贸易的标的。

计算机软件，是指计算机程序及其有关文档。计算机程序，是指为了得到某种结果而可以由计算机等具有信息处理能力的装置执行的代码化指令序列，或者可以被自动转换成代码化指令序列的符号化指令序列或者符号化语句序列。同一计算机程序的源程序和目标程序为同一作品。文档，是指用来描述程序的内容、组成、设计、功能规格、开发情况、测试结果及使用方法的文字资料和图表等，如程序设计说明书、流程图、用户手册等。我国主要是通过著作权的形式对计算机软件进行保护，但是著作权保护制度并不排斥其他法律保护，计算机软件在享有著作权保护的同时，还可以通过其他法律制度获得保护，包括专利保护、商业秘密集护、反不正当竞争保护，甚至商标保护等。

5. 集成电路布图设计

集成电路布图设计，也称拓扑图、掩模作品，是指集成电路中至少有一个是有源元件的两个以上元件和部分或者全部互连线路的三维配置，或者为制造集成电路而准备的上述三维配置。集成电路，是指半导体集成电路，即以半导体材料为基片，将至少有一个是有源元件的两个以上元件和部分或者全部互连线路集成在基片之中或者基片之上，以执行某种电子功能的中间产品或者最终产品。我国《集成电路布图设计保护条例》第12条规定："布图设计专有权的保护期为10年，自布图设计登记申请之日或者在世界任何地方首次投入商业利用之日起计算，以较前日期为准。但是，无论是否登记或者投入商业利用，布图设计自创作完成之日起15年后，不再受本条例保护。"集成电路布图设计被广泛应用于人们生产、生活的各个领域，如生产设备、实用工具、家用电器、娱乐消费等。集成电路布图设计具有无形性、可复制性、非任意性等特点。

6. 植物新品种

植物新品种，是指经过人工培育的或者对发现的野生植物加以开发，具备新颖性、特异性、一致性和稳定性并有适当命名的植物品种。新颖性，是指申请品种权的植物新品种在申请日前该品种繁殖材料未被销售，或者经育种者许可，在中国境内销售该品种繁殖材料未超过1年；在中国境外销售藤本植物、林木、果树和观赏树木品种繁殖材料未超过6年，销售其他植物品种繁殖材料未超过4年。特异性，是指申请品种权的植物新品种应当明显区别于在递交申请以前已知的植物品种。一致性，是指申请品种权的植物新品种经过繁殖，除可以预见的变异外，其相关的特征或者特性一致。稳定性，是指申请品种权的植物新品种经过反复繁殖后或者在特定繁殖周期结束时，其相关的特征或者特性保持不变。我国《植物新品种保护条例》第34条规定："品种权的保护期限，自授权之日起，藤本植物、林木、果树和观赏树木为20年，其他植物为15年。"

三、国际技术贸易法的概念及特征

（一）国际技术贸易法的概念

国际技术贸易法，是指调整国际技术贸易关系的法律规范的总称。所谓国际技术贸易关系，是指技术转让方将其所有的技术进行跨越国境、转移于技术受让方时所形成的法律关系，以及国家或国际组织对于该技术转让行为管制过程中所形成的法律关系。

(二)国际技术贸易法的特征

1. 国际技术贸易法调整对象的特殊性

国际技术贸易法调整国际技术贸易关系，其特殊性体现在交易标的的无形性和交易主体的跨国性。技术贸易既包括技术知识的买卖，也包括与技术转让密切相关的机器设备等货物的买卖。国际技术贸易可以分为三类，即单纯的技术转让、引进技术与引进设备相结合、引进技术与引进外资相结合。

2. 国际技术贸易法范围的广泛性

交易的无形性和跨国性决定了国际技术贸易法在表现形式上的多样性和法律调整的广泛性。国际技术贸易法规范可以表现为国内立法、国际公约和国际惯例等。国内立法包括知识产权法、技术贸易专门法、合同法、反不正当竞争法和反垄断法、进出口贸易管制法、税收法等广义上的国际技术贸易法规范。

3. 国际技术贸易法兼具公法与私法的性质

国际技术贸易的标的是以技术为主的各类知识产权，技术贸易的主体通常是属于私法主体的自然人、法人和其他组织。从技术转让上讲，对技术享有的权利或知识产权本是一种私权，当事人可以自由处分自己的技术或知识产权。但是由于知识产权的垄断性，国际技术贸易的当事人实际上处于不平等的交易地位，技术的转让方可能会滥用其技术优势地位。许多国家或国际组织往往基于国家安全、本国产品的竞争力等因素的考虑，对国际技术贸易进行干预和管制。因此，国际技术贸易的相关立法体现出了鲜明的公法色彩。

四、国际技术贸易法的渊源

国际技术贸易法的渊源，也称法源，是指国际技术贸易法规范的表现形式。国际技术贸易法规范具体表现为国内法、国际条约、国际惯例。

(一)国内法

各国国内立法是国际技术贸易法的主要表现形式，包括成文法和法院的判例。由于国际技术贸易标的的特殊性，各国都对技术的跨国转让进行管制。

发达国家大多没有专门的国际技术转让规则，而是通过反不正当竞争法、反垄断法等法规进行规范。发达国家在技术上具有较强的优势，它们一般对技术引进的管理较为宽松，而将管理的重点放在技术出口上。发达国家在国际技术贸易中严格限制，甚至禁止相关高科技产品的出口，通过出口贸易管理法或专门的技术出口管理法对技术出口予以管制。发达国家的立法目的在于确保适当输出技术，扩大其高技术产品的市场占有率，同时又要限制涉及国家安全的技术出口，严格控制其关键技术、核心技术以及具有竞争力的高技术流向其他国家特别是发展中国家。例如，1970 年法国《关于与外国人订立获得工业产权和技术知识合同的法令》、1973 年西班牙《关于调整技术转让的第 2343 号法令》、1977 年葡萄牙《关于调整技术转让规则的第 53/77 号命令》、1984 年美国《半导体芯片保护法》等。

美国是世界上技术最发达的国家，对技术贸易的管制也最为严厉、最具影响力。美国的技术贸易管理制度包括两个方面：一是对外国进口商品侵犯美国知识产权的不公平贸易做法的管制；二是对美国技术出口的保护和管制。前者依据的法律主要是 1930 年美国《关税法》，后者依据的法律主要是 1988 年《综合贸易与竞争法》第 301 条和 1979 年的《出口管制法》。1930 年《关税法》中最著名的当属"337 条款"，是对不公平竞争尤其是侵犯专利、商标等知识产权的进口产品发起的调查，如果美国国际贸易委员会判定企业违反了"337 条款"，将签发排除令，指示美国海关禁止该批产品的进口，甚至会导致整个行业的相关产品都无法进入美国市场。1988 年《综合贸易与竞争法》中的第 301 条针对贸易伙伴在知识产权领域的不公正贸易做法，授权美国的贸易代表办公室代表美国政府与有关国家政府进行谈判，在无法达成协议的情况下采取报复性措施。1979 年《出口管制法》既适用于商品出口也适用于技术数据的出口，该法授权美国总统以维护国家经济利益、安全利益等为由，对美国的出口进行管制，管制的手段主要包括出口许可证制度、出口管制商品清单等。

发展中国家国际技术贸易法的规定与发达国家相比侧重点有所不同，其有关国际技术贸易的法律法规主要从技术引进管理着手，对国际技术贸易进行相关的规定。作为主要的技术进口国，发展中国家更关注技术受让方与供方的权利义务，防止技术转让方滥用技术优势地位阻碍发展中国家的发展。发展中国家大多制定有专门的技术引进或技术进出口方面的法规，例如，1976 年哥伦比亚《关于技术转让合同批准和登记的第 444 号法令》；1978 年菲律宾《为建立工业部技术转让局以执行第 1520 号总统法令第 5 节有关规定的条例》；1978 年多米尼加《关于外国投资和技术转让的第 861 号法律》；2001 年中国《技术进出口管理条例》等。

(二)国际条约

国际条约，包括国家之间、国家与国际组织之间，以及国际组织之间所缔结的，以条约、公约、协定和协议等名称出现的，以调整国际技术贸易为内容的一切有法律拘束力的文件。国际条约是国际技术贸易法的重要渊源，主要包括知识产权保护的国际条约和国际技术转让的国际条约。

有关知识产权保护的国际条约数量众多，对条约的缔约国具有普遍的约束力。与专利、商标、版权有关的国际公约主要包括：1883 年《保护工业产权巴黎公约》（中国于 1985 年加入）、1886 年《保护文学艺术作品伯尔尼公约》（中国于 1992 年加入）、1891 年《商标国际注册马德里协定》（中国于 1995 年加入）、1952 年《世界版权公约》（中国于 1992 年加入）、1961 年《保护表演者、录音制品制作者和广播组织罗马公约》（2001 年中国加入 WTO 后需遵守）、1968 年《建立工业品外观设计国际分类洛迦诺协定》（中国于 1996 年加入）、1971 年《国际专利分类斯特拉斯堡协定》（中国于 1997 年加入）、1977 年《国际承认用于专利程序的微生物保存布达佩斯条约》（中国于 1995 年加入）、1989 年《商标国际注册马德里协定的有关议定书》（中国于 1995 年加入）、1994 年 WTO《与贸易有关的知识产权协议》（TRIPs 协议）、1996 年《世界知识产权组织版权公约》和《世界知识产权组织表演和录音制品公约》（中国于 2007 年加入两公约）、2000 年《专利法条约》（2005 年生效，中国为其成员国）。其他知识产权保护的国际条约包括：1961 年《植物新品种保护国际公约》（中国于 1999 年加入）、1989 年《关于集成电路的知识产权条约》（中国于 1990 年加入）、1992 年《生物多样性公约》（1993 年正式生效，中国为成员国）等。

单纯调整国际技术转让关系的国际条约并不多见，《联合国国际技术转让行动守则

（草案）》可以看做这方面的专门性条约。该草案从 1961 年开始起草，1978 年制定完成，1981 年公布，1985 年进行过修改，因各国存在重大分歧至今未能生效。它虽然仅仅是国际社会期望规范技术国际转让的一个草案，但其大部分条款已经达成一致协议，并为各国制定本国的技术转让法律以及开展该领域的双边或多边国际性合作提供了参考。① 还有一些国际条约涉及调整国际技术转让的规范，例如，联合国跨国公司委员会制定的《跨国公司行动守则（草案）》；经济合作与发展组织制定的《关于国际投资与跨国企业的宣言》；1980 年联合国通过的《关于控制限制性商业惯例的公平原则和规则的多边协议》等。

此外，两国间签订国际技术贸易的双边条约或与国际技术贸易有关的双边条约，以及一些区域性的有关国家技术贸易的公约或协定，也是调整国际技术贸易的重要法律形式。例如，《卡塔赫纳协定》、《欧洲经济共同体专利条约》、《欧洲专利条约》、《非洲专利组织公约》、《中美关于保护知识产权的谅解备忘录》等。发达国家除了依据自身的法律规定对技术出口进行管理外，还通过巴黎统筹委员会对技术出口实行多边协调控制。

（三）国际惯例

国际惯例，是指在长期的国际实践中，经常并反复使用的、通用的习惯做法或通例。国际惯例中的商业惯例为国际经济贸易界所熟悉，能在国际贸易实践中得到普遍认可，并在国际商业活动中得到长期、反复和经常的使用，当事人一旦同意引用该惯例，该惯例就对当事人具有法律约束力，这些国际商业惯例也成为国际技术贸易法的渊源。

有些国际组织制定的国际示范法、指南、示范合同等多数为没有法律约束力的文件，但其在所规范的领域却得到了从业者的普遍重视和遵守，因此在一定意义上已经具备了国际惯例的效力。比如，联合国大会 1974 年通过的《建立国际经济新秩序宣言》和《建立国际经济新秩序的行动纲领》；世界知识产权组织在 20 世纪 80 年代制定的《技术转让合同管理示范法》；世界知识产权组织于 1994 年发表的《特许经营 WIPO 指南》；国际商会 2000 年起草的、供当事人选用的《国际特许协议示范性合同》等。

五、我国国际技术贸易立法现状

在我国，《技术进出口管理条例》和《技术进出口合同登记管理办法》是调整国际技术贸易关系的专门法。此外，《合同法》、《中外合资经营企业法》、《中外合作经营企业法》、《外资企业法》、《对外贸易法》、《反垄断法》、《企业所得税法》、《个人所得税法》、《商标法》、《专利法》、《著作权法》、《反不正当竞争法》、《计算机软件保护条例》等，都从不同侧面对国际技术贸易关系进行规范。

（一）调整国际技术贸易关系的专门立法

《技术进出口管理条例》于 2001 年 10 月 31 日国务院第 46 次常务会议获得通过，《技术进出口合同登记管理办法》是由商务部于 2009 年 2 月出台的，上述行政法规和部门规章是调整国际技术贸易关系的专门性立法。

《技术进出口管理条例》针对技术进出口的审批程序以及技术进出口合同的设立、变更、终止等方面的管理进行规范。根据《技术进出口管理条例》的规定，技术进出口包括

---

① 参见王肃、李尊然：《国际知识产权法》，武汉大学出版社 2012 年版，第 233 页。

专利权转让、专利申请权转让、专利实施许可、技术秘密转让、技术服务和其他方式的技术转移行为。国家对技术进出口实行统一的管理制度，依法维护公平、自由的技术进出口秩序。国家准许技术的自由进出口；但是，法律、行政法规另有规定的除外。对属于自由进出口的技术，实行合同登记管理。进出口属于自由进出口的技术，合同自依法成立时生效，不以登记为合同生效的条件。属于禁止进出口的技术，不得进出口。属于限制进出口的技术，实行许可证管理；未经许可，不得进出口。进出口属于限制进出口的技术，应当向国务院外经贸主管部门提出技术进出口申请并附有关文件。技术进出口经许可的，由国务院外经贸主管部门颁发技术进口或出口许可证。技术进出口合同自技术进口或出口许可证颁发之日起生效。《技术进出口管理条例》第 22 条规定："设立外商投资企业，外方以技术作为投资的，该技术的进口，应当按照外商投资企业设立审批的程序进行审查或者办理登记。"《技术进出口管理条例》第 45 条规定："出口核技术、核两用品相关技术、监控化学品生产技术、军事技术等出口管制技术的，依照有关行政法规的规定办理。"而《技术进出口合同登记管理办法》则专门针对技术进出口合同的管理作出规定。

(二)调整国际技术贸易关系的相关立法

1.《中外合资经营企业法》、《中外合作经营企业法》和《外资企业法》

我国对技术进出口的审批采取"双轨制"，通过技术贸易或经济技术合作途径输入或输出技术，要依中国技术进出口专门立法进行审批，而以技术作为投资的技术进出口，则要依有关的外资立法进行审批。①《中外合资经营企业法》第 5 条规定："合营企业各方可以现金、实物、工业产权等进行投资。外国合营者作为投资的技术和设备，必须确实是适合我国需要的先进技术和设备。如果有意以落后的技术和设备进行欺骗，造成损失的，应赔偿损失。"《中外合作经营企业法》第 4 条规定："国家鼓励举办产品出口的或者技术先进的生产型合作企业。"《外资企业法》第 3 条规定："设立外资企业，必须有利于中国国民经济的发展。国家鼓励举办产品出口或者技术先进的外资企业。国家禁止或者限制设立外资企业的行业由国务院规定。"

2.《专利法》、《商标法》、《著作权法》等知识产权法律法规

国际技术贸易的标的是以技术为主的各类知识产权，我国对不同类型的知识产权采取分别立法保护的模式，包括《专利法》、《商标法》、《著作权法》等在内的知识产权法律对国际技术贸易的标的进行保护与规范。《专利法》第 10 条规定："专利申请权和专利权可以转让。中国单位或者个人向外国人、外国企业或者外国其他组织转让专利申请权或者专利权的，应当依照有关法律、行政法规的规定办理手续。转让专利申请权或者专利权的，当事人应当订立书面合同，并向国务院专利行政部门登记，由国务院专利行政部门予以公告。专利申请权或者专利权的转让自登记之日起生效。"

3.《对外贸易法》和《反垄断法》

《对外贸易法》是中国调整对外贸易关系的基本法，货物、技术、服务的对外贸易都需要遵守该法规定。2004 年修改后的《对外贸易法》第 2 条规定："本法适用于对外贸易以及与对外贸易有关的知识产权保护。本法所称对外贸易，是指货物进出口、技术进出口和

---

① 参见杨树明、曾文革主编：《国际经济法》，中国政法大学出版社 2010 年版，第 197 页。

国际服务贸易。"进出口属于自由进出口的技术实行合同备案登记制度；对限制进口或者出口的技术，实行许可证管理。该法第 16 条详细列举了国家可以限制或者禁止有关货物、技术的进口或者出口的 11 种情况。《反垄断法》第 55 条规定："经营者依照有关知识产权的法律、行政法规规定行使知识产权的行为，不适用本法；但是，经营者滥用知识产权，排除、限制竞争的行为，适用本法。"

4.《合同法》

《合同法》分则中有关技术合同的规定对国际技术贸易合同具有约束力。《合同法》第 342 条规定，技术转让合同包括专利权转让、专利申请权转让、技术秘密转让、专利实施许可合同。技术转让合同应当采用书面形式。第 355 条规定："法律、行政法规对技术进出口合同或者专利、专利申请合同另有规定的，依照其规定。"

5. 税收和金融法律法规

《企业所得税法》和《个人所得税法》对于在国际技术贸易中所获收益的税收问题进行了专门规范，《外汇管理条例》、《支付结算办法》等金融法律法规规范国际贸易中的支付问题，由于技术进出口本身涉及外汇管理和税收管理，与国际技术贸易管制有关。

《企业所得税法》第 3 条第 3 款规定："非居民企业在中国境内未设立机构、场所的，或者虽设立机构、场所但取得的所得与其所设机构、场所没有实际联系的，应当就其来源于中国境内的所得缴纳企业所得税。"税法将转让财产收入、特许权使用费收入等纳入应纳税所得额，需要按照法律规定缴纳企业所得税或个人所得税。《外汇管理条例》第 9 条规定："境内机构、境内个人的外汇收入可以调回境内或者存放境外；调回境内或者存放境外的条件、期限等，由国务院外汇管理部门根据国际收支状况和外汇管理的需要作出规定。"

【案例 6-2】

近年来，我国技术贸易规模迅速扩大。2006—2011 年，我国技术进出口总额从 226.1 亿美元上升到 535.6 亿美元。2002—2011 年，我国共引进先进技术 95609 项，合同金额达 2201.93 亿美元，分别是前 20 年总和的 2 倍和 1.5 倍。

与此同时，技术贸易结构也不断优化。2006—2011 年，技术出口合同数从 281 项增长到 47221 项，合同金额从 5.8 亿美元增长到 213.99 亿美元；我国的技术引进已从最初以成套设备、关键设备、生产线为主逐渐转变成以专有技术许可、技术咨询与技术服务等方式为主。①

请结合实际，谈谈我国国际技术贸易中存在的问题。

解析： 目前我国国际技术贸易存在两个突出问题：第一，与发达国家相比，技术进出口额仍偏小，特别是技术出口数量不多，金额不大，技术贸易收入不足。这与经济发展阶段有关，也与技术创新能力有关。我国在技术引进中，技术费占比已经逐步接近发达国家，但在技术出口中，对外投资比例严重不足。相对于美国等技术贸易规模和质量长期领

---

① 参见余如鹤：《我国技术进出口的现状和中国（上海）国际技术进出口交易会》，载《国际市场》2013 年第 1 期。

先的国家，我国在鼓励创新、促进技术发展的政策体系方面存在差距，新技术研发、标准化、产业化和对外转移均存在差距；相对于日本等历史上曾经是后发国家而成功实现了技术追赶的国家，我国在技术情报收集、差异化技术引进和发展体系、消化吸收和二次创新、技术进出口联动等方面的力度明显不足。第二，技术贸易仍呈逆差状态。据统计，2012 年，我国进出口贸易总额达 3.8667 万亿美元，其中出口总额为 2.0498 万亿美元、进口总额为 1.8178 万亿美元。但与之形成鲜明对比的是，我国的技术贸易活动无论从贸易总额方面考量还是从进出口对比上看，成绩都不尽如人意。2011 年，我国技术贸易总额仅为 535.6 亿美元，且每年的贸易逆差达 100 亿美元以上，技术贸易对我国贸易的总体贡献度依然不高。[1] 预计今后的 5 年，我国技术市场需求量将达到 1.24 万亿美元，技术贸易逆差态势仍将继续。[2]

第二节　国际技术贸易的方式

国际技术贸易是技术的跨国转移，其实现的方式包括直接的国际技术贸易和间接的国际技术贸易两种。直接的国际技术贸易是跨越国界转移技术本身，包括技术买卖和技术许可两种具体的形式。间接的国际技术贸易是指在国际货物贸易、国际服务贸易、其他知识产权国际贸易、国际投资等行为过程中，伴随着技术的跨国转移。间接的国际技术贸易方式主要表现为含有技术转让内容的设备买卖、技术咨询与技术服务、国际直接投资经营、国际工程承包、原厂委托制造、特许经营等。

一、技术买卖

技术买卖是技术所有权的转让，是指权利人将其技术的占有、使用、收益和处分的权利全部转移给他人。技术买卖需要签订专门的技术转让合同，很多国家对该类合同都有严格的限制，因此属于要式合同。技术转让合同的标的既可以是专利技术，也可以是专有技术，还可以是包含着专利技术和专有技术的混合技术。在国际贸易实践中，单纯的技术买卖形式比较少见。

二、技术许可

技术许可，也称为许可贸易、许可证贸易，是指技术所有人作为许可方与被许可方签订技术许可使用合同或协议，授权被许可方按照合同或协议的约定条件使用该项技术，生产或者销售该技术项下的产品，并由被许可方支付一定数额的技术使用费的技术交易行为。技术许可是一种使用权的许可，技术的所有权并不发生转移，在一定条件下，许可方

---

① 参见崔静思：《扭转技术贸易逆差靠什么?》，载中华人民共和国国家知识产权局网站：http：//www.sipo.gov.cn/mtjj/2013/201301/t20130121_783601.html.
② 参见余如鹤：《我国技术进出口的现状和中国(上海)国际技术进出口交易会》，载《国际市场》2013 年第 1 期。

仍有使用权，并且可以向被许可方之外的第三人转让使用权。技术许可是国际上最普遍、最直接的技术贸易方式。

三、含有技术转让内容的设备买卖

设备买卖包括成套设备的买卖、生产线的买卖和关键设备的买卖，其实质是一种货物贸易。在含有技术转让内容的设备买卖中，交易的标的有两部分：①设备本身，通常称为硬件；②技术，即与设备中所含的或与设备有关的技术知识——专利技术或专有技术，通常称为软件。购买设备的目的在于取得设备本身的同时取得设备所含的或与设备有关的技术知识，以便掌握设备的技术，高效率地生产出合格产品，并进行技术的革新，因此在设备买卖合同中往往会有技术部分的条款，涉及的内容包括技术许可、技术资料的交付、技术培训、技术服务等。

四、技术咨询与技术服务

技术咨询，是指技术咨询方受委托方的委托，以自己的技术知识和劳务为委托方就特定事项提供建议或完成特定工作，并获得一定报酬的活动。技术咨询包括就特定技术项目提供可行性论证、技术预测、专题技术调查、分析评价报告等。

技术服务是指一方当事人按照合同规定的条件向另一方当事人或其人员传授或指导使用某项技术。进行技术传授或指导的一方是转让方，接受技术传授或指导的一方为受让方。在国际技术贸易中，由于所转让的技术通常是先进技术，受让方的技术消化能力有限，如果转让方只是交付技术资料，可能达不到受让方引进技术的预期目的，因此需要转让方亲自对受让方传授技术或指导运用技术，以便受让方能够掌握并运用被转让的技术。技术服务包括转让方派人到受让方处进行服务和受让方派出人员到转让方处接受技术培训。

在技术咨询、技术服务过程中，受托人利用委托人提供的技术资料和工作条件完成的新的技术成果，属于受托人。委托人利用受托人的工作成果完成的新的技术成果，属于委托人。当事人另有约定的，按照其约定。

五、国际直接投资经营

所谓直接投资，是指投资者通过输出生产资本直接在国外设立企业或参与国外企业的经营管理，以获取利润为目的的投资方式。国际直接投资是国际技术贸易的重要途径，外国投资者可以采取多种方式在东道国投资经营，常见的有合资、合作、独资经营等方式。外国投资者作为投资的形式既可以是现金、实物，也可以是专利、商标、专有技术等无形财产权。例如我国《中外合资经营企业法》第 5 条规定："合营企业各方可以现金、实物、工业产权等进行投资。外国合营者作为投资的技术和设备，必须确实是适合我国需要的先进技术和设备。如果有意以落后的技术和设备进行欺骗，造成损失的，应赔偿损失。"在国际直接投资的实践中，外国投资者基于其拥有领先技术和跨国经营战略的考虑，通常愿意将其所有的先进技术作价投资或作为合作条件，这必然导致技术的跨国流动。

当前企业间的跨国并购成为国际投资的一种新形式，也是国际技术贸易的一种新方式。随着以知识为基础的国际竞争的加强，国际上一些技术先进的企业实行"强强联合"，使自己的资金、技术和产品流通能在较短时间内跃上一个新台阶。伴随着跨国并购，必然有着较多的国际技术转让或贸易存在。例如，2005 年 5 月联想公司完成对美国国际商用机器公司（IBM 公司）全球的个人电脑和笔记本电脑业务的收购，联想集团不仅拥有了 IBM 公司先进的笔记本电脑研发技术，同时还可以使用 IBM 公司著名的"Think"商标，获得了 IBM 品牌 5 年的使用权以及 IBM 公司遍布全球 160 个国家的庞大的营销网络。2013 年 2 月浙江吉利控股集团有限公司以 1104 万英镑收购了英国锰铜控股有限公司 100% 的股权，获得了包括其知识产权在内的全部核心资产。

六、国际工程承包

国际工程承包（International Contracting for Construction），是指一个国家的政府部门、公司、企业或项目所有人（一般称工程业主或发包人）通过国际间的招标、投标、议标或其他协商途径，委托国外的工程承包人负责按规定的条件承担完成某项工程任务，国际承包商（公司）以提供自己技术、资本、劳务、管理、设备材料、许可权等方式，按国外工程业主（发包人）的要求，为其营造工程项目或从事其他有关经济活动，并按事先商定的合同条件收取费用的国际经济技术合作方式。

国际工程承包是一种综合性的商务活动和国际经济合作方式，是国际技术贸易的一种方式，也是国际劳务合作的一种方式。之所以将这种方式作为国际技术贸易的一种方式，是因为在国际承包工程项目建设过程中，包含有大量的技术转让内容，特别是项目建设的后期，承包人要培训业主的技术人员，提供所需的技术知识（专利技术、专有技术），以保证项目的正常运行。[①]

BOT（Build-Operate-Transfer）是国际工程承包的一种重要方式。BOT，即建设—经营—转让，是指政府通过契约授予私营企业（包括外国企业）以一定期限的特许专营权，许可其融资建设和经营特定的公用基础设施，并准许其通过向用户收取费用或出售产品以清偿贷款，回收投资并赚取利润；特许权期限届满时，该基础设施无偿移交给政府。BOT 经历了数百年的发展，为了适应不同的条件，衍生出许多变种，例如 BOOT（Build-Own-Operate-Transfer）、BOO（Build-Own-Operate）、BLT（Build-Lease-Transfer）和 TOT（Transfer-Operate-Transfer）等。广义的 BOT 概念包括这些衍生品种在内。

七、原厂委托制造（OEM）

原厂委托制造（Original Equipment Manufactures），又叫定牌生产和贴牌生产，是指受托厂商按原厂之需求与授权，依特定的条件而生产，所有的设计图等都完全依照上游厂商的设计来进行制造加工，原厂生产的特定产品贴上受托厂商的商标，并由受托厂商收购。

"三来一补"是我国 OEM 方式的主要表现形式。"三来一补"是指来料加工、来样加

[①] 参见许焕兴、赵莹华主编：《国际工程承包》（第二版），东北财经大学出版社 2009 年版，第 88 页。

工、来件装配和补偿贸易。所谓来料加工、来样加工、来件装配是指由外商提供原料、技术、设备，由中国大陆企业按照外商要求的规格、质量和款式，进行加工、装配成产品交给外商，并收取加工劳务费的合作方式。补偿贸易又称产品返销，是指交易的一方在对方提供信用的基础上，进口设备技术，然后以该设备技术所生产的产品，分期抵付进口设备技术的价款及利息。补偿贸易是国际贸易中以产品偿付进口设备、技术等费用的贸易方式，它既是一种贸易方式，也是一种利用外资的形式。

八、特许经营

特许经营是当前国际社会比较盛行的一种商业性技术转让方式，也是营销商品或服务的方式之一。按照世界知识产权组织在 1994 年发布的《特许经营指南》中的定义，"特许经营是这样一种安排：开发出经营某种商业体系的一方（特许人）允许另一方（受许人）按照特许人规定的条件使用其体系，同时取得一定的对价。这种关系是一种持续性的关系，受让人按照特许人确立的标准和国际实践开展经营，并接受特许人的监督和持续的援助和支持"。于 2007 年 1 月通过的《商业特许经营管理条例》第 3 条规定：本条例所称商业特许经营（以下简称特许经营），是指拥有注册商标、企业标志、专利、专有技术等经营资源的企业（以下称特许人），以合同形式将其拥有的经营资源许可其他经营者（以下称被特许人）使用，被特许人按照合同约定在统一的经营模式下开展经营，并向特许人支付特许经营费用的经营活动。

特许经营是国际贸易中包含知识产权种类最多的一种贸易方式，其实质是一揽子的知识产权转让。特许人转让的一揽子知识产权一般包括商标、服务标志、专利、专有技术、商业经营模式等的使用权，特许经营的主要形式有商标特许经营和经营模式特许经营。在特许协议存续期间，被特许人必须随时接受特许人的监督和指导，特许人为被特许人提供技术支持、物流供应、人员培训和资讯服务等。

第三节 国际技术许可合同

技术许可是国际技术贸易的主要方式，国际技术许可通常是通过签订跨国的技术许可合同实现技术的国际转让。

一、国际技术许可合同的概念及特征

国际技术许可合同，也称国际技术许可协议，是指一国的出让方将其技术的使用权在一定条件下让渡给另一国的受让方，而由受让方支付许可使用费的合同。合同中提供技术的一方通常称为转让方、出让方、许可方或者供方，接受技术的一方被称为受让方、被许可方或者需方。国际技术许可合同具有以下特点：

1. 标的的特殊性

国际技术许可合同的标的是无形的技术知识，包括专利技术和专有技术。技术许可只是技术使用权的许可，技术的所有权依然为供方掌握，因此国际技术许可合同实质是一种"授权"协议，即技术权利人授予受让方在特定的范围内使用其技术。

通用型系列法学教材

2. 合同的跨国性

国际技术许可是国际技术贸易的方式之一，国际技术贸易具有跨国性的特点，国际技术许可也应具备跨国要素。国际技术许可合同的跨国性体现为：合同当事人的营业地位于不同国家或地区，或者作为合同标的的技术使用权发生了跨越国界的移动。国际技术许可合同的跨国性决定了此种合同在法律适用、合同审批、支付方式、计价方式、争端解决途径等方面比国内技术许可合同要复杂得多。

3. 严格的法律性

国际技术许可合同涉及的法律内容非常广泛，如国际货物买卖、国际服务、国际投资、国际税收等法律关系，国际技术许可合同在内容上要符合调整上述法律关系的国内立法、国际条约和国际惯例的相关规定，在任何一个环节上出现问题都可能导致合同无效。世界上大多数国家对国际技术许可合同有程序上的限制，合同的有效成立必须经过国家有关主管部门的批准或备案等，国际技术许可合同应当严格依照法律程序设立、变更和终止。

4. 确切的时间性

技术贸易的标的为知识产权，知识产权一般都有保护期限，一旦超过保护期限，知识产权就从私有领域进入公有领域，从而丧失作为许可合同标的的合法资格，因此国际技术许可合同应在技术的有效保护期内成立。通常情况下，技术许可合同的期限与技术许可合同的价格成正比，合同期限越长，许可方获得的报酬和被许可方支付的使用费就越高，合同的总价也越高。

5. 特定的地域性

由于知识产权具有地域性，国际技术许可合同的许可方通常只能在法律给予保护的地域内与被许可方签订相关的许可合同，被许可方也只能在合同约定的国家或地区内使用技术。一般而言，技术许可合同的许可范围与合同价格成正比，被许可使用的地域范围越大，被许可方可能获得的收益就越大，但相应的合同价格也就越高。

二、国际技术许可合同的种类

(一)根据合同标的的不同的分类

1. 专利许可合同

专利许可合同是以专利技术作为合同标的的国际技术许可合同。双方约定许可方将其某项专利技术的使用权转让给被许可方，授权被许可方在约定的时间和地域范围内使用该项专利技术，被许可方支付专利使用费的合同。

2. 专有技术许可使用合同

专有技术许可使用合同是以专有技术作为合同标的的国际技术许可合同。由于专有技术是一种保密技术，合同中通常含有保密条款、技术保证条款、有关技术传授和考核验收的条款等特殊条款。

3. 混合许可使用合同

混合许可使用合同是指同时转让专利、专有技术、商标、版权等知识产权中的任何两种或者两种以上的国际技术许可合同。实践中单纯的专利许可使用合同和专有技术许可使用合同并不多见，国际技术的许可方和被许可方往往签订包含专利、专有技术、商标、版权等在内的混合许可使用合同。

（二）根据许可使用的地域范围以及使用权范围大小的不同的分类

1. 独占许可合同

独占许可合同是指在合同规定的时间和地域范围内，许可方授予被许可方享有技术的独占使用权，许可方不仅不能将该技术的使用权另行转让给第三方，而且许可方自己也不能在该时间和地域范围内使用该项出让的技术。

2. 排他许可合同

排他许可合同又称独家许可，是指在合同规定的时间和地域范围内，许可方授予被许可方享有技术的排他使用权，任何第三方都不得在该时间和地域范围内使用该项技术，但是许可方在该区域内仍保留使用权。

3. 普通许可合同

普通许可合同又称非独占许可合同，是指在合同规定的时间和地域范围内，不仅许可方和被许可方可以使用该项技术，而且许可方还可以任意许可第三人在该时间和地域范围内使用该项技术。

4. 交叉许可合同

交叉许可合同又称互换许可合同，是指双方将各自拥有的技术使用权相互交换，供对方使用。这种许可可以独占，也可以排他；可以有偿，也可以无偿。交叉许可合同通常发生于原发明人与改进发明人之间、基本发明人与外围发明人之间。

5. 分许可合同

分许可合同又称从属许可合同，是指被许可方将其从许可方处获得的技术使用权再转让给第三方的合同。订立分许可合同必须经原许可方同意或者在原许可合同中有明确的规定。

在上述许可合同形式中，独占许可合同的被许可方获得的权利最大，相应地其支付的使用费也就最高；普通许可合同的被许可方获得的权利最小，相应地其支付的使用费也就最低。

三、国际技术许可合同的基本条款

国际技术许可合同在合同标的、合同种类等方面的差异，决定了国际技术许可合同的内容不尽相同，但不同的国际技术许可合同也有一些共有的基本条款，这些基本条款主要有以下三类。

（一）商务性条款

商务性条款主要包括合同的前言、定义条款、价格条款与支付条款。

1. 合同的前言

前言是国际技术许可合同必不可少的开头语，是合同的首部条款，该部分主要包括合同名称、双方当事人、签约时间、签约地点以及鉴于条款。

（1）合同名称和当事人条款

合同名称要确切表明该合同的名称、类型和特征。当事人条款须写明双方当事人的全称、法定代表人、法定地址、法律地位及经营业务范围。

（2）签约时间和地点

签约时间和地点涉及合同的生效、法律适用及纳税等问题，因此必须明确真实地写明签订合同的时间和地点。

（3）鉴于条款

鉴于条款是指合同正文开始处用以说明双方交易意图和转让技术合法性的条款。常用以"鉴于……"开始，故称"鉴于条款"。鉴于条款不是可有可无的，这一条款不仅能说明双方的交易意图，其更主要的作用是要当事人双方（主要是许可方）在合同一开始就明确地作出某些法律上的保证，一旦发生纠纷，仲裁机构或者法院可以根据这一条款判断谁是谁非以及责任归属。①

2. 定义条款

定义条款是指对合同中反复使用、容易混淆或关键性的名称、术语的含义作出明确、具体的规定的条款。② 在国际许可证贸易中，由于当事人双方所在的国家、使用的语言和使用的法律不同，各方对同一词的解释和使用可能完全不一样，为了避免在执行合同的过程中发生分歧，对一些关键性的重要词汇、各国法律以及习惯有不同理解的词汇需要在定义条款中加以明确。一般在定义条款中需要定义的词语有：①与合同标的有关的重要名词和术语，如专利、专有技术、商标等；②各国法律或惯例有不同理解或容易产生歧义的重要名词和术语，如净销售价、滑动公式、提成率等；③重要的专业性技术术语；④合同中多次出现、需要加以简化的名词和术语。

【案例 6-3】

2013 年 2 月，我国湖北省某制药厂（以下简称受让方）与德国某制药有限公司（以下简称转让方）签订了一份技术许可合同。合同中规定，转让方向受让方提供生产某一系列品种西药的配套技术，受让方从生产这一系列药品的净销售额中提取 10% 作为向转让方支付的技术使用费。合同生效之后，双方履行合约顺利，产品在国内国际市场均打开了销路，但是在受让方向转让方支付技术使用费上出现了争议。按受让方对合同的理解，合同中所说的"产品净销售额"是指产品销售总额扣除掉销售退回、销售折让、包装费、运输费、保险费、销售费用以及税金后的余额；而转让方则称，合同认定的"产品净销售额"是指产品销售总额扣减掉销售退回和销售折让后的余额。双方对"产品净销售额"这一关键概念理解的争议导致双方对技术使用费的计算结果相去甚远。按受让方所理解的含义，其产品净销售额为 800 万美元，应支付转让方 80 万美元的使用费；而按转让方所认为的定义，受让方的产品净销售额应为 1000 万美元，受让方应支付的技术使用费应为 100 万美元。双方各持己见，为争议的 20 万美元进行了多次谈判交涉后，最终采用折中的办法，签订了和解协议。受让方向转让方支付 90 万美元，并在提成期限的余下年度中也按此方法支付技术使用费，即采用双方因对"产品净销售额"不同理解而算出的不同数额的技术

---

① 参见王肃、李尊然：《国际知识产权法》，武汉大学出版社 2012 年版，第 245 页。

② 参见李嘉：《国际经济法学》，厦门大学出版社 2010 年版，第 205 页。

使用费的中间数。①

解析： 本案中的争议问题十分明确，即作为该技术许可合同计价基础的"产品净销售额"这一概念的具体含义不确定，这涉及技术许可合同的价格确定方式及相关概念的明确性问题。在涉外技术许可合同中，除了一些重要条款外，关键词汇的定义往往也作为独立的一个部分列出，这是涉外技术许可合同条款要求高度明确性的表现。由于当事人双方语言、文化背景以及所在国法律各不相同，对同一个词的解释和使用存在差异是很常见的。因此，把合同中使用的一些关键词汇如"合同产品"、"技术资料"、"产品净销售额"、"提成率"、"滑动公式"等作出明确的规定，可以避免在合同履行过程中为此而发生分歧，防止对方钻定义不明的空子，推卸责任。总之，合同双方应尽可能清楚地界定有可能发生歧义和争议的概念，就此达成共识，以免日后陷入不必要的纠纷。

3. 价格条款

价格条款也称使用费条款，它是整个许可合同的核心，也是许可合同双方谈判争论的焦点之一。在国际许可证贸易的实践中，合同使用费的计算方式主要有统包价格、提成价格、入门费加提成价格三种。

（1）统包价格

统包价格（lump-sum price），也称固定价格或一次总算价格，是指在合同中一次算清一个明确的使用费数额，并在合同中规定下来，由被许可方一次付清或分若干期付清。在采用统包价格方式时，除了要在合同中规定总价外，通常还要具体订明各个分项价格，如专利使用费、技术资料费、技术服务费、商标使用费等。统包价格方式主要适用于质量确有保证的国际技术许可合同，对被许可方来说风险最大，在实践中使用较少。

（2）提成价格

提成价格（royalty price），也称滑动价格，是指当事人在合同中规定，在项目建成投产后，按合同产品的产量、净销售额或利润提取一定百分比的费用作为技术的使用费。这是一种滑动的计价方式，是国际技术贸易中使用较多的一种方式。提成支付的比例可以采取固定比例、逐年递增比例或者逐年递减比例。提成价格分为固定提成和滑动提成两种。固定提成是指将合同产品的生产量或净销售额人为地固定在某一数字上，在提成期限内每年按照该数字提成。滑动提成是指按每年实际生产出来的产品数量或实际净销售额提成。在采用提成价格时，提成基础、提成率、提成年限和提成方式是必不可少的内容，采用滑动提成时还要明确许可方有核查被许可方有关账目的权利。

（3）入门费加提成价格

入门费加提成价格（initial payment and royalty price），又称固定和提成相结合的价格，是指当事人在合同中规定，在合同生效后被许可方立即支付入门费，在项目投产后一定期限内再支付提成费。入门费通常只占技术使用费的很小一部分（一般为合同总价的 10% ~ 20%），主要用来补偿许可方为技术转让支出的直接费用。这种计价方式综合了统包价格

---

① 案例引自安阳师范学院网络教学资源：http://wlzy.aynu.edu.cn/jj/wlkc/gjjsmy/page/aljx/aljx12.html。

和提成价格的优势，风险由双方分担，因此成为国际许可证贸易的最常用的计价方式。

4. 支付条款

该条款包括支付货币、汇款方式、付款单据、结算银行、支付的时间和地点等内容。通常情况下，计价货币和支付货币相同，如果不同则应规定兑换率。汇款方式有电汇和信汇。付款单据通常包括商业发票、即期汇票、提单、银行保函和出口许可证复印件等。支付时间可以规定为按分期付款、按项目进度付款和按技术资料交付时间付款。

（二）技术性条款

技术性条款与许可的技术紧密相连，不同标的的技术性条款其侧重点会有所不同。国际技术许可合同中的技术性条款主要包括以下条款：

1. 合同的范围条款

合同的范围条款，又称合同的标的或授权条款，是用以规定所转让的技术名称、权利范围、技术性能指标等内容的条款。该条款是技术许可合同的中心条款，是当事人双方权利和义务的主要依据。在合同中需明确许可合同中许可方向被许可方转让的是专利技术、专有技术、商标还是计算机软件等，必须明确规定许可方对其提供的技术、商标、软件所承担的责任与义务，也必须明确被许可方行使使用权、制造权和销售权的时间和地域范围。技术合同涉及专利的，应当注明发明创造的名称、专利申请人和专利权人、申请日期、申请号、专利号以及专利权的有效期限。

2. 技术资料交付条款

在国际技术贸易中，技术资料的交付是非常重要的一个环节，许可方出让技术要靠技术资料来表达、说明和体现，被许可方获得技术要靠消化、理解和实践这些技术资料来实现，因此技术资料是顺利完成国际技术许可的媒介和桥梁。技术资料交付条款通常包括以下内容：交付的时间、技术资料的语言文字、技术资料的包装、技术资料交付的运输与保险责任、技术资料的验收等。

3. 技术改进条款

在技术许可合同的有效期内，许可方和被许可方都有可能对转让技术进行改进或发展，因此在合同中应当约定改进或发展技术的归属，以及双方在何种条件下可以向对方提供改进技术或发展技术。根据国际惯例，对于改进或发展技术所有权归属的问题，一般按照"谁改进，归属谁"原则，即改进或发展技术归属于改进或发展技术的一方。在交流和使用改进或发展技术的条件上，一般应遵循"对等互惠"原则，相互交换或有偿交付使用。我国《技术进出口管理条例》第27条规定："在技术进口合同有效期内，改进技术的成果属于改进方。"《合同法》第354条规定："当事人可以按照互利的原则，在技术转让合同中约定实施专利、使用技术秘密后续改进的技术成果的分享办法。没有约定或者约定不明确，依照本法第61条的规定仍不能确定的，一方后续改进的技术成果，其他各方无权分享。"

4. 技术服务与人员培训条款

技术服务是实现技术真正转让的重要程序，特别是技术人员的培训是使技术资料运用于实际操作的不可缺少的步骤。技术服务通常包括技术培训、设计和工程服务、销售和商业服务、管理服务、研究与发展服务等。这些服务可以是有偿的，也可以是无偿的，应视需要在合同中作出明确、详细的规定。

5. 技术验收条款

技术验收是指被许可人依据许可合同规定的技术性能指标，对按照许可方提供的技术资料制造的产品进行考核和验收。验收的目的是保证被许可方能够掌握转让技术，实现预期的目标。该条款内容包括：验收产品的型号、规格、数量；验收的内容、标准、方法和次数；验收的时间、地点、人员、仪器设备；验收结果的评定与处理；验收费用的分担等。

6. 保证与担保条款

为了维护被许可方的合法权益，被许可方往往要求在合同中写入保证条款，要求许可方对其转让技术的合法性、可靠性和有效性提供保证。为了保障合同的顺利履行，避免可能发生的风险，合同当事人往往要求对方为合同的履行提供担保措施，而银行保函便是经常采用的一种担保方式。一般情况下许可方应保证或担保：①其是转让的技术的合法所有人或持有者，并确保有权向被许可方转让；②其所提供的技术在合同有效期内是有效和合法的；③按规定交付技术资料，并保证技术资料的可靠性和可用性；④提供良好的技术服务。

（三）法律性条款

法律性条款主要包括以下条款：

1. 合同文本条款

合同文本有合同正本和合同副本、本国文字文本和外文文本、合同正文和合同附件等之分，因此双方当事人有必要在合同中对各文本的效力及关系进行事先约定。合同文本条款就在于明确合同文本及合同附件的法律效力，规定不同语言合同文本的优先效力，约定变更、补充的合同条款效力等。

2. 侵权与保密条款

技术合同的许可方一般应当承担权利保证的义务，所以合同要相应地规定：如果发生任何第三方指控被许可方使用其依许可合同所受让的技术是侵权行为时，一概由许可方负责与第三方交涉，并承担因此而产生的一切法律上及经济上的责任。在保密条款中明确被许可方对于其依合同所取得的专有技术和有关技术资料负有保密义务，而许可方对于其所了解到的被许可方的生产能力、产品种类等负有保密义务，一方应对其违反保密义务而造成对方损失承担责任。

3. 违约救济条款

在合同履行中，常常会有违约行为的发生，这就需要制定救济条款来保护守约方的利益。违约救济条款主要规定违约行为的构成以及违约救济方法。违约行为的种类有很多，主要包括不履行、迟延履行、瑕疵履行、先期违约等。常用的违约救济方法包括继续履行、解除合同、赔偿损失、采取其他补救措施、支付违约金、定金罚则等。

4. 不可抗力条款

不可抗力，有时也称情势变更，是指不能预见、不能避免和不能克服的客观情况。不可抗力是一项免责条款，买卖合同签订后，不是由于合同当事人的过失或疏忽，而是由于发生了合同当事人无法预见、无法预防、无法避免和无法控制的事件，以致不能履行或不能如期履行合同，发生意外事件的一方可以免除履行合同的责任或者推迟履行合同。该条款应就不可抗力事件的范围、当事人应采取的措施、对合同履行的影响等作出具体规定。

5. 争议解决与法律适用条款

该条款主要规定双方当事人在发生合同纠纷后的处理办法与适用的实体法律。在国际技术贸易的实践中，争议解决的方式主要有协商、调解、仲裁和司法诉讼四种。仲裁是解决国际贸易争端最为常见的一种形式，在选择仲裁方式解决时，应明确规定仲裁机构、仲裁程序、仲裁效力、仲裁费用的承担等。各国一般也允许当事人通过意思自治原则选择国际技术许可合同争议所适用的法律，在没有约定的情况下，通常由法院或仲裁机构适用最密切联系原则判断应当适用的准据法。

6. 合同有效期和生效时间条款

合同中应当对合同的生效时间和有效期限作出具体规定，在技术许可合同中，合同的有效期不应超过被许可知识产权本身的有效期。目前，多数国家都规定国际技术许可合同签订后需要经过政府有关当局批准或备案后生效。我国《技术进出口管理条例》就规定，技术进出口合同自技术进口或出口许可证颁发之日起生效。

除了上述基本条款外，国际技术许可合同还会涉及合同变更与终止条款、限制性条款、税费条款、不弃权条款等。

【案例6-4】

1985年4月1日，北京市王码电脑总公司(以下简称王码公司)总裁王某某以发明人和申请人身份，向中国专利局申请"优化汉字五笔字型编码法及其键盘"发明专利。1992年2月26日，中国专利局授予发明专利权。王码公司经与其他专利权人协议，由其作为唯一代表，独家对外全权实施该专利并处理有关事务。

该发明专利是王码公司的五笔字型汉字输入技术的第三版技术(220个字根)；其第二版技术(235个字根)，于我国《专利法》施行前申请并获得美国、英国专利权；其第四版技术(199个字根)未申请专利，于1986年向社会公开并推广使用。虽然五笔字型第二、三版获得了专利权，但王码公司向其国内外用户提供的均是第四版技术。该第四版技术与其专利技术相比较，主要有三个不同点：一是专利技术选用220个字根，而第四版技术选用199个字根，减少了21个字根；二是3区、4区的字根代码在键盘上的位置作了互换调整；三是末笔笔画和字型交叉识别码，专利技术归纳为四种类型，即左右型、上下型、外内型和单体型，而第四版技术则简化为左右型、上下型、杂合型三种。

1992年，中国东南技术贸易总公司(以下简称东南公司)在其制造、销售的"东南汉卡"中，利用了王码公司向社会公开的五笔字型第四版技术。王码公司遂向北京市中级人民法院提起专利侵权诉讼，请求判令东南公司停止侵权，并支付专利使用费40万元。①

请问：东南公司是否侵犯了王码公司的专利权？

解析：本案是我国《专利法》颁布施行以来所审理的第一起以专利改进技术抗辩专利技术为内容的专利侵权诉讼案件，从立案到终审始终得到了国内外汉字编码学界、法律学

① 参见李国光：《"汉字五笔字型编码法"专利侵权之争》，载《人民法院报》2009年10月17日。

界和电脑产业界的关注。东南公司虽然在"东南汉卡"中使用了五笔字型第四版技术，但"优化五笔字型"专利技术与五笔字型第四版技术是两个汉字输入方案，二者不存在覆盖和依存关系，王码公司已向社会公开的五笔字型第四版技术超出了其获得专利的第三版技术的专利权保护范围，而且又未申请专利，因此东南公司使用第四版技术的行为不构成专利侵权。

四、国际技术许可合同中的限制性商业条款

(一)限制性商业条款的概念

限制性商业条款，也称限制性商业惯例，是国际技术贸易合同中经常设置的一个条款。对于这类条款目前国际上还没有一个明确、统一的定义，各国和国际组织大多通过列举方式规定这一问题。一般认为，限制性条款，是指技术贸易中的供应方利用其技术优势或市场优势，迫使技术接受方在技术贸易合同中接受一些不公平、不合理或有歧视性的限制，从而损害技术接受方利益的条款。

限制性商业条款妨碍了公平竞争原则，对技术引进国家的经济发展造成不利影响。无论是发展中国家还是发达国家，都积极通过本国立法对限制性条款进行管制。发达国家管制限制性条款的法律主要是名称各异的反垄断法，如美国的反托拉斯法、欧共体的竞争法、日本的反垄断法。发达国家一般认为，凡构成或导致市场垄断、妨碍商业竞争的条款都是限制性条款，限制性商业行为的判定标准为竞争标准。广大发展中国家主要通过外资企业法或对技术引进的专门立法来消除限制性条款的不利影响，发展中国家则认为，凡是不利于或妨碍经济发展的条款都是限制性条款，其限制性商业行为的判定标准多以"发展"为标准。①

(二)国际公约对限制性商业条款的管制

限制性条款或许可合同中的反竞争行为对国际技术贸易的危害性，也引起了国际社会的重视和关注。从 20 世纪 70 年代开始，国际社会就开始了统一调整限制性商业做法的努力。在联合国贸易和发展会议的主持下，分别拟定和审议了《联合国国际技术转让行动守则(草案)》和《关于控制限制性商业惯例的公平原则和规则的多边协议》。《与贸易有关的知识产权协议》也表示了国际社会对许可合同中反竞争行为危害性的认识，指出"一些限制竞争的有关知识产权的许可行为或条件，可能对贸易产生不利影响，并可能妨碍技术的转让和传播"，但它并没有就许可合同中反竞争行为的范围及其禁止措施作出具有可操作性的规定，而只是对禁止许可合同中的反竞争行为作了一般原则性的宣示，各成员可以根据本国的情况对此予以立法和采取禁止措施。1985 年修改后的《联合国国际技术转让行动守则(草案)》通过列举的方式明确规定了 14 条限制性条款，这些限制性条款获得了各国比较一致的意见，因而对各国禁止和控制许可合同中的限制性条款有一定的影响。

1. 单方面的回授条款

要求受让方在排他基础上，(或者)在无供方补偿或互惠的条件下，而将源于受让技

---

① 参见王传丽主编：《国际经济法》，法律出版社 2005 年版，第 215 页。

术的改进技术转让给或回授给供方或供方指定的任何其他企业；或者当这种做法构成供方对其支配市场地位的滥用时。

2. 对有效性持异议

不合理地要求受让方不能对转让中包含的专利及其他形式的发明保护的有效性或者对供方声明或取得的其他这类转让标的有效性提出异议，承认任何因这样的异议引起的涉及当事人双方权利和义务的问题应由适当的适用法律以及与此法律一致的协议条款来确定。

3. 排他交易

非为保证合法利益的获得，特别是非为保证转让技术的保密性或者非为保证全力帮助或促进的义务所必需，而限制受让方就有关相似或竞争性技术或产品签订销售、代理或制造协议或者取得竞争技术的自由。

4. 对研究的限制

不合理地限制受让方从事旨在吸收和修改转让技术以使其适于当地条件的研究和发展工作或者制定实施与新产品、新工艺或新设备有关的研究和开发方案。

5. 对人员使用的限制

在为保证技术转让的效率及使技术投入使用所必需的期限外，或者在此期限后可以找到充分培训的当地人员或当地人员已被培训的情况下，或者对技术受让国人员的使用不利的情况下，（不合理地）要求受让方雇用供方指派的人员。

6. 固定价格

不公平地强迫受让方在技术转让所及的相应市场内就使用供方技术制造的产品或提供的服务遵守价格规则。

7. 对修改的限制

不合理地阻止受让方修改进口技术以适应当地条件或对之进行革新，或者当受方基于自己的责任并且在没有使用技术供方的名字、商标、服务标记或商名情况下进行修改时，强迫受让方采用其不愿采用或不必要的设计或规格变动，除非这种修改不适当地影响到提供给供方、供方指定的人或其他被许可人的产品或制造产品的工艺，或者被用做供应供方客户的产品的零部件。

8. 排他的销售或代理协议

要求受让方授予供方或其指定的任何人以专卖权或独家代理权，除非在从合同或制造协议中当事人各方同意由供方或供方指定的任何人来分配技术转让协定下的全部或部分产品。

9. 附带条件的安排

不当地迫使受方接受其不愿接受的额外技术、将来发明及改进货物或服务，或者(不当地)限制技术、货物或服务的来源，以此作为购买供方要求提供的技术的条件，而该技术并不是当受让方使用供方的商标或服务标记或者其他标记时为保持产品或服务的质量所必需的，也不是当充分达到部件的规格有困难或涉及公开非包含在协议中的额外技术时为完成某项已被担保的特殊性能义务所要求的。

10. 出口限制

限定受让方利用其所取得技术制造产品的出口地区或者数量，或限定产品出口，或产品出口价格必须事先得到转让方同意。

11. 共享专利或交叉许可协议及其他协议

以技术供方之间的共享专利、交叉许可协议或其他国际技术转让交流协议中对地域、数量、价格、客户或市场的限制，不当地减少受让方接近新的技术进步的机会，或者导致滥用某一行业或市场的支配力量，从而造成对技术转让的不利影响。附于合作协议的适当限制，如合作研究安排，不在此列。

12. 对广告宣传的限制

不合理地规定对受让方进行广告宣传的限制。但是，当广告宣传利用了供方的名字、商标或服务标记、商名或其他标记时而为防止损害供方的商誉或信誉所必需的，或者供方当可能由其承担产品责任时基于避免此责任的合理理由所要求的，或者在适当情况下为了安全的目的、保护消费者的利益、保证转让技术的保密性所必需的对广告宣传的限制，不在此列。

13. 工业产权权利有效期届满后的付款义务和其他义务

因继续使用业已失效、被撤销或有效期届满的工业产权而要求付款或强加其他义务。承认对任何其他问题，包括就技术的其他付款义务，应依照适当的适用法律以及与该法律一致的协议条款来解决。

14. 协议有效期届满后的限制

在技术转让协议期满后，限制受让方使用该项技术。

（三）我国对限制性商业条款的立法管制

我国现行的诸多法律法规都有关于限制性商业条款的规定，如《合同法》、《对外贸易法》、《技术进出口管理条例》、《反垄断法》、《反不正当竞争法》等。

我国《对外贸易法》第30条规定："知识产权权利人有阻止被许可人对许可合同中的知识产权的有效性提出质疑、进行强制性一揽子许可、在许可合同中规定排他性返授条件等行为之一，并危害对外贸易公平竞争秩序的，国务院对外贸易主管部门可以采取必要的措施消除危害。"《反垄断法》和《反不正当竞争法》在调整的法律关系上存在部分重叠，两部法律都有关于排除竞争、限制竞争内容的具体规定。《反不正当竞争法》第12条规定："经营者销售商品，不得违背购买者的意愿搭售商品或者附加其他不合理的条件。"

我国《技术进出口管理条例》第29条对技术进口合同中应当禁止的限制性条款作出了进一步明确规定。根据该规定，在技术进口合同中，下列限制性条款应予以禁止：①要求受让人接受并非技术进口必不可少的附带条件，包括购买非必需的技术、原材料、产品、设备或者服务；②要求受让人为专利权有效期限届满或者专利权被宣告无效的技术支付使用费或者承担相关义务；③限制受让人改进让与人提供的技术或者限制受让人使用所改进的技术；④限制受让人从其他来源获得与让与人提供的技术类似的技术或者与其竞争的技术；⑤不合理地限制受让人购买原材料、零部件、产品或者设备的渠道或者来源；⑥不合理地限制受让人产品的生产数量、品种或者销售价格；⑦不合理地限制受让人利用进口的技术生产产品的出口渠道。

《合同法》第343条规定："技术转让合同可以约定让与人和受让人实施专利或者使用技术秘密的范围，但不得限制技术竞争和技术发展。"第329条规定："非法垄断技术、妨碍技术进步或者侵害他人技术成果的技术合同无效。"

【思考题】

1. 如何理解国际技术贸易的跨国性？

2. 国际技术贸易和国际货物贸易有何联系与区别？

3. 对于技术进出口管理，发达国家与发展中国家在立法上有何差异？

4. 什么是特许经营？特许经营有何特点？

5. 什么是定义条款？定义条款在国际技术许可合同中有何意义？

6. 什么是限制性商业条款？我国立法禁止哪些限制性商业行为？

7. 2012 年 5 月，我国某科学研究所与美国客户签订了一份进口合同，欲引进美国客户生产的一套精密仪器，合同规定当年 9 月份交货。可是在 9 月 15 日，美国政府通过了一项法案，宣布该仪器为高科技产品，禁止出口。该禁令自公布之日起 15 日后生效。美国客户来电以不可抗力为由要求解除合同。

请问：

（1）美国客户的要求是否合理？

（2）我方应如何妥善处理？

8. 美国 ATPL 公司是一家著名的玩具制造商，该公司于 2013 年 1 月开发了一种可伸缩的玩具娃娃。该产品的秘密仅在于制造产品的机器上，ATPL 公司在该种机器的制造程序方面掌握了一系列技术秘密。YEHU 公司通过不正当手段获取了该秘密技术，并迅速仿造出该机器，致使 ATPL 公司效益下滑，ATPL 公司起诉到法院，要求 YEHU 公司赔偿损失。

请问：ATPL 公司在制造机器上的技术秘密是否属于专有技术？对该技术秘密如何进行法律保护？

9. 甲国 A 公司打算从乙国 B 公司引进一条自动生产线，其中涉及一项专利技术。A 公司董事会就此事请公司法律顾问作了说明，并讨论了专利的使用问题。公司法律顾问根据许可协议使用范围和使用权限的不同，详细介绍了技术许可协议的种类，并拟定了一份技术许可协议草案。B 公司提出，在许可协议中一定要写明：引进方不能对该技术进行进一步的研究；引进方必须雇用 B 公司的专业技术人员；在生产过程中，为了保护该技术的完整性，不能对现有技术做任何改动，即使有在当地不适销的理由；在生产过程中，要从丙国 C 公司购买原材料。A 公司的技术人员认为，从 C 公司购买原材料并不是必需的。

请问：

（1）根据技术许可协议使用范围和使用权限的不同，技术许可协议的种类有哪些？

（2）B 公司要求写入技术许可协议的条款哪些是不合理的？

第七章 国际服务贸易法

【重难点提示】国际服务贸易的概念和类型；国际服务贸易法；《服务贸易总协定》的主要内容；我国国际服务贸易的基本原则。

第一节 国际服务贸易的概念和类型

一、国际服务贸易的概念

国际服务贸易，是指通过跨境交付、境外消费、商业存在、自然人流动等形式跨越一国国境提供的服务贸易。其中，跨境交付（Cross-Border Supply），是指一国（或地区）向另一国（或地区）提供服务，没有人员、物资和资金的流动，通过电信、邮电、电脑、网络实现；境外消费（Consumption Abroad），是指一国（或地区）消费者到另一国（或地区）接受服务提供者提供的服务，如一国国民到他国就医、一国学生到他国留学等；商业存在（Commercial Presence），是指一国（或地区）企业和经济实体到另一国（或地区）开业，提供服务，主要是设立合资、合作或独资企业，如一国企业到他国独资开饭店、开办律师事务所等，商业存在是服务贸易活动中最主要的形式；自然人流动（Movement of Personnel），是指一国（或地区）个人到另一国（或地区）提供服务，如一国医生到他国从事个体服务。

狭义的国际服务贸易是有形的，即指发生在国家之间的符合服务定义的直接服务输出与输入活动；广义的国际服务贸易不仅包括有形的劳动力的输出输入，也包括无形的提供者与使用者在没有实体接触的情况下的交易活动。在乌拉圭回合谈判中，以美国为首的发达国家坚持对国际服务贸易采取较广泛的定义，认为所有涉及不同国民或不同国土的服务购销活动都属于国际服务贸易，"不同国民或不同国土"即不必同时符合"不同国民"和"不同国土"两项条件，目的是要尽可能多地把服务贸易项目纳入国际谈判。以印度和巴西为代表的10个发展中国家则坚持对国际服务贸易作较狭义的定义，即居民与非居民进行的跨越国境的服务活动。欧洲联盟提出折中的意见，主张根据谈判的需要对国际服务贸易采取不同的定义，即主张不预先确定谈判的范围，采用迂回列出的方法，就列出的清单予以谈判。①

1994年4月，由128个国家和领土签署生效的《服务贸易总协定》（*General Agreement*

---

① 参见江林、王玉平主编：《关贸总协定法律体系运用指南》，华东师范大学出版社1993年版，第78页。

of Trade in Services，简称 GATS)对国际服务贸易作出定义：从一缔约方境内向任何其他缔约方的境内提供服务；从一缔约方的国境向其他任何缔约方的服务消费者提供服务；一缔约方在其他任何缔约方境内的通过提供服务的商业存在而提供服务；一缔约方自然人在其他任何缔约方境内提供服务。

【案例 7-1】

　　葡萄牙在 1983—1993 年，成功地实施了金融业自由化改革。20 世纪 80 年代的宏观经济失衡现象为金融业自由化改革提供了良好的契机，银行体系逐步对内、对外开放，银行提供服务的范围也被逐步扩展。1986 年，葡萄牙加入欧盟后，资本移动和过境交付金融服务贸易对外开放。至 20 世纪 90 年代早期，资本控制被完全取消，过境交付金融服务贸易市场开放改革获得成功。与此同时，金融业自由化改革也在同步进行：一方面，逐渐放松对银行业和货币体系的管制，国有银行被私有化；另一方面，加强对银行的风险管理。

　　葡萄牙金融服务贸易市场的开放改革具有内外部良好的环境。在外部环境方面，在国家成为欧盟组织成员之时，改革的政治压力减弱，其他欧盟成员国的改革过程也为葡萄牙改革的次序、步骤选择提供了可供借鉴的经验；在内部环境方面，资本账户和过境交付金融服务贸易的开放发生在国内市场竞争机制形成之后。①

　　解析：金融服务贸易市场开放应根据不同的提供方式区别对待，一般来说，过境交付金融服务贸易的市场开放改革应与资本账户自由化的改革进程同步；商业存在金融服务贸易市场开放应与利率和信用管制的放松同步，谨慎规制的强化是金融服务贸易市场开放改革成功的关键保障。金融服务贸易市场开放可加快市场竞争和制度创新机制的形成，进而缓解金融体系的结构虚弱问题，因此，应根据本国现状，选择符合本国实际的金融服务贸易市场开放。

二、国际服务贸易的类型

　　国际服务贸易具有多样性和复杂性，为了研究和使用的需要，一些国际经济组织和经济学家从不同角度对国际服务贸易进行分类。其中，最为重要的分类是经 WTO 服务贸易理事会评审认可，按照 GNS(一般国家标准)服务部门分类法，将服务部门分为 11 大类 142 个服务项。具体内容如下：

(一)商业服务

　　商业服务是指在商业活动中涉及的服务活动，分为：①专业(包括咨询)服务，包括法律服务、旅游机构提供的服务、工程设计服务、公共关系服务、城市规划与环保服务等；②计算机及相关服务，包括计算机硬件安装的咨询服务、软件开发与执行服务、数据处理服务、数据库服务及其他；③研究与开发服务，包括自然科学、社会科学及人类学中的研究与开发服务；④不动产服务，指不动产范围内的服务交换，但是不包含土地的租赁

---

　　① 案例引自中国服务贸易指南网：http：//tradeinservices. mofcom. gov. cn/index. shtml。

服务；⑤设备租赁服务，主要包括交通运输设备，如汽车、卡车、飞机、船舶等和非交通运输设备，以及计算机、娱乐设备等的租赁服务；⑥其他服务，指生物工艺学服务、翻译服务、展览管理服务、广告服务、市场研究及公众观点调查服务、管理咨询服务、技术检测及分析服务、人员的安置与提供服务、与科技相关的服务、摄影服务、包装服务、印刷与出版服务、会议服务等。

(二)通信服务

通信服务包括邮政、快件、电报、传真等电信服务，以及电视、电影、录音、录像等视听服务等。

(三)建筑服务

建筑服务主要是指工程建筑从设计、选址到施工的整个服务过程，具体包括：选址服务，涉及建筑物的选址，国内工程建筑项目，如桥梁、港口、公路等的地址选择等；建筑物的安装及装配工程；工程项目施工建筑；固定建筑物的维修服务等。

(四)销售服务

销售服务是指产品销售过程中的服务交换，主要包括：商业销售(批发业务)；零售服务；与销售有关的代理费用及佣金等；特许经营服务；其他销售服务。

(五)教育服务

教育服务是指各国间在高等教育、中等教育、初等教育、学前教育、继续教育、特殊教育和其他教育中的服务交往，如互派留学生、访问学者等。

(六)环境服务

环境服务包括污水处理、废物处理以及卫生及相关服务等。

(七)金融服务

金融服务包括银行、保险以及证券等服务。

(八)健康及社会服务

健康及社会服务是指医疗以及其他与人类健康相关的服务、社会保障服务等。

(九)旅游服务

旅游服务是指旅馆、饭店提供的住宿、餐饮及相关服务、旅行社和导游服务等。

(十)文体服务

文体服务是指不包括广播、电视、电影在内的一切文化、娱乐、新闻、图书馆、体育服务，如文化交流、文艺演出等。

(十一)交通运输服务

交通运输服务包括：货物运输服务，如航空运输、海洋运输、铁路运输、管道运输、内河和沿海运输、公路运输；其他运输服务，如航天发射服务、传播服务；附属交通运输服务，如报关、货物装卸、仓储、港口服务、起航前查验服务等。

而学者的分类主要有：①按服务行业各部门的活动，将国际服务贸易分为7大类，即银行和金融服务、保险服务、国际旅游和旅行服务、空运和港口运输服务、建筑和工程服务、专业服务和信息、计算机与通信服务。②按生产过程，将国际服务贸易分为生产前服务、生产服务、生产后服务。生产前服务涉及市场调研和可行性研究；生产服务是在产品生产或制造过程中为生产过程的顺利进行提供的服务；生产后服务是售后服务、包装与运输服务等。③按服务贸易中对资本、技术、劳动力投入要求的密集程度，将国际服务贸易分为资本密集型服务、技术与知识密集型服务和劳动密集型服务。资本密集型服务包括空运、通信、工程建设服务等；技术与知识密集型服务包括银行、金融、法律、会计、审计、信息服务等；劳动密集型服务包括旅游、建筑、维修、消费服务等。④按国际服务贸易与货物的关联性，将国际服务贸易分为国际追加服务和国际核心服务。国际追加服务是伴随着货物贸易而追加的一系列服务；国际核心服务是与货物生产和销售无关的服务，是专为消费者提供的服务。

第二节　国际服务贸易法

国际服务贸易法发展较晚，属于国际服务贸易范畴的很多项目在此之前已有相关法调整，例如，国际金融服务，一直以来人们习惯性地将其归入国际金融法；国际交通运输服务，人们习惯将其列入国际货物贸易法的范畴。作为国际经济法的一个独立分支，国际服务贸易法可遵循的规则主要是《服务贸易总协定》。

一、国际服务贸易法的概念

国际服务贸易法，是调整国际服务贸易关系的法律规范的总称。

以国际服务贸易法律关系的性质来划分，可以将国际服务贸易法的调整对象分为交易性服务贸易法律关系和管制性服务贸易法律关系。交易性服务贸易法律关系是平等主体之间在意思自治的基础上，通过平等协商，缔结各种服务合同形成的法律关系，属于私法的范畴，由私法规范来调整，故可称之为横向的法律关系；管制性服务贸易法律关系是由于国家、国际经济组织对服务贸易进行管制形成的一种管理关系，如各国对资本、人员、信息、市场准入等进行的贸易限制和管理措施等，不同于平等主体之间的自由协商关系，故可称之为纵向的法律关系。

二、乌拉圭回合谈判与《服务贸易总协定》

（一）《服务贸易总协定》的产生

第二次世界大战之后，新的科技革命和跨国公司的蓬勃发展，刺激了国际货物贸易的发展，由此带动与货物贸易有关的银行业、运输业、保险业等国际服务贸易的发展。20世纪80年代，国际服务贸易总额已占世界贸易总额的1/4以上，发达国家在国际服务贸易领域的优势地位日益明显，在全球近200个国家和地区中，国际服务贸易占前25名的国家和地区主要是发达国家。而多数发展中国家，金融、保险、通信、广播、网络等领域处在国家垄断或刚刚起步阶段，在此情况下，以美国为首的发达国家首次在1982年提出在《关税及贸易总协定》中列出服务贸易的工作计划。1984年11月，决定成立国际服务贸易谈判工作组。

在1986年的乌拉圭回合谈判中，国际服务贸易、与贸易有关的知识产权、与贸易有关的投资措施，被正式列为三项新的谈判议题。1990年7月，发达国家与发展中国家之间经过激烈的讨价还价，拟订了《服务贸易多边框架协议草案》；1990年12月，在布鲁塞尔部长级会议上，将该草案正式定名为《服务贸易总协定》；1994年4月15日，将其作为世界贸易组织(WTO)一揽子协议提交成员签字、接受。

(二)《服务贸易总协定》(GATS)的主要内容

《服务贸易总协定》是与《关税及贸易总协定》(GATT)平行的协定，在结构和内容上，两者有着许多相同点。

《服务贸易总协定》由序言及6个部分的29个条款和8个附件组成。

1.《服务贸易总协定》的宗旨

《服务贸易总协定》的宗旨是在透明度和逐步自由化的前提下，建立一个有关服务贸易原则和规定的多边框架。考虑到各国服务法规发展不平衡以及发展中国家和最不发达国家的经济状况和发展，在互利以及权利义务总体平衡的基础上，开展多边谈判，以促进所有贸易伙伴的经济增长和发展。

《服务贸易总协定》规定的成员义务分为一般性义务和具体承诺的义务。一般性义务适用于GATS成员的所有服务部门；具体承诺的义务(如市场准入和国民待遇)仅适用于经过双边或多边谈判之后承诺的服务部门。

2.《服务贸易总协定》的一般义务和原则

(1)最惠国待遇原则

GATS第2条规定了最惠国待遇原则，每一成员给予任何其他成员服务提供者的待遇，应无条件地给予其他任何成员的相同服务和服务提供者。与《货物贸易总协定》一样，GATS的最惠国待遇在适用上也允许存在例外：

①提供给邻国的优惠。即与邻国在双方濒临的边境地区交换仅限于当地生产和消费的服务。

②豁免清单。GATS规定，成员可将不符合GATS要求的国内法律、条例和规定列入豁免清单作为第2条的附件，享受为期不超过10年的豁免。

③成员方参与的经济一体化安排。

④政府采购服务的法律、条例和规定。针对政府采购是出于纯政府使用的目的，而不是为商业性转售或销售服务提供中使用的情况。关于政府采购问题，GATS第13条规定，成员方应在世贸组织协议生效的2年内另行谈判。

(2)国民待遇原则

GATS中的国民待遇规定与GATT不同，GATT中的国民待遇义务是一般原则，适用于所有成员的所有国际贸易货物，而GATS中的国民待遇义务仅限于成员在其减让表中的具体承诺。GATS规定的内容如下："对于列入减让表的部门，在遵守其中所列任何条件和资格的前提下，每一成员在影响服务提供的所有措施方面给予其他任何成员的服务和服务提供者的待遇，不得低于其给予本国同类服务和服务提供者的待遇。"

(3)市场准入原则

GATS规定，每一成员对其他任何成员的服务和服务提供者给予的待遇，不得低于其在具体承诺减让表中同意和列明的条款、限制和条件。这一规定与GATT关税减让义务要求相似。GATS还进一步规定了5种成员不得维持和采纳的行为：限制服务提供者的数量；限制服务交易或资产总值；限制服务业务总数或服务产出总量；限制特定服务部门或服务提供者可雇佣的自然人的总数；限制或要求服务部门或服务提供者通过特定类型法律实体或合营企业提供服务的措施。

（4）透明度原则

GATS 要求每一成员设立一个或几个咨询点，以便利于向其他成员提供不妨碍其法律实施或不违反其公共利益或不损害其商业利益的各种信息，包括：其所采取的一切影响本协定实施的所有措施；其参与或签字的国际协定；新颁布的法律、条例、行政命令及其修改；限制服务贸易的商业性惯例；可对服务贸易产生扭曲的补贴等。

（5）资格的认可

GATS 就服务提供者的教育、经验、技能的资格，证明的批准、承认及其标准，规定：GATS 成员之间应通过双边或多边协议安排或采用自动许可方式予以认可，并逐步指定和推行认可统一的国际标准。

（6）公平竞争

GATS 中公平竞争主要针对成员境内的垄断和专营服务提供者，在其提供垄断或专营服务范围之外提供服务时，不得滥用其垄断、专营的优势地位。

（7）发展中国家的更多参与

根据 GATS 宗旨，为使发展中国家和最不发达国家更多地参与国际服务贸易，发达国家应承担以下义务：①在世界贸易组织协定生效之日起 2 年内设立联络点，为发展中国家服务提供者提供各自市场有关服务的商业和技术信息；专业资格的登记、认可和获得等方面的信息；有关获得服务技术方面的信息；②通过本协定第三、四部分关于具体承诺的谈判，增强发展中国家国内服务业能力、效率和竞争力，促进销售渠道和信息网络的改善以及对各部门市场准入的自由化和促进发展中国家服务出口；③以上义务的履行将对最不发达国家给予特别优惠的考虑。

【案例 7-2】

1994 年 10 月 10 日，欧共体与非加太地区的其他国家向 GATT 全体缔约方申请豁免根据 GATT 1947 第 1 条第 1 款的普遍最惠国待遇的义务，缔约方全体于 1994 年 12 月 9 日给予豁免。1995 年 2 月 5 日，厄瓜多尔、危地马拉、洪都拉斯、墨西哥和美国（申诉人）联合并分别要求与欧共体（被诉人）就欧共体香蕉体制进行磋商。

1996 年 4 月 11 日，申诉方要求设立专家组，根据 GATT 1994、进口许可程序协议、农产品协议、GATS 和 TRIMS 进行审查。申诉方指控欧共体香蕉体制与 GATS 第 2 条最惠国待遇义务和第 17 条国民待遇义务不符，对拉美和非传统非加太国家香蕉经销商歧视。欧共体否认申诉方根据 GATS 提出的申诉，认为申诉方申诉的措施与货物贸易直接相关，不涉及服务贸易，故在 GATS 意义上不能视为"影响服务贸易的措施"。①

解析： GATS 第 1 条第 2 款规定，服务包括：过境交付、境外消费、商业存在和自然人存在。通过商业存在提供服务，成员方根据 GATS 所承担的义务包括对服务和服务供应

---

① 案例引自夏勇开、过建春：《WTO 框架下的世界香蕉产业政策分析与展望》，载《中国热带农业》2011 年第 1 期。

商的待遇。GATS 第 2 条要求成员对其他成员的服务和服务供应商，提供不低于其授予任何其他国家的服务和服务供应商的待遇。GATS 第 17 条要求成员除减让表另有限制外，对其他成员的服务和服务供应商，提供不低于其授予自己的同类服务和服务供应商的待遇。因此，欧共体的义务和承诺应包括在欧共体区域内批发贸易服务的供应商的待遇。

GATS 第 2 条第 1 款规定，在本协定项下的任何措施方面，各成员应立即和无条件地给予任何其他成员的服务和服务提供者以不低于其给予任何其他国家相同的服务和服务提供者的待遇。GATS 第 17 条第 3 款规定，形式上相同或形式上不同的待遇，如果改变了竞争条件从而使该成员的服务或服务提供者与任何其他成员的相同服务或服务提供者相比处于有利地位，这种待遇应被认为是较低的待遇。欧共体提出的 GATS 与 GATT 不能重叠的主张，这两项协定中都没有反映这种主张，因此，欧共体预先将其香蕉体制从 GATS 的适用范围中排除出去是没有法律依据的。

3. 一般原则的例外

（1）一般例外

GATS 为保证服务贸易自由化的推进，确定了最惠国待遇原则、透明度原则、市场准入、国民待遇义务，各成员在履行 GATS 原则和具体承诺义务时，仍有许多比推进服务贸易自由化更重要的，如公共秩序、生命健康及法律规范需要普遍遵守。为此，GATS 把这些重要规范的施行作为"一般例外"。根据 GATS 第 14 条的规定，不管该协定的条文规定或对其条文的解释对各成员构成何等严格的条约义务，任何成员均可为以下某一特定的目的而采取或实施特定的措施或免除其在 GATS 中的义务。

①公共秩序例外。为保护公共道德或维护公共秩序所必需的措施，即当一成员的公共道德准则或某一根本的社会利益受到真正的和足够严重的威胁时，即可援引公共道德或公共秩序例外，作为免除其 GATS 义务或采取与 GATS 相违背的措施的理由。

②生命健康例外。如果服务贸易自由化的推进或某一服务贸易的开展，对人类、动植物的生命或健康构成危害，那么采取措施排除此类危害应是首要任务，即使因此而阻碍服务贸易的开展或服务贸易自由化的进程，也在所不惜。如 2003 年中国、新加坡等国家和地区因发生了非典型性肺炎（SARS），而对境外消费的限制（禁止或限制本国居民到 SARS 重灾区旅游，禁止或限制来自 SARS 重灾区的游客进入本国）和对自然人流动的限制（禁止或限制 SARS 重灾区的自然人进入本国从事教育、律师、会计等专业服务），都应属此类措施。

WTO 部长会议还把生命健康例外扩大理解为环境保护问题，并于 1993 年 12 月 15 日通过了《关于服务贸易与环境的决定》，要求贸易与环境委员会就服务贸易与环境的关系进行审查，使其成为"为保护环境所必要的措施"的例外，向部长会议作出报告。

③税收措施例外。国民待遇是一成员的具体承诺义务之一，只要一成员就某服务部门作出肯定的国民待遇承诺，即应保证外国的服务或服务提供者得到与承诺成员的国内服务或服务提供者相同的税收待遇。但是，由于外国服务提供者在取得应税利润的方法上与本国服务提供者存在不同，如果按照国民待遇对外国服务提供者进行征税，反而不能体现税收公平原则或不能有效地对外国服务提供者进行征税，为此，GATS 第 14 条（d）项规定，

一成员为了保证公平或有效地对其他成员的服务或服务提供者课征或收取直接税，包括为防止避税或逃税，可以对其采取与 GATS 第 17 条的国民待遇规定不一致的措施，即可以在居民纳税人与非居民纳税人之间实施不同的税收措施，只要这些措施是为了公平和有效地对外国服务或服务提供者进行征税。

④避免双重征税措施例外。根据 GATS 第 14 条(e)项规定，一成员根据对其有约束力的避免双重征税的协定或其他国际协定或安排中关于避免双重征税的规定，而采取的避免双重征税措施，可以不依最惠国待遇适用于其他成员方，即避免双重征税协定或条款中规定的相互给予对方缔约国居民的优惠待遇，若该优惠待遇不在其服务贸易承诺的范围内，即不必依最惠国待遇给予其他 WTO 成员。

(2)安全例外

根据 GATS 第 14 条的规定，为保护成员根本安全或维护国际和平可采取的例外措施，不管对 GATS 作何解释：①不能要求任何成员提供其认为如披露则会违背其根本安全利益的任何信息(对透明度原则的例外)；②不能阻止任何成员采取其认为对保护其根本安全利益所必需的任何行动，包括与直接或间接为军事机构提供服务有关的行动，与裂变和聚变物质或衍生此类物质的物质有关的行动，以及在战时或其他紧急国际关系情势下采取的行动；③不能阻止任何成员为履行其根据《联合国宪章》的维护国际和平与安全义务而采取的任何行动。

(3)紧急保障措施例外及其限制

根据 GATS 第 10 条第 2 款的规定，任何成员都可在其具体承诺生效 1 年后，以"紧急保障"为理由，向服务贸易理事会通知其修改或撤销该承诺的意向。

根据 GATS 的市场准入和国民待遇条款的要求，除非 GATS 另有例外规定，任何成员均应按其所作出的承诺，严格履行相应的义务；即使该成员有充分的理由需要对其承诺作出修改(指撤销已作出的承诺，或缩小其已作出承诺的范围)，根据 GATS 第 21 条的规定，也应等到其承诺生效 3 年后才能按程序提出和修改。因此，如果一成员想要在该期限到来之前修改其承诺，就必须作为紧急保障措施提出来，并向服务贸易理事会说明其对承诺的修改或撤销无法等到第 21 条第 1 款所规定的 3 年期限届满的理由，如由于服务进口剧增，已对国内同类或直接竞争的服务部门造成严重损害或构成严重损害的威胁，只有提出令人信服的紧急保障理由，并且在其承诺生效 1 年后，一成员对其已作出的承诺的修改和撤销才可能得到服务贸易理事会的认可。

(4)经济一体化例外及其限制

根据 GATS 第 5 条第 1 款规定，GATS 的实施不得阻止任何成员参加或达成在参加方之间旨在实现服务贸易自由化的协定(经济一体化协定)。但是，这种经济一体化协定的达成或参加，应满足一定的条件要求：①此类协定应涵盖众多服务部门，而不仅是针对其中的一个或有限的几个服务部门，而且在该协定生效时或在一段合理期限内，对于该协定所涵盖的服务部门，在参加方之间应取消现有歧视性措施，并禁止实施新的或更多的歧视性措施；②该一体化协定应旨在便利协定参加方之间的贸易，并且与订立该协定之前所适用的水平相比，对该协定之外的任何成员，不得提高相应服务部门或服务项目的贸易壁垒的总体水平。

但是，关于"取消现有"和"禁止新的或更多的"歧视性措施的要求，并不是绝对的。

①GATS 本身允许的一些例外措施，在这里是当然的例外。

②考虑一体化协定与有关国家之间更广泛的经济一体化或贸易自由化进程的关系，特别是应给予发展中国家参加方必要的灵活性。GATS 第 5 条第 6 款的规定，尽管经济一体化协定是在特定的 WTO 成员之间签订的，但是，其他 WTO 成员的服务提供者，如果是根据一体化协定参加方的法律所设立的法人，且该服务提供者在该协定的参加方领土内从事实质性的商业经营，也应有权享受该协定项下给予的待遇。实际上强调了国民待遇的适用，即外国服务提供者以商业存在的形式在一体化成员的领土内提供服务时，可享受与该一体化协定给予参加方国民的同等待遇。另外，尽管理论上，一体化协定的利益享受者只能是该协定的各成员，但是，有些一体化协定实施的结果客观上会使非协定参加方的其他WTO 成员从中获得贸易利益。对此，根据 GATS 第 5 条第 8 款的规定，此类协定的参加方并不能对从中获得贸易利益的其他 WTO 成员寻求补偿这一规定很明显地要求一体化协定的"溢出利益"应惠及 WTO 的其他成员，使一体化协定的服务贸易自由化效果也成为 WTO服务贸易自由化进程中的一个组成部分。

③签订或参加一体化协定不能成为一成员减轻其依 WTO 协定应承担义务的理由。因此，如果一成员因一体化协定的订立、扩大或任何重大修改而导致修改或撤销一项具体承诺，且与其具体承诺表中所列条款和条件不一致，则该成员应至少提前 90 天就该项修改或撤销通知服务贸易理事会，并履行 GATS 第 21 条所规定的修改或撤销程序。①

（5）政府采购例外

根据 GATS 第 13 条的规定，成员政府为实现其管理职能而购买服务，其采购范围、采购对象、采购价格等的选择，以及其给予服务提供者的待遇，其他成员的服务提供者不得要求享受最惠国待遇或国民待遇。

4. 具体的自由化承诺

GATS 具体承诺的义务包括市场准入、国民待遇与逐步自由化的谈判。

（1）市场准入

GATS 关于服务贸易的市场准入是通过对涉及广泛领域的国内法规的修改、进行双边或多边谈判逐步实现的。具体表现在：①各成员开列具体承诺开放的服务部门的细目表，阐明其市场准入的条件和资格，履行承诺的时间框架；②在承诺市场准入的部门中不得对服务提供者实施数量限制，不得限制其服务交易总额或资产总价值，不得限制服务交易的总量或总产出量，不得限制特定服务部门或服务提供者雇佣自然人的总数，不得规定服务提供者必须通过建立特定的法人实体或合营企业方可提供服务，限制外国资本参与的最高股权比例或对个人累计的外国投资额加以限制。

（2）国民待遇

GATS 第 17 条规定了国民待遇原则，要求每一成员应按具体承诺细目表所列的条件和资格，给予任何其他成员服务和服务提供者的待遇应不低于其给予本国相同服务和服务提供者的待遇。这种待遇不管形式相同或不同，均不得改变竞争条件，使本国服务或服务

---

① 参见《服务贸易总协定》第 5 条第 5 款。

提供者比其他成员的服务或服务提供者更为有利。

（3）逐步自由化

GATS 第 19 条规定，GATS 成员应在《世界贸易组织协定》生效后不迟于 5 年开始逐步自由化的多轮定期谈判，促进发展中国家和最不发达国家的参与，推进服务贸易在双边、多边基础上的逐步自由化进程。自由化进程应取决于各成员相应的国家政策目标，以及整体和个别部门的发展水平，允许发展中国家在市场准入及条件上保持一定的灵活性。

5. 附件

GATS 的附件是 GATS 的组成部分，是对 GATS 的相关条款所作的补充规定。

（1）关于第 2 条豁免的附件

该附件要求成员提供最惠国待遇豁免的清单；对于《世界贸易组织协定》生效后申请的豁免则要部长会议 3/4 的多数成员通过；服务贸易理事会应对于批准的 5 年以上的豁免在《世界贸易组织协定》生效后的 5 年内进行审查。

（2）关于在协定下自然人移动提供服务的附件

该附件要求 GATS 成员作出具体承诺，就作为服务提供者的自然人及其所雇佣人员的移动条件进行谈判，并且不应阻止成员方采取措施管理自然人的入境和在其境内的短暂停留，不涉及成员方对有关国籍、居留权及永久性就业所采取的措施。

（3）关于航空运输服务的附件

该附件规定，GATS 仅适用飞机的修理和保养服务、航空运输服务的出售和营销以及计算机储存系统的服务，不适用于航空交通权及与之有关的民用航空活动。交通权是指用支付报酬或租金的方式，定期或不定期地从事境内外的旅客、货物和邮件的往返运输的权利，包括服务地点、经营航线、航空器种类、运载量、收费标准、机型选择的标准，如飞机的数量、控制权和所有权标准等，这些通常由有关的国际公约或双边航空运输协定来调整。

（4）金融服务的两个附件

该附件明确了金融服务的概念，即由一成员方的金融服务提供者提供的一切金融方面的服务，包括保险、借贷、融资租赁、担保与委托、证券、资产管理及其他辅助性金融服务等 16 种活动。成员方基于慎重的原则，即根据《巴塞尔协议》的规定为保护客户利益或为保证金融体系的完整和稳定采取的各种措施，这些措施如与 GATS 的条款规定不符，不能作为成员方逃避承担 GATS 义务的借口。

（5）海运服务谈判的附件

该附件允许成员在国际海运、辅助服务以及进入和使用港口方面维持与最惠国待遇不一致的措施，关于其列入最惠国待遇例外的时间应是海运服务谈判组第一次谈判提供最后报告决定的日期，如谈判失败，则为提交最后报告的日期。该附件的上述规定不适用于成员方有关海运服务的特定日之前，成员可全部或部分修改或撤销特定义务而无须提供补偿。

（6）电信服务和基础电信谈判的附件

该附件确认了电信作为传递手段和服务的双重职能，适用于成员方有关公共电信传送网及其服务的准入和使用方面的措施，而不适用于有关无线电和电视节目的有线或广播分布的措施。该附件规定了成员方在公共电信传送网及其服务中给其他服务提供者提供进入和使用方面合理的及不歧视的待遇(国民待遇和最惠国待遇),采取必要措施确保信息安全和机密,但这些措施不得作为在服务贸易中构成垄断或歧视性的或隐含限制性的手段。根据基础谈判的附件。

三、我国国际服务贸易法

(一)国际服务贸易立法概况

1994 年 7 月 1 日生效的《中华人民共和国对外贸易法》(2004 年修改,以下简称《对外贸易》)是我国开展国际服务贸易的最重要的法律渊源。《对外贸易法》首次将国际服务贸易纳入其调整范围,并在第四章专章规定了"国际服务贸易",体现了我国立法向 GATS 和 WTO 原则靠拢。

此外,我国还颁布有《海商法》、《商业银行法》、《保险法》、《广告法》、《民用航空法》、《注册会计师法》、《律师法》、《外资金融机构管理条例》、《境内及境外证券经营机构从事外资股业务资格管理暂行规定》、《外商投资国际货物运输代理企业暂行规定》、《关于外国船公司在华设立独资船务公司有关问题的通知》、《外国公司船舶运输收入征税办法》、《关于设立中外合资对外贸易公司试点暂行办法》、《关于外国律师事务所在中国境内设立办事处的暂行规定》、《关于中国律师事务所在境外设立办事机构有关事宜的通知》、《旅行社管理条例》等涉及服务贸易领域的法律、法规和规范性文件。这些涉及服务贸易的立法对构筑适应市场经济与国际通行法律规则需要的统一开放、有序竞争和规范管理的国际服务贸易体制具有重要的作用。

(二)我国发展国际服务贸易的基本原则

我国《对外贸易法》第 24 条规定:"中华人民共和国在国际服务贸易方面根据所缔结或者参加的国际条约、协定中所作的承诺,给予其他缔约方、参加方市场准入和国民待遇。"由此,确立了我国发展国际服务贸易的三项基本原则。

1. 逐步发展原则

逐步发展原则的基本含义:鼓励发展对外服务贸易,向外国服务贸易提供者开放我国服务贸易市场,开放我国服务贸易的进程采取逐步实施的方法。

这一原则表明我国愿意打破服务业封闭状态,积极推动国际服务贸易发展的原则立场。兼顾到目前我国服务贸易业处于较为落后的发展阶段,不宜采取货物与技术自由进出口原则,而是采取逐步发展的原则,这与 GATS 所要求的服务贸易逐步自由化相适应。

2. 根据国际条约义务开放服务市场原则

根据国际条约义务开放服务市场原则的基本含义:我国开放服务贸易市场并不是无条件的,而是应根据我国缔结或参加的国际条约、协定中所承担的市场准入和国民待遇义务来进行。

我国法律中体现的这一原则符合 GATS 的要求,GATS 的主要法律特征是将缔约方承担的义务分为普遍性义务(一般性义务)和具体承诺的义务。普遍性义务适用于 GATS 成员方的各个部门,不管这些部门是否开放;具体承诺的义务是必须经双边或多边谈判达成协议后才承担的开放国内特定服务市场的义务,而且这些义务只适用于成员方承诺开放的服务部门。我国政府经过与成员方谈判并通过条约和协定而确定的承诺义务，将成为我国开放服务市场的法定义务。

3. 互惠和对等原则

与没有条约或协定关系的国家开展国际服务贸易，我国采取互惠或对等原则进行相互间的服务贸易，这一原则符合国际经济贸易交往的习惯性做法。

【思考题】

1. 什么是国际服务贸易？

2. 国际服务贸易的类型有哪些？

3. GATS 的透明度原则是什么含义？

4. 如何加快我国服务领域改革？

5. 2005 年 6 月 9 日，在上海召开的世界服务贸易论坛上，WTO 前副总干事、印度计划委员会安瓦鲁尔·豪达指出，开放的服务业发展进程要高于低自由度的行业，比如印度的航空业开放度低，结果不但使航空业本身发展缓慢，也阻碍了旅游业的发展；而印度电信业的开放使印度成为世界上最开放的呼叫中心和计算机服务市场，同样信息产业开放，造就了印度软件业在世界上独树一帜。

请你谈谈对安瓦鲁尔·豪达的这段话的看法。并分析如何开展我国的服务贸易？

6. 印度软件业十分发达。印度在服务业吸引外资方面最为突出的做法是，通过建立出口加工区来吸引各种离岸服务业，或建立针对服务业的科技园区。在印度，各种针对 IT 服务业的专业化科技园区（dedicated technology parks for IT services）是由各省设立的，被用来吸引各种离岸服务业企业。第一批软件科技园是 1990 年在 Bangalore、Pune 和 Bhubaneshwar 三地成立的，1991 年又设立了另外四家。在有些情况下，私人部门也可以直接从事科技园区的开发，比如，一家新加坡财团和 Tata 公司就在 Bangalore 设立了一个 IT 园区；Infosys、ICICI 金融服务和 Hughes 软件公司在 Karnataka 设立了软件园；Quark 基础设施公司与 Punjab 国家电子开发与生产公司合作在 Punjab 设立了一个科技园等，这些园区除了提供现代化的计算机与通信技术外，还推出了一系列激励措施，比如，实施"一个窗口结关"（single window clearance）机制；允许外国股权比例达到 100%；提供 5 年的免税期；进口免税；允许将软件开发活动进行分包等。

请结合服务贸易的基本特征，阐述印度在服务业吸引外资方面为什么会采取这些措施。印度的这些做法对我国服务业吸引外资有何启示？

7. 当美国人对美中贸易逆差提出颇多抱怨的同时，一个不争的事实是，美国从对华服务贸易中获取了巨额顺差和利润，而且这种顺差还呈强劲扩大之势。全球著名经济研究机构"牛津经济预测"日前发表的一份报告指出，到 2015 年，美国对华服务贸易顺差将扩大至 670 亿美元。根据这份由美中企业家理事会委托进行的调查报告，我国正成为美国服务贸易增长的支撑点。据报告估计，平均每个美国家庭将从对华服务贸易出口中获得 500 美元的收益；到 2015 年，对华服务贸易将给美国服务业新增 24 万个高薪就业岗位。

美国对华服务贸易正开始经历一个新的"增长爆发期"。美国哈佛大学肯尼迪政府学院贸易与谈判项目执行主任克雷格·范格拉斯泰克在接受新华社记者采访时表示，随着中国经济的快速发展，新兴的中国"中产阶层"已成为美国服务业最重要的潜在客户。以美国联合包裹服务公司为例，范格拉斯泰克指出，自 1988 年进入中国市场后，该公司获得了巨大的利润。而且，联合包裹服务公司的高效运输服务也带动了美国中小企业在中国市场业务的拓展，"使（美国）中小企业也可以在当今注重及时、低库存、按订单生产的时代得以发展"。

请根据本章所学知识对本案例进行相关分析。

第八章 国际社会产品责任法

【重难点提示】产品责任；产品责任法；产品责任的归责理论；产品责任的法律适用；产品责任的诉讼管辖。

第一节 产品责任法概述

随着科技的飞速发展，现代社会产品种类丰富、功能繁多、构造复杂，产品的危险程度大大增加，因产品缺陷造成的损害事故层出不穷。为此，19世纪中期以后，美国、欧盟等国家和地区，以及国际组织纷纷针对产品责任问题专门立法，逐渐形成了国际社会的产品责任法。

一、产品责任法中的产品和产品责任

(一)产品

产品是构筑产品责任法体系和确立产品责任承担的基点。

美国产品责任法确定的产品范围相当广泛。1979年《统一产品责任示范法》规定："产品是具有真正价值的、为进入市场而生产的，能够作为组装整件或者作为部件、零售交付的物品，但人体组织、器官、血液组成成分除外。"出于保护产品使用者的基本公共政策的考虑，法官们的态度倾向于采用更广泛、更灵活的产品定义。例如，在"兰赛姆诉威斯康星电力公司案"中，法院确认电属于产品；1978年"哈雷斯诉西北天然气公司案"将天然品纳入产品范围；同年，科罗拉多州法院对案件裁定，血液应视为产品。关于计算机软件，美国法认为普通软件批量销售，广泛运用于工业生产、服务领域和日常生活，与消费者利益息息相关，制造商处于控制危险较有利的地位，故将普通软件列为产品。①

欧盟界定的产品，与美国相比略微狭窄。1985年《欧洲共同体产品责任指令》规定，产品是指初级农产品和狩猎物以外的所有动产，即使已被组合在另一动产或不动产之内。初级农产品是指种植业、畜牧业、渔业产品，不包括经过加工的这类产品。各成员国可以通过国内立法，将初级农产品和狩猎物包括在产品的定义范围之内。

1993年通过的《中华人民共和国产品质量法》(于2000年修正)规定，产品是指经过加工、制作，用于销售的产品，不包括农副初级产品、建设工程、国家军工产品。

1973年，海牙国际私法会议通过的《关于产品责任的法律适用公约》(以下简称《海牙

---

① 参见金春主编：《国际商法》，北京大学出版社2005年版，第109页。

公约》）规定，产品是指"天然产品和工业产品，无论是未加工的还是加工的，也无论是动产还是不动产"。

综上所述，各国、地区及国际组织对产品责任的产品界定虽然存在差异，但是具有以下共同点：①产品一般指动产；②多数国家立法未将初级农产品列入产品责任法范围，因农产品易受自然环境因素影响，其产生的潜在缺陷难以确定缺陷来源，而且农产品没有明确的质量标准；③产品一般指有形物品。

（二）产品责任

产品责任，是指产品制造商、销售商因生产、销售有缺陷产品致使他人遭受人身伤害、财产损失所应承担的赔偿责任。

1. 产品责任由产品缺陷引起

在产品存在缺陷问题上，美国法院判决认为，缺陷是指具有不合理危险性或过分不安全，这样的产品是有缺陷的产品。考虑到包括产品说明及产品投入流通领域的时间等因素在内的所有情况，如果一项产品未能给按预期的目的给使用该产品的人提供他们有权期待的人身或财产的安全，那么该项产品即是缺陷的产品。因此，美国产品责任法中所指的产品缺陷是产品不安全、有危险性。

《欧洲共同体产品责任指令》规定，如果产品不能提供一般消费者有权期望得到的安全，该产品就被认为是有缺陷的产品，在确定产品是否有缺陷时，要考虑到各种情况，包括产品的状况、对产品的合理预期的使用，以及产品投入流通的时间等。

《中华人民共和国产品质量法》采用产品质量责任的概念。产品质量是指国家有关法律法规、质量标准以及合同规定的对产品适用、安全和其他特性的要求；产品质量责任是指产品的生产者、销售者违反了上述要求，给用户、消费者造成损害而应依法承担的法律后果，包括民事、行政和刑事责任。其中，承担民事责任包括承担产品瑕疵担保责任和产品侵权赔偿责任。

2. 产品责任是一种侵权责任

产品责任法调整因产品存在缺陷而引起人身或财产损害的赔偿关系，属于侵权责任。产品责任的侵权责任说，突破了传统的契约原则。国际社会一般规定因产品质量引起的人身或财产损害，才适用侵权责任损害赔偿，而不包括单纯的产品本身的损害，单纯的产品本身的损害由合同法调整。

3. 产品责任具有损害（失）赔偿性

产品责任具有损害赔偿性，包括人身损害赔偿、财产损失赔偿、产品自身损害及纯经济损失赔偿。各国和国际组织在确定缺陷产品造成的人身损害赔偿时，通常适用一般侵权赔偿原则。《德国民法典》第843条规定，因侵害他人身体或健康以致被害人因此丧失或减少劳动能力，或增加生活上的需要者，对被害人应以支付金钱定期金，给予损害赔偿。产品责任中的财产损失赔偿是缺陷产品造成缺陷产品之外的其他财产损失，包括直接物质损失和间接资金损失的赔偿。各国和国际组织在处理产品责任中的产品自身损害及纯经济损失赔偿上存在不同见解：美国立法确立产品自身损害除产品毁损灭失外，还包括产品本身价值的减少、不堪使用、必须修缮或丧失营业利益等；《海牙公约》规定，有限制地允许产品自身损害的赔偿为损害赔偿请求项目；而其他国家立法及公约则对此无规定。

二、产品责任法

(一)产品责任法的概念

产品责任法，是调整产品的制造商、销售商与消费者或用户之间因产品缺陷而导致损害赔偿的法律规范的总称。也即，如果由于产品有缺陷而致使消费者或用户人身、财产遭受伤害或损失，则制造或销售产品的制造商、销售商要对用户或消费者承担损害赔偿责任。

本概念可以从三个方面理解：

①产品责任法是调整因产品缺陷而导致损害赔偿时所发生的权利义务关系。

②产品责任法基本上属于带有强制性的公法范畴。产品责任法的责任原则一般是强制性法律规范，当事人以合同或单方面声明等方式排除的行为无效。

③产品责任法立法的目的旨在保护用户和消费者的权益。

目前，世界各国关于产品责任的立法模式，大体有三种：一是扩大解释，适用合同法、侵权法中的有关规则，如法国、荷兰等；二是在相关立法中，对产品责任作出若干规定，如英国在1987年发布的《消费者保护法》第1章规定"产品责任"，实际上是英国的产品责任法；三是制定专门的产品责任法，如希腊、意大利在1988年，卢森堡、丹麦、葡萄牙、德国在1989年，荷兰在1990年，比利时、爱尔兰在1991年，中国在1993年分别制定了本国的产品责任法。目前，国际社会产品责任法已经成文化、专门化。

(二)产品责任法的产生与发展

产品责任法最早以判例的形式出现在工业化进程较早的英美国家，最初在英国的习惯法中，要求制造商和销售商对产品承担谨慎之责。1842年"温特伯顿诉赖特案"是英国，也是世界产品责任制度的发端，该案确立了处理产品责任案件"无合同、无责任"的原则，即在没有合同关系的情况下，缺陷产品的提供者对于受害人既不承担合同责任，也不承担侵权责任。这项原则在英美法系国家中奉行了近百年。

随着现代工业的发展，人类社会开始由卖方利益为中心转向买方利益为中心，从以制造商利益为中心转向以消费者利益为中心。"无合同、无责任"的产品责任处理原则由于自身的局限性已不适应经济发展的需要。20世纪20年代开始，美国和英国都相继在司法实践中打破产品责任契约关系的理论界限，开始以侵权法中的疏忽责任原则来确定制造商和销售商的产品责任。

现代意义上的产品责任法产生于美国。第二次世界大战后，美国科学技术迅速发展，新工艺、新技术使生产程序和产品结构更加复杂，消费者和使用者单凭自己的知识和经验来鉴定产品的质量和性能、防止产品责任事故的发生已不太可能，同时，产品缺陷导致的伤亡事故和财产损失日益增多，社会安全受到威胁，美国产品责任立法从传统的侵权行为法和合同法中脱胎出来，成为一种特殊侵权行为法。

20世纪60—70年代，为了更有效地保护消费者的利益，世界各国制定了本国产品责任法，并且逐渐将产品责任纳入严格责任的范畴来处理。为了减少不同国家之间在产品责任立法上的冲突，欧洲联盟、海牙国际私法协会等国际组织相继拟定了产品责任的国际公约，逐步形成了国际社会产品责任法。

第二节 美国产品责任法

美国产品责任法是目前世界上发展最迅速、完备、具有代表性的产品责任法。在西方国家中，美国的产品责任法在客观上起着示范作用。

一、美国产品责任法立法概况

美国产品责任法分为判例法和制定法。

美国产品责任法以判例法为主，判例确立了美国产品责任的归责原则及基础，经历由契约责任到过失侵权责任、严格责任的发展阶段。第一阶段从 1842 年"温特伯顿诉赖特案"至 1916 年"麦克弗森诉比克汽车公司案"，为契约责任阶段；第二阶段从 1916 年"麦克弗森诉比克汽车公司案"到 1963 年"格林曼诉尤巴电器公司案"，为过失侵权责任阶段；第三阶段，从 1963 年"格林曼诉尤巴电器公司案"至今，为严格责任阶段。

【案例 8-1】

温特伯顿诉赖特案(1842 年)①

温特伯顿是英国驿站长雇用的一名马车夫。驿站长与赖特订立了一份合同，约定由赖特提供一辆安全的马车供驿站长运送邮件。赖特按照约定将马车交给驿站长，驿站长让温特伯顿驾驶马车运送邮件。温特伯顿在驾驶时，马车的一个轮子突然塌架，温特伯顿受伤。为此，温特伯顿向赖特提起损害赔偿诉讼，要求赔偿损失。被告赖特认为原告温特伯顿不是合同的当事人，不予赔偿。法院认为，尽管损害事实是由赖特提供的马车造成的，产品责任仅仅存在于合同的当事人之间，对于非合同的当事人的损害，商品的制造者或提供者无须赔偿。法院判决原告温特伯顿败诉，由此确立了"无合同，无责任"的原则。

【案例 8-2】

麦克弗森诉别克汽车公司案(1916 年)②

麦克弗森从汽车经销商处购买了一辆由别克汽车公司制造的汽车，麦克弗森在驾驶该车行驶时，因汽车轮胎破裂，被抛出汽车而受伤。麦克弗森遂起诉别克汽车公司要求赔偿。别克汽车公司认为麦克弗森受伤是因为汽车轮胎爆炸造成的，而轮胎不是别克汽车公司制造的，而是另一家公司制造的，因而别克汽车公司不应赔偿。而证据表明，轮胎上的问题是稍经检查就可以被发现的，别克汽车公司在购买轮胎时未认真检查。审理此案的纽约州最高法院法官卡多佐认为，制造商对商品的制造没有尽到注意义务。法官判决别克汽车公司负疏忽责任，给予原告赔偿。本案确立了过失侵权责任原则。

---

① 案例引自冯大同：《国际商法(新编本)》，对外经济贸易大学出版社 2011 年版。

② 案例引自刘静：《试论判例法的适用方法》，载《法律适用》2000 年第 4 期。

【案例 8-3】

格林曼诉尤巴电器公司案(1963 年)①

格林曼的妻子买了一件多功能电锯送给格林曼,该电锯是由尤巴电器公司生产的。当原告格林曼按照说明书的要求使用这个工具锯木时,因零件从工具中蹦出击中原告头部,导致原告受伤,原告提起诉讼要求赔偿。经检查,该电锯属于缺陷产品。法院在判决中创设了著名的格林曼规则:"当一个制造商将一件产品投放到市场时,若其明知它将不经检查缺陷而使用,如果此项产品表明含有致使人受到伤害的缺陷,那么该制造商在侵权方面负有严格责任。"

美国的与产品责任有关的成文法主要是州法,各州产品责任法各有差异。美国联邦统一立法主要是美国法律协会(ALI)于 1972 年修订的《统一商法典》中的"产品责任—担保责任"部分、美国商务部 1979 年公布的供各州自愿采用的《统一产品责任示范法》;此外,联邦政府通过的《联邦食品、药品、化妆品法》、《消费品安全法》(1972 年)等单行法也有关于产品责任的规定。美国法学会《第二次侵权行为法重述》(1965 年版)在统一各州的产品责任法方面也起着重要作用。

二、美国产品责任法的规定

(一)产品责任主体

产品责任主体,是指产品责任的承担者。美国采取复合主体说,认定产品制造商或销售商为产品责任人,并分别界定其范围。实践中,美国关于产品责任主体认定比规定的范围要广得多。20 世纪 70 年代末,针对案件的受害人证明损害是由某一特定缺陷产品引起,但是,同时有多个生产者生产同类产品投放市场,难以确认该产品的生产者的情况,美国法院判例确认同类产品生产者均为被告,各被告根据其产品占有的市场份额承担赔偿责任,所占市场份额越大,其所获利润越多,承担的赔偿数额也越大。

(二)产品责任的归责原则及基础

产品责任的归责原则及基础,又称产品责任的诉讼依据,是产品责任承担的核心,也是产品责任法从传统侵权法等私法分离,成为现代经济法的组成部分的决定性因素。在美国,如果消费者使用有缺陷产品遭受损害,向法院起诉要求获得赔偿时,必须援引四大归责原则之一作为要求责任者承担产品责任的依据。

1. 疏忽责任原则

疏忽责任原则,又称过失责任原则,是指产品的制造商或销售商由于主观上的疏忽,导致产品有缺陷,并造成产品的消费者或使用者受到损害,对此,产品制造商或销售商应该对其疏忽承担赔偿责任。疏忽责任在英美法上是一种侵权行为,产品缺陷的受害人以疏

---

① 案例引自牟俊宇等:《我国产品严格责任原则的适用及影响——以法学与经济学视角》,载《中国对外贸易》2012 年第 7 期。

忽为理由提起诉讼时，原告和被告之间不需要有直接的合同关系。但是，原告应负有举证的责任，必须证明：

(1)被告负有"合理注意"的义务

根据美国法律对疏忽认定的标准，如果一个产品供应者没有像"一个理智和谨慎"的人那样尽"合理注意"的义务，那么就是有疏忽的，应对这种疏忽造成的损害承担责任。

(2)被告没有尽到"合理注意"的义务

根据美国《侵权行为法重述》的规定，原告在主张权利时，要从三方面举证：①被告对已经预见或者可以预见的产品缺陷未给予必要的提醒或警示；②被告没有认真充分地检查产品的质量，导致产品缺陷的存在；③被告的生产或设计不合理或有明显的危险，或达不到工业产品的通常标准。

(3)由于被告的疏忽造成原告的损害

被告的疏忽造成原告的损害，即证明损害与使用缺陷产品有因果关系。疏忽责任突破了传统的契约原则，可以更公平地保护产品受害人的合法权益，但是，原告仍然负有证明产品制造人有过失的义务。然而，现代产品加工工艺和制作方法日益复杂，产品制造过程始终控制在制造商的手中，用户和消费者受专业技能的限制，要举证产品存在缺陷、被告未尽合理注意的义务存在着较多的困难。

2. 担保责任原则

担保责任原则，是指由于制造商或销售商违反了对货物明示担保或者法律规定的默示担保，致使产品有缺陷，使消费者的人身或财产受到损害，对此，制造商或销售商应该对其担保承担赔偿责任。美国《统一商法典》将卖方的品质担保义务区分为明示担保和默示担保，明示担保基于当事人的意思表示，一般多见于制造商或销售商的产品符合规定标准的声明，如产品标签、广告、使用说明；默示担保不是基于制造商或销售商的口头或书面表示，而是根据法律产生的担保责任，分为适用通常目的性和适合特定用途的默示担保。

担保具有合同法的性质，违反担保之诉是根据买卖合同提起的诉讼，原告和被告之间须有合同关系。即如果卖方违反担保义务，原则上只有买方才能起诉卖方，买方以外的任何人都无权对卖方起诉；而且，买方只能起诉卖方，而不能起诉卖方以外的其他人。因此，在担保责任原则下，原告须证明：①伤害与损害的发生；②产品存在缺陷；③缺陷是伤害的近因；④确实存在担保以及被告违反了担保；⑤原告是担保的受益人或第三方受益人。

3. 误示责任原则

误示责任原则，是指销售商通过广告、报纸、杂志、电视、电台或其他方式向公众宣传其产品时，对产品的特征和性质作了不正确的表示，以致消费者产生错误判断并购买、使用该产品而受到损害时，销售商应承担侵权责任。

美国《侵权行为法重述》第402条规定，误示责任以侵权行为之诉为特征，原、被告之间无须存在合同关系，但是，原告需要证明被告通过宣传向公众作了不符合实际情况的表示，而使其信以为真，购买、使用了与表示不符的产品，以致造成损害。

4. 严格责任原则

(1)严格责任原则的含义

严格责任,又称为侵权法上的无过失责任,是指只要产品存在缺陷,对用户和消费者具有不合理的危险,并因此而使人身或财产受到损害,该产品的制造商或销售商就应负赔偿责任。

严格责任最早由美国创设,1963 年加州最高法院在"格林曼诉尤巴电器公司案"中首次确立了严格责任原则。严格责任是一种侵权责任,无须原、被告之间存在合同关系,凡产品的受害人,无论是买主还是第三人,都可以追究产品的制造商、销售商的责任。以严格责任为由进行诉讼,顺应了保护消费者权益的时代潮流。但是,并不意味着在严格责任原则下,原告可以不负任何举证责任而轻易获得赔偿。

原告以严格责任为基础要求被告承担产品责任时,必须证明三点:①产品存在缺陷。根据《侵权行为法重述》的规定,受害人须进一步证明产品的缺陷给消费者或使用者带来了不合理的危险;②产品出厂时缺陷已经存在;③损害与产品缺陷之间存在因果关系。

(2)美国产品严格责任原则的新发展

在严格责任原则下,产品的制造商或销售商要对自己制造或销售的有缺陷的产品承担责任,但当消费者不能确定确切的制造商或销售商时,就难以主张权利。为了保护无辜的消费者,1980 年美国加利福尼亚州上诉法院在"辛德尔诉阿伯特实验室案"中确立了严格责任下的市场份额责任。

在"市场份额责任"下,允许消费者对有缺陷产品的所有制造商按产品出售时占有的市场份额请求分摊责任,即依照市场份额责任原则来处理案件。市场份额责任所依据的是在一定时期内,生产者投入市场的某种产品的数量与同种产品的市场总量的比例,而无须指明具体的被告。

【案例 8-4】

辛德尔诉阿伯特实验室案(1980 年)①

1941—1971 年,美国 200 余家制药公司生产一种称为"DES"的药物,该药物用来给孕妇服用以预防胎儿流产。20 世纪 60 年代后期,人们发现那些服用过 DES 的妇女容易得子宫颈癌。1971 年,美国主管当局下令阿伯特以及其他制造商停止销售这种药品。许多妇女以母亲曾服用过这种药物而受到了伤害为由对 DES 的制造商提出起诉。但是,由于从母亲服用该药到发病之间时间太长,无法确定 200 余家制造商与具体受害人之间的联系。加州最高法院认为,原告是无辜的,而被告的行为存在过失,法院判决被告根据原告母亲服用 DES 期间所占的生产和销售的市场份额比例承担相应的赔偿责任。

---

① 案例引自马新彦、孙大伟:《我国未来侵权法市场份额规则的立法证成——以美国侵权法研究为路径而展开》,载《吉林大学社会科学学报》2009 年第 1 期。

（三）产品责任的抗辩

在产品责任诉讼中，对于原告的指控，被告可以提出抗辩，要求减轻或免除责任。被告提出抗辩的理由因原告起诉的诉因不同而不同。产品责任的抗辩主要基于如下几种情况。

1. 对过失责任的抗辩

（1）原告自己的过错行为

受害人因自己的过错而对加害产品的缺陷未能发现，或对缺陷可能引起的损害未能适当加以预防时，应承担一部分责任。也即，原告负有保护自己安全的义务，如果疏忽大意未能发现或者阻止本能避免的损害，就应对此承担责任。

【案例 8-5】

特尔克拉诉麦克伍斯案（1977 年）①

原告在操作一台由被告公司生产的印刷机时未使用安全保护装置而导致事故发生并受伤。法院认为原告未使用安全装置的事实证明他自己存在过错，因此，判决原告败诉。

为避免因原告一旦存在过错就可能完全丧失取得任何赔偿的权利的不公平结果，美国《第三次侵权行为法重述》中有"责任分担"的抽象规则，即当原告和被告都存在过错的情况下，法院并非要么允许原告获得全部赔偿，要么禁止原告获得任何赔偿，而是根据原告的疏忽行为在导致伤害发生的原因中所占的比例，减少原告原应得到的赔偿额，例如，原告可得到的赔偿额为 10 万美元，但由于原告过错占损害因素的 20%，法院可减去其 20% 的赔偿额，使其只能得到 8 万美元。

（2）自冒风险

自冒风险是指被害人原可预见损害之发生而又自愿冒损害发生之危险，而损害果真不幸发生，被害人应当承受损害的规则。

【案例 8-6】

高伯乐斯诉西部滚轧机公司案（1976 年）②

原告因使用一台由被告生产的碾米机受伤，而起诉被告。原告明知玉米未晒干就进行加工会发生危险，但仍使用该机器加工，法院以自冒风险为由判决原告败诉。

解析：原告明知产品有危险，仍故意加以使用致使其受到损害时，责任应当由原告自己承担。

（3）明显的危险或非正常使用

---

① 案例引自冯大同：《国际商法（新编本）》，对外经济贸易大学出版社 2011 年版。
② 案例引自冯大同：《国际商法（新编本）》，对外经济贸易大学出版社 2011 年版。

此种情况下，损害完全是由于受害人的故意造成的，即受害人故意的行为是损害发生的唯一原因。如果被告能够证明自己的产品没有缺陷，并且能够证明损害因受害人故意造成，应当免除责任。

2. 对违反担保责任的抗辩

担保责任是一种契约责任，被告可能提出的抗辩理由有：①原告与被告之间没有合同关系；②损害发生后，原告没有在合理的时间内告知被告；③有关的文字和内容仅为商业宣传，不构成一种对消费者信赖的担保。

3. 对误示责任的抗辩

（1）吹嘘

如果被告能够证明其对产品的说明仅仅只是一种主观上的看法、观点，明显具有吹嘘或夸耀的意思，那么原告将难以依据误示责任得到赔偿。

【案例 8-7】

伯克比尔家属诉布兰特利直升机公司案①

伯克比尔在驾驶由被告公司生产的直升机飞行时因飞机坠毁而死亡。原告以被告公司在一则广告中将其飞机描述为"安全、可靠、易操作，并且是一种初学者与职业飞行员都认为性能极好的飞机"为由，向被告提起诉讼，要求赔偿。法院却认为上述文字并未构成对飞机主要事实的错误说明，而仅仅是为了推销产品所作的一般吹嘘，因此判决被告胜诉。

（2）原告没有依赖错误说明

在误示责任下，原告必须证明被告对其产品作了实质性的错误说明，并且原告合理地依赖这种误示。如果被告能够证明原告并没有依赖于其错误说明，或者被告的误示对原告决定购买和使用产品所起的作用并非决定性的，法院就将判决原告败诉。

4. 对严格责任的抗辩

虽然严格产品责任对消费者保护最为有利，但是，被告仍可以下列理由进行抗辩：

①原告未将其产品投入流通；

②产品投入流通时缺陷并不存在；

③一般人很容易发现缺陷的存在；

④被告已经对缺陷产品作了充分的说明和指示；

⑤原告自行改变产品的结构和用途；

⑥原告明知危险而使用缺陷产品。

（四）美国产品责任诉讼中的损害赔偿

美国《统一产品责任示范法》规定损害包括财产损害、人身损害、疾病和死亡以及由此引起的精神痛苦或情感伤害，财产损害的范围不包括直接或间接的经济损失。实

---

① 案例引自冯大同：《国际商法（新编本）》，对外经济贸易大学出版社 2011 年版。

践中，法院对人身损害赔偿判定的数额较大，精神损害赔偿占大部分。美国产品责任法的特色之一是规定了惩罚性赔偿，惩罚制造销售中的恶意、轻率行为，预防类似行为发生。

1. 对人身损害的赔偿

根据美国 1981 年《产品责任风险保留法案》和《统一产品责任示范法》，人身损害包括：受害人过去和将来的必要合理的医疗费用开支、受害人生计上的损失以及失去谋生能力的补偿、受害人肉体伤害的痛苦和精神上的痛苦。

司法实践中，美国法院对受害人人身损害赔偿判定的数额较大，往往大于实际支出的医疗费用及其他实际开支，并且对精神痛苦的赔偿额占赔偿总额的大部分。此外，规定赔偿金额须一次性支付，不得扣除受害人可能从其他方面获得的任何补偿或津贴，如保险赔偿或社会救济金等。

2. 对财产损害的赔偿

产品责任法上的财产损害通常是指缺陷产品以外的其他财产的损坏、毁灭，而对产品自身则依据买卖合同获得赔偿。

财产损害的赔偿一般只是受到损坏的财产的直接损失，但是，1981 年《产品责任风险保留法案》将间接财产及因财产损害而不能使用该财产所产生的损失，如交通工具被损坏不能投入运营、机器设备被损不能投入生产等丧失的营业收入列入财产赔偿的范围，并在法院判决中得到支持。

3. 惩罚性赔偿

惩罚性赔偿是美国产品责任法的一项重要制度，美国《统一产品责任示范法》第 120条规定："原告通过明显的令人信服的证据证明，由于销售商对产品使用者、消费者或可能受到产品损害的其他人员的安全采取轻率漠视的态度，致使原告受到损害，原告可以得到惩罚性赔偿。"惩罚性赔偿是作为补偿性赔偿之外的附加赔偿。

美国《统一产品责任示范法》对产品责任的损害赔偿数额未设限制。实践中，产品责任案件的赔偿额逐年上升，法院判处高额赔偿金的现象相当普遍，以致部分制造商和销售商不堪重负。

（五）诉讼管辖与法律适用

确立产品责任的管辖权是受理产品责任案件首要解决的问题，在涉外产品责任纠纷中，存在法律适用问题。

1. 产品责任的诉讼管辖

美国的涉外产品责任诉讼，早期采用"实际控制"原则，即要求被告应在管辖法院的辖区内。后来美国各州相继采用"长臂法"，又称伸长司法管辖，即法院对不居住在本辖区内的被告（往往是外国的出口商或制造商）拥有司法管辖权。具体管辖权的标准各州法律规定不一致，一般采用"最低限度的接触"标准。"最低限度的接触"，通常是指被告经常直接地或通过代理人在该州境内从事商业活动，或因其作为或不作为在该州境内造成了损害。

【案例8-8】

格雷诉美国散热器标准浴缸公司案(1961年)①

宾夕法尼亚州某制造厂生产的加热器在伊利诺斯州发生爆炸,造成购买者格雷受到损害。其原因是该加热器阀门有缺陷,而阀门是俄亥俄州散热器标准浴缸公司生产并提供的。伊利诺斯州法院认为,零件制造商的销售活动已充分构成与伊州的"接触关系",因此,伊州法院有管辖权。

美国"长臂法"管辖原则对美国产品责任法的发展起到了重要作用,它对原告十分有利,原告不仅能选择最方便的法院,还可以选择最有利的法律;相反,该原则对被告,特别是国外被告不利。

2. 产品责任的法律适用

产品责任诉讼中的法律适用,是指一国法院在审理产品责任案件时,应适用哪国法律来确定双方当事人的权利和义务。

(1)损害发生地法律

依据美国冲突法规则,通常适用损害发生地的法律来确定当事人的责任,即产品在什么地方对用户或消费者造成了损害,就适用该地的法律。但近年来,该项原则受到批评,特别是在涉及汽车事故的产品责任案件中,由于汽车到处行驶,经常跨州跨国,如果完全以损害发生地的法律来确定汽车制造商或销售商的责任,对受害者不利。

(2)对原告最为有利地的法律

近年来,美国一些有影响的州,如纽约州和加利福尼亚州不再坚持适用损害发生地的法律,而转为适用对原告最为有利地的法律,以保护原告的利益。

3. 产品责任的诉讼时效

诉讼时效是平衡制造商、销售商利益和用户、消费者利益,稳定社会经济关系的重要法律手段。

美国各州对产品责任诉讼时效的起算方法有较大差异,故《统一产品责任示范法》建议,一般诉讼时效为2年,从原告发现或者在谨慎行事情况下应当发现产品的损害及其原因时起算。《统一产品责任示范法》还通过规定以产品的安全使用期来反映最长诉讼时效,即规定10年为最长责任期限,除非明示的产品安全使用期长于10年。

第三节　欧洲产品责任法

欧洲产品责任法,是指除英国外,欧洲绝大部分属于大陆法系国家的产品责任法。

一、欧洲产品责任法立法概况

20世纪中期以前,欧洲无专门的产品责任法,"它们的法院主要是通过引申解释民法

---

① 案例引自徐春林、李玉香:《国际商法》,清华大学出版社2006年版。

典有关规定来处理产品责任案件。"①自 20 世纪 70 年代初，在欧共体的推动下，欧洲各国日益重视产品责任的研究和立法。1976 年欧洲委员会通过了世界上第一个产品责任的实体法规范《关于人身伤亡的产品责任公约》(Convention on Products Liability in regard to Personal Injury and Death)。1985 年 7 月，欧共体理事会通过了《欧洲共同体产品责任指令》(E. E. C. Direction on Product Liability，以下简称《指令》)。《指令》是欧共体统一产品责任法律制度的重要内容之一，要求各成员国在 1988 年 8 月 1 日以前使其国内法符合《指令》的有关规定，但允许各成员国对相关规定有取舍的余地。

20 世纪 80 年代，大陆法系各国相继制定了本国的产品责任法，如希腊、意大利、卢森堡、丹麦、葡萄牙、德国、荷兰、比利时、爱尔兰等国，标志着欧洲产品责任法的成文化、专门化趋势。

欧洲各国产品责任法吸收了国际社会产品责任法成果，具有一些较为共性的特征，包括：对产品责任适用严格责任原则，提高制造商对产品的责任，强调保护用户和消费者的利益；规定制造商的赔偿最高限额，防止用户和消费者索赔漫无止境，维护制造商的正当利益，在制造商与消费者之间寻求权益的平衡；规定适当的时效，避免国家侵权行为时效过长，使各方法律关系长期处于不稳定状态的现象等。

二、《欧洲共同体产品责任指令》的主要内容

(一)产品责任的主体

《指令》采取单一主体说。《指令》第 1 条规定，"制造商应对有缺陷的产品所引起的损害承担责任"；并对制造商做扩大解释，包括：制成品的制造者；任何原材料的生产者；零部件的制造者；任何将其名称、商标或其他识别标志置于产品之上的人；任何进口某种商品在共同体内销售、出租、租赁或在共同体内以任何形式经销该产品的人；如果不能确认谁是生产者，则该产品的供应者即被视为制造商，除非受损害的消费者在合理的时间内获得查出谁是制造商的通知。

《指令》把在商业活动过程中，以销售、出租或其他形式的分销为目的，将产品输入欧盟的任何进口者视为制造商，并规定在不影响制造商产品责任的前提下，承担与制造商相同的产品责任，因此，从事向欧洲进出口贸易的外国制造企业和外贸企业，也应受《指令》约束。

(二)产品责任的归责原则和抗辩事由

《指令》要求各成员国通过各自国内立法对引起损害的有缺陷的制造商实行严格责任。遭受损害的消费者只需证明产品存在缺陷，该缺陷的存在与其所遭受的损害之间有因果关系，就可以依法要求制造商给予损害赔偿，而无须证明制造商有过错。这与美国的严格责任原则相同。

《指令》在为制造商设定了严格产品责任原则的同时，亦赋予制造商相当的抗辩。该《指令》规定，制造商能证明下列情形之一的，不承担产品责任：

①制造商未将产品投入流通；

---

① 参见冯大同：《欧洲产品责任法的新发展》，载《中国法学》1992 年第 1 期。

②引起损害的缺陷在产品投入流通时并不存在；

③产品并非由制造商出于商业或经济目的而制造或销售；

④制造商为使产品符合政府机构发布的强制性法规而导致产品存在缺陷；

⑤制造商将产品投入流通时的科技水平尚不能发现缺陷的存在。而作为零部件的制造商，能够证明缺陷是由于装有该零部件的产品的设计或制造的指示所造成，即不承担产品责任。

（三）产品责任的损害赔偿

1. 损害赔偿的范围

《指令》规定的损害赔偿包括人身损害和财产损害。同时，允许各成员国对非物质损害，即精神损害予以规定。在财产损害方面，规定仅限于缺陷产品以外属于通常用于个人使用或消费的财产，排除了为商业目的使用的财产损害。

《指令》对用于个人使用或消费的财产因缺陷产品致损，受害人可获得赔偿，排除商业性损失的赔偿，这是欧洲各国以及国际产品责任立法的共同之处。对于人身损害赔偿，各国立法和国际产品责任立法均作出规定，但对于精神损害赔偿，欧洲各国的立法规定不尽一致。

2. 损害赔偿的最高数额

《指令》允许各成员国在立法中规定，制造商对同类产品的同样缺陷造成的人身伤害或死亡的总赔偿额，不得多于 7000 万欧洲货币单位。规定赔偿最高限额是因为对制造商已经采取了严格责任原则，如不规定损害赔偿限额，让制造商承担过重的赔偿责任，将影响新产品的开发，不利于经济发展。《指令》同时规定，损害是指财产损失，但其价值不得低于 500 欧洲货币单位，即低于此者，不认为是《指令》所称的"损害"。《指令》未规定间接经济损失的赔偿责任，也不允许受害方索取精神赔偿。

3. 举证责任

《指令》规定，制造商应当对其产品的缺陷造成的损失负责。受害人应当对损害、缺陷及两者之间的因果关系负举证责任。

4. 时效

《指令》规定，受害者应当在制造商将因其缺陷产品投入之日起 10 年内起诉，并且要求各成员国必须在立法中规定提起损害赔偿诉讼的时效，该诉讼时效为 3 年，从原告知道或理应知道受到损害、产品有缺陷以及获悉谁为制造商之日起开始计算。如果受害者没有在有效的诉讼期内提起诉讼，那么被告就可以时效已过为由行使抗辩。

第四节　中国产品质量法

我国采用产品质量、产品质量责任的概念。产品质量责任与产品责任是两个相关却不相同的概念，两者都是经营者违反产品质量法应承担的法律责任，但是，产品责任专指因产品缺陷引起的赔偿责任，而产品质量责任包括产品质量管理与产品质量责任。

一、产品质量法的概念

产品质量法是指调整在生产、流通以及监督管理过程中，因产品质量而发生的各种经济关系的法律规范的总称。产品质量是指国家有关法律法规、质量标准以及合同规定的对产品具有适用、安全和其他特性的要求。

1993年2月22日，全国人民代表大会常务委员会通过《中华人民共和国产品质量法》（以下简称《产品质量法》），该法于2000年7月8日经第九届全国人民代表大会常务委员会第十六次会议修正。《产品质量法》的适用主体是在中华人民共和国境内从事产品生产、销售（包括销售进口商品）的生产者、销售者、用户、消费者以及监督管理机构。

1. 产品

《产品质量法》规定，本法所称产品是指经过加工、制作，用于销售的产品，不包括农副初级产品、建设工程、国家军工产品。天然的物品、非用于销售的物品，不属于该法所说的产品；建设工程、军工产品由于在质量监督管理方面的特殊性，被排除在该法所称的产品范围之外，由专门的法律调整；核设施、核产品造成损害的赔偿责任，法律、行政法规另有规定的，依照其规定。

2. 产品质量

借鉴国际标准化组织（ISO）规定的产品质量的定义，产品质量是产品能满足规定的或者潜在需要的特性和特性的总和。所谓特性总和是指在标准中规定的产品的安全性、适用性、可靠性、维修性、有效性、经济性等质量指标，它代表了产品的质量状况。根据产品标准进行检验，符合标准的即是合格产品，方可认为达到了质量要求。

3. 产品质量责任

产品质量责任，是指产品的生产者、销售者以及对产品质量负有直接责任的人违反产品质量法规定的产品质量义务应承担的法律后果。在下列三种情况下，应承担产品质量责任。

（1）违反默示担保义务

默示担保义务，是指法律、法规对产品质量所作的强制性要求，要求生产、销售的产品具有安全性和普通公众期待的使用性能。违反该义务，无论是否造成消费者的损失，均应承担产品质量责任，即使当事人之间有合同约定，也不能免除和限制这种义务。

（2）违反明示担保义务

明示担保义务，是指生产者、销售者以各种公开方式，就产品质量向消费者所作的说明或者陈述，如订立合同、制定产品标识及说明书、展示实物样品、广告宣传等。一旦生产者、销售者以上述方式明确表示产品所依据和达到的质量标准，就产生了明示担保义务。如果产品质量不符合明示标准，必须承担相应的法律责任。

（3）产品存在缺陷

产品缺陷，是指产品存在危及人身、财产安全的不合理危险；产品有国家标准、行业标准的，不符合国家、行业标准。《产品质量法》保留了安全性条款，且将产品标准条款引入产品缺陷领域，使产品缺陷认定在许多场合下变得更容易，亦更有利于对消费者权利的保护。

二、产品质量管理

《产品质量法》规定，国务院产品质量监督管理部门负责全国的产品质量监督管理工作，县级以上地方人民政府管理产品质量监督工作的部门负责本行政区域内的产品质量监督管理工作，依法查处生产、销售伪劣商品等质量违法行为。

1. 产品质量标准

《产品质量法》第 13 条规定："可能危及人体健康和人身、财产安全的工业产品，必须符合保障人体健康和人身、财产安全的国家标准、行业标准；未制定国家标准、行业标准的，必须符合保障人体健康和人身、财产安全的要求。"国家对少量的直接涉及人身安全、健康的产品发放生产许可证。

2. 企业质量体系认证

《产品质量法》第 14 条第 1 款规定："国家根据国际通用的质量管理标准，推行企业质量体系认证制度。"企业质量体系认证，是指通过认证机构的独立评审，对于符合条件的，颁发认证证书，证明该企业的质量体系达到相应的标准。企业根据自愿原则向国务院产品质量监督部门认可的，或者国务院产品质量监督部门授权的部门认可的认证机构申请企业质量体系认证，国家根据先进的产品标准和技术要求进行审查。

3. 产品质量认证

《产品质量法》第 14 条第 2 款规定："国家参照国际先进的产品标准和技术要求，推行产品质量认证制度。"产品质量认证，是指通过认证机构的独立评审，对于符合条件的，颁发认证证书和认证标志，证明某一产品达到相应标准。

4. 产品质量监督检查制度

根据《产品质量法》第 15 条的规定，国家对产品质量实行以抽查为主要方式的监督检查制度。经检查不合格的，质量技术监督部门有权依法作出处理，包括警告、罚款、责令停止生产或销售。

三、产品质量责任

(一)产品质量责任的归责原则

归责原则，是指确定行为人承担法律责任的理由和根据。《产品质量法》对生产者、销售者的产品缺陷责任分别作了不同的规定。

1. 生产者的严格责任

因产品存在缺陷造成人身、他人财产损害的，生产者应当承担赔偿责任。也即，无论生产者处于什么样的主观心理状态，都应承担赔偿责任。但严格责任不同于绝对责任，它仍然是一种有条件的责任。《产品质量法》同时规定了法定免责条件，包括：①未将产品投入流通的；②产品投入流通时，引起损害的缺陷尚不存在的；③将产品投入流通时的科学技术水平尚不能发现缺陷存在的。

2. 销售者的过错责任

由于销售者的过错使产品存在缺陷，造成人身、他人财产损害，销售者应当承担赔偿责任。但是，销售者能够证明自己没有过错，则不必承担赔偿责任。销售者不能指明缺陷产品的生产者，也不能指明缺陷产品的供货者的，应当承担赔偿责任。

（二）生产者、销售者的产品质量义务

1. 生产者的产品质量义务

（1）产品质量应符合的要求

①不存在危及人身、财产安全的不合理危险，有国家标准、行业标准的应当符合该标准；

②具备产品应当具备的使用性能，但是对产品存在使用性能的瑕疵作出说明的除外；

③符合在产品或者其包装上注明采用的产品标准，符合以产品说明、实物样品的方式表明的质量状况。

（2）产品包装及标识应符合的要求

①特殊产品（如易碎、易燃、易爆的物品，有毒、有腐蚀性、有放射性的物品，其他危险物品，储运中不能倒置和有其他特殊要求的产品）标识、包装质量必须符合相应的要求，依照规定作出警示标志或者中文警示说明；

②普通产品，应有产品质量检验的合格证明，有中文标明的产品名称、生产厂的厂名和地址；根据需要标明产品规格、等级、主要成分；限期使用的产品，应标明生产日期和安全使用期或者失效日期；产品本身易坏或者可能危及人身、财产安全的产品，有警示标志或者中文警示说明。

（3）不得违反的禁止性规定

①不得生产国家明令淘汰的产品；

②不得伪造产地，不得伪造或者冒用他人的厂名、厂址；

③不得伪造或者冒用认证标志、名优标志等质量标志；

④不得掺杂、掺假，不得以假充真、以次充好，不得以不合格产品冒充合格产品。

2. 销售者的产品质量义务

（1）进货验收义务

销售者应当建立并执行进货检查验收制度。该制度相对于消费者及国家市场管理秩序来说是销售者的义务，相对于供货商来说则是销售者的权利。进货验收制度，不仅可以防止不合格产品进入市场，而且能为准确判断和区分生产者及销售者的产品质量责任提供依据。

（2）保证产品质量的义务

销售者进货后应对保持产品质量负责，防止产品变质、腐烂，丧失或降低使用性能，产生危害人身、财产的瑕疵等。如果进货时的产品符合质量要求，销售时发生质量问题的，销售者应当承担相应的责任。

（3）有关产品标识的义务

销售者在销售产品时，应保证产品标识的真实性、保证产品标识符合《产品质量法》对产品标识的要求，符合进货时验收的状态。

（4）不得违反禁止性规范

销售者不得违反下列禁止性规范：①不得销售国家明令淘汰并停止销售的产品和失效、变质的产品；②不得伪造产地，不得伪造或者冒用他人的厂名、厂址；③不得伪造或者冒用认证标志、名优标志等质量标志；④不得掺杂、掺假，不得以假充真、以次充好，不得以不合格产品冒充合格产品。

(三)产品质量责任的损害赔偿

《产品质量法》第4章规定因产品责任引起的损害赔偿,内容包括:

1. 赔偿范围

(1)人身伤害的赔偿范围

分为三种情况:①产品缺陷造成受害人人身伤害的,侵害人应当赔偿医疗费、治疗期间的护理费、因误工减少的收入等费用;②造成残疾的,应支付残疾者的生活费、生活补助费、残疾赔偿金、由其扶养的人所必需的生活费等;③造成受害人死亡的,应当支付丧葬费、死亡赔偿金、由死者生前扶养的人所必需的生活费等。

(2)财产损害的赔偿范围

因产品缺陷造成受害人财产损失的,侵害人应当恢复原状或者折价赔偿,受害人因此遭受重大损失的,侵害人应当赔偿损失。

2. 诉讼时效与请求权

因产品缺陷造成损害要求赔偿的诉讼时效期间为2年,自当事人知道或者应当知道其权益受到损害时起计算。根据《产品质量法》第45条第2款的规定,因产品存在缺陷造成损害要求赔偿的请求权,在造成损害的缺陷产品交付最初用户、消费者满10年丧失。但是,尚未超过明示的安全使用期的除外。

第五节　产品责任法律适用的国际公约

伴随着世界经济一体化的进程,产品责任立法愈益显示出国际化趋势。由于各国产品责任法律规定存在差异,在产品责任国际诉讼中,法院所采取的法律冲突规则不同,案件的处理带有相当大的不确定性。为了统一各国关于产品责任的法律冲突,海牙国际私法会议于1973年10月2日通过《关于产品责任的法律适用公约》(*Convention on the Law Applicable to Prodaces' Liability*,简称《海牙公约》),它不涉及各国产品责任的实体规范,只对产品责任法律适用方面作出规定,于1978年10月1日生效。

一、《海牙公约》的适用范围

(一)《海牙公约》适用的案件

《海牙公约》适用于产品责任的国际性诉讼案件,而且仅适用于无合同关系的当事人之间发生的纠纷。根据《海牙公约》规定应当适用的法律,不要求具有相互条件,纵然是非缔约国的法律,也要适用。并且,《海牙公约》适用的范围不因受理案件的机构不同而受影响,无论民事法庭、刑事法庭或行政法院(如法国、比利时)所受理的案件,只要与公约规定事项有关,均在公约适用范围之内。

(二)《海牙公约》适用的产品责任主体

《海牙公约》规定,承担产品责任的主体可以是自然人或法人,包括:①制成品或部件的制造者;②自然产品的生产者;③产品的供应者;④产品制造或商业分配环节上的其他人员,包括修理人员及仓库营业人员在内;⑤上述人员的代理人或雇佣人。可以根据情况要求其中一人或数人负责，但是不包括运输人员、检验人员及合同关系中的双方当事人。

产品责任赔偿对象为受害者，不以直接受害者为限，如依靠直接受害人扶养的人所受的损害在公约适用范围内；也不以消费者为限，如制造商由于所购买的原料或部件有缺陷而受到的损失也在公约适用范围内。

（三）《海牙公约》适用的产品和产品责任

《海牙公约》对产品含义的叙述极为广泛。产品是指一切有经济价值能供使用或消费的物，包括天然产品及工业产品，无论是制成品、原料、动产、不动产均在产品范围以内，但对于未加工的农产品，缔约国在签字批准或加入时，有权保留不受公约拘束。

《海牙公约》规定的产品的责任不是契约责任，而是由侵权行为所发生的损害赔偿责任。产品责任不包括根据合同关系的责任。为了避免定性上的分歧，公约不使用"契约外的责任"一词，而规定"产品的所有权或使用权由赔偿义务人移转于受害人时，二者间的关系，不在公约适用范围之内"。

《海牙公约》对损害的解释也相当广泛。认为损害一般是由于产品本身的缺陷引起，但即使产品本身没有缺陷，由于对产品的使用方法或特性没有说明，或说明不适当，消费者或使用者因此受到损害，也在公约规定的责任范围之内。损害的类型包括人身及财产损害以及经济损失，但不包括产品本身的损害及因此产生的经济损失，产品本身的损害如引起其他损害时，则包括在产品责任范围以内。

二、《海牙公约》规定的法律适用原则

《海牙公约》第 4～7 条作出了如下规定：

1. 以侵害地所在国的国内法为基本的适用法律

以侵害地所在国的国内法为基本的适用法律，但是，只有当侵害地同时又是直接受害人的惯常居所地或被请求承担责任人的主营业地，或者是直接受害人取得产品的地方时，侵害地所在国的国内法才能适用。

2. 以直接受害人的惯常居所地国的国内法作为基本的适用法律

以直接受害人的惯常居所地国的国内法作为基本的适用法律的适用条件如下：

①直接受害人的惯常居所地是被请求承担责任人的主营业地；

②直接受害人的惯常居所地是直接受害人取得产品的地方。

3. 适用被请求承担责任人的主营业地国的法律

这有以下两种情况：

①若上述两项原则所确定的法律都无法适用，除非原告选择侵害地国家的国内法，否则，适用的法律应为被请求承担责任人的主营业地国的国内法。

②若被请求承担责任人证明，不能合理地预见该产品或其同类产品，会经商业渠道在侵害地国家或直接受害人惯常居所地国家出售，则侵害地国和直接受害人的惯常居所地国的法律均不适用，应适用被请求承担责任人的主营业地国的法律。

三、准据法的适用范围

产品责任涉及多个国家时适用的准据法，《海牙公约》规定 4 个连结根据：①损害事

实发生地；②直接受害人惯常居所地；③赔偿义务人主营业所所在地；④直接受害人购买产品的市场。为平衡各方利益，不以一个连结因素决定法律的适用，而是一国法律必须同时具备两个连结因素时才能作为准据法适用。

损害事实发生地国如果同时符合下列情况之一时，则适用该国的内国法：①直接受害人的惯常居所地；②赔偿义务人的主营业所所在地；③直接受害人购买产品的市场。但直接受害人的惯常居所地国，如果符合下列情况之一时，则应该适用该国的内国法：赔偿义务人主营业所所在地；直接受害人购买产品的市场。

有时由于案件的情节过于分散，没有符合上述规定的连结因素，可以要求适用损害事实发生地的内国法，也可以适用赔偿责任人主营业所所在地的内国法。《海牙公约》还规定如果赔偿责任人能证明不能合理地预见产品或其他的同类产品，会通过商业渠道在损害事实发生地及直接受害人惯常居所地得到供应，两地的法律都不能适用，能适用的是赔偿义务人主营业所所在地法。

在决定产品是否有缺陷时要考虑具体情况，无论应适用的法律为何国法，都要考虑产品是否符合销售地国关于安全的规定，如食品是否符合销售地的卫生规则，机器是否符合销售地的安全保障等。

以上规定应适用的法律是各国的内国法，不采纳反致。只有在明显地违反法院地公共秩序时才不适用。

《海牙公约》第 8 条规定，依上述法律适用规则确立的准据法特别应适用于解决下列问题：①责任的条件和范围；②免责的原因以及责任的限制和分担；③损害的性质；④赔偿的方式及范围；⑤赔偿权利可否移转；⑥直接有权要求损害赔偿的人；⑦委任人对受任人的行为所负的责任；⑧举证责任，当证据规则构成责任法的一部分时；⑨消灭时效及除斥期间。

由于各国对消灭时效及除斥期间的定性不一致，英美法系认为属于程序法，大陆法系认为属于实体法，《海牙公约》规定缔约国在签字批准或加入公约时，有权保留消灭时效及除斥期间不受公约的拘束。

【思考题】

1. 什么是产品责任法？它有哪些基本特征？
2. 简述产品存在缺陷的含义。
3. 简述美国产品责任的归责原则及基础。
4. 简述美国的涉外产品责任诉讼管辖。
5. 简述《欧洲共同体产品责任指令》对产品责任的主体的界定。
6. 简述《海牙公约》规定的法律适用原则。
7. 兰伯特先生是个农场主，拥有一个陆地靶场，当他的雇员拉着一拖车石头沿路行走时，拖车脱离了陆地靶场猛冲到公路上，撞到了一辆家庭汽车。事故发生时，拖车的轴和把手都失灵了，兰伯特先生据此认为拖车有缺陷，到法院起诉拖车的销售商，要求赔偿损失。

初审法院在审理此案时，发现拖车挂钩有设计缺陷，当带有环形附加装置的拖车被拉起时，防止挂钩分离的措施是通过操纵附加在轴上的把手来刹住机械装置，一旦轴或把手出现问题，就可能产生危险。该事故发生时，轴和把手都失灵了。而经调查表明，事故发生前3个月轴和把手都已失灵，农场主经常使用而没有进行修理。调查同时表明，制造厂商在当地信誉很高，而挂钩的设计缺陷也不是通常的检验所能发现的。①

请问：

(1)依据美国判例法，承担产品责任侵权赔偿责任的条件是什么？

(2)初审法院应否支持兰伯特的诉讼？为什么？

8．中国公民甲听说日本的食品很贵，便在被指派去日本出差前在国内购买了很多本国产的食品。由于该食品不卫生，甲在日本食用时中毒，为此花去医疗费和康复费达数万日元。

请问：

(1)依《海牙公约》，该食品的生产商应根据哪国法对甲的损失承担责任？为什么？

(2)如果中国公民甲在国内购买的是 A 国产的食品，在日本食用时中毒，又该如何处理？

---

① 案例引自徐春林、李玉香：《国际商法》，清华大学出版社 2006 年版。

第三编

国际投资法律制度

第九章　国际投资法

【重难点提示】国际投资的概念和种类；国际直接投资的法律形式；发展中国家的涉外投资立法；发达国家的涉外投资法制；《多边投资担保机构公约》与 MIGA 体制；《解决国家和他国国民间投资争端公约》与 ICSID 体制；WTO 法律框架下《与贸易有关的投资措施协议》。

第一节　国际投资与国际投资法

一、国际投资的概念和种类

国际投资（International Investment），是指投资者为获取预期收益而从事的跨国或境外的资本交易活动。国际投资是相对于国内投资而言的，是一种超越国界的资本活动，是国际资本流动的重要形式，也是国际经济合作的重要组成部分。国际投资的含义有广义和狭义之分，通常认为，广义的国际投资包括国际直接投资和国际间接投资，狭义的国际投资仅指国际直接投资。

（一）国际直接投资

国际直接投资，是指一国私人以营利为目的，以有形或无形资产投资外国的企业，直接或间接地控制其投资企业的经营活动。① 国际货币基金组织（IMF）将直接投资定义为：国际投资的一种形式，它以取得长期利益为目的在另一个经济体设立企业；直接投资者对直接投资企业的管理具有重大影响，即拥有有效的发言权。WTO 秘书处 1996 年 10 月 16 日发布的《贸易与外国直接投资》报告中将"外国直接投资"定义为：当设在一个国家（母国）的投资者拥有在另一个国家（东道国）的并旨在进行管理的资产时就是外国直接投资。当前，国际私人直接投资已经成为资本跨国流动的主要方式，在国际投资中占主导地位。

（二）国际间接投资

国际间接投资，又被称为财务性投资，是指通过借贷资本的输出把资本输出到国外。其特点是投资者并不直接参与企业的生产经营管理，对所投资企业的经营管理没有有效的发言权，而仅以其特有的能提供收入的股票或证券进行的投资。

然而，国际投资是个不断发展的概念，随着国际投资的进一步发展及国际投资方式的多样化，简单地仅以投资者是否直接参加企业的经营管理而将国际投资区分为直接投资和

---

① 参见陈安主编：《国际经济法专论》，高等教育出版社 2003 年版，第 588 页。

间接投资的观点已受到了严重的挑战。例如，通过国际证券市场进行投资，投资者虽不直接参与企业的生产经营管理，但如果购买的股份在企业中达到一定的比例，就被认为属于国际直接投资的范畴。联合国贸易和发展会议在 1999 年的《国际投资协议系列研究报告》中，对"直接投资"和"证券投资"给予了解释："传统上，对一个公司的投资分为直接投资和证券投资。当投资者拥有的股权足以使他控制一个公司时，就被视为直接投资。而提供给投资者回报但不能控制公司的投资被视为证券投资。由于一个投资者可能不需要拥有多数股份就可以控制一个公司，因此，被界定为直接投资所要求的股权拥有程度可以随情况不同而可以改变。在有些情况下，如果投资是长期的，可以被界定为直接投资。"①可见，国际直接投资概念以投资者对设在投资东道国的企业经营管理权的控制为核心，强调的是对企业的控制权或支配权。而国际间接投资虽然同样以获取利润为目的，但其是发生于国际资本市场重要的投资活动，主要是以购买外国股票和其他有价证券从而实现货币的增值。

二、国际投资法的概念和渊源

(一)国际投资法的概念

国际投资法，是指调整国际私人直接投资关系的法律规范的总称。国际投资法的概念可以作如下理解：

1. 国际投资法仅调整国际私人直接投资关系

国际投资法仅调整国际私人直接投资关系，而不调整外国政府投资关系和国际间接投资关系。首先，国际投资法调整的是私人投资关系，其主要是自然人、法人和其他经济组织的海外投资，而不包括国际经济组织与政府间或政府与政府之间的资金融通关系，后者一般由国际经济组织法或有关政府间贷款协定调整；其次，国际投资法调整的是国际直接投资关系，私人间接投资关系则一般由民商法、公司法、票据法、证券法等法律、法规调整。

2. 国际投资法调整的国际私人直接投资关系既包括国内关系，也包括国际关系

国际投资法调整的国际私人直接投资关系主要表现为外国投资者与东道国及其法人、个人间以及同本国政府间的关系，也包括东道国与投资者母国政府间的关系。

3. 国际投资法的主体范围非常广泛

国际投资法的主体包括国家政府、国际经济组织、自然人和法人。其中自然人和法人主要以投资者的身份参与国际私人直接投资活动，国家有时也可作为特许协议等合同的当事方直接进行投资活动。国家和国际组织则更多地表现为对国际私人直接投资活动进行管理和协调。

(二)国际投资法的渊源

国际投资法的渊源是指国际投资法的法律规范的各种具体表现形式，国际投资法通常表现为资本输入国吸收外资的法制和资本输出国对外投资的法制等国内法规范以及各国间签订的相互鼓励和保护投资的双边条约、区域性多边投资条约和世界性多边投资条约等国

---

① 转引自史晓丽主编：《国际投资法》，中国政法大学出版社 2005 年版，第 3～8 页。

际法规范。

1. 国内立法

(1)资本输入国的外国投资法

资本输入国为了对外国投资进行保护和管理而制定了关于调整外国投资活动的法律、法令、条例等法律规范，涉及外国投资的待遇和保护、对外资的审批和管理、争端解决等方面。

(2)资本输出国的海外投资法

为了降低海外私人投资风险，资本输出国往往对本国的海外投资者采取一系列鼓励和保护措施。如通过国内立法建立海外投资保险制度、减轻海外投资者的税收负担以及向海外投资者提供各种服务、资助等。

2. 国际条约

调整国家间国际直接投资的权利义务关系的国际条约有以下两种：

(1)双边投资条约

双边投资条约，是指资本输入国与资本输出国之间订立的促进和保护相互投资的双边投资条约，它对外国投资者的待遇、投资项目和内容、政治风险的保证、有关代位求偿及投资争议的解决程序等方面作出规定。双边投资条约主要有"友好通商航海条约"、"双边投资保证协定"、"促进和保护投资协定"三种形式。在国际投资法制中，双边条约为数众多，地位十分重要。

(2)多边投资条约

多边投资条约，是指多国间有关国际私人直接投资的各种国际条约，包括区域性多边投资条约和世界性多边投资条约。区域性多边投资条约是指区域性国际组织旨在协调成员国外国投资者而签订的多边投资条约，如《北美自由贸易区协定》和《中国—东盟自由贸易区投资协议》等。世界性多边投资条约是指世界性国际组织为了协调全球成员国外国投资活动而签订的多边国际条约，如《解决国家和他国国民间投资争端公约》、《多边投资担保机构公约》、世界贸易组织体制下的《与贸易有关的投资措施协议》与《服务贸易总协定》等。

3. 其他渊源

其他渊源主要是指包括国际惯例以及一些国际组织作出的有关决议和制定的有关指南、守则等。

(1)国际惯例

国际惯例，是指在国际投资的长期实践中所形成的，为国际公认并被各国反复采用的原则、规则与做法，如实行外交保护时的"用尽当地救济"原则、"国籍继续"原则等。

(2)联合国的规范性文件

联合国的规范性文件是指联合国大会作出的一系列与国际投资有关的重要决议。如《关于自然资源永久主权宣言》、《建立国际经济新秩序宣言》、《各国经济权利和义务宪章》等法律文件对国家自然资源的永久主权、管制外国投资者的权利、国有化的实施和补偿等原则，均作出规定，在全球范围内获得广泛的承认。

第二节　国际直接投资的法律形式

国际直接投资的形式就是国际直接投资的具体运作方式。从实践来看，国际直接投资的形式主要包括新设成立、跨国并购及其他特殊的投资形式。

一、新设成立

新设成立，是指外国投资者直接向东道国投资，在东道国设立新企业，并对该企业的经营管理拥有控制权。新设成立是国际投资的一种基本方式，通过该投资方式组建分支机构、子公司以及各种合营企业。

（一）分支机构

通过设立境外分支机构在海外进行投资是最简单的投资模式。在法律上，分支机构多不具有独立的法人资格，东道国对外国的分支机构只有属地管辖权，对分支机构在国外的财产没有属人管辖权。分支机构作为外国投资者在东道国设立的一种商业组织，一般都没有独立的名称和章程，只能以设立它的总公司的名义开展生产经营活动，其资产完全由总公司投入，分支机构的生产经营活动引起的法律后果最终也由总公司承担。另外，设立分支机构的程序简便，只需要向当地行政机关提交关于公司的业务范围、性质、公司的注册资本、资产负债表和授权书等文件即可注册。

（二）外商独资企业

外商独资企业（wholly foreign owned enterprise），又称外资企业，是根据东道国法律在东道国境内设立的全部资本由外国投资者投资的企业。外资企业的历史可以追溯到英国于16世纪建立的莫斯科公司和东印度公司。根据各国外资法和公司法，外资企业可以组成法人实体，采取有限责任公司和股份有限公司等形式；也可以不组成法人实体，采取有限责任公司、股份有限公司、合伙、无限公司等形式。各国对一个企业的外资比例达到多少才构成外资企业有不同的规定，按照中国法律的规定，外资企业是指依照中国有关法律在中国境内设立的全部资本由外国投资者投资的企业，不包括外国的企业和其他经济组织在中国境内的分支机构。

（三）合资经营企业

1. 合资经营企业的概念

合资经营企业（joint venture），简称合营企业，是指两个或两个以上当事人，为实现特定的商业目的，共同投资、共同经营、共担风险、共负盈亏的一种企业形式。国际合营企业是由一个或多个外国投资者同东道国的政府、法人或者自然人按照法定或约定比例共同出资、共同经营、共享利润、共担亏损的企业。一般认为，国际合营企业具有以下特征：投资者至少来自于两个以上的国家和地区；合营企业是一个独立核算、自负盈亏的独立经济实体；合营各方都需提供资本资产，该资本资产构成合营各方的共同财产和对外承担责任的基础；投资者根据各自的投资比例享有经营管理权和负担经营管理责任；合营各方共同分担企业全部风险，按出资比例分享利润、分担亏损；除分享纯利润外，合营各方均不得再从合营企业中取得其他收益。

2. 合营企业的类型

根据联合国工业发展组织编写的《发展中国家合营企业协议指南》，合营企业依据法律性质的不同，可以分为两种基本类型：

（1）股份式合营企业

股份式合营企业是指由合营者相互协商为经营共同事业而组成的法律实体。这类合营企业，具有独立的法律人格；合营者的出资分成股份，各方按自己出资的比例对企业行使一定的权利，并承担相应的义务；企业有一定的管理机构，作为法人代表。我国的中外合资经营企业即为此种类型的合营企业。

（2）契约式合营企业

此类合营企业是由合营各方根据合营契约经营共同事业的经济组织。这种合营企业不具有法人资格，合营各方不是以股份形式出资，也不按股份分担风险和盈亏，而是根据合营契约的约定对企业享有权利和承担义务，并对其所出资产保留其合伙的权利。

3. 合营企业的组织形式

各国法律对合营企业法律性质的认定不相同，举办合营企业所采取的组织形式也各式各样，大体上可归纳为公司和合伙两类。在国际投资的实践中，合营企业主要采取有限责任公司和股份有限公司的形式。如德国法规定，外国合营者与德国合营者举办的合资企业，可以组成股份有限公司或有限责任公司。根据我国《中外合资经营企业法》第4条的规定，合营企业的形式为有限责任公司。合营各方按注册资本比例分享利润和分担风险及亏损。《中外合资经营企业法实施条例》第16条规定："合营企业为有限责任公司。合营各方对合营企业的责任以各自认缴的出资额为限。"

合资企业采取合伙形式，强调的是"人的联合"，各国法律规定虽不尽一致，但基本原则是相同的。英美等国认为，合资企业虽与合伙有所不同，但合资企业不是法人实体，类似合伙，合资企业中各方的权利义务关系适用或类似适用有关合伙的规定。如美国法规定，美国合资企业受美国合伙人法律的规范。

（四）合作经营企业

合作经营企业（cooperative enterprise），简称合作企业，是指两个或两个以上国家的当事人为实现特定的商业目的，根据合同的约定投资和经营，并依照合同的约定分享权益和分担风险及亏损。从法律性质上讲，合作企业是一种契约式合营企业或者非股权式合营企业，国际上常常将其作为一种无法人资格的合伙来对待，适用合伙法或有关合伙的规定。根据我国《中外合作经营企业法》的规定，中外合作经营企业可以组建为一个经济实体，也可以组成一个法律实体，这是我国在国际合作实践中的特色。由于合作经营企业是一种契约，没有注册等程序的要求，其在设立、投资、管理及收益分配上具有较大的灵活性，适应性强。

（五）国际合作开发

1. 国际合作开发的概念与特点

国际合作开发是国家利用外国投资共同开发自然资源的一种国际合作形式，是指外国投资者与东道国政府或国家公司签订协议，共同投资，在特定区域及年限内，共同开发自然资源，并按照约定分享收益和分担风险的合作形式。国际合作开发主要适用于石油、天然气、煤炭、森林及矿产等自然资源领域。其特点为：

（1）国家对其境内自然资源享有永久主权

这是公认的国际法的基本原则，自然资源的所有权、管辖权属于资源国国家和人民，外国投资者对自然资源拥有的不是所有权而是根据合同确立的勘探或开采权。

（2）合作主体具有特殊性

通常一方为资源国政府或法定的国家公司，另一方为外国企业。如在传统的石油特许协议中，资源一方为石油输出国组织国家设立的国家石油公司。在我国法定的石油公司只有中国石油天然气集团公司、中国石油化工集团公司、中国海洋石油总公司三家。

（3）国际合作的方式大多为契约式合营

国际合作开发不同于一般的契约式合营，合作各方一般不组成独立的法律实体，而是签订公平互利的合作协议，根据协议来确定各方的权利和义务。

2. 国际合作开发的模式

国际合作开发在合作方式上一般是在不同的开发阶段采用不同的合同；在不同的阶段，国家公司与外国合作投资者享有不同的权利并承担不同的义务，根据合作形式的不同，主要有以下三种模式：

（1）特许协议

特许协议是指一个国家（政府）同外国投资者个人或法人约定在一定期间，在指定地区内，允许其在一定条件下享有专属于国家的某种权利，投资从事于公用事业建设或自然资源开发等特殊经济活动，基于一定程序，予以特别许可的法律协议。

（2）产品分成合同

产品分成合同是指在合同中规定开发所获产品按一定比例在投资者与东道国之间分配，该模式首先产生于印度尼西亚，又称印度尼西亚式合同。

（3）服务合同

服务合同是东道国政府或国家公司与外国公司签订服务合同，将其拥有的勘探、开采及生产等工作，交由外国公司负责，产品全部由东道国或国家公司取得，外国合作者取得相应的报酬，一般为部分的产品。

二、跨国并购

跨国并购（International Mergers and Acquisitions），是指外国企业为了某种经济目的，通过一定的渠道和支付手段，兼并或收购东道国企业的全部或部分股份或资产，对东道国企业的经营管理实施实际或完全的控制行为。

（一）跨国并购的种类

并购是兼并、合并和收购三者的合称。并购的实质是在企业控制权运动过程中，各权利主体依据企业产权作出的制度安排而进行的一种权利让渡行为。

1. 兼并

兼并即吸收合并，又称全部收购，是指两家或者更多的独立企业、公司通过法律的方式合并组成一家企业，通常由一家占优势的公司吸收一家或者多家公司，企业合并后只有一个公司保留其合法地位。在吸收合并中，存续公司自动获得消失公司的全部资产，同时承担各消失公司的全部债务和责任。消失公司的股份全部转化为存续公司的股份、债券或其他有价证券，或者现金、其他财产。

2. 合并

合并又叫联合，即新设合并，是指两个或两个以上的企业通过法定方式合并成为一个新的企业，合并完成后，多个法人变为一个法人，原有的法人资格不再保留。2000 年美国在线与时代华纳合并组成"美国在线时代华纳公司"即属此类合并。

3. 收购

收购，是指一家企业用现金或者有价证券购买另一家企业的股票或者资产，以获得对该企业的全部资产或者某项资产的所有权，或对该企业的控制权。收购可以分为完全收购即收购 100% 的股份，多数收购即购买 50% 以上股份但未达到全部收购，以及少数收购。

（二）跨国并购的法律规制

各国国内法中跨国并购的实体法律一般是外国投资法、公司法、证券法、反不正当竞争法、反垄断法等，通常规定对达到一定规模的并购，或涉及特殊敏感领域的并购案，以及外国投资者购买东道国现有企业的股权超过一定比例的，都必须向政府主管机构报备并进行审批。

近年来，我国的并购案逐年上升，在对外并购的审查问题上，2006 年 8 月 9 日，我国商务部发布了修订后的《关于外国投资者并购境内企业的规定》，明确表示了商务部对外资并购中国企业拥有审查权。

【案例 9-1】

可口可乐并购汇源果汁案

2008 年 9 月 3 日上午，香港联交所发布的公告称可口可乐旗下的荷银亚洲将代表可口可乐全资附属公司大西洋公司，就收购汇源果汁全部已发行股份、全部未行使可换股债券并注销汇源全部未行使购股权，提出自愿有条件现金收购建议。收购所涉及的金额为24 亿美元。根据我国的《外资企业法》的规定，如果外资企业并购香港上市的内地企业，只要满足以下两个条件之一，即面临商务部的反垄断审查：双方上一年在全球范围内的营业额合计超过 100 亿元人民币，并且双方当年在中国境内的营业额均超过 4 亿元人民币；或者双方上一年在中国境内的营业额合计超过 20 亿元人民币，并且双方当年在中国境内的营业额均超过 4 亿元人民币。事实上，在 2007 年，汇源果汁的营业额为 26.56 亿元，占据国内果汁市场的领导地位。而根据可口可乐公司公开披露的数据，可口可乐在中国的销售额早在 2005 年就已超过了 100 亿元。很显然，可口可乐对汇源果汁的收购行为需要通过商务部的反垄断审查。

这场收购在国内引起轩然大波，民众纷纷要求国家加强保护民族品牌和维护国家经济安全，禁止可口可乐收购汇源。2009 年 3 月 18 日，中国商务部依据我国《反垄断法》的相关规定，最终认定，这项收购案将对竞争产生不利影响。收购完成后，可口可乐公司可能会利用其在碳酸软饮料市场的支配地位，搭售、捆绑销售果汁饮料，或者设定其他排他性的交易条件，收购行为限制果汁饮料市场竞争，导致消费者被迫接受更高价格、更少种类的产品。同时由于既有品牌对市场进入的限制作用，潜在竞争难以消除该种限制竞争效果；收购行为还挤压了国内中小型果汁企业的生存空间，给中国果汁饮料市场竞争格局造成不良影响。基于上述理由，商务部依法作出了禁止此项收购的决定。

解析：本案是自 2008 年 8 月中国《反垄断法》实施以来，商务部收到的 40 起包括合并、收购在内的经营者集中申报中，第一个未获通过的案例。作为世界上吸引外资最多的国家之一，中国已经开始从外资市场准入、反垄断审查等多个方面采取措施，规范外资准入和进入国内市场之后的经营管理行为，这也是我国外资法律体系逐步走向成熟的重要标志。

三、BOT 投资

（一）BOT 投资的概念和特征

BOT 是建设（Build）—运营（Operate）—移交（Transfer）的简称。BOT 投资，是指政府通过合同授予私营企业一定期限的特许经营权，许可其融资和建设特定的公用基础设施，并准许其进行经营管理和商业利用，如通过向用户收取费用或出售项目产品等方式来清偿贷款、回收投资并赚取利润，特许期届满时将基础设施无偿移交给政府的投资方式。BOT 为私人资本参与基础设施和公用事业开辟了渠道。目前世界上已有较多 BOT 投资的成功案例，英法海底隧道、澳大利亚悉尼港湾隧道、泰国曼谷第二期高速公路、香港东区港九海底隧道等一批耗资巨大的项目都是以 BOT 方式集资建设并投入运营的。引入国际 BOT 可以解决发展中国家和地区急需发展基础设施而又面临资金短缺的问题。我国从 20 世纪 80 年代中期开始引入 BOT 投资模式，1984 年深圳以中外合作方式第一次从国外引进商业贷款，成功兴建了广东沙角发电厂。据中国水网的数据统计，截至 2012 年，我国近 40% 的污水处理厂以 BOT、TOT 模式进行建设和运营。

BOT 方式具有如下法律特征：

①BOT 适用于规模宏大、投融资风险高、收入来源稳定，且通常为东道国带有垄断性经营的基础设施项目；

②政府允许外国投资者以 BOT 方式进入，实质上就是东道国政府授予外国投资者特许权，以特许协议的方式将本属于政府的一部分社会管理职能在一定期限内转给项目公司；

③BOT 是一种高风险的投资、贷款活动，其筹资方式是将传统的股本投资与项目融资结合在一起的一种较新型的国际投融资方式；

④BOT 围绕项目投融资、建设、运营、移交构成一项复杂的系统工程；

⑤BOT 项目牵涉到多个关键的相互协调与合作的关系人，主要有：政府及其授权部门、项目联营集团（项目主办人）、项目公司（特许权公司）、项目贷款人（银行或财团）、项目工程建筑承包商、项目原材料供应商、项目工程设计公司、项目投资回报和贷款偿还的担保人、保险公司、项目的经营管理人、项目产品服务的购买人或设施使用人、其他可能的参与人。

（二）BOT 投资方式涉及的法律文件

BOT 项目是由一系列的法律文件组合而成的有机整体，包括招投标文件、特许权协议、安慰函（即就政府表示支持、承诺、保证等所作的相关的法律解释）、股东协议、项目融资文件设计合同、物资供应合同、保险合同、产品购买合同、转让移交合同等。其中政府与项目公司之间的特许协议是最基本的，构成了国际 BOT 运作方式的核心，也是签订其他相关合同的前提。

1. 特许协议

联合国国际贸易法委员会工作组的《私人融资基础设施项目示范立法条文草案》对特许协议作出了定义：特许协议是指当局与特许公司之间签订的规定实施某一基础设施项目的范围和条件的有法律约束力的合同。BOT 特许权协议主要条款包括：特许协议签字各方的法定名称与地址；特许内容、方式及期限；东道国政府和特许各方的权利和义务；项目工程设计、建筑施工、经营和维护的标准规范；项目的组织实施计划与安排；项目转让、抵押、征管、终止条款；项目风险承担及保险；特许期届满时项目移交标准及程序；罚则；特许协议的仲裁及所适用的准据法等。在特许协议的各项条款中，东道国政府和特许各方的权利义务条款尤为重要，要求有具体、明确的规定。

2. 建设合同

建设合同由项目公司与建设公司签订，通常采用交钥匙合同的形式。这种合同与一般的国际工程承包合同相似，但项目公司希望承建者遵守特许协议中政府保留的对设计或建设的控制权。项目公司也要求承建商承担义务，以使竣工设施符合其设计目的。此外，若承建商同时又是项目公司的投资者或股东时，合同中还要注意排除或限制作为承建商和作为股东之间的利益冲突。

3. 回购协议

回购协议通常由政府或公共部门与项目公司间签订，不同于传统的买卖合同，传统的买卖合同一般以卖方交货作为付款的结算条件，但在回购协议中，在明确规定的条件下，即使项目公司不能或不及时交货，买方仍须按合同付款，因而具有买方给卖方提供财务担保的性质。

4. 贷款合同

贷款合同是项目公司与贷款者之间签订的合同，一般采用银团贷款方式，内容主要涉及融资担保、贷款偿还方式、风险与责任等。

此外，BOT 方式中还涉及供应合同、管理合同、保险合同等。

第三节　发展中国家的涉外投资立法

一国的涉外投资法，通常包含两个基本方面：吸收外国投资的立法和向外国投资的立法，通常发达国家的涉外投资立法侧重于后者，发展中国家的涉外投资立法则侧重于前者。[①]

---

① 参见联合国贸易和发展会议：《全球投资趋势检测报告》，2012 年 10 月 23 日在日内瓦发布。

一、发展中国家对资本输入的法律调整

一般而言，发展中国家对资本输入的法律调整主要从管制外国投资、保护外国投资和鼓励外国投资三个方面进行。

（一）对外国投资的管制

发展中国家对外国投资的管制主要通过外资准入限制、投资审查与批准、经营管理限制等来实现。

1. 外资准入限制

（1）进入领域的限制

对外资准入进行限制是国民待遇的合理例外。尽管发展中国家迫切需要引进外资，但为了确保外国投资有利于本国的经济发展目标，发展中国家的外资法一般会明确规定外资能进入本国哪些领域，以何种方式和条件进入，以及在什么程度上进入等。发展中国家一般禁止外资进入关系到国家安全、国计民生的行业和部门，而鼓励外资流入有利于本国经济发展的部门。例如，我国加入 WTO 后，相继发布了《指导外商投资方向规定》和《外商投资产业指导目录》。国家发改委和商务部于 2004 年和 2007 年对《外商投资产业指导目录》进行了两次修订。根据 2007 年最新修订的《外商投资产业指导目录》，我国按行业性质，把外商投资项目分为禁止、限制、允许和鼓励三类。列为禁止类外商投资项目的有：危害国家安全或者损害社会公共利益的；对环境造成污染损害，破坏自然资源或者损害人体健康的；属于占用大量耕地，不利于保护、开发土地资源的；危害军事设施安全和使用效能的；运用我国特有工艺或者技术生产产品的；属于国家法律、行政法规规定禁止的其他项目。列为限制类外商投资项目的有：技术水平落后的；不利于节约资源和改善生态环境的；从事国家规定实行保护性开采的特定矿种勘探、开采的；属于国家逐步开放的产业的；法律、行政法规规定的其他情形。列为允许和鼓励类外商投资项目的有：属于农业新技术、农业综合开发和能源、交通、重要原材料工业的；属于高新技术、先进适用技术，能够改进产品性能、提高企业技术经济效益或者生产国内生产能力不足的新设备、新材料的；适应市场需求，能够提高产品档次、开拓新兴市场或者增加产品国际竞争能力的；属于新技术、新设备，能够节约能源和原材料、综合利用资源和再生资源以及防治环境污染的；能够发挥中西部地区的人力和资源优势，并符合国家产业政策的；法律、行政法规规定的其他情形。

（2）投资比例的要求

为了促使外商投资企业融入资本输入国的经济体以及开发当地的资本技术，资本输入国在其外资立法中通常会对外国投资比例作出规定，比如要求外资进入的最低投资比例，强制合资经营，将某些关键行业的外国资本控股限制在一定的比例之内。关于投资比例，各国立法规定不一：有的在外资法中规定一个适用于国内一般行业的比例，比如规定外资比例一般不得超过49％；有的对不同的行业适用不同的比例，对于资本输入国越重要的行业，外资控股的比例限制得越低，凡属东道国限制外国投资的行业，外资比例一般只占少数；凡属东道国鼓励的行业，外资比例就高，甚至可占到100％。比如，泰国的投资法规定，对于农业、畜牧业、渔业、勘探与开采矿业，泰籍投资者的持股量不得低于51％；

印度规定对外国投资者出资比例不得高于注册资本的 49%；我国规定在中外合资经营企业中，外方出资一般不低于注册资本的 25%。

自 20 世纪 80 年代以来，在经济全球化和各国进行更广泛市场经济改革的背景下，各发展中国家政府逐渐减少对外资准入、股权的限制，许多发展中国家，特别是拉美国家通过允许外资参与本国公共设施领域，开放了许多原来禁止外资进入的行业，如电信、公共交通等。

2. 投资审查与批准

投资审查与批准，是指资本输入国或其授权机关按照一定的标准和程序对外国投资进行审定和评价，并决定是否允许其进入的制度。大多数发展中国家对外资都有审批要求，目的在于引导外资的投入符合本国的经济发展目标和现实需要，同时也可避免和消除外国投资可能造成的消极影响。

目前，发展中国家一般不再对外资项目逐一审查与批准，而是采取简单和灵活的程序，例如，印度政府将外资的准入审批分为自动批准与政府审批，适用自动批准的投资不需要政府的审批，可以直接进行投资，绝大多数行业都可进入外资自动批准渠道，且没有比例的限制；只有少数行业不允许自动批准，需要政府的事先审批，如烟草业、国防业等。

3. 经营管理限制

为了使外商投资企业的经营活动与当地经济发展规划与目标相一致，发展中国家一般会对外商投资企业的经营管理作出各种限制，如要求国内采购、出口创汇以及雇佣当地劳动力。

国内采购是发展中国家要求外商投资企业尽可能利用本国的原材料、零部件等物资，目的在于充分利用本国资源和发展民族工业，例如，巴基斯坦在审批投资申请时要求投资者承诺在生产中逐步增加使用当地零部件或者原材料。发展中国家一方面需要保证本国人的就业，另一方面又希望通过外商投资企业引进国外先进技术和管理经验，因此一般会在外商投资企业的雇佣外国人方面作出一定限制，例如，印度尼西亚只允许引进外籍专业人员，不得引进普通劳务人员；有些国家还限定雇佣当地非专业技术职工的比例，如埃及限定为 90%。发展中国家还对外国投资者投资本金的抽回与利润汇出、外国投资本地化等作出限制或要求。

(二)对外国投资的保护和鼓励

资本输入国为了达到吸引外资发展本国经济的目的，需要对外国投资采取切实有效的保护措施，以及鼓励和优惠措施。

1. 国有化与补偿的保证

国有化与补偿问题是国际投资法领域中最敏感、最富争议的问题之一。第二次世界大战后，众多殖民地国家相继独立，纷纷对外资采取国有化措施，一定程度上造成了这些国家外资的撤离。20 世纪 80 年代以来，各发展中国家意识到外资对发展本国经济的重要性，国有化现象已大为减少。至于国有化的补偿标准，除个别国家认为不予补偿外，发达国家与发展中国家之间存在着尖锐对立的两种主张。

（1）充分、及时、有效的补偿标准

充分、及时、有效的补偿标准是以美国为首的发达国家所主张的。"充分",是指补偿的金额应等于受国有化措施影响的外国投资者所有利益的损失,包括直接损失和间接损失;"及时",是指补偿应可随时为接受补偿的外国投资者有效地支配和使用,同时一定要以可自由兑换的货币支付;"有效",是指依据公平和公正的标准,排除外商收入中的不当得利进行补偿。

(2)适当补偿标准

适当补偿标准是"二战"之后广大发展中国家在反对"充分、及时、有效"补偿标准的实践中逐步建立起来的新标准。赞成该标准的国家认为,国有化补偿的数额、时间、支付方式等问题,应由国有化国家考虑本国的财政经济状况、支付能力、被国有化资产的性质及其估价方法等因素,根据具体情况加以确定。

有的国家的宪法规定了国有化及补偿的保证,如阿根廷、伊拉克、菲律宾等。此外,许多国家的外国投资法具体规定了国有化与补偿的保证。有的国家明确规定,对外国投资不实行国有化,如越南;有的国家严格限定了实行国有化的条件,如印度尼西亚、肯尼亚、苏丹等国家。我国《中外合资经营企业法》规定,国家对外资企业不实行国有化和征收;在特殊情况下,根据社会公共利益的需要,对外资企业可以依照法律程序实行征收,并给予相应的补偿。这表明我国严格限制国有化并给予补偿的鲜明态度。

2. 资本和利润汇出的保证

为了保证投资者的实质利益,发展中国家一般都允许外国投资者在一定条件下汇出外资资本、利润和其他收益,比如肯尼亚允许外国投资者将企业的初始投资、股息和利息自由汇出。菲律宾规定,外国人投资所得的收益和利润,在纳税后可用原来投资的货币,按当时的汇价汇到国外。此外,也有一些国家规定在符合一定条件时允许外国投资资本及利润汇出。例如,哥斯达黎加规定,资本从登记投入之日起4年后才能汇出;秘鲁规定,外国投资者在1年内汇往本国的利润和红利的金额,限于其向外国投资技术委员会注册资本的20%。

我国法律规定,外国合营者在履行法律和协议、合同规定的义务后分得的净利润,在合营企业期满或者中止时所分得的资金以及其他资金,可按合营企业合同规定的货币,按《外汇管理条例》汇往国外,依法终止的外商投资企业,按照国家有关规定进行清算、纳税后,属于外方投资者所有的人民币,可以向外汇指定银行购汇汇出或者携带出境。

3. 财税优惠的给予

税收优惠和关税减免是东道国广泛使用的、最常见的优惠措施。税收优惠是发展中国家降低或免除外商投资企业所得税或其他税种而给予外国投资者以优惠的一种鼓励措施,一般会按照产业政策、地区发展政策等提供不同的优惠。如缅甸规定,任何生产型或服务型的企业,从开业的第1年起,连续3年免征所得税。新加坡对于享有"先锋工业"称号的企业,如果其资金投向经批准的有利于创新科技及提高生产力的先进科研项目,而本国境内尚无从事相同行业的公司,则给予减免20%的公司所得税的优惠。关税减免优惠主要是减免外商投资企业所需机器、设备、原材料等的进口关税,目的在于降低外商投资企业费用,增强其竞争能力。此外,发展中国家还向外商投资企业提供诸如低息或无息贷款、投资补贴等资助。

二、发展中国家鼓励海外投资的法制

虽然发展中国家多为资本输入国，但许多发展中国家，如印度、巴西、阿根廷等有多年的对外投资经验。亚洲一些新兴工业国家或地区自 20 世纪 80 年代后更迅速发展为大规模资本输出国。近年来，中国已成为发展中国家对外投资的重要来源，2002—2011 年，对外直接投资年均增长速度为 44.6%。① 基于此种形势的发展，发展中国家的境外投资立法也相应地得到了丰富和发展。

(一)税收方面的激励措施

投资者在国外进行投资，在税收上会遇到双重管辖权的问题。从国际税收的理论来看，东道国依据属地管辖权，资本输出国依据属人管辖权对海外投资者的同一所得分别征税，这样，海外投资者就负担了双重纳税的义务，税负过重必然会影响海外投资者的积极性。为避免本国投资者税负过重，鼓励海外投资，资本输出国往往会采取一些税收上的优惠措施，主要表现为：第一，税收抵免，即海外投资者在东道国已缴纳税款，可以在本国应纳税额中相抵或扣减；第二，免税法，即承认资本输入国的独占征税权，本国放弃征税权，海外投资者来源于东道国的所得已在东道国纳税的，在本国免予征税。

为了支持本国企业对海外的投资，税收激励是发展中国家采取的重要海外直接投资鼓励措施。如马来西亚政府在 1991 年的法案中，对特定的海外投资项目，规定了如下税收优惠：①汇回马来西亚的海外投资收入可减征 50% 税收，收入中的红利部分可减税 50%，减税期 5 年，从海外企业开始经营并赢利时起算；②投资前期费用，如调研费用等计入成本，从应税所得额中扣除；② 我国《企业所得税法》规定，居民企业来源于中国境外的应税所得已在境外缴纳的所得税税额，可以从其当期应纳税额中抵免，但不能超过抵免限额；超过抵免限额的部分，可以在以后 5 个年度内，用每年度抵免限额抵免当年应抵税额后的余额进行抵补，居民企业从其直接或者间接控制的外国企业分得的来源于中国境外的股息、红利等权益性投资收益，外国企业在境外实际缴纳的所得税税额中属于该项所得负担的部分，可以作为该居民企业的可抵免境外所得税税额，在抵免限额内抵免。

(二)政府资助

1. 提供投资情报

发展中国家政府为了鼓励海外投资，往往通过其驻外使领馆或国内行政机构给本国投资者提供投资情报，还有一些民间机构和非营利性团体收集东道国的经济情况和投资机会的情报，无偿提供给投资者，以便他们作出投资决策。

2. 提供金融支持

为了满足本国企业进行海外投资时对金融支持的需求，许多发展中国家政府建立了经常性的海外投资促进机构。

---

① 参见商务部、国家统计局、国家外汇管理局于 2012 年 8 月 30 日联合发布的《2011 年度中国对外直接投资统计公报》。

② 参见陈安主编：《国际经济法学》，北京大学出版社 2007 年版，第 344 页。

(三)建立海外投资保险

为化解海外投资风险,少数发展中国家建立了海外投资保险制度,为本国企业在东道国的风险提供担保。中国出口信用保险公司于 2001 年 12 月正式成立,该公司是从事政策性出口信用保险业务的国有独资保险公司,中国出口信用保险公司对海外投资保险有如下规定:

①需要有合格的投资者。合格的投资者包括在中国境内(不含港、澳、台地区)注册成立的非金融机构法人;在中国境外(含港、澳、台地区)注册成立的非金融机构法人,其实际控制权由中资法人掌握;境内外金融机构;其他经批准的法人和自然人。

②需要有合格的投资。合格的投资为股权投资,包括股东贷款、股东担保等;债权投资,包括金融机构贷款等;租赁交易,包括融资租赁、经营性租赁、售后回租以及杠杆租赁等。其他投资形式,包括合作经营、产品分成、管理合同、技术服务等投资形式。

③中国信用保险公司承保的风险为汇兑限制、征收、战争及政治暴乱和政府违约。

④被保险人为非金融机构的赔偿比例不超过 90%;被保险人为金融机构的赔偿比例不超过 95%。投资保险有两个保险期限,即承诺保险期和初始保险期,承诺保险期一般不超过 20 年,初始保险期限为 3 年,之后每年续保,被保险人对是否续保有选择权。

第四节　发达国家的海外投资法制

在国际投资领域,发达国家一般不限制资本流动,既大量地向海外输出资本,也积极地引进外资、利用外资。对于流入本国的外国投资,发达国家一般实行"国民待遇",适用于内国投资的法律规范往往同样适用于境内的外国投资。对于向海外输出资本,发达国家主要通过海外投资鼓励措施以及海外投资保险制度对海外投资进行鼓励和保护,以促进本国的海外投资。

一、鼓励海外投资的法制

(一)资金援助

为了支持本国企业到海外投资,资本输出国通常以设立特别的金融机构或基金的方式向海外投资者提供各种形式的资金援助。如美国海外私人投资公司、英联邦开发公司、德意志投资发展公司、日本海外经济合作基金等,这些机构提供的贷款只要求是东道国承认资助的投资项目,不需要当地政府的保证,也不需要贷款担保。德国向海外企业提供融资服务的金融机构有德国复兴信贷银行、德国投资发展有限责任公司。德国复兴信贷银行为国有银行,向到国外投资的德国中小企业进行融资,也向德国在国外建设的大型项目,尤其是向电力、通信、交通等基础设施提供贷款。德国投资发展有限责任公司直属于德国政府,其基本任务是通过参与资本投资为德国私人企业在发展中国家和转型国家的投资提供资金支持,涉及农业、加工业、服务业以及基础设施建设等领域的项目。

(二)避免双重征税

发达国家往往采用有关外国税收的"免税制"或"抵税制"来避免国际双重征税。免税制是资本输出国放弃行使居民税收管辖权,对海外投资者来源于投资东道国的所得免予征税的一种方法。相对而言，欧洲大陆法系国家的税法较多地采用免税方法，如法国是采用免税制的典型国家。抵税制是资本输出国允许海外投资者在投资东道国已缴纳的税额从其向本国应纳税额中予以抵扣。目前，大多数国家实行的都是抵税法，如美国、英国、日本等。

(三)其他援助

为了降低投资者海外投资的盲目性，提高其海外投资的决策水平，一些发达国家政府通过设立特别机构以及驻外机构(如使领馆)，向本国私人提供海外国家和地区的政治、经济、社会以及法律政策等投资信息，以便他们作出海外投资抉择，如法国驻外使馆商务机构和大区外贸局负责向法国企业提供来自世界各地的经济贸易信息。它们直接与当地政府和企业联系，收集整理信息并发回本国或直接为本国企业提供现场服务。有些发达国家为了培训其海外投资企业的技术人员，对本国培训发展中国家技术人员的民间机构提供政府津贴。一些国家政府协助成立了本国民间非营利团体，以便训练在发展中国家执业的高级管理人员，如美国的"国家高级管理人员服务队"、加拿大的"海外经营者服务机构"、日本的"世界经营者协会"等，即属于这类团体。

二、海外投资保险制度

海外投资保险制度，是指资本输出国的海外投资者向本国的承保政治风险的投资保险机构申请保险，如果发生承保的政治风险，导致投资者损失，则由该保险机构补偿其损失的制度。

发达国家认为，对本国的海外投资只有鼓励措施是不够的，更重要的是还必须予以法律上的保护，使本国在海外的投资尽量免受或少受政治风险所造成的损失。1948年，美国国会通过《经济合作法案》，根据该法案，美国首创了海外投资保险制度。1969年，美国再次修订《对外援助法》，设立"海外私人投资公司"，作为美国海外投资保险的专门机构。鉴于此制度行之有效，其他发达国家纷纷效仿。日本、德国、法国、挪威、丹麦、澳大利亚、荷兰、加拿大、瑞士、比利时、英国等国家先后建立了本国的海外投资保险制度，这项制度以国家为后盾，以国内立法为依据，以向发展中国家缔结的双边投资协定为先行，由政府专门机构或国家指定的专业公司为本国海外投资者提供政治风险的保险和担保。具体做法是：投资者向本国海外投资保险机构投保并获得承保，如果承保的政治风险发生，投资者遭受损失，则由保险机构向投资者赔付；然后，保险机构获得代位求偿权，向东道国求偿。

(一)保险人

依据各国的立法与实践，实施海外投资保险业务的有政府机构、政府公司或公营公司等。

1. 政府公司作为保险人

美国是采取这种做法的典型国家。在美国，负责其海外投资保险具体业务的是美国海外私人投资公司，该公司是直属国务院领导的独立的政府公司。海外私人投资公司具有独立的法人资格，通过提供一般商业上所得不到的金融服务包括长期政治风险担保及有限追索权的项目融资等，帮助美国私人企业扩大在发展中国家和新兴市场国家的投资，并通过此类服务来获取收入。美国海外私人投资公司不仅是一个保险机构，而且是美国政府用来开辟海外市场，扩大商品、技术、资金、劳务等出口的有效工具。以政府公司作为实施海外投资保险的好处在于可以避免与政府之间的直接对抗。

2. 政府机构作为保险人

日本是采取这种做法的典型国家。由日本通商产业省贸易局承办投资保险业务，该局是一个政府机构，但在财政上具有独立性，其宗旨是担保国际贸易和其他对外交易中其他普通保险者所不能承保的风险，以促进国际经济交往的发展。其所承担的保险业务，除海外投资保险外，还有其他多种风险，如普通出口保险、出口收入险、出口票据风险、出口证券保险、外汇风险保险等。

3. 政府和国有公司共同负责保险业务

德国的资本输出保险制度，由两家国营公司，即黑姆斯信用保险公司和德国信托监察公司经营。德国财政部是法定保险人，在财政部同意下，委托上述两家公司执行保险的具体业务。德国黑姆斯信用保险公司和德国信托监察公司只负责执行投资保证业务，而主管审查与批准保险的机关，为经济部、财政部及外交部代表组成的有决议权的委员会、会计审核院和联邦银行代表的咨询委员会，主要审核该投资项目是否值得鼓励，以及对加强德国同发展中国家经济关系有无积极贡献。

(二)保险范围

目前各国的海外投资保险机构仅仅对特殊的政治风险进行承保，而不涉及一般的商业风险。保险的范围主要限于国有化或征收险、外汇险、战争险等政治性风险。

1. 征收险

征收险，是指东道国政府采取征收、国有化或类似措施，致使外国投资者的投资财产遭受部分或全部损失的风险。征收范围有大有小，美国的规定相对宽泛。根据美国法律规定，征收包括但不限于外国政府、外国政府下属部门以及外国政府控制或所有的公司废除、拒绝履行或损害其与投资者订立的合同项目，以致对该项目的继续运作造成实质不利的影响。

2. 外汇险

外汇险，是指禁止外汇兑换的风险和禁止投资者将资本、利润及其他正当收益自由兑换成外汇，并转移出境的风险。外汇险是投保人在保险期内作为投资的收益或利益而获得的当地货币或出让投资财产而获得的当地货币，如东道国禁止把这些货币兑换成自由货币，则由海外投资保险机构用自由货币进行兑换，同时取得代位求偿权。外汇险不包括货币贬值的风险。

3. 战争险与内乱险

战争险与内乱险是指由于战争、革命，暴动和内乱的原因致使投资者在东道国的财产受到损害时，而由承保人负责赔偿的保险种类。美国把战乱险定义为"限于个人或集团主要是为了实现某种政治目的而采取的破坏活动所造成的损失"，将一般的劳资纠纷、经济矛盾和学生运动等所引起的社会骚乱冲突排除在外；一般的恐怖主义活动或国内骚乱所致的损失，也不属于战乱险，除非是出于国内或国际有组织的武装力量的敌对行动对该财产的蓄意破坏。根据美国海外私人投资公司章程的规定，战争险的损失只限于投资财产中有形财产的损失，日本与德国则不论有形财产或无形财产，凡符合其有关"战争险"的规定一律予以补偿，法国亦然。

（三）保险对象

保险对象，是指合格的投资。合格投资是指投资要符合法律和合同规定的条件和标准，而且海外投资必须符合投资国的利益并有利于东道国的经济发展。

1. 合格投资的标准

虽然各国的条件和标准不尽相同，但概括起来，合格的投资应满足三个条件：

（1）符合投资者本国的利益

美国规定，海外私人投资在承保一项投资时，必须考虑该项投资项目最终是否有利于美国经济，包括对美国工人就业、国际收支平衡及美国经济发展目标的有利影响。日本、英国和德国有类似的规定。

（2）有利于东道国的经济发展，并取得东道国的同意

为了降低投资项目在东道国的风险，大多数国家都要求投资应取得东道国的同意。例如，美国规定，海外投资必须经过东道国事先批准同意，投保才视为合格。投资者有义务取得东道国主管机关的批准，海外私人投资公司也可协助其取得东道国的批准。此外，澳大利亚、日本、英国等都有类似的规定。

（3）投资项目只限于新的海外投资

各国关于投资保险的法律与实践，一般只承保新的投资，主要是指新建企业的投资。针对早已在海外开业经营的企业，除非对旧企业增资扩建、改建，否则将不构成新的投资。

2. 投资的东道国合格

各国对海外投资输入的国家也作了要求，但各国的规定并不完全相同。美国规定，只有在符合以下条件的国家投资才可予以承保：①必须是事先已与美国政府订有双边投资保证协定的国家；②投资所在的东道国必须是发展中国家，而且其国民收入较低。日本、澳大利亚、挪威等国实行单边投资保险制，不要求以本国政府同东道国政府订立双边投资保证协定为基础。

（四）投保人

各个国家的投资保险制度均为鼓励和保护本国的海外私人投资而设，因此，一般都会要求投保人与保险机构所在国具有密切联系。不同的投保人必须符合不同的条件。

1. 本国国民

本国国民，是指根据本国法律取得本同国籍的自然人。有的国家还附加对国民的住所或居所的要求，如德国和英国。

2. 本国公司、合伙或其他社团

大多数国家都允许依本国法律设立的，具有或不具有法人资格的、营利或非营利的公司、企业、合伙或其他社团作为投保人，如美国、英国、德国等。此外，还必须符合资本控制要求等。

3. 符合一定条件的外国公司、合伙、社团

外国公司、合伙、社团作为投保人一般有严格的限制。依美国法规定，依外国法设立

的外国公司、合伙、社团，其资产的全部或至少 95% 为美国公民、公司、合伙或社团所有者，才可以作为合格投保者；有些国家不允许外国公司、合伙或社团投保。

（五）保险费和保险期限

1. 保险费

投资者有义务缴纳一定的保险费。有的国家规定，从保险费支付之日起保险契约才有效。也有的国家规定，保险费逾期不付则导致解除合同，如德国规定，逾期 3 周内尚未缴付者，保险人有权解除保险契约。

保险费的数额，各国规定不一致。一般来说，保险费的数额依承保行业、险别及范围而不同，有的国家还依投资的东道国类别以及投保投资的规模而不同。以综合保险为例，美国为承保数额的 1.5%，英国为 1%，法国为 0.8%，澳大利亚、比利时为 0.75%，日本为 0.55%。

2. 保险期限

各国海外投资保险制度规定的投资保险期限多为 15～20 年。德国投资担保期限一般为 15 年，在理由充分的情况下，最多可达 20 年，期满时可分别再延长 5 年；美国海外私人投资公司的政治风险保险期限视投资种类、性质及承保险别的不同而定，但最长不超过 20 年；日本规定的保险期限是 5～10 年，但特殊情况下可超过 15 年。

（六）索赔与救济

若约定的保险事故发生，保险人应首先依国内保险合同的规定向投保人支付保险金，然后取得代位求偿权向投资所在东道国索赔。一旦发生保险事故，投保人应立即向承保人申请赔偿并提出有关证据，承保人在收到申请后，若依据法律和保险合同确定应予赔偿，则支付约定的保险金。海外投资保险机构一般不进行全额承保，最大保险额为投资总额的 90%，未予承保的部分，由投资者自行承担。例如，美国规定，海外投资公司承保的保险金额，不得超过投资当时公司批准项目中被保险投资美元票面价值加保险契税所定限度内该投资实际上应得的利息、利润或其他收益。但公司限制其本身只按投保总额的不超过 90% 承担责任，被保险人自己承担部分损失，如日本、挪威、荷兰、德国等为 10%，瑞士为 30%，加拿大、丹麦为 15%。①

承保人在向投保人支付保险金之后，代位取得投保人有关投资的一切权利，包括有关资产的所有权、债权、索赔权等，向东道国索赔。海外投资保险代位求偿权行使的对象是东道国，因此，海外投资保险机构不能仅仅依据本国国内法向东道国主张权利，还必须寻求国际法上的依据。在实践中存在代位求偿权运作的两种不同方式，即美国的"双边运作方式"和日本的"单边运作方式"。美国海外私人投资公司承保海外投资政治风险以美国同东道国订立双边投资保护协定为前提，保证了海外私人投资公司国内保险合同和法律规定的代位权依据双边投资保护协定的代位权条款的顺利实现；日本采用单边投资保证制度，并不要求将与日本订有双边投资保护协定作为适用国内海外投资保险制度的前提，海外投资保险机构只根据国内法规定就可以承保海外投资政治风险。在实践中，日本仍强调将双边投资保护协定作为保护本国海外投资重要手段的意义。

---

① 参见余劲松主编：《国际经济法》，北京大学出版社 2009 年版，第 283 页。

第五节 双边投资条约

为创造良好的投资环境，促进资本的跨国流动，各国还在国际法层面上进行了大量的努力，其中出现最早、采用普遍的是国际投资的各种双边条约。双边投资条约是资本输出国与资本输入国就促进与保护投资签订的规定双方权利义务关系的书面协议。发达国家从20世纪50年代开始大力推行各种形式的保护国际投资的双边条约，根据联合国贸易和发展会议的报告指出，近年来在国际投资规则制定方面的重要趋势是发展中国家发挥的作用继续扩大，如中国和埃及已跻身世界上签订双边投资条约最多的国家行列。

一、双边投资条约的类型

传统的双边投资协调主要以友好通商航海条约来实现，现代使用最为广泛的双边投资条约是美国式的双边投资保证协定与德国式的促进和保护投资协定。

(一)友好通商航海条约(Friendship Commerce and Navigation Treaty)

友好通商航海条约并非专门性的投资条约，而是两国间就商业活动和航行自由事宜签订的双边条约。"二战"以前的友好通商航海条约主要调整两国间的友好通商关系，不以保护私人投资为重点。"二战"以后，为适应保护海外私人投资的需要，友好通商航海条约进一步明确了国际投资保护的内容，主要有：外国人入境、旅行和居住的权利以及个人基本自由权；外国人的待遇标准；外国人财产权的保护，包括对外国人资产和所得的保护、征收与国有化的补偿；商事企业活动及其管理；税收待遇；外汇管制；商品交易；航海与商品运输；争议的解决与管辖。美国是历史上最早采用友好通商航海条约的国家，也是采用时间最长的国家。

友好通商航海条约作为促进和保护国际投资的一种方式，曾发挥过一定作用。但由于其本身的一些缺陷，如有关条款较模糊、抽象，争议解决机制软弱，法律效力难以确认，程序性规定缺乏等，20世纪60年代以后，各国不再缔结此类条约，从而结束了友好通商航海条约的时代。

(二)双边投资保证协定(Bilateral Investment Guarantee Agreement)

双边投资保证协定，由美国首创并推行，故也被称为美国式的双边投资保证协定。"二战"之后，美国为保护不断扩大的海外投资开始实行海外投资保险制度，投资保证协定的核心在于让投资东道国正式确认美国国内的承保机构在承保的政治风险事故发生并向海外投资者理赔之后，享有海外投资者向东道国政府索赔的代位权和其他相关权利及地位。此外，协定还规定双方政府因索赔问题发生纠纷时的处理程序。但投资保证协定主要为一国的海外投资保险服务，其保护的对象是单方面的投资，而不是相互的投资。中国于1980年和1984年以换文形式分别与美国和加拿大两国签署了投资保证协定。

(三)促进和保护投资协定(Agreement for Promotion and Protection of Investment)

促进和保护投资协定，又称德国式的双边投资协定，为德国最先使用。1959年，联邦德国与巴基斯坦签订了世界上第一个双边投资保护协定。此后其他欧洲国家，如瑞士、荷兰、比利时、卢森堡、丹麦、法国、英国等国以及日本也相继与他国签订了类似的双边投资保护协定。这些双边投资保护协定兼具友好通商航海条约和美国式的双边投资保证协定的部分内容，可以说是介于这两者之间的一种混合体制。该类协定内容具体详尽，既含有促进与保护投资的实体性规定，又包含代位求偿、解决投资争议的程序性规定，而且，其结构严谨，需要通过正式立法程序签订。协定能够为海外投资提供切实有效的保护，问世后被竞相效仿，中国签订的双边投资条约主要采用这种模式。20 世纪 80 年代以来，美国也开始采用促进和保护投资协定保护其对外投资。

二、双边投资协定的主要内容

由于各国具体情况不同，双边投资协定的具体规定也有所差异，但一般都会包括以下主要内容：

（一）受保护的投资者与投资

1. 受保护的投资者

受保护的投资者一般包括自然人、法人或不具有法人资格的其他经济实体。一些条约把在本国登记注册的实体视为本国投资者，中国与英国的双边协定即采纳这一标准。还有一些条约采取多项标准，既要求投资实体依本国法律设立，又要求其在本国有住所，如中国与奥地利的双边协定。还有一些条约把由本国国民或法人控制的外国公司看做本国投资者，如中国与瑞士的双边协定。

2. 受保护的投资

双边投资条约往往详细界定了受保护的投资，这种界定十分广泛，涵盖了股权投资和非股权投资。一般合格的投资包括：现金、动产、不动产和任何其他财产权利；公司的股份、股票和债券或该公司财产中的权益；著作权、工业产权、工艺流程、专有技术和商誉等知识产权；勘探、开发自然资源的特许权，等等。

（二）投资待遇

双边投资协定大都原则性地规定给予对方缔约国投资者和投资以公平和公正待遇、国民待遇或最惠国待遇。

1. 公平和公正待遇

公平和公正待遇目前尚无明确的定义，传统的国际法学说一般认为其包括无差别待遇、国际最低标准和东道国保护外国财产的义务。但在实践中，各国对是否将国际最低标准纳入公平和公正待遇以及何谓国际最低标准，还存在分歧。目前，将公平和公正待遇理解为给予外国投资者及其投资以无差别待遇是可行的。除了例外情形，只要东道国给予外国投资者以与本国国民或其他外国投资者同等的待遇，就表明该种待遇是公平和公正的。

2. 国民待遇

国民待遇，是指缔约国一方给予缔约国他方投资者和投资的待遇应不低于给予其本国投资者和投资的待遇。国民待遇的给予可以使外国投资者享有与本国投资者同等的待遇，对外国投资者十分有利，大多数发达国家签订的双边投资协定中都有国民待遇条款。但是，一些发展中国家和社会主义国家对国民待遇持保留态度，在条约中往往对国民待遇条款进行限制，如在外资准入方面进行国民待遇的合理限制。中国与外国签订的大部分双边投资条约中一般没有规定国民待遇。

3. 最惠国待遇

最惠国待遇，是指根据条约，缔约国一方有义务给予缔约国他方投资者不低于任何第三国投资者的待遇。适用于投资以及与投资有关的活动，包括投资准入的条件、投资财产和投资的范围、类型、内容等，以及投资者在缔约国的各种经营活动。此外，还规定了诸如关税同盟、自由贸易区、经济联盟等最惠国待遇的例外。中国与大多数国家签订的双边投资协定都规定了最惠国待遇。

（三）政治风险的保证

1. 国有化与征收

双边投资协定一般都允许缔约国对领土内的外国投资企业或资产实施国有化或征收，但国有化和征收必须符合一定条件，如国家公共利益的需要、非歧视性、给予补偿、遵循适当法律程序等。

国有化与征收问题主要集中在国有化的补偿标准方面，多数发达国家要求采取"充分、及时、有效"的补偿标准，而发展中国家大多坚持"合理或适当"的补偿标准。中国为了充分保护外国投资者投资的安全与利益，对此问题采取了灵活务实的态度，中国签订的所有双边协定都规定，补偿应是可兑现和自由转移的，支付不应不适当地迟延。

2. 汇兑与转移

双边投资条约通常规定，投资者的资本、利润和其他合法收益可以自由兑换成外汇，自由转移或汇回本国。可以自由汇兑和转移的款项范围主要有纯利润、利息、红利、专利使用费、资产折旧费等，有的条约规定得简单，有的规定得较为详细，美国和荷兰属于后者。但是，兑换与转移的保证不是绝对的，在特殊情况下，如一国国际收支困难时，也可以进行一定限制。

（四）代位求偿权

许多国家都建立了海外投资保险制度，双边投资条约中普遍规定了代位权。但是，不同的双边条约对代位权的规定繁简不一，美国式的双边投资保证协定规定得较为详细，德国式的双边投资协定则规定得比较简单。双边投资条约通常规定承保人在一定条件下代位取得投保者的一切权利和义务，代位权的行使必须受东道国法律的制约，如果东道国法律禁止承保者取得某些财产，则须服从东道国法律的规定，并作出相应的安排。

（五）投资争端的解决

投资者与东道国之间可能因违约、征收或国有化等产生争端。各国的双边投资协定均规定，如果缔约国对协议的解释和适用产生争端，首先以谈判、协商解决为主，如果在一定期间内谈判、协商无法解决，则可提交仲裁。

第六节 区域性国际投资法制

区域性多边投资条约，是指区域一体化协定的有关投资的条款和专门法律文件。投资自由化和投资保护是其重要内容，其中，《北美自由贸易区协定》和《中国—东盟自由贸易区投资协议》较具代表性。截至 2013 年 5 月，我国与五大洲的 29 个国家和地区建立了 16 个自由贸易区。

一、《北美自由贸易区协定》

《北美自由贸易区协定》(*North American Free Trade Agreement*，简称 NAFTA)，是指美国、加拿大及墨西哥在 1992 年 8 月 12 日签署的关于三国间全面贸易的协议，于 1994 年 1 月 1 日正式生效，同时宣告北美自由贸易区正式成立。截至 2008 年底，北美自由贸易区拥有 4.4 亿多人口，国民生产总值约 16.75 万亿美元，经济实力和市场规模都超过欧洲联盟，成为当时世界上最大的区域经济一体化组织。

《北美自由贸易区协定》广泛涉及美国、加拿大和墨西哥三国各个领域的贸易关系，从汽车制造到能源，从纺织品、其他工业产品到农产品，从专利、版权到金融服务，从政府采购到环境保护，等等。投资虽不属贸易范畴，但基于三国的现实原因，也成为《北美自由贸易区协定》谈判过程中的一项重要议题。

(一)投资范围

《北美自由贸易区协定》所涵盖的投资范围十分广泛。根据《北美自由贸易区协定》第1139 条的规定，本协定适用于以下各种投资：股权认购或债权担保；分享企业收入或利润的权利；为商业目的而取得或使用的有形和无形财产；根据交钥匙合同或建设合同等形式而从资本投入中产生的利益；基于企业生产、收入或利润而享有报酬的合同。纯粹基于贸易合同而产生的金钱请求权则不在该协定所规定的"投资"范围之列。

(二)投资准入

《北美自由贸易区协定》要求东道国给予外国投资者以国民待遇和最惠国待遇，减少外资审查的范围，取消针对外国投资者的某些"业绩要求"，如产品必须外销、原料必须在当地采购等，但在附件中列明了对上述一般标准的例外。《北美自由贸易区协定》在投资准入方面给予外国投资者以国民待遇和最惠国待遇。这种规定与美国在缔结双边投资条约方面的实践是一致的，而《北美自由贸易区协定》则是第一次将这种规定多边化了。不仅如此，《北美自由贸易区协定》还规定，除"附件"中所列明的例外，其他有关投资批准的争议均可提交约定的仲裁机构，以解决争端，这进一步限制了东道国对外资进入的审批权。

(三)待遇

在《北美自由贸易区协定》中，国民待遇和最惠国待遇不仅适用于投资批准事宜，而且适用于投资待遇的所有其他方面。《北美自由贸易区协定》第 1105 条还要求"根据国际法"给予外国投资以"公正和平等的待遇"以及"充分的保护和保障"。在上述诸种标准中，应以待遇最高者为准。换言之，东道国给予外国投资者的待遇，应当符合上述几种规定中的最高标准。就此点而言，颇有异于一般常见的双边投资保护条约。《北美自由贸易区协定》第1107 条特别规定投资者享有雇佣最高管理人员的自由，不论其属何国籍。在货币汇兑方面，《北美自由贸易区协定》要求东道国应允许投资者"毫不迟延"地汇出利润、清算所得、征收补偿以及从事为投资营运所必需的其他各种汇出行为。

(四)征收

《北美自由贸易区协定》禁止对外国投资实行征收，除非此种征收是为了公共目的，在非歧视性及公平和平等的基础上，根据正当法律程序，并毫不迟延地给予相当于公平市场价值的补偿。同时，这种补偿应可自由汇出东道国。在补偿标准上，发展中国家和发达国家一直是尖锐对立的，为了照顾墨西哥的立场，《北美自由贸易区协定》精心选择了"毫不迟疑、完全可兑换、自由转移、相当于公平市场价值"等用语，实际上就是美国等发达国家一直主张的"充分、及时、有效"的补偿标准，即"赫尔模式"。这表明原来双边投资协定的补偿标准正向区域和多边化发展，原来最坚决反对"赫尔模式"的墨西哥也软化了立场。

(五)争端解决

《北美自由贸易区协定》在国际投资法领域最重大的贡献之一，就是建立了通过国际仲裁解决一缔约国和另一缔约国投资者间投资争端的有效机制。《北美自由贸易区协定》第11章B部分规定，如果成员国违反了其在协定下的义务，造成了投资者的损害，即使是地方政府的措施，该投资者也可以代表自己，或者代表其所控制的企业，要求同东道国政府磋商谈判，如果6个月内无法达成协议，投资者可以直接将其与东道国政府之间的投资争端提交"解决投资争端国际中心"或按《联合国国际贸易法委员会仲裁规则》设立仲裁庭进行仲裁解决。这种直接提交的权利是事先一揽子给予的，日后无须东道国另行逐项表示同意。《北美自由贸易区协定》还详细规定了仲裁庭的组成、管辖权、仲裁地点、专家证据等有关仲裁程序的问题。

二、《中国—东盟自由贸易区投资协议》

中国—东盟自由贸易区是中国与外商建立的第一个自由贸易区，也是东盟作为整体与外商建立的第一个自由贸易区。继2004年、2007年中国—东盟自由贸易区签署《货物贸易协议》、《争端解决机制协议》、《服务贸易协议》后。2009年8月15日，第八次中国—东盟经贸部长会议在曼谷举行，中国与东盟10国签署了《中国—东盟自由贸易区投资协议》(以下简称《投资协议》)，标志着双方完成了中国—东盟自由贸易区协议的主要谈判。该协议表明了中国和东盟各国共同抗击金融危机、继续推进贸易和投资自由化、反对贸易和投资保护主义的决心。2010年1月1日，中国—东盟自由贸易区正式全面启动，成为全球人口最多的自由贸易区，也是发展中国家之间最大的自由贸易区。

《投资协议》共包括27个条款，在相互给予投资者国民待遇、最惠国和投资公平公正待遇、提高投资相关法律法规的透明度等方面都有所规定，为双方投资者创造一个自由、便利、透明及公平的投资环境提供了必要的法律保护，有助于进一步促进双方投资便利化和逐步自由化。其主要内容如下：

(一)国民待遇原则

《投资协议》第4条规定了中国—东盟国家间投资国民待遇的适用范围和国民待遇标准，包括投资主体、投资类别和投资活动等范围。

1. 投资者

根据《投资协议》的规定，能够享受国民待遇的投资主体为中国与东盟国家间的投资者，包括缔约各国的自然人和法人。该法人范围，不完全等同于我国国内法上法人的范畴，其经营主体应当是从事实质经营的经营实体，包括私营和政府经营，但并不强调其经营活动一定以营利为目的。其组织形式可以是公司、信托、合伙企业、个人独资企业或协会等。

2. 投资类型

投资涉及的范围主要是在东道国投入的各种资产。具体形式有：动产、不动产及抵押、留置、质押等其他财产权利；股份、股票、法人债券及此类法人财产的利息；版权、专利权和实用模型、工业设计、商标和服务商标、地理标识、集成电路设计、商名、贸易秘密、工艺流程、专有技术及商誉、依法律或合同授予的商业特许经营权（包括自然资源的勘探、培育、开采或开发的特许权），以及金钱请求权或任何具有财务价值行为的给付请求权等在内的各种形式的知识产权等。

（二）最惠国待遇原则

《投资协议》第5条规定自由贸易区内外国投资的最惠国待遇的相关问题，包括最惠国待遇的适用范围及例外情况。

1. 最惠国待遇的适用范围

根据《投资协议》的规定，自由贸易区有关最惠国待遇的适用范围包括各缔约方在准入、设立、获得、扩大、管理、经营、运营、维护、使用、清算、出售或对投资其他形式的处置等。给予最惠国待遇的比照国家，包括自由贸易区内的其他缔约国或其他第三国投资者，即接受外国投资的东道国，应当给予另一缔约方投资者及其相关投资，不低于其在同等条件下给予任何其他缔约方或第三国投资者及其投资的待遇。《投资协议》进一步限定了上述给予国民待遇的时间期限范围，应当是《投资协议》签订时已经存在的优惠安排，而此后与其他缔约方或第三国签订的协定或优惠安排，是不包括在适用最惠国待遇范围内的。但这样一个最惠国待遇适用时间范围的限制，也是有条件的，即要给予其他缔约方要求就该项优惠进行进一步商谈的机会。

2. 最惠国待遇适用的例外

《投资协议》有关最惠国待遇适用的例外，主要是规定了特惠例外。特惠例外情况有两类：一类是自由贸易区最惠国待遇的适用，应当排除自由贸易区成员国现有的，与非缔约方之间签署的双边、地区及国际协定，或任何形式的经济或区域合作中，给予投资者及其投资的任何形式的优惠待遇；另一类是指在东盟成员国之间，以及协议的缔约一方，具体是指中国一方或东盟一方，同其单独关税区之间的任何协定或安排中，给予投资者及其投资的任何现有或未来优惠待遇。如中国内地与香港、澳门等单独关税区间的协定和安排中，给予的优惠待遇。

（三）国民待遇和最惠国待遇以外的其他投资待遇制度

在国民待遇和最惠国待遇的基础上，《投资协议》进一步规定了公平和公正待遇、提供全面保护和安全措施。上述两项投资待遇制度，独立于国民待遇和最惠国待遇。首先，公平与公正待遇需要根据不同的国家和一个国家的不同发展阶段加以判断；其次，该项待遇制度的规定适用于其他待遇不适用情况下，作为处理投资待遇问题的原则、公平和公正待遇以及提供全面的安全措施，都是比较抽象的概念。为了这两项待遇制度的实施，《投资协议》对如何理解这两项待遇制度，作出了进一步的解释，即公平和公正待遇是指各方在任何法定或行政程序中有义务不拒绝给予公正待遇；要求各方采取合理的必要措施确保另一缔约方投资者投资的安全。

第七节　世界性的国际投资法制

由于双边和区域投资协定对国际投资的保护范围有限，国际上一直致力于建立全面规范国际投资的各方面的多边条约。目前，已生效的多边条约主要有《多边投资担保机构公约》、《解决国家和他国国民间投资争端公约》、以及世界贸易组织的《与贸易有关的投资措施协议》。

一、《多边投资担保机构公约》

为了缓解或消除外国投资者对政治风险的担心，世界银行于1984年制定了《多边投资担保机构公约》的草案，几经修订后于1985年在韩国汉城通过，又称《汉城公约》。依公约于1988年4月建立了多边投资担保机构（Multilateral Investment Guarantee Agency，简称MIGA），该机构是世界银行集团的第五个新成员，直接承保成员国私人投资者在向发展中国家投资时可能遭遇的政治风险。中国于1988年4月批准该公约，是创始会员国。

（一）多边投资担保机构的法律地位

多边投资担保机构是具有完全法人地位的国际组织，有权签订合同、取得并处理不动产和动产，进行法律诉讼。多边投资担保机构设理事会、董事会、总裁和职员。理事会为其最高权力机构，由每一成员国指派的理事及副理事各1人组成。董事会至少由12名董事组成，负责一般业务，是该机构的执行机构。董事人数可由理事会根据会员国的变动进行调整。世界银行行长为董事会的当然主席，除在双方票数相等时投一决定票外，无投票权。总裁由董事会主席提名任命，负责处理机构的日常事务及职员的组织、任命和辞退。

（二）多边投资担保机构的业务

多边投资担保机构的业务主要包括两大类，即投资担保和投资促进。前者是核心业务，即MIGA对国际投资所遇到的政治风险予以担保，后者是指由MIGA开展的对发放担保有辅助作用的活动，属于非担保业务。MIGA的非担保业务主要有：开展跨国投资研究；传播有关发展中国家成员国的投资机会的信息；经成员国请求，提供旨在改善投资条件的技术援助和咨询；与国际金融公司等促进国际投资的机构协作，消除存在于成员国之间阻碍投资流动的障碍；鼓励友好解决投资者与东道国之间的争端，促进和推动在成员国之间缔结投资保护条约等。

（三）多边投资担保机构担保的主要内容

1. 承保风险

（1）货币汇兑险

MIGA承保由于东道国政府采取新的措施，限制将本国货币兑换成可自由使用货币或被保险人可接受的另一种货币，以及限制将货币汇出东道国境外的风险。导致货币兑换风险的行为可以是东道国采取的积极行为，如明确以法律等手段禁止货币的兑换或转移，也可以是消极地限制货币兑换或汇出，如东道国政府未能在合理的时间内对被保险人提出的汇兑申请作出反应。

（2）征收和类似措施险

MIGA 承保由于东道国政府的责任而采取的任何立法或措施，使担保人对其投资的所有权或控制权被剥夺，或剥夺了其投资中产生的大量效益的风险。这里的征收既包括东道国进行的正式的征收或类似征收措施，也包括隐蔽性征收。隐蔽性征收是指尽管东道国作出的一系列行为并不构成对投资人的征收行为，但该一系列行为的结果却具有与征收无异的效果，则每一个单项行为也应视为征收，如所得税的增加、关税的增加等。在确定隐蔽性征收前，投资人必须证明东道国政府所采取的一系列行为事实上使相关企业的收入出现严重亏损或经营不可能。但东道国为了管辖境内的经济活动而采取的普遍适用的措施，不应被视为征收措施。

（3）战争和内乱险

战争和内乱险，是指 MIGA 对东道国领土内的任何军事行动或内乱提供担保。军事行动既包括不同国家间的战争行为，也包括国内相互竞争的政府的武装力量之间的战争行动，经宣战或未经宣战的战争。而内乱通常是指直接针对政府的、以推翻政府或将其驱逐出某个特定的地区为目的的有组织的暴力行动，包括革命、暴乱、叛乱和军事政变，对于骚乱和民众动乱等形式的内乱也可以承保。MIGA 所指的战争和内乱并不以发生在东道国境内或以东道国政府参加为前提，行为发生在东道国境外，如果其影响或后果及于东道国国境之内，就被视为发生在东道国国境内。

根据业务细则的规定，为促进工人、学生或其他特定利益所采取的行动以及针对担保权人的恐怖行为、绑架或类似行为，不具有作为内乱而予以担保的资格。由于战争险是非东道国所能控制的，东道国政府对此一般不负责任，MIGA 在向投资者支付保险金之后，一般不能再向东道国索赔。

（4）政府违约险

政府违约险，即东道国对担保权人的违约，且担保权人无法求助于司法或仲裁部门对违约的索赔作出裁决，或司法或仲裁部门未能在合理期限内作出裁决，或有这样的裁决而不能实施。东道国的违约行为包括东道国作为主权者的违约行为和作为一般商业伙伴的违约行为。相关的合同主要涉及东道国政府或政府机构与外国投资者订立的有关自然资源开发合同、基础设施建设等方面的合同。政府违约险是 MIGA 的一个创新，目的在于加强东道国和投资者之间合同的稳定性。

（5）其他非商业风险

《多边投资担保机构公约》在第 11 条（b）对承保范围作了灵活性的规定，即应投资者与东道国政府联合申请，董事会经特别多数票通过，可将本公约的担保范围扩大到上述提及的风险以外的其他特定的非商业风险，但在任何情况下不包括货币的贬值或降低定值。此外，该公约在第 11 条（c）中还明确规定因以下两种原因而造成的损失不在担保之列：第一，投资者认可或负有责任的东道国政府的任何行为或懈怠；第二，担保合同缔结之前发生的东道国政府的任何行为、懈怠和其他任何事件。

2. 合格投资者

合格投资者包括自然人和法人。依《多边投资担保机构公约》第 13 条的规定，符合下列条件的自然人和法人均有资格取得机构的担保：其一，该自然人不是东道国的国民；其二，该法人不具有东道国的法人资格或在该东道国设有主要营业地点；其三，相关法人的经营以商业营利为目的。但如果投资者和东道国的联合申请，且用于投资的资本来自东道国境外，经机构董事会特别多数票通过，可将合格投资者扩大到东道国的自然人、在东道国注册的法人以及其多数资本为东道国国民所有的法人。

3. 合格的投资

（1）投资形式合格

《多边投资担保机构公约》对合格的投资形式规定得十分灵活，首先明确了，股权投资包括股权持有者为有关企业发放或担保的中长期贷款是合格的投资；然后，又作出了弹性的规定：其他形式的直接投资由董事会确定，另外，董事会经特别多数票通过，可将合格的投资扩大到其他任何中长期形式的投资。

（2）投资内容合格

为了降低所承保投资在东道国的风险以及促进外资对东道国经济的积极作用，合格的投资必须满足以下条件：第一，具有经济合理性，能对东道国经济发展作出贡献；第二，符合东道国的法律规定；第三，与东道国的经济发展目标和重点相一致；第四，在东道国能受到公正、平等的待遇和法律保护。

（3）投资为新投资

MIGA 承保的投资为新投资，限于投保人提出申请后才开始执行的投资，包括对现有投资进行的更新、扩大或发展以及现有投资产生的、本可汇出的东道国的收益。

4. 合格的东道国

多边投资担保机构成立的目的是要促进生产性资金流向发展中国家，因此，《多边投资担保机构公约》第 12 条和第 14 条明确规定，机构只对向发展中国家成员领土内的投资予以担保，且要求外资必须能够在这些发展中国家得到公正平等的待遇和法律保护。至于东道国是否对外资提供"公正平等"待遇，并不是一项普遍的义务要求，而只要求资本输入国对投保的具体外国投资项目提供此种待遇。对资本输入国附加此种限制的主要原因在于：国际投资保险的实践证明，法律制度越健全的国家，投资条件越好，其发生政治风险的概率也越低，投资保险所承担的风险当然也就越低。

5. 代位权

《多边投资担保机构公约》规定，担保合同要求担保权人在向机构要求支付前，寻求在当时条件下按东道国法律可随时利用的合适的行政补救方法。多边投资担保机构一经向投保人支付或同意支付赔偿，即代位取得投保人对东道国或其他债务人所拥有的有关承保投资的各种权利或索赔权。各成员国都应承认多边投资担保机构的此项权利。东道国对机构代位权的承认意味着对东道国主权豁免的一种限制。

多边投资担保机构是一种源于各国海外投资保险机制的多边投资担保机构，它与其他国际投资保险机构相比，在防范政治风险发生、调解解决纠纷和顺利实现代为求偿理赔等方面具有明显的优势。多边投资担保机构在机制和内容上的创新和发展，使其得以迅速被各国所接受并迅速发展起来。多边投资担保机构的建立有利于消除外国投资者对其投资在资本输入国遭遇非商业性风险的担心，促进了国际资本向发展中国家的流动以及在发展中国家之间的流动。

【案例 9-2】

MIGA 对安然公司赔付案①

1995 年，美国安然公司与印尼官方签订一宗合资建设电厂的合同，并向 MIGA 投保了"征收和类似措施险"。该项目于 1996 年开工建设，不久印尼便发生了暴乱，苏哈托政府濒临倒台。在国际货币基金组织的要求下，印尼政府以在其境内的电站电价过高、建设成本太大、需重新予以审查为由，于 1997 年中止了境内 27 家电厂的建设和经营。在中止令中，没有任何给予业主补偿和如何解决纠纷的规定和安排。安然公司投资的合资电厂也在被中止的项目之列，为了继续维持其在印尼的投资利益，安然公司希望与印尼政府协商解决纠纷。但因当时印尼政局混乱，安然公司屡次要求进行磋商，均未获回应，最后只得向 MIGA 索赔。

MIGA 接到索赔请求后，立即以调解人的身份与印尼当局磋商。印尼当局承认，其没能对受中止令影响的投资者(包括安然公司)的请求及时作出充分的回应，且表示愿意与 MIGA 共同寻求可能的解决方案，使安然公司撤回向 MIGA 的索赔请求。然而，因该案所涉纠纷复杂，安然公司不但要求印尼政府保护其在该投资项目的既得利益，而且要求印尼政府对其政局混乱可能带来的其他方面的问题作出保证，故虽经 18 个多月之久的努力，中间屡次要求 MIGA 延长有关索赔的期限，但最终协商无果。MIGA 在认为解决无望的情况下，于 2000 年 6 月正式向安然公司付赔。这是 MIGA 自开业头 10 年第一个赔付的案件。

MIGA 赔付后，立即知会了印尼政府。接着，按照《汉城公约》第 18 条的规定，MIGA 作为该案已获赔投保人——安然公司的代位权人，向印尼政府提出了代位求偿。起初，印尼政府对是否同意与 MIGA 展开协商心存疑虑，因为该国担心，这样会给自己处理其他受损电力项目(包括由美国海外私人投资公司承保的项目)的纠纷，树立一个不利的先例。同时，印尼政府也不得不关注向 MIGA 赔付一事的反应。

对按《汉城公约》第 18 条规定负有接受 MIGA 代位求偿之义务，印尼政府从未质疑过。尽管笼罩在电力项目失败的氛围中，但协商进行得相当友好，印尼政府很快就与 MIGA 达成了解决方案。且可采取分期等额支付的方式，利率适中。尽管当时该国的时局仍然持续不稳，但作为解决协议内容的一个组成部分，MIGA 管理层认为，从总体来看，这是在不幸中求得的一个非常满意的结果。

二、《解决国家和他国国民间投资争端公约》

传统的解决国家与他国国民间的投资争端的方法存在诸多缺陷，为此，在世界银行的

---

① 参见韩立余主编：《国际经济法学原理与案例教程》，中国人民大学出版社 2006 年版，第 421页。

主持下，发展中国家与发达国家经过激烈争论后达成协议，于 1965 年在华盛顿通过了《解决国家和他国国民间投资争端公约》(*Convention on the Settlement of Investment Disputes Between States and Nationals of Other States*，又称《华盛顿公约》)。该公约建立了"解决国际投资争端中心"(International Centre for Settlement of Investment Disputes，简称"中心"或 ICSID)，作为世界银行下属的一个独立机构，为解决缔约国和其他缔约国国民之间的投资争端提供调解或仲裁的便利。我国于 1993 年加入该公约。

(一)中心的地位和机构设置

根据《华盛顿公约》的规定，中心具有完全的国际法律人格，能够对外签订合同，取得和处理动产和不动产以及提起诉讼的能力。根据《华盛顿公约》的规定，中心设有一个行政理事会、一个秘书处、一个调解员小组和一个仲裁员小组。其中，行政理事会由各成员国派遣 1 名代表组成，世界银行行长是行政理事会的当然主席，但无表决权。秘书长和所有副秘书长都由行政理事会主席提名，并经行政理事会 2/3 多数票选举产生，任期不少于 6 年，可以连选连任。秘书长是中心的法定代表人。调解员小组和仲裁员小组成员的服务期限为 6 年，可以连任。中心备有"调解员名册"和"仲裁员名册"，供投资争端当事人选择。

(二)中心的管辖权

中心的管辖权具有排他的效力，即一旦当事人同意在中心仲裁，有关争端不再属于作为争端一方的缔约国国内法管辖范围，而属于中心的专属管辖。这表明，双方实际上可以不用尽当地救济即在书面同意的基础上将争端提交给中心仲裁。例外情况是，依《华盛顿公约》第 26 条的规定，缔约国可以要求用尽当地各种行政或司法救济，作为其同意依公约交付仲裁的一个条件。

中心的管辖排斥投资者本国的外交保护。依《华盛顿公约》第 27 条第 1 款的规定，缔约国对于它本国的一个国民和另一缔约国根据本公约同意交付或已交付仲裁的争端，不得给予外交保护或提出国际要求，除非该另一缔约国能遵守和履行对此项争端所作出的裁决。

提交中心仲裁的投资争端必须符合下列要求：

1. 对争端主体的要求

争端当事人一方必须是缔约国政府或者其公共机构或实体，另一方是缔约国国民，包括自然人、法人及其他经济实体。根据《华盛顿公约》规定，如果该国民是自然人，那么，他必须在双方同意将争端交付中心之日，具有该另一缔约国的国籍，但是，如果该自然人同时还具有作为争端当事方的缔约国的国籍，则有关争端不能受中心的管辖，即中心排除了对涉及自然人的双重国籍案件的管辖。

2. 对争端性质的要求

依《华盛顿公约》第 25 条第 1 款的规定，中心的管辖权适用于一缔约国和另一缔约国国民间"直接因投资而产生的任何法律争端"。关于何谓"投资"和"法律争端"，公约本身并没有规定。依世界银行董事会《关于〈解决国家和他国国民间投资争端公约〉的报告》的解释，何为"投资"可以由争端当事方自主决定，公约没有必要进行解释或界定。关于"法律争端"，报告则认为，"争端必须是关于法律权利或义务的存在或其范围，或是关于因违反法律义务而实行赔偿的性质或限度"。

3. 主观要求

依《华盛顿公约》的规定，中心仅对争端双方书面同意提交给中心裁决的争端有管辖权。因此，双方都书面同意就成为中心受理争端的主观要求。批准或加入公约本身并不等于缔约国承担了将某一特定投资争端提交中心调解或仲裁的义务，根据该公约规定，争端当事双方表示同意后，不得单方面撤销其同意。

(三)解决投资争端适用的法律

依《华盛顿公约》第42条的规定，中心仲裁庭应依争端双方同意的法律规则对争端作出裁决。如果争端双方没有对应适用的法律规则达成协议，则仲裁庭应适用作为争端一方的缔约国的国内法(包括其冲突法规则)以及可适用的国际法规则。仲裁庭不得借口没有明确的法律规定或者法律规定含义不清而暂不作出裁决。但该条第3款规定，尽管有前面这些规定，仲裁庭在争端双方同意时仍可根据公平和善意原则对争端作出裁决。

(四)裁决的承认与执行

依《华盛顿公约》第53条规定，中心的裁决对争端各方均具有约束力，不得进行任何上诉或采取任何其他除本公约规定外的补救办法。除依本公约规定予以停止执行的情形外，争端任何一方都应遵守和执行中心的裁决。并且，根据《华盛顿公约》第54条的规定，每一缔约国都应承认依照该公约作出的裁决对其具有约束力，并在其领土内履行该裁决所裁定的财政义务，赋予该裁决等同于其国内法院终审判决的效力，这排除了缔约国对中心裁决进行程序性和实质性审查的权力。但依《华盛顿公约》第64条的规定，如果作为争端当事方的缔约国和投资者母国直接就公约的解释或适用产生争议，任何一国均可以申请将该争议提交国际法院解决。

【案例9-3】

中国平安人寿保险有限公司申请比利时投资纠纷案①

为布局海外金融平台，中国平安人寿保险有限责任公司(以下简称"中国平安")于2007年投资比利时富通集团旗下的富通银行。当年底，中国平安子公司平安寿险以18.1亿欧元的价格，从二级市场持有富通集团9501万股份，成为富通集团单一最大股东，后继续增持至4.99%。始料未及的是，中国平安入股富通集团不到1年，席卷全球的金融危机爆发了，富通集团出现严重的流动性危机。到2008年下半年，富通股价已下跌逾96%。

随后，比利时政府出台国有化救助方案，将其拆解出售，富通集团资产大大缩水。根据公开资料，比利时政府将富通银行从富通集团剥离，并将其75%的股权以114亿欧元的价格出售给法国巴黎银行。按照相关协议，这一交易需要获得富通集团股东大会的批准。但比利时政府并未依约寻求股东的同意。为平息股东的不满，比利时政府成立了一个基金来补偿富通集团的股东。但这一补偿计划只涉及欧盟国家的机构股东，而作为第一大

---

① 案例引自 ICSID 网站：https://icsid.worldbank.org/ICSID/Front Servlet。

股东的中国平安，不但始终被排除在重组之外，甚至连补偿也无缘获得。国有化之后，富通集团从"银、保双头鹰"肢解成一家仅含国际保险业务、结构化信用资产组合部分股权及现金的保险公司，而上市公司的核心业务亦不复存在，其股价一路跌至1美元，令中国平安损失惨重。为此，中国平安不得不于2008年底计提准备金228亿元。而其2008年年报显示，中国平安对富通的投资共计人民币238亿元，由此损失超过90%。比利时政府的做法引起了争议。虽然遭到中国平安及其他很多股东的强烈抵制，但比利时政府还是执意完成了富通集团的国有化及出售计划。不过，比利时政府却在富通集团国有化中获利不小。公开资料显示，比利时政府收购富通集团的价格为94亿欧元，而单是富通银行75%股权就售得114亿欧元。

实际上，比利时政府的国有化方案出台后，中国平安一直没有放弃解决此事的努力。在2009年初的富通集团股东大会上，中国平安和数千名小股东以微弱多数否决了比利时政府的资产处置方案。此后，富通2000多名小股东联名提起诉讼，并获得比利时最高法院的支持。法院裁定，政府在国有化过程中并未履行股东大会程序，违背了公司治理与法理原则，因此该交易非法。

但这些努力于事无补。此后，比利时政府修改出售条款，在股东的反对声中强制完成了各项交易。在司法途径解决无望的情况下，中国平安在中国商务部和外交部的协助下，曾与比利时时任首相、副首相、财政部长等多名政府高层进行协商，但这一渠道的努力也收效甚微。迫于无奈，中国平安只能向解决国际投资争端中心提交仲裁申请。2012年9月19日，ICSID秘书长接受并注册了中国平安就比利时政府2008年处理欧洲富通银行的一系列措施提起的国际仲裁申请。2013年2月26日，仲裁庭正式组成，案件进入实质审理阶段。此案的法律争议的焦点是参与基金补偿的问题，即待遇、征收和补偿问题。

我国与比利时政府于2005年6月签订了《中华人民共和国政府和比利时卢森堡经济联盟关于相互促进和保护投资的协定》，该协定第3条第1款规定，缔约各方给予缔约另一方投资者的投资和与该投资相关的活动的待遇不应低于其给予本国投资者的投资及与投资有关的活动的待遇。因此，中国平安的索偿要求有据可依。可以说，这不是中国企业根据双边投资条约起诉发达国家的第一案（第一案是2010年黑龙江国际经济和技术合作有限公司、秦皇岛市泰龙国际实业有限公司和北京首钢矿业有限公司申请蒙古共和国矿业投资纠纷案）。但无论此次仲裁结果如何，随着中国签署的双边投资条约越来越多，这些投资纠纷将不可避免地增加，因而我国更需要利用成熟的争议解决条款，将其纳入双边投资条约中。

三、《与贸易有关的投资措施协议》

在WTO协议之前，涉及东道国与资本输出国之间投资关系的全球性公约只有《汉城公约》和《华盛顿公约》。前者是多边投资保证制度；后者是关于国际投资争端的解决制度，仅涉及国际投资的某些方面，不具有综合性。经济全球化使投资在全球范围内极为活跃，在全球范围内制定统一的、广泛适用的国际投资规则的需求不断增强。在乌拉圭回合谈判中，发达国家成功地将投资问题引入贸易领域，WTO法律框架下的《与贸易有关的投资措施协议》(简称 TRIMs 协议)是第一个对投资措施进行国际管制的多边条约。

TRIMs 协议的目的不是要禁止所有的投资措施,而是审查那些对贸易有限制和扭曲作用的投资措施,如歧视进口、替代进口、国内购买、进出口平衡、限制出口、外汇管制、出口要求、限制出口的权利等,并制定消除这些投资措施的方法。

(一)适用范围

依 TRIMs 协议第 1 条的规定,协议适用于与货物贸易有关的投资措施,而将与服务贸易和知识产权有关的投资措施排除在外。虽然美国曾列出了一份投资措施清单,但由于其他国家,特别是发展中国家的反对未生效。因为其适用范围被限定为与货物贸易相关的投资措施,与服务贸易和知识产权相关的未被列入。应当注意的是,并非全部与货物有关的投资措施都受 TRIMs 协议的约束,只有与 GATT 国民待遇和数量限制相违背的投资措施才受 TRIMs 协议的调整。此外,如措施属于 GATT 例外情形,则即使与国民待遇和数量限制条款相违背,有关成员仍可维持该措施。此外,依 TRIMs 协议第 4 条有关"发展中成员"的规定,也可维持该措施。

(二)禁止使用的措施

依 TRIMs 协议第 2 条的规定,成员不得实施与 GATT 第 3 条国民待遇或第 11 条数量限制的一般取消不一致的投资措施。为此,各成员专门就禁止的投资措施制定了一份"解释性清单",表明了被禁止的投资措施的多种表现形式,这些措施可表现为法律和法规形式,也可表现为政府的行政指令或裁决,还可表现为某种优惠政策。

1. 违反国民待遇规定的投资措施

第一,"当地成分要求"或"国产化要求",即要求企业,无论是本国投资企业,还是外商投资企业,在生产过程中必须购买或使用一定数量金额或最低比例的当地产品。这种投资措施对贸易的扭曲作用主要是阻止或限制进口产品的使用。如规定购买与使用当地产品的数量或价值的比重等。第二,贸易平衡要求,即要求外国投资企业购买或使用进口产品的数量或价值应与该企业出口当地产品的数量或价值相当。例如,要求企业购买或使用进口产品的数量或金额不能大于其出口当地产品的数量或金额,这通常体现为比例关系。

2. 违反一般禁止数量限制原则的投资措施

第一,贸易平衡要求,即进口数量以出口数量为限。总体上限制企业用于当地生产或与当地生产相关的产品的进口,或者将其进口限制在与其出口当地产品的数量或价值挂钩。第二,外汇平衡要求,即将企业可使用的外汇限制在与该企业外汇流入相关的水平,从而限制该企业对用于当地生产或与当地生产相关的产品的进口。第三,"出口限制"或"国内销售要求",即限制企业产品出口的数量,有的国家要求外资企业以低于国际市场价格将本应出口的产品在当地销售,这也是扭曲贸易的。

(三)透明度

依 TRIMs 协议第 5 条和第 6 条的规定,各成员有义务公布和通知其采取的与贸易有关的投资措施,并应向 WTO 秘书处通报其用以刊载有关投资措施的出版物。如其他成员提出请求,被请求的成员应提供有关资料,并给予同情的考虑和充分磋商的机会。但如资料的披露会妨碍其法律的实施或违背公共利益或损害公私企业的合法利益,则成员国可以拒绝披露或提供有关资料。

(四)发展中成员的优惠和过渡期安排

依 TRIMs 协议第 4 条的规定,发展中成员有权依 GATT 第 18 条及关于《国际收支条款的谅解》暂时背离有关国民待遇和一般禁止数量限制的规定。关于过渡期安排,缔约方对于不符合该协议规定的投资措施应在协议生效的 90 天内通知货物贸易理事会。发达国家应在 2 年内、发展中国家应在 5 年内、最不发达国家应在 7 年内取消上述与贸易有关的投资措施。

我国在加入 WTO 前夕,于 2000 年和 2001 年修改了外资立法,取消了外资企业外汇自行平衡的限制,根据 TRIMs 协议禁止当地含量的要求,删除了外资企业购买原料时在同等条件下应当尽先在我国购买的要求,并取消了《外资企业法》关于外资企业产品必须全部或大部分出口的规定,取消了外资企业的生产经营计划报主管部门备案的规定,给予企业充分的经营自主权,完善了我国的外资立法。

TRIMs 协议的达成在国际投资法发展历史上具有里程碑的作用,TRIMs 协议是世界上第一个专门规范贸易与投资关系的国际性贸易组织的多边贸易体制,以多边协议的形式将《关税及贸易总协定》中的国民待遇原则和一般取消数量限制原则引入国际投资领域。TRIMs 协议的实施,意味着各国必须承担国际义务,取消那些限制贸易或对贸易有不良影响的投资措施,有力地加速了世界贸易的扩展和逐步自由化,促进了各国外资立法的统一性和透明度,并在便利跨国投资以确保自由竞争的同时,促进全球经济增长。但应当看到TRIMs 协议主要为发展中国家所采取,而对外国投资者特别是跨国公司在东道国的投资行为管制问题没有涉及,而且协议的调整范围较为狭窄,条文含义较为模糊,在一定程度上也削弱了该协议的效力。

【思考题】

1. 简述国际投资法的渊源。
2. 简述国际直接投资的主要形式。
3. 以中国为例,简述资本输入国对外国投资的管制和保护措施。
4. 简述资本输出国对国际投资的鼓励、保护措施的内容。
5. 简述双边投资条约的主要内容。
6. MIGA 的承保范围和担保合格性的要求是什么?
7. 提交 ICSID 仲裁的投资争端必须符合的条件和解决投资争端适用的法律有哪些?
8. 试述 TRIMs 协议的主要内容及其影响。
9. 美国于 2000 年与其友好国家 H 国订立了双边投资保护协定。2010 年美国投资者Derek 与 H 国商定投资建成某设施,由于 H 国是发展中国家,资金缺乏,因此约定由Derek 出资95%(股权数)共9500 万美元。为避免政治风险,Derek 向美国海外私人投资公司(简称 OPIC)投保政治综合险。项目建设 2 年后,尚未形成收益,H 国与邻国发生战争,随后征用该设施。于是 Derek 依保险合同向 OPIC 索赔。
请问:
(1)该投资项目符合 OPIC 的哪些承保条件?
(2)投资者 Derek 能否获得 9500 万美元的赔偿?

（3）OPIC 是什么性质的机构？它向投资者理赔后，如何寻求救济？

10． 2010 年 12 月甲国投资者在发展中国家乙国按照乙国法律设立了一家外商独资公司 A 公司。2012 年 7 月乙国政府对 A 公司采取了征收措施，甲国投资者与乙国因补偿金额发生争议。假设甲乙两国均为《多边投资担保机构公约》和《解决国家和他国国民间投资争端的公约》的缔约国。

请问：

（1）A 公司能否向多边投资担保机构申请投保征收或类似措施保险？

（2）多边投资担保机构承保的政治风险有哪几种？

（3）A 公司能否请求"解决国际投资争端中心"解决该争端？

（4）多边投资担保机构在向投保人赔付后，能否向乙国政府代为求偿？

第四编
国际金融、税收法律制度

第十章 国际金融法

【重难点提示】国际金融法的概念与特征；布雷顿森林体制；特别提款权的作用和分配；国际融资的法律规定；国际支付工具和支付方式；跨国银行监管；《新巴塞尔协议》的三大支柱。

第一节 国际金融法概述

一、国际金融与国际金融法

(一)国际金融的概念

国际金融(International Finance)，是指国家和地区之间由于经济、政治、文化等联系而产生的货币资金的周转和运动。

国际金融由国际金融理论和国际金融实务构成。前者包括：国际货币体系、外汇与汇率、国际资本流动、国际融资市场、国际收支、国际金融协调、全球性国际金融机构等；后者包括：外汇交易、国际结算、国际信贷、国际证券投资、跨国银行业务监管等。国际金融各组成部分之间相互影响、相互制约，例如，国际收支必然产生国际汇兑和国际结算，国际汇兑中的货币汇率对国际收支又有重大影响，国际收支的许多重要项目同国际融资直接相关。[①]

(二)国际金融法的概念和特征

1. 国际金融法的概念

国际金融法，是指调整不同国家民事主体之间因跨国金融交易活动而产生的国际金融关系的法律规范和制度的总称。国际金融法规定国际间货币、国际融资、国际融资租赁、国际支付、跨国银行管制等金融交易的法律规则，是传统的国际贸易和国际投资法律制度的基础。

国际金融法的概念，可以从以下几方面理解：

(1)国际金融法调整不同国家民事主体关系

不同国家民事主体是指法人、自然人、国家、国际金融组织。其中，一般的法人、自然人作为国际金融法的主体，主要是国际金融交易的当事人；国家、国际金融组织作为国际金融法的特殊主体，不仅是国际金融交易的当事人，而且更是国际金融法制体系的建立

---

① 参见石磊主编：《国际金融》，立信会计出版社 2006 年版，第 151 页。

者、实施者和管理者。

（2）国际金融法本质上具有私法性质

现代国际贸易、国际投资等国际经济活动，离不开国际金融法所形成的秩序。而一国所适用的国际金融制度，在很大程度上又决定着该国国际贸易、国际投资和其他国际经济活动的方式和效率。尽管在不同国家的法律中，此类法律制度包含有一定的管制法内容，但在本质上属于私法。

（3）国际金融法是国际经济法的重要组成部分

国际金融法规定金融市场货币体系、国际贷款融资、国际证券融资、国际融资租赁、国际货币的兑换、流动和汇率，以及国际支付、跨国银行管制等金融交易的法律规则，是国际经济法的重要组成部分。

2. 国际金融法的基本特征

（1）国际性

国际金融法有别于国内金融法，存在国际间金融制度协调问题。在国际金融实践中，现代各国所采取的国际金融制度不同程度地受国际货币秩序和国际间共同接受的准则制约，相当一部分金融国际条约、协定、国际惯例本身对国际金融交易的当事人具有直接适用性。

（2）技术性

国际金融法由一系列国际货币管制和跨国金融交易规则构成，内容和功能上具有技术性特征，在保障货币汇兑、国际融资、国际支付的安全与效率上，实际上为一国国际贸易政策和国际投融资政策提供了金融法律工具。尤其在近 70 年来的国际经济交往中，国际金融实践在原有的国际金融法律秩序下得到长足的发展，实践中多将依其运作而形成的金融法律结构称为技术性金融工具。

（3）基础性

国际金融法仅仅调整由国际货币管制和跨国金融交易规则所直接引起的国际货币关系和国际金融关系，是直接针对国际货币兑换、资金国际流动、国际支付、跨国银行管制的法律规则，不调整国际金融背后的国际贸易关系和国际投资关系，国际金融法是国际贸易法制和国际投资法制的基础。

二、国际金融法的渊源

国际金融法的渊源是指国际金融法借以表现的形式。国际金融内容涉及金融资产的跨国境流通与交易，其效力受国际金融条约、国际金融惯例、各国金融法律的拘束。

（一）国际金融条约

世界范围内的国际金融法制始于"二战"后的联合国国际货币金融会议——布雷顿森林会议，首次对国际货币兑换、国际借贷和国际担保等作出有效的国际安排。此后，多边区域国际金融协定、双边国际金融条约大量产生。

目前，调整国际金融关系的国际条约主要有：1944 年 7 月《国际货币基金协定》、《国际复兴开发银行协定》（1980 年 9 月修订）、1965 年 12 月《建立亚洲开发银行协定》、1930 年 6 月《统一汇票本票法公约》、1931 年 3 月《统一支票法公约》等。其中，《国际货币基金协定》对建立国际金融体系具有至关重要的作用，被认为是维系战后国际经济秩序的三大支柱之一。此外，国际货币基金组织、世界银行等国际金融组织制定的规则、决议或规范性文件也依其性质被认为是国际金融法的国际渊源。

（二）国际金融惯例

规范国际金融关系的国际金融惯例，其中一部分由国际组织或民间机构编纂成文，如世界银行的《贷款协定和担保协定通则》、国际商会的《合同担保统一规则》等。

目前，国际间被较普遍接受的国际金融惯例主要有：经世界银行《贷款协定和担保协定通则》概括的国际贷款合同惯例；经国际开发协会《开发信贷协定通则》概括的国际信贷惯例；国际融资实践中依意思自治原则被普遍接受的国际贷款协议共同条款等。在国际金融惯例适用上，各国法律普遍采用意思自治。理论上，国际金融惯例要依据意思自治原则由当事人在金融协议中予以确认；实践中，国际金融供求关系及跨国性特征决定了接受此类惯例实质上是实现国际金融关系有序的前提。

（三）各国涉外金融立法

国际金融管制实质上为国家行为，国际金融法调整跨国金融关系，首先涉及当事人本国法的适用。早期调整国际金融关系的主要是各国的国内法，17—19世纪，英、法、德等国先后颁布金融法，对国际间的货币兑换、支付关系、信用关系等予以规范，尤其是英国金融法对国际金融关系及国际金融法的发展具有较大影响力。

目前，各国基于主权原则对涉外金融关系的法律调整均采取国内强行法规范，其中，多数发达国家涉外金融立法采取民商法或市场化规则，对国内金融和涉外金融不作内外有别的规定；多数发展中国家对外汇兑换、汇率、国际融资、国际支付等实行管制，并且通常采用有别于国内法制的特别法。

此外，国际金融判例、主要国际金融组织的裁决也是英美法系国家的国际金融法渊源。

第二节　国际货币制度

货币制度，是国家对货币要素、货币流通、汇兑的组织与管理规则。国际货币制度是国际货币关系的集中反映，旨在保证各国货币金融交往，维护国际间货币的正常运行。发端于19世纪中期的国际金本位制，经历了布雷顿森林体制、浮动汇率制的过渡期、牙买加体制。

一、国际金本位制

金本位制，是指以黄金作为本位币进行流通的货币制度，是19世纪中期到20世纪上半期资本主义各国普遍实行的一种货币制度。金本位制下，每单位的货币价值等同于若干重量的黄金（即货币含金量），当不同国家使用金本位时，国家之间的汇率由它们各自货币的含金量之比——铸币平价来决定。1816年英国率先实行金本位制度，19世纪70年代后，欧美各国及日本等国相继效仿，国家间货币制度逐渐统一，金本位制由国内制度演变为国际制度。历史上，曾有过三种形式的金本位制，即金币本位制、金块本位制、金汇兑本位制，其中金币本位制是最典型的形式。

（一）金币本位制

金币本位制是以黄金作为货币金属流通的货币制度，是货币与黄金的联系紧密程度最高的金本位制。1816年，英国颁布《金本位制度法案》，开始实行金本位制，促使黄金转化为世界货币。随后，德国于1871年宣布实行金本位制，丹麦、瑞典、挪威等国于1873年相继实行金本位制。至19世纪末，金币本位制已经成为西方国家普遍采用的制度。

金币本位制的主要内容包括：①用黄金来规定货币所代表的价值，每一货币都有法定的含金量，各国货币按其所含黄金的重量而有一定的比价；②金币可以自由铸造，任何人都可按法定的含金量，自由地将金块交给国家造币厂铸造成金币，或者以金币向造币厂换回相当的金块；③金币是无限法偿的货币，具有无限制支付手段的权利；④各国的货币储备是黄金，国际间结算也使用黄金，黄金可以自由输出或输入。

从上述内容中，反映了金币本体制的三个特点：自由铸造、自由兑换、自由输出入。由于金币自由铸造，金币的面值与其所含黄金的价值保持一致，金币数量就可自发地满足流通的需要，起到货币调节供求的作用，不会发生通货膨胀和货币贬值。由于黄金可以在各国间自由转移，保证外汇行市的相对稳定与国际金融市场的统一，因而，金币本位制是一种比较健全和稳定的货币制度。

第一次世界大战前夕，各帝国主义国家为了准备世界大战，加紧对黄金的掠夺，使金币自由铸造、价值符号与金币自由兑换受到严重削弱，黄金的输出入受到严格限制。第一次世界大战爆发后，帝国主义国家军费开支猛烈增加，纷纷停止金币铸造和价值符号的兑换，禁止黄金输出入，从根本上破坏了金币本位制赖以存在的基础。

（二）金块本位制和金汇兑本位制

第一次世界大战后，1924—1928年，西方国家出现了一个相对稳定的时期，主要资本主义国家的生产先后恢复到大战前的水平，并有所发展，各国企图恢复金币本位制。但是，由于金铸币流通的基础已经遭到削弱，不可能恢复典型的金本位制。当时除美国以外，其他大多数国家只能实行没有金币流通的金本位制。1922年，在意大利热那亚城召开的世界货币会议上决定采用"节约黄金"的原则，实行金块本位制和金汇兑本位制。

1. 金块本位制

金块本位制，又称金条本位制，是以金块办理国际结算的变相金本位制。该制度下，由国家储存金块，作为储备；流通中各种货币与黄金的兑换关系受到限制，不再实行自由兑换，但在需要时，可按规定的限制数量以纸币向本国中央银行兑换金块。这种货币制度实际上是一种附有限制条件的金本位制。

金块本位制下，货币单位仍然规定含金量，但是，黄金只作为货币发行的准备金集中于中央银行，不再铸造金币和实行金币流通，流通中的货币完全由银行券等价值符号所代替，银行券在一定数额以上可以按含金量与黄金兑换。例如，英国以银行券兑换黄金的最低限额为相等于400盎司黄金的银行券（约合1700英镑），低于限额不予兑换；法国规定银行券兑换黄金的最低限额为21500法郎，等于12公斤黄金。中央银行保持一定数量的黄金储备，掌管黄金的输出和输入，禁止私人输出黄金，以维持黄金与货币之间的联系。当时实行金块本位制的国家主要有英国、法国、美国等。

2. 金汇兑本位制

金汇兑本位制，又称为"虚金本位制"，是在金块本位制或金币本位制国家保持外汇，准许本国货币无限制地兑换外汇的金本位制。在该制度下，国内只流通法定含金量的纸币，纸币不能兑换黄金，只能兑换实行金块或金本位制国家的货币，国际储备除黄金外，还有一定比重的外汇，外汇在国外才可兑换黄金，黄金是最后的支付手段。实行金汇兑本位制的国家，要使其货币与另一实行金块或金币本位制国家的货币保持固定比率，通过无限制地买卖外汇来维持本国货币币值的稳定。

实行金汇兑本位制的国家的货币同另一个实行金块本位制国家的货币保持固定比价，并在该国存放外汇和黄金作为准备金，体现了小国对大国（"中心国"）的依附关系，通过无限制买卖外汇维持金块本位国家货币的联系，即"钉住"大国的货币。国家禁止黄金自由输出，黄金的输出入由中央银行负责办理。第一次世界大战前的印度、菲律宾、马来西亚、拉美国家和地区，以及20世纪20年代的德国、意大利、丹麦、挪威等国，均实行过这种制度。

由于金块本位制和金汇兑本位制不具备金币本位制的一系列特点，因此，称为不完全或残缺不全的金本位制。在1929—1933年世界性经济大危机的冲击下，迫使各国放弃金块本位制和金汇兑本位制，西方国家分裂成为相互对立的货币集团和货币区，国际金本位制最终退出历史舞台。

二、布雷顿森林体制

1944年7月，联合国国际货币金融会议上，美、英、中等44国代表参加讨论建立战后国际货币体系，此次会议在美国新罕布什尔州布雷顿森林举行，故名"布雷顿森林体系"。"布雷顿森林体系"是以美元为中心的国际货币体系，其确立的国际货币制度称为"布雷顿森林体制"。

（一）布雷顿森林体制产生的原因

第二次世界大战即将结束时，为了整顿和改变国际货币领域的混乱局面，保证战后经济顺利恢复，建立稳定的世界货币秩序，各国迫切要求建立一个政府间国际金融组织来协调国际货币政策，加强国际货币合作。1944年7月，美国新罕布什尔州布雷顿森林会议上通过以怀特方案为基础的《国际货币基金协定》、《国际复兴开发银行协定》，合称"布雷顿森林协定"。

布雷顿森林会议在国际经济合作上具有历史性的意义，它第一次以世界性协定的形式明确规定了国际货币制度规则，以及执行和维护其原则的手段。布雷顿森林会议所取得的协调一致，反映了各国的需要，同时，各国公开在一定程度上牺牲了本国的经济主权，以适应全球经济复苏的需要。在以后的几十年中，布雷顿森林体制明显促进了国际金融的增长。

（二）布雷顿森林体制的形成标志和主要内容

1. 布雷顿森林体制的形成标志

1944年7月，布雷顿森林会议通过了《国际货币基金协定》和《国际复兴开发银行协定》，决定建立两大国际金融机构——国际货币基金组织和国际复兴开发银行（以下简称世界银行)。

2. 布雷顿森林体制的主要内容

(1)建立两个永久性的国际金融机构

两个永久性的国际金融机构是国际货币基金组织和世界银行。国际货币基金组织旨在维护国际货币法律体系,就国际货币事务进行磋商,为成员国的短期国际收支逆差提供融资支持;世界银行旨在加强各国金融方面的合作,促进各成员国的复兴与发展。

(2)确立美元的国际中心货币地位

布雷顿森林体制采取黄金—美元本位制,即以黄金为基础、以美元为国际储备货币的金汇兑本位制,并建立"双挂钩"制度:美元与黄金直接挂钩(35 美元 = 1 盎司黄金),各国货币和美元挂钩(各国政府有义务保持本国货币和美元之间的固定比价)。

(3)确定可调整的固定汇率制

实行固定汇率制度,未经基金组织同意,不得随意加以改变。固定汇率制,是指外汇行市受到某种限制而在一定幅度内波动的一种汇率制度。固定汇率制包括单一汇率和复汇率,单一汇率是一国实行一种法定汇率,复汇率是一国根据不同的交易对象采取两种或两种以上的汇率,最常见的是规定贸易汇率和金融汇率。在布雷顿森林体制下,各国政府有义务干预本国外汇市场,使本国货币与美元的汇率保持在法定汇率上下各1%的幅度内,除非为消除本国国际收支的严重不平衡,否则各成员国不得对本国货币采取贬值或升值措施。

(4)力图取消经常项目下的外汇管制

国际货币基金组织的宗旨是通过国际货币合作和汇兑的稳定与自由化,谋求国际贸易的平衡发展。除《国际货币基金协定》允许的情形外,基金组织成员国不得限制经常项目的支付,也不得采取歧视性的货币措施。基金组织允许的情形包括:①对于国际资本流动,成员国无须经基金组织同意,仍可实行管制;②《国际货币基金协定》第7条规定,如基金组织认为对某成员国货币的需求明显地严重威胁基金组织供应该货币的能力时,应正式宣告该货币为稀缺货币;③经基金组织同意,在特殊情况下,成员国仍可对经常性国际交易的支付或转移实行限制。

(5)设立资金支持制度

为避免成员国采取有害于本国或国际繁荣的措施来改善本国的国际收支状况,基金组织依据《国际货币基金协定》的规定向国际收支逆差国提供资金支持。其中,资金来源于各成员国认缴份额、借款、捐款、赠款和认缴的特种基金;贷款目的是帮助国际收支平衡;贷款方式采取普通贷款、出口波动补偿贷款、缓冲库存贷款、中期贷款、扩大资金贷款、结构性调整贷款、追加结构性调整贷款等;贷款额度与成员国认缴份额成正比。

(三)布雷顿森林体制的作用

1. 布雷顿森林体制的形成,暂时结束了战前货币金融领域混乱局面

从1944年布雷顿森林体制建立后到1971年,该体制一直顺利运行。布雷顿森林体制通过实行美元和黄金直接挂钩以及固定汇率制度,促进国际金融的稳定发展,为国际贸易

的扩大和世界经济增长提供了有利条件。

2. 布雷顿森林体制下，国际货币基金组织和世界银行的活动对世界经济的恢复和发展起到了积极作用

国际货币基金组织提供的短期贷款暂时缓和了战后许多国家的收支危机；世界银行提供和组织的长期贷款和投资地解决了成员国战后恢复和发展经济的资金需要。

20世纪60—70年代，在经历了多次美元危机后，以1971年12月《史密森协定》为标志，美元对黄金贬值，同时美国拒绝向外国中央银行出售黄金，布雷顿森林体制名存实亡。1973年2月，美元进一步贬值，各主要货币在投机力量冲击下被迫实行浮动汇率制，布雷顿森林体制事实上崩溃。1976年1月，随着《牙买加协定》的问世，布雷顿森林体制从法律上正式宣告终结。布雷顿森林体制瓦解后，国际货币基金组织和世界银行作为重要的国际组织仍得以保留。

三、《国际货币基金协定》的第一次修订

20世纪60年代以后，美国经济持续下滑、美元危机不断爆发。美国政府拒绝以黄金兑换美元，基金组织成员国相继宣布本币与美元脱钩。在此背景下，1969年9月，《国际货币基金协定》进行第一次修订，通过了创设"特别提款权"的决议。

1. 特别提款权的概念

特别提款权，是指基金组织在原有的普通贷款，即普通提款权之外，按各成员国认缴份额的比例分配的一种使用资金的权利。

特别提款权的创立经历了长时间的酝酿过程。20世纪60年代初，美元危机，暴露出以美元为中心的布雷顿森林体制的重大缺陷，各成员国认识到，以一国货币为支柱的国际货币体制不可能保持长期稳定；60年代中期，以法国为首的西欧六国主张建立一种以黄金为基础的储备货币单位代替美元与英镑，认为"美元泛滥"、通货过剩，修改国际货币体制被提上议事日程；1964年4月，比利时提出增加各国向基金组织的自动提款权，而不另创储备货币解决国际流通手段不足的问题，基金组织中的"十国集团"在1967年9月基金组织年会上通过了比利时方案；1968年3月，"十国集团"提出特别提款权的正式方案，由于法国拒绝签字而被搁置；1969年，美元再次发生危机，美国政府宣布美元停止兑换黄金，而其他国家的货币都不具备作为国际储备货币的条件，提供补充的储备货币或流通手段成为基金组织的紧迫任务，在1969年国际货币基金组织年会上正式通过特别提款权方案。

特别提款权是基金组织分配给成员国的一种使用资金的权利，不是成员国通过贸易、投资等收入得来的，成员国在分得这项资产时，无须预先向基金组织缴纳任何基金。成员国在发生国际收支逆差时，可用特别提款权向基金组织指定的其他会员国换取外汇，以偿付国际收支逆差或偿还基金组织的贷款，特别提款权还可与黄金、自由兑换货币一样充当国际储备。

2. 特别提款权的作用

（1）本来的作用——账面资产

特别提款权不是一种有形的货币，是基金成员国在基金组织账户上的一种用数字表示

的人为资产。特别提款权在本质上是由基金组织为弥补国际储备手段不足而创制的补充性国际储备工具，是国际货币基金组织在原有的普通提款权之外，按各成员国认缴份额的比例分配的一种使用资金的权利，是一种记账单位，不是真正货币。

（2）衍生的作用——计价和定值单位

特别提款权的价值由"一篮子"货币决定，将不断波动的汇率组合平衡风险。由于币值稳定，特别提款权常被用做成员国及基金组织之间的货币计价和定值单位，亦称"纸黄金"，还被用做国际民事责任索赔的计算标准。

特别提款权在创立初期，其价值由含金量决定，与美元等值，35 特别提款权单位等于 1 盎司黄金。1971 年 12 月，美元第一次贬值，特别提款权的含金量未动，1 个特别提款权上升为 1.08571 美元。1973 年 2 月，美元第二次贬值，特别提款权含金量仍未变化，1 个特别提款权再上升为 1.20635 美元。1973 年主要西方国家的货币纷纷与美元脱钩，实行浮动汇率，而特别提款权同美元的比价仍固定在每单位等于 1.20635 美元的水平，特别提款权的套算法，实质上失去了定值的独立性。

1974 年 7 月，世界货币基金组织正式宣布特别提款权与黄金脱钩，改用"一篮子"16 种货币作为定值标准，包括美元、德国马克、日元、英镑、法郎、加元、意大利里拉、荷兰盾、比利时法郎、瑞典克朗、澳大利亚元、挪威克郎、丹麦克郎、西班牙比塞塔、南非兰特、奥地利先令；1976 年 7 月，"一篮子"货币调整，去掉丹麦克郎、南非兰特，代之沙特阿拉伯里亚尔和伊朗里亚尔，货币比重也作了调整。

1980 年 9 月，为了简化特别提款权的定值方法，增强特别提款权的吸引力，"一篮子"货币以世界前五大贸易国的货币定值，即美元、德国马克、日元、法郎和英镑，所占比重分别为 42%、19%、13%、13%、13%；至 2002 年，世界货币基金组织宣布组成特别提款权的价格由美元、欧元、英镑和日元 4 种货币的加权平均数定值，构成特别提款权"一篮子货币"的 5 种货币权重每五年调整一次。

3. 特别提款权的分配

特别提款权由基金组织根据国际清偿能力的需要而发行，作为国际储备资产由基金成员国集体监督管理。

依据《国际货币基金协定》的规定，每 5 年为一个分配特别提款权的基本期，该分配以保持全球国际储备的稳定发展为目标。特别提款权的分配，原则上以成员国在基金一般资源账户下的配额为基础（近年来适当考虑到发展中国家的利益），按成员国所摊付的基金份额比例进行分配，份额越大，分配得越多。基金组织的成员国自愿参加特别提款权的分配，成为特别提款账户参加国，任何关于特别提款权分配或撤销某成员国特别提款权的决议，均须得到基金组织理事会 85% 加权投票的赞成，每一参加国有权在通过特别分配决议时投票反对，也可以在分配表决前通知基金组织不参加分配。

目前，发展中国家普遍认为，基金组织对特别提款权的分配办法不合理，现发展中国家分得的特别提款权仅及发达国家的一半①，急需资金的发展中国家分得最少，而发达国

---

① 参见王传丽主编：《国际经济法》，中国政法大学出版社 2012 年版，第 278 页。

家则分得大部分。要求把特别提款权与援助联系起来，并要求增加发展中国家在基金组织中的份额。

4. 特别提款权的用途

成员国分得特别提款权后，即列为本国储备资产，如果发生国际收支逆差，成员国可以凭特别提款权向基金组织提用资金。

特别提款权只能在各成员国的金融机构和基金组织、国际清算银行等官方机构之间使用，用特别提款权偿付国际货币基金组织的贷款和支付利息费用。特别提款权不能作为现实的货币直接用于贸易和非贸易支付，也不能兑换成黄金或用以支取现金。

四、牙买加体制

布雷顿森林体制崩溃后，国际金融秩序又复动荡。1976 年 1 月，国际货币基金组织理事会"国际货币制度临时委员会"在牙买加首都金斯敦达成《牙买加协定》，同年 4 月，国际货币基金组织理事会通过《国际货币基金协定（第二修正案）》，1978 年 4 月生效，形成以浮动汇率合法化、黄金的非货币化等为主要内容的牙买加体制。

(一)牙买加体制的主要内容

1. 取消双挂钩制度

双挂钩制度是指美元直接与黄金挂钩，各国货币和美元挂钩，是布雷顿森林体制的支柱之一。鉴于美元的国际储备地位和国际清偿力的矛盾、储备货币发行国与非储备货币发行国之间政策协调的不对称，牙买加体制取消了双挂钩制度。

2. 固定汇率制与浮动汇率制并存

《牙买加协定》取消汇率平价和美元中心汇率，正式确认浮动汇率制的合法化。浮动汇率制，是指外汇行市不受某种客观因素限制而由外汇供求关系自行决定涨落的汇率制度。以政府是否干预将浮动汇率分为自由浮动汇率和管理浮动汇率。牙买加体制下，承认固定汇率制与浮动汇率制并存的局面，成员国可自由选择汇率制度，同时，国际货币基金组织继续对各国货币汇率政策实行严格监督，并协调成员国的经济政策，促进金融稳定，缩小汇率波动范围。

3. 推行黄金非货币化

《牙买加协定》作出逐步使黄金退出国际货币的决定，并规定废除黄金条款、取消黄金官价、黄金非货币化、按照市价自由交易、取消各成员国与国际货币基金组织的各方之间用黄金清算的义务。

4. 增强特别提款权的作用

提高特别提款权的国际储备地位，扩大其在一般业务中的使用范围，特别提款权可以在成员国之间自由交易，国际货币基金组织的账户资产一律用特别提款权表示。

5. 增加成员国基金份额

成员国的基金份额由原来的 292 亿特别提款权增加至 390 亿特别提款权，增幅 33.6%。各成会员国应缴份额所占的比重有所改变，主要是石油输出国的比重提高 1 倍，由 5% 增加到 10%，其他发展中国家维持不变，主要西方国家除德国和日本外，都有所降低。

（二）牙买加体制的运行

1. 储备货币多元化

与布雷顿森林体制国际储备结构单一、美元地位十分突出的情形相比，牙买加体制下，国际储备呈现多元化局面。多元化的储备结构摆脱了布雷顿森林体制下各国货币间的僵硬关系，美元虽然仍是主导的国际货币，但美元地位明显削弱，由美元垄断外汇储备的情形不复存在，德国马克、日元随着两国经济的恢复发展脱颖而出，成为重要的国际储备货币。

2. 汇率安排多样化

牙买加体制下，浮动汇率制与固定汇率制并存。发达国家多数采取单独浮动或联合浮动，有的采取钉住自选的货币篮子；发展中国家多数是钉住某种国际货币或货币篮子，单独浮动的很少。不同汇率制度各有优劣，浮动汇率制度可以为国内经济政策提供更大的活动空间与独立性，固定汇率制则会减少本国企业可能面临的汇率风险，方便生产与核算。各国可根据自身的经济实力、开放程度、经济结构等一系列因素去权衡利弊。

3. 多渠道调节国际收支

多渠道包括国内经济政策、汇率政策、国际融资、国际协调等，多渠道并行调节，使国际收支的调节更为有效与及时。其中，国内经济政策上，国家利用财政和货币政策调节经济，实现国际收支平衡；汇率政策上，汇率的变动是国际收支调节的主要手段；国际融资上，伴随石油危机的爆发和欧洲货币市场的迅猛发展，各国逐渐转向欧洲货币市场，利用该市场优惠的贷款条件融通资金；国际协调上，以国际货币基金组织为桥梁，各国政府通过磋商，就国际金融问题达成共识与谅解，共同维护国际金融的稳定与繁荣。

4. 牙买加体制的意义

牙买加体制法律性地认可了黄金停止兑换、汇率自由浮动，扩大了国际货币基金组织对发展中国家的资金融通、增加成员国在基金组织的份额等。但是，牙买加体制不是一套严密的制度安排，是既无本位及其适度增长约束，也无国际收支协调机制的自由放任体制，被称为"无体系的体制"。

纵观国际货币体系 100 多年来的演变历史，经历了 1880—1914 年国际金本位制、1918—1939 年国际金本位制恢复期、1944—1973 年布雷顿森林体制、1973—1976 年向浮动汇率制度过渡期、1976 年至今的牙买加体制，实质上是国际货币形态和汇率制度的变动过程。国际货币形态更替反映了经济霸权力量转移和世界经济格局的变化，汇率制度变化两次从固定走向浮动甚至无序，既反映出世界各国对于稳定货币秩序的渴求，也反映出各国特别是大国之间利益矛盾的不可调和性，这样的矛盾还将在未来的国际货币体系演变中持续下去。现有国际货币体制被人们普遍认为是一种过渡性的不健全的体制，尚待改革。

【案例 10-1】

从亚洲金融危机看国际货币体系①

1997 年 7 月爆发于泰国的金融危机，演变为席卷亚洲及至全球的国际金融风暴，成为自第二次世界大战以来持续时间最长、波及范围最广、影响最大的金融危机。

1992 年泰国对外资的流入放松限制，并采取与美元挂钩的固定汇率制。1997 年 2 月，国际对冲基金对泰铢发动进攻。同年 7 月 2 日，泰国宣布泰铢与美元脱钩、实行浮动汇率制，泰铢大幅贬值，金融危机拉开了序幕。随后，菲律宾、马来西亚、印度尼西亚、新加坡等陷入危机之中。中国台湾地区放弃对台币的保卫，台币自动和美元脱钩，台币迅速贬值。1997 年 11 月中旬，韩国金融市场崩溃，11 月 21 日韩国求助于国际货币基金组织，并被迫接受该组织向其提供贷款的条件。1998 年 6 月，日元大幅贬值，金融危机的波及面再次扩大，日元贬值造成的冲击波扩及拉美、欧洲和美国。1998 年 8 月，俄罗斯再次爆发严重的金融危机，并引发了政治危机。1999 年 1 月，巴西金融大幅动荡。

解析：造成这场大规模金融危机的根本原因在于国家的经济结构存在缺陷、宏观经济发展政策存在失误，同时，国际货币体系也难辞其咎。这突出表现在以下几方面：第一，整体来看，国际货币体系未能跟上经济全球化发展的步伐，不能满足国际经济与金融形势的需要；第二，国际货币体系未能很好地组织国际金融合作；第三，国际货币体系对新形势下的金融危机缺乏足够认识，对国际金融市场疏于监管，也未建立起预警机制，不能做到"防危机于未然"；第四，国际货币基金组织面对危机反应迟缓，如在控制危机至关重要的最初一段时间里，只派了两个专家小组协助泰国央行处理泰铢浮动的技术性问题，丧失了控制危机的最好时机；第五，提供给遭遇危机国家的建议，忽视了不同国家的结构问题和社会现实，缺乏针对性和有效性，甚至起了反作用等。

第三节 国际融资的法律规定

一、国际融资法概述

国际融资，是指通过国际金融市场，运用金融手段与相应的金融机构进行的资金融通。国际资金融通方式包括国际贷款、国际证券融资、国际融资租赁。国际融资的目的是进入资金成本更优惠的市场，扩大资金的可获取性，降低资金成本。

（一）国际融资的法律渊源

1. 法律

法律，又称制定法，包括国际法和国内法两个方面。目前国际上尚没有专门调整国际

---

① 参见《从亚洲金融危机看国际货币体系》，载国际金融教学博客：http://blog.sina.com.cn/s/blog_6208453f0100i7xb.html。

融资的统一制定法，国际金融组织的国际条约和协议中含有调整国际融资的规范是国际融资法律的构成部分。

现代国际融资以 1944 年布雷顿森林会议建立的国际货币基金组织和世界银行为基石，《国际货币基金协定》和《国际复兴开发银行协定》是国际融资中重要的国际条约，对融资的基本政策、原则、融资对象作了规定，对所有成员国具有约束力，视为调整国际融资关系的法律。

各国制定的含有调整国际融资关系的成文法律，如借贷法、证券法、支付法和投资基金法等，以及各国民商法确立的融资基本原则，是国际融资的法律渊源。目前，西方主要发达国家的调整国际融资关系的国内法对国际融资起到类似于示范法的明显作用，是由其金融实力和历史原因所决定的。

2. 国际惯例

调整国际融资关系的国际惯例是对长期以来国际融资活动中形成的约定俗成的做法的总结概括，只要当事人认可，即对当事人具有法律约束力。

"二战"后，国际商务惯例的整理总结取得了实质性进展，经整理归纳上升为成文的惯例，影响日渐扩大。例如，国际商会的《跟单信用证统一惯例》和《托收统一规则》，得到了世界范围内的普遍承认，对于调整跨国商业银行的国际支付具有重大作用。

采用国际惯例客观上能够缩短缔约过程，提高国际融资效率，便利交易，减少和避免国际融资的误会和纷争。在国际融资实践中，国际惯例大量地被融资当事人所采用，特别是那些经过整理、具有较大影响的国际惯例。

（二）国际融资协议共同条款

国际货币基金组织等金融组织与其成员国之间，各国之间签订的正式借贷协议，是具有约束力的法律文件。各种国际融资协议都使用共同性的标准条款，主要包括：

1. 陈述和保证

陈述和保证，是指在融资协议签订时，借款人向贷款人说明与融资协议有关的自身财务状况与经营状况事实，并保证所作说明的真实性和完整性。实践中，贷款人往往要求借款人所作的陈述和保证不仅在签订协议时必须真实、完整，而且要求在整个协议过程中都有效，即所谓永久保证；借款人则往往要求贷款人采取灵活的态度，如对"非重大事项"免作永久保证等。①

2. 先决条件

为了保护自己的利益，贷款人都要求在融资协议中规定某些先决条件，贷款人发放贷款须以借款人满足有关约定条件为前提。一般分为涉及融资协议项下的全部义务的先决条件和涉及提供每一笔款项的先决条件，在许多情况下，陈述和保证的内容本身构成融资协议生效的先决条件。

3. 约定事项

约定事项是国际融资协议的当事人，允诺在融资期间承担一系列作为和不作为的义务。主要包括：

---

① 参见张桂红、邹立刚主编：《国际货币金融法》，中国政法大学出版社 2007 年版，第 160 页。

（1）消极担保条款

贷款人在偿还全部贷款之前，不得在自己的资产及收益上，为其他债权人维护或设定任何担保物权。

（2）平等位次条款

借款人应保证，无担保权益的贷款人与借款人其他无担保权益的债权人处于平等的受偿地位，不厚此薄彼。

（3）财务约定事项

借款人应定期向贷款人报告自身财务状况和经营状况，并遵守约定的各项财务指标。贷款人对借款人的财务活动进行监督和指导，一旦借款人违反，贷款人可以要求借款人提前偿还贷款。

（4）贷款用途条款

借款人必须把全部贷款用于约定的用途。

（5）保持资产条款

这一条款主要用于禁止借款人通过一项或一系列行为丧失、转移或耗减其资产，使贷款人收回贷款的权利落空。

4. 违约

国际融资协议通常约定借款人在实际违约和预期违约时，贷款人采取相应的救济措施。实际违约，是指借款人违反融资协议本身的规定事项，如到期不能还本付息、陈述与保证失实、违反约定的其他事项等；预期违约，是指借款人虽未实际违约，但从事件的征兆看，借款人在融资协议届满时将会违约，如连锁违约、借款人丧失清偿能力、抵押品毁损或贬值、借款人资产被征用或国有化、借款人状况发生重大不利变化等。如果借款人违约，可采取如下救济措施：

①尚未提取的款项，贷款人取消或中止借款人的提款权；

②已提取的款项，贷款人要求借款人提前还款；

③逾期偿还的款项，贷款人要求借款人支付约定的违约利息。

实践中，国际融资协议在约定上述违约救济的同时，通常会订立"累加救济条款"、"弃权"等条款。累加救济条款，是指约定的上述措施是累加于法律规定的违约责任之上的，并不妨碍贷款人另行采取解除融资协议、请求损害赔偿、要求支付已到期本息以及申请借款人破产等法定的救济方式；弃权，是指贷款人放弃违约救济的权利，通常发生在借款人虽有轻微违约行为，但信用仍然良好，贷款人放弃本来可以主张的救济权利，以免借款人陷入连锁困境。

二、国际贷款融资的法律规定

国际贷款是国际间的资金借贷，是指不同国家当事人基于信用授受而进行的货币资金有偿让渡。国际贷款融资包括国际商业银行定期贷款、国际银团贷款、工程项目贷款等。

（一）国际商业银行定期贷款

国际商业银行定期贷款，是指一国的商业银行贷款给另一国的借款人，事先约定贷款期限，到期还本付息的贷款方式。国际商业银行定期贷款是传统的跨国贷款方式，由于有较长的历史，在国际惯例与操作方式上形成许多约定俗成的做法，该融资方式通常涉及的金额较大，在期限和提款数额等方面具有一定的灵活性，风险也较大。

国际商业银行定期贷款采用专门合同规定借款人与贷款银行的债权和债务关系，合同条款格式化。定期贷款合同的内容包括：合同生效、借款的提取、还款、保证、贷款的使用和转让等。

1. 借款的提取

在定期贷款合同中，银行和借款人签订贷款合同，贷款的具体提取方式会在合同中有规定，其中要注意的问题有：

(1) 提款的先决条件

国际商业银行定期贷款并非在合同签字时起就向借款人提供贷款，而是要等到合同中约定的贷款先决条件满足之后，才允许借款人提取贷款。这里的先决条件是指为了减少贷款风险而必要的法律条件，包括：贷款担保书、董事会授权借款书、授权签字书、政府外汇主管部门的批准书、借款人公司章程与细则、操作代理机构的指定、借款人国家律师提供的法律意见书等，这些先决条件文件齐备，并且符合合同条款要求时，就是具备了先决条件。在有担保贷款的情况下还必须具备担保有关的文件。

(2) 提款方式

借款人提取贷款应在银行承诺期内完成，所谓银行承诺期，是指借款人可以提取贷款时起到贷款到期日止的全部时间，提款方式可采取一次性提取、分期提取和滚动提取。滚动提取是指提取一定数量贷款，再还款，然后再提取，再还款，提款与还款不断循环。

(3) 提款地点

贷款银行与借款人不在同一国家或地区，贷款提取的具体履行地一般会在银行所在地，通常不会在借款人所在地或第三国履行。贷款银行出款项的地点是合同履行地，合同履行地对于准据法和法院的选择意义重大。但是，由于商业银行的国际化，大型国际商业银行在全球主要国家的中心城市开设分行越来越多，贷款的履行地也可能在借款人所在国的外国银行分行提取。

(4) 提款的意外

一是借款人不提款，借款人提款是一种选择权，不是法律义务，贷款银行在借款人不提款时，不能强迫提款，无论在英美法系，还是在大陆法系法院都不会强制执行提款。但是，如果借款人不提款给银行造成损失，贷款银行有权要求赔偿。

二是贷款银行拒绝贷款，例如，借款银行破产、银行对合同贷款义务有其他解释、银行认为借款人财务危机，贷款风险过大等。在这些情况下，各国立法通常不会强制银行执行贷款，借款人只能要求实际经济损失赔偿。

2. 贷款的使用

贷款禁止用于非法目的。这在各国或地区都有规定，如英国规定禁止用贷款进口违禁货物；我国规定禁止贷款用于生产违禁产品，或者借款人将贷款用于超经营范围；美国禁止用贷款进行投机性炒买炒卖有关证券，或者从事法律禁止的内幕交易；我国香港地区规定禁止银行贷款数额超过银行注册资本家储备的一定比例的法定限额。借款人如果将国际银行的定期贷款用于本国属于非法目的的行为，该贷款将被认定无效。

3. 贷款的转让

国际商业银行定期贷款中，贷款银行可以将贷款的债权转让给第三人，但是，在贷款银行同意之前，借款人的债务一般不能转让。银行转让贷款债权有税务、资产重组、借款人违约、外汇管制、法律管辖权等原因，如果借款人不希望银行转让贷款债权，借款人可以在贷款合同中限制银行转让，这是银行与借款人协商的结果。

4. 还款

银行注重资金的流动性，国际商业银行的定期还款是分期偿还的，很少有贷款到期一次性偿还，对于贷款人，分期偿还有利于减轻债务压力，多数国家的法律不要求借款人一次性还款。还款涉及的法律问题主要是提前还款、逾期还款和借款人违约等。

(1)提前还款

在国际银行的商业贷款中，提前还款的情况较少。一般情况下，提前还款的权利可能在合同中受到限制，或者借款人因为提前还款要向贷款银行支付一定比例的附加费，这种费用不是罚款，也不是违约金，而是对贷款银行失去利息的一种补偿。在合同中没有提前还款限制的条件下，借款人可以提前还款。提前还款对于贷款的抵押和保证没有影响。

(2)逾期还款

逾期还款影响银行资金的流动性，是较严重的行为，逾期是银行对借款人偿还能力重新评价的转折点。借款人逾期还款，银行可以继续计算利息与逾期利息，逾期利息从逾期当天开始计算，按各国银行法或财政部门的规定在逾期 90 日或 180 日内，也有长达 1 年时间算为逾期，在此之后仍不能偿还的逾期贷款视为呆账。

(3)借款人违约

如果借款人的实际情况与承诺或声明不相符，就构成违约，承诺或声明是借款人在借款时向银行说明自己财务情况、合同履行情况、商务情况等的直接或间接承诺。若发生违约，贷款银行可以停止继续贷款、要求提前还款等，具体依违约发生地法来解决。

(二)国际银团贷款

国际银团贷款，又称"国际辛迪加贷款"，是指由数家或数十家各国银行联合组成银行集团，共同向借款人提供长期巨额贷款的贷款方式。20 世纪 60 年代以来，国际银团贷款成为国际上筹集中长期资金的主要途径，美国、欧洲、亚洲银团贷款相当发达，中国香港地区和新加坡是亚洲美元银团贷款的中心。国际银团贷款分为直接参与型和间接参与型。

1. 直接参与型银团贷款

(1)概念和特征

直接参与型银团贷款，是指在牵头经理银行(牵头行)的组织下，各参与贷款银行(参与行)或其代理人直接与借款人签订国际银团贷款合同，按照国际银团贷款合同规定的统一条件贷款给借款人，并委托一家或数家代理行统一负责贷款的日常管理事务的贷款方式。直接参与型银团贷款从贷款人发放贷款到借款人偿还款项，均由代理行统一办理。

直接参与型银团贷款具有如下特征：

①牵头行身份的多重性。牵头行既是银团贷款的组织者，通常也是银团贷款的代理人。

②各参与贷款银行权利与义务相对独立。直接参与型银团贷款的每个参与行所承担的权利与义务是独立的，没有连带关系。

③银团参与行相对稳定。直接参与型银团贷款中的贷款行在转让贷款中的权利受到限制。

④代理行的责任明确。直接参与型银团贷款中，各参与行的贷款通过代理行来统一发放、收回和管理，贷款合同明确规定了代理行的责任和义务。

（2）基本程序

①经理银行的选择。由借款人物色一家或几家声誉好的国际银行担任牵头经理银行，委托其为自己安排银团贷款，基本程序为：先由借款人向经理银行出具一份"委托书"，载明贷款通常应有的条款，后由经理银行向借款人出具一份"义务承担书"，经理银行的贷款义务取决于义务承担书的具体内容，一般会承担全部贷款。

②银团的组成。国际银团贷款中，借款人可以指定某些银行加入，或银行主动请求参加，但大多数情况下是由经理银行招募而来。在招募过程中，经理银行分发"情况备忘录"的法律文件，说明借款人的法律地位、财务状况和贷款的详细情况，经理银行对情况备忘录负"适当注意"的义务，如欺诈性不正确说明应承担法律责任，因疏忽造成可免责等。

③贷款协议的签订。由经理银行与借款人就贷款谈判，拟定贷款协议，然后由各参与贷款银行与借款人签订贷款协议。参与贷款银行与借款人直接发生借贷法律关系，形成各自独立的债权债务关系，相互间不负连带责任。

④代理银行的指定。协议签订后，需要在经理银行中指定一家"代理银行"负责贷款协议履行的管理，代理银行完全是银团的代理人，而不是借款人的代理人，负责在收到银团成员款项后将款项转给借款人；反之，借款人将本息交给代理银行，代理银行负责将款项转给银团。

（3）直接参与型银团贷款的特殊形式——俱乐部式贷款

与通常的直接参与型银团贷款不同，俱乐部式贷款没有牵头行和代理行，各参与贷款银行平等地分配贷款份额，与借款人发生直接的借贷法律关系。参与俱乐部贷款的贷款银行面临的风险相对较大，俱乐部贷款没有设立代理行，各参与贷款人所提供的贷款份额相同，没有主要贷款人，一旦出现借款人违约，可能导致贷款人难以采取一致的行动。

2. 间接参与型银团贷款

间接参与型银团贷款，是指由一家牵头行单独与借款人签订贷款协议，向借款人提供贷款，然后由该银行将参加贷款权转售给其他银行的贷款方式。转售的其他银行即成为"参与贷款银行"，持有参与行证书作为债权证明。转售方式主要有如下四种：

（1）更新或替代

由借款人、牵头行和参与贷款银行三方达成一致协议，解除牵头行与借款人签订的贷款协议项下的部分贷款义务，改由参与贷款银行来承担。

（2）转贷款

参与贷款银行在取得牵头行以借款人归还的贷款作为保证的前提下，直接贷款给牵头行，牵头行获得贷款后，再把这笔款项转贷给借款人。牵头行与借款人的贷款协议同牵头行与参与银行的贷款协议是两个完全独立的合同，参与贷款银行不可能取得要求借款人偿还贷款的直接请求权。

（3）转让

牵头银行将与借款人签订的贷款协议中的部分贷款义务连同权益一并转让给参与贷款银行。通过转让方式，参与贷款银行可以取得对借款人的直接请求权，但贷款权的转让一般应经借款人同意。

（4）匿名代理

匿名代理是英美法特有的制度，由牵头行代理银团其他成员与借款人签订贷款协议，但不披露代理人的身份，借款人把牵头行看做是本人，而不是代理人，牵头行承担所有的贷款义务。然而，一旦代理关系公开，牵头行与参与贷款银行负连带清偿责任。

（三）工程项目贷款

工程项目贷款，又称项目贷款，是指为某一特定工程项目融通资金的国际中长期贷款方式。工程项目贷款是为适应国际大型工程建设项目，如交通运输、电力、化工、林业等的贷款，工程项目贷款与各种传统的贷款融资不同，除了需要有项目主办人外，还需要有一个为工程项目而新建立的项目单位来进行筹资、建造和经营管理项目。工程项目贷款通常只占工程项目总投资的 65% ~75%，其余 25% ~35% 由项目主办人投资。工程项目贷款分为无追索权项目贷款和有追索权项目贷款。

1. 无追索权项目贷款

无追索权项目贷款是一种抵押性贷款，贷款人向主办人举办的项目提供贷款，将该项目建成投产后所产生的收益作为偿还贷款的资金来源，并以该项目的资产为贷款人设定担保。除此之外，项目主办人和其他人不向贷款人提供任何信用担保。

无追索权项目贷款方式下，如果项目中途停建或经营失败，其资产和收益不足以清偿贷款，贷款人也无权向项目主办人和其他人追索，商业风险很大。因此，除非对项目非常有信心，否则贷款人不愿意接受无追索权项目贷款。

2. 有限追索权项目贷款

贷款人为了减少贷款风险，除要求以项目收益为还本付息的资金来源，并以该项目资产设定物权担保外，还要求由项目实体外的第三人提供担保。这里的第三人，可以是项目主办人、项目产品的未来购买者、东道国政府或其他保证人。目前，国际上流行的有限追索权项目贷款，根据当事人签订的协议的层次来分，主要有以下三种形式：

（1）双层次结构项目贷款

双层次结构项目贷款涉及的当事人有三个：①贷款人，官方或商业性私人贷款人；②项目主办人，一般是政府、公司或由两者共同主办；③项目公司，一般组成法人实体，采取公司形式。

双层次结构项目贷款合同安排为：第一层次由贷款人与项目公司订立贷款协议，由贷款人向项目公司提供贷款；第二层次由主办人向贷款人提供担保，签订三种形式的担保协议：①完工担保协议，由主办人与借款人签订，主办人向贷款人保证如果项目超支，负责提供超支部分的资金，确保工程完工。追加资本的方式是主办人用自有资金增加对项目的投资，或者主办人向项目公司提供贷款。这种贷款是次位贷款，而贷款人对项目公司的贷款是主位贷款，主位贷款较次位贷款优先偿还。②投资协议，由主办人与项目公司签订，通过以次位贷款参与保证项目公司清偿贷款能力，或者向项目公司提供一笔足以清偿贷款人贷款的资金。之后，由项目公司将该协议项下的权利转给贷款人。③购买协议，由主办人与贷款人签订，保证当项目公司不履行还款协议时，主办人购买相当于贷款人提供给项目公司的贷款额，即由主办人承担还款责任。

（2）三层次结构项目贷款

三层次结构项目贷款除了贷款人、项目主办人、项目公司外，增加了项目产品购买人。

第一层次：贷款人与项目公司订立贷款协议，由贷款人向项目公司提供贷款；

第二层次：项目公司与项目产品购买人签订长期买卖协议（"提货与付款协议"），项目建成投产后，按协议卖出产品，用所得价款偿还贷款人贷款；

第三层次：项目主办人向项目公司提供担保，保证产品购买人履行在提货与付款协议中承担的必须付款的义务。

然后，由项目公司将提货或付款协议项下的权利连同项目主办人对该协议的担保一并转让给贷款人。

（3）四层次结构项目贷款

四层次结构项目贷款除了贷款人、项目主办人、项目公司、项目产品购买人外，增加了贷款人全资拥有的融资公司。

第一层次：贷款人与融资公司签订贷款协议，由贷款人向融资公司提供贷款；

第二层次：融资公司与项目公司签订远期购买协议，融资公司把从贷款人处借来的款项支付给项目公司作为日后购买项目公司产品的预付款；

第三层次：项目投产后，项目公司向融资公司交付产品，融资公司则按提货与付款协议将产品转售给第三人，以所得价款偿还贷款人贷款；

第四层次：项目主办人就项目公司在远期付款协议中交付产品的义务向项目公司提供担保，或者就第三方在扣货或付款协议中的付款义务向项目公司提供担保，项目公司再将此项担保权利转给融资公司；融资公司将项目主办人提供的全部担保权利转给贷款人，作为偿还贷款的担保。

四层次结构项目贷款中增设融资公司的目的在于，按国际惯例，项目贷款属于商业交易，如果贷款人是银行，有些国家法律规定，银行不得从事非银行性质的商业交易，而非银行性的融资公司则不在此限。同时，若贷款人是几家银行，由一家融资公司统一负责办理投资项目业务，较之由几家银行分散经营更为方便。

三、国际证券融资的法律规定

20世纪80年代以来，国际金融市场出现了"融资证券化"的趋势，即融资由银行贷款转向具有流动性的债务工具，采取发行股票、债券及其他商业票据的方式，通过国际金融市场直接筹集资金。

（一）国际证券融资的概念

国际证券融资，是指国际证券发行人（筹资人）在境外或国际金融市场通过发行股票、债券及其他商业票据的方式进行的资金融通。

国际证券包括国际股票和国际债券。国际证券是一种国际融资工具，与国内证券不同，国际证券发行人是一国政府、金融机构或企业，购买者则是另一国法律管辖的投资机构或个人。国际证券一般不以发行人所在国货币确定面值，而是以发行地所在国货币或某一种(或多种)可兑换货币确定面值，故属于外汇的范畴。

(二)国际证券的种类

依持有人权利性质的不同，可将国际证券分为国际股票和国际债券。

1. 国际股票

国际股票，是指发行或交易跨国的股票，即股票的发行者、交易者、发行地、交易地、发行币种、发行者所属本币中至少一项与其他各项在不同国家的股票。国际股票有四种类型：

(1)直接境外上市的股票

直接境外上市的股票，是指一国股份公司在境外发行并流通转让，用境外国或第三国货币表示的股票。直接境外上市的股票要先在国内上市，是一种最典型的国际股票类型，例如，中国在新加坡上市交易的 S 股、在纽约上市交易的 N 股。

(2)境内发行、外币购买的股票

境内发行、外币购买的股票，是指以本国货币为面值发行，在本国上市流通，供境内外投资者以外币购买的股票。例如，中国上市公司在中国两家证券交易所发行上市交易的 B 股。

(3)存托凭证

存托凭证，又称存券收据或存股证，是指在一国证券市场流通的代表外国公司有价证券的可转让凭证。存托凭证一般代表公司股票，属公司融资业务范畴的金融衍生工具。存托凭证的产生过程为：一国公司为使其股票在外国流通，将一定数额的股票，委托中间机构(保管银行)保管，由保管银行通知外国的存托银行在当地发行代表该公司股份的存托凭证，之后，发行的存托凭证在外国证券交易所或柜台市场交易。

(4)欧洲股票

欧洲股票，是指在股票面值货币所在国以外的国家发行上市交易的股票。欧洲股票产生于 20 世纪 80 年代的欧洲，是可以直接在多个国家市场上同时发行并流通的股票。

2. 国际债券

国际债券，是指一国政府、金融机构、工商企业、国际金融组织为筹集资金，在国际证券市场上发行的债券。国际债券的发行者和投资者属于不同的国家，筹集的资金来源于国外金融市场，依面值货币与发行地的不同，国际债券又可分为外国债券和欧洲债券。

(1)外国债券

外国债券，是指外国借款人(政府、企业、银行或其他金融机构及国际性组织)所在国与发行市场所在国具有不同的国籍，以发行市场所在国的货币为面值货币发行的国际债券。

各国发行的外国债券都有特定的俗称，目前使用较为广泛的是扬基债券(Yankee Bond)、武士债券(Samurai Bond)等。扬基债券是非美国主体在美国市场上发行的债券，武士债券是非日本主体在日本市场上发行的债券，还有英国的猛犬债券、西班牙的斗牛士债券、荷兰的伦勃朗债券，都是非本国主体在该国发行的债券。在人民币逐步实现资本项目下的可自由兑换以及人民币的国际化基础上，我国可以考虑发行以人民币计价的外国债券，向外国筹资者开放国内债券市场。

外国债券只在一国市场上发行，并受该国证券法规制约。发行条件有：①发行额。主要根据发行人的资金需求确定，也要考虑当时的市场情况、债券的吸引力、债券的种类，以及发行人的资格、信用、知名度。②偿还期限。主要根据发行人对资金需求期限长短确定，同时参考对未来市场利率的预测、流通市场的发达程度、投资人的心理状况、消费倾向以及市场上其他债券的期限。③票面利率。债券票面利率水平由债券发行人根据债券本身的性质、对市场条件的分析、债券的信用级别决定。④付息。分单利计息、复利计息和贴现三种一次性付息方式，年付、半年付、季付三种分期付息方式。⑤发行价格。由债券期限、债券的票面利率水平、发行时的市场收益率水平等决定。⑥偿还方式。包括期满偿还或期中偿还。

（2）欧洲债券

欧洲债券，是指借款人（政府、企业、银行或其他金融机构及国际性组织）在本国以外市场发行的，以第三国货币为面值的国际债券。

欧洲债券产生于20世纪60年代，最初主要以美元为计值货币，发行地以欧洲为主。70年代后，随着美元汇率波动幅度增大，以德国马克、瑞士法郎和日元为计值货币的欧洲债券的比重逐渐增加，发行地也开始突破欧洲。目前，发行欧洲债券货币种类、发行地域均不受限制，欧洲债券的票面货币除了用单独货币外，还可以用综合性的货币单位，如特别提款权、欧洲货币体系记账单位等，发行范围可以在一个国家，也可以同时在多个国家。

在国际债券市场上，欧洲债券所占比重远远超过了外国债券，作为一种新型的国际债券，具有如下特点：①欧洲债券市场是一个完全自由的市场；②欧洲债券发行者一般信誉很高；③欧洲债券由几家大的跨国金融机构办理，发行面广、手续简便、费用低；④欧洲债券的利息收入通常免交所得税；⑤欧洲债券以不记名方式发行，并可以保存在国外，有利于为投资者保密；⑥欧洲债券对财务公开要求不高、筹集资金数额大、期限长。

但是，欧洲债券的发行资格严格，主要表现在：①欧洲债券发行者通常是大公司、各国政府和国际组织；②待发行的欧洲债券要通过国际上权威的证券评级机构的级别评定；③发行欧洲债券需要由政府或大型银行或企业提供担保；④需要有在国际市场上发行债券的经验；⑤在时间间隔方面也有一些限制。

（三）国际证券的发行

1. 国际证券的发行方式

（1）私募发行

私募发行，又称国际证券的"定向募集"，是只向特定的投资者发行的证券，如面向投资银行、人寿保险公司、养老基金会等机构投资者，而不向社会大众投资者。对于私募发行法律管制一般较宽松，不要求注册，也不要求充分披露。

（2）公募发行

公募发行，又称国际证券的"社会募集"，是公开向大众投资者发行的证券。各国法律对公募发行规定有严格的审核制度，大体有两种，一是注册制，即"公开原则"，要求发行人在证券发行前向证券管理机关申请注册，证券管理机关负责审查发行人披露信息是否完整、准确，而不涉及实质性问题；二是核准制，即"实质审查原则"，证券管理机关不仅审查发行人提交的招募说明书，而且审查证券发行人资本结构、偿债能力、经营性质等实质性条件。

2. 国际证券的发行程序(以公募为例)

(1)物色牵头经理人

发行人决定发行国际证券后，需要物色牵头经理人负责证券发行的组织。牵头经理人的主要职责有：与证券发行人谈判证券发行的具体条件；组织和协调证券发行。

(2)承销机构组成

由牵头经理人物色数家银行或其他金融机构组成承销机构，签订承销协议，约定发行人与承销机构的权利义务。

(3)受托人、支付代理人或财务代理人的选定

发行人与承销机构签订协议的同时，选定受托人、支付代理人或财务代理人，并签订相应的协议。受托人一般由发行人指定，国际证券发行后，需要指定一家金融机构担任证券持有人的受托人，代表证券持有人的利益，并由发行人支付报酬和费用；在指定受托人的场合，往往由牵头经理人担任支付代理人，代理发行人向证券持有人还本付息；在不指定受托人和支付代理人的情况下，通常在经理人中选定一名财务代理人，按财务代理协议承担受托人和支付代理人双重身份。

(四)国际证券的流通

1. 证券流通管理体制

目前，各国证券流通管理体制主要有如下两种类型：

(1)以自律管理为主

不设专门的证券管理机构，主要由证券交易所或行业协会自行制定规章、制度进行自律管理，如英国、中国香港地区。

(2)以专门机构管理为主

由专门的证券管理机构负责对证券流通市场进行管理，同时，证券交易所也承担部分的管理职责，如日本、加拿大及美国。

2. 证券交易所的设立及类型

证券交易所是高度组织化的证券交易市场，是主要的证券交易场所，在有些国家是唯一交易场所。各国和地区证券交易所一般采用特许制、登记制或承认制三种方式设立。设立的证券交易所分为以下两种法律类型：

(1)会员制

会员制证券交易所由证券商自愿组成，参加者即为会员，由会员共同承担交易所的各项费用，进入交易所参加证券买卖的只限于有会员身份的证券商，有的为非营利的社团法人(如日本)，有的为非法人团体(如美国)，会员的权利义务由章程细则作出规定，有关会员的入会、惩罚、开除等条款得予遵守。这里证券商有证券经纪商和证券自营商两种，

既可以是自然人，也可以是银行、信托公司、证券公司、投资公司以及财务公司等法人。

（2）公司制

公司制证券交易所一般采取股份有限公司组织形式，是营利性法人，即证券交易所由股东大会选出管理机构，以公司的形式组织和经营，自负盈亏。如中国香港地区即是此种类型。

3. 证券上市的条件

证券上市，是指公开发行的证券经批准在证券交易所作为交易的对象。

不是所有公开发行的国际证券都能进入证券交易所进行交易，各国立法都规定证券上市应具备一定的条件，不同国家及同一国家的不同证券交易所对证券上市的具体条件各不相同。通常包括发行人资本、盈利、产品适销、上市股数、中小股东人数应符合最低数额要求、商业信誉好、开设满一定年限等。另外，证券上市还须经证券管理部门批准，并提交招募说明书，且上市证券发行人负有持续信息披露的义务。

4. 对证券交易行为的管理

为维护证券交易的秩序，保证证券市场的正常运行，各国都依法对证券交易行为实施管理。

（1）吸收合并报价

吸收合并报价，是指发价公司为了控制乃至兼并目标公司，向目标公司的股东提出按一定价格购买他们所持有的目标公司的全部或部分股份。对吸收合并报价，各国都实行了一定的法律管制。

①在提出吸收合并报价之前，发价公司必须将吸收合并意图通知目标公司，目标公司董事会应表明自己的态度，并将意见告知股东。在发价前，必须严格保密，以防引起股市激烈波动。

②发价公司必须将吸收合并报价通知有关主管机关，并提交发价文件，供主管机关审查。主管机关审查的重点在于是否违反本国反托拉斯规定，报价是否合理。

③发价公司的报价在一段时期必须始终有效，以使目标公司的股东有足够的时间考虑是否接受发价公司的报价，如有必要，有效期还可延长。

④发价公司向目标公司所有股东提出的价格必须相同，禁止对股东实行差别待遇。

（2）内幕交易

内幕交易，又称内部人交易，内部人包括上市公司的经营管理人员、与公司有业务联系的其他有关人员，他们一般都掌握能影响公司股票价格的内部资料和信息，如公司发展计划、盈利分配、吸收债券报价等，这些人员很容易利用内部资料和信息进行内幕交易，谋取私利。各国立法无一例外将内幕交易视为严重的违法犯罪行为，对相关人员科以重罚。

（3）欺诈与操纵证券市场行为

证券欺诈行为，是指在发行、交易、管理或其他相关活动中发生的欺诈客户、虚假陈述等行为；操纵行为，是指任何单位或个人以获取利益、减少损失为目的，利用其资金、信息等优势或者滥用职权操纵市场，影响证券市场价格，制造证券市场假象，诱导或致使投资者在不了解事实真相的情况下作出证券投资决定，扰乱证券市场的行为。世界各国证券立法都禁止证券交易欺诈及故意损害交易对方的行为，禁止操纵证券价格、垄断证券市场。

四、国际融资租赁的法律规定

融资性租赁是国际租赁业务中最常见的方式。

(一)国际融资租赁的概念和特点

国际融资租赁，又称国际金融租赁，是指由一国出租人按另一国承租人的要求购买租赁物给承租人使用，租赁物的维修和保养由承租人承担，租赁期满，承租人可以选择将租赁物退回出租人，或继续租用，或按残值购买的一种租赁方式。

国际融资租赁是设备租赁的基本形式，以融通资金为主要目的。根据融资租赁合同当事人的约定，出租人购买承租人选定的设备，以承租人支付租金为条件，将该物件的使用权转让给承租人，并在一个不间断的长期租赁期间内，通过收取租金的方式，收回全部或大部分投资。国际融资租赁可使承租人减少自购风险，降低经营成本，对使用年限大大短于设备有效寿命的通用设备，如工程建筑机械、大型电子设备等尤为适用。

国际融资租赁具有如下特点：

①不可撤销。国际融资租赁是不可解约的租赁，在租期内双方均无权撤销合同。

②完全付清。在租期内，设备只租给一个用户使用，承租人支付设备价款、利息及租赁手续费，视为租金的累计总额，完全付清。

③租期较长。很多情况下，国际融资租赁的租期相当于设备的有效寿命。

④承租人负责设备的选择、保险、保养和维修；出租人负责垫付贷款，购进承租人所需的设备，按期出租，以及享有设备的期末残值。

【案例 10-2】

2012 年 4 月，B 国乙公司应 A 国甲公司要求购得一台全新设备，出租给甲公司，设备的可使用年限为 10 年，设备的账面价值为 500 万美元。双方约定：(1)租期 8 年，每年在年末支付租金 100 万美元；(2)租赁期间，该设备的维修和保养由 A 国甲公司承担；(3)甲公司租入设备后，每年支付租金 100 万美元，如果本项目效益好，则除支付租金外，其余所得都归承租方所有；如果效益差，也必须每年支付 100 万美元固定租金；(4)预计到期设备价值为 100 万美元，约定到期时，设备归还出租方；(5)本租赁合同不可撤销。

请问：本案是否为国际融资租赁？

解析：本案是一项国际融资租赁。只要满足以下条件，即被认定为国际融资租赁：由一国出租人按另一承租人的要求购买租赁物给承租人使用；租赁物的维修和保养由承租人承担；租赁期满，承租人可以选择将租赁物退回出租人，或继续租用，或按残值购买；租赁合同不可撤销。本案当事人分别处于 A、B 两国境内；出租人乙公司应承租人甲公司要求购得设备给甲公司使用；租赁期间设备的维修和保养由甲公司承担；租赁合同不可撤销，满足国际融资租赁的条件。

1988 年 5 月，国际统一私法协会在加拿大首都渥太华召开国际外交会议，通过了《国际融资租赁公约》，共三章 25 条，其中，第二章规定了国际融资租赁中各方的权利和义务，是公约的核心部分。

（二）典型的国际融资租赁

1. 国际融资租赁的当事人

国际融资租赁由三方当事人参加，即承租人、出租人、供货商，通过租赁设备的供货协议和租赁协议形成三边法律关系，相互衔接、互为存在条件。

（1）承租人

国际融资租赁的承租人是各国意欲购买和使用设备的企业，各国法律通常对其经营资格无特殊要求。

（2）出租人

国际融资租赁的出租人是专业性租赁公司或金融机构，它们通常是商业银行的下属机构，具有良好的融资能力和渠道，某些情况下，出租人也可以是制造商类企业。

（3）供货商

国际融资租赁中的供货商为大型设备的制造商或贸易商，国际融资租赁为其跨国贸易提供市场，在国际融资租赁业务中，它们通常依赖于租赁公司或金融机构。

2. 国际融资租赁协议的共同条款

典型的国际融资租赁协议除了具有使用先决条件、不可抗力、法律适用与司法管辖等一般性的共同条款外，还具有如下特殊性的共同条款。

（1）对第三人的侵权责任条款

融资租赁中的租赁设备实际上由承租人直接占有和使用，出租人对于租赁设备具有法律上的所有权，而无事实上的支配权。出租人通常要求在租约中约定：①凡因租赁设备自身或者由该设备的设置、保管、使用等原因造成对第三人侵权损害时，出租人不承担任何责任；②凡因此遭受的赔偿责任和追索均由承租人负责。

（2）违约条款

融资租赁协议的违约条款针对承租人，而不针对出租人，这与出租人的义务在先并且不具有持续性有关。常见承租人的违约行为有：未按照约定的时间和金额支付租金；使用或维护设备不当造成租赁设备损毁或灭失；违反租赁协议规定的其他义务；保证人未履行信用担保责任；承租人与租赁设备有关的企业和营业自行或被迫终止，其相关的资产及设备被接管、处分或没收；承租人违反其他债务关系导致租赁协议项下的租金债务不能履行等。

违约条款一般规定：①出租人有权要求承租人按约补交租金并支付迟延利息负担；②出租人有权要求承租人支付赔偿金或约定比例的违约金；③出租人有权要求提前终止租赁协议，并要求承租人返还租赁设备；④当事人约定或相关国家法律规定的其他救济措施。

（3）出租人在供应协议项下权利的转让

在融资租赁关系中，出租人将交付租赁设备的义务通过供应协议转移于供应商。供应商一旦迟延交货、交货不能或交付的设备有质量缺陷，承租人无追偿的合同依据，该权利依据供应协议由出租人享有。

为解决这一问题，融资租赁协议中通常规定出租人对其在供应协议项下权利转让的条款，此条款一般规定：①在发生租赁设备交货违反供应协议或其他需要行使供应协议项下权利的情况时，出租人应当将其在供应协议项下的索赔权利和其他权利转让于承租人或第三人；②根据承租人或第三人的要求，出租人将出具为实现上述权利转让所需要的一切文件并提供一切应有的协助；③除基于故意和重大过失外，出租人对于交货违约和租赁设备的任何质量缺陷均不负担任何责任。

（4）禁止中途解约

融资租赁中的租赁设备实际上由承租人选择确定，专为承租人需要而购买，并且租赁设备一般不具有通用性，因此，出租人在融资租赁协议中对解约通常加以严格的限制。

一般在协议中约定：自租赁协议生效之日起，承租人在租赁期间无权单方解约或要求解约。

（5）预提税条款

出租人收取的租金应为税后收益。所谓预提税是指一国对于外国组织在本国境内设有常设机构并且来源于该国的利息和租金征收的所得税，该征税多采取向承租人征收。

因此，多数融资租赁协议都原则性规定：①承租人所在国通过预提税方式征收的所得税和其他税赋，均由承租人负担，而出租人不予负担；②如果该条款试图规定对出租人所得的预提税由承租人在支付租金时代扣，则还须由承租人承诺该预提税的比例限额和计算方法。

（6）承租人破产责任条款

租赁期间发生的承租人破产或可能破产时，出租人取得提前解约权并保全其对租赁设备的所有权。

此条款一般规定：①在租赁协议有效期内，如果发生承租人破产或者将处于破产状态，不能支付租金时，出租人有权提前终止租约，并收回租赁设备；②承租人有责任向法院和破产管理人申报将该租赁设备不列入破产财产，并有责任对欠缴的租金申报债务；③出租人有权对不能收取的租金主张债权并要求赔偿。

除上述条款外，融资租赁协议通常附有若干附件，并被视为融资租赁协议不可分割的组成部分，包括租赁设备明细表、租赁委托书及附表、租赁设备确认书、供应合同副本、担保人出具的保函等。

3. 国际融资租赁程序

（1）租赁设备和供货商选定

承租人与供货商和租赁机构进行初步协商。法律上，承租人可独立决定和选择供货商，并与供货商洽谈拟定设备的品种、规格、交货期和价格等事项。实践中，承租人通常会委托租赁机构（未来出租方）协助选定设备和供货商。

（2）申请立项批准并委托租赁

多数国家规定，承租人须以"项目建议书"向其所在国申请国际融资租赁立项，获得立项批准后，承租人方可向租赁机构发出租赁委托，确定拟租赁设备的品种、规格、型号、制造商、供货商等。

（3）签署供货合同和融资租赁合同

国际融资租赁的当事人须签署一系列国际融资租赁协议和法律文件，其中最重要也最通常的是供货合同和融资租赁合同。根据《国际融资租赁公约》和国际惯例，供货合同和融资租赁合同无论签署顺序如何，两者均具有相关性和制约性，其中，供货合同为融资租赁合同的从合同，在融资租赁合同生效后，供货合同原则上不可变更。

（4）供货合同的履行

国际融资租赁中，供货合同的履行是融资租赁合同履行的前提。依据合同，出租人有义务开立付款信用证、组织运输、购买运输保险、付款赎单等；而供货商有义务向承租人交货、安装与提供技术服务；承租人则负责报关手续、支付进口关税及其他税费，并在规定期限内对承租设备验收，向出租人出具验收证书等。原则上，自承租人完成验收，供货合同即履行完毕，融资租赁合同开始。

（5）融资租赁合同的履行

依据国际融资租赁合同，出租人在承租人验收设备后，应向承租人发送租赁期起始的通知书，承租人则应支付首期租金，称为"起租"。在其后的租赁有效期内，出租人有权对承租人租赁使用设备的情况进行监督；而承租人有义务按约支付租金，并有义务按约使用设备。融资租赁合同期满，承租人可按约将设备退还出租人，或者协议续展租期，或者按约留购。

（三）特殊的国际融资租赁

1. 杠杆融资租赁

杠杆融资租赁，又称平衡租赁或减租租赁，是由贸易方政府对设备出租者提供减税及信贷优惠，使出租者以较优惠条件出租设备的方式。

杠杆融资租赁至少有三方参与人：贷款人、出租人和承租人。使用该租赁方式，出租人自筹租赁设备购置成本 20%～40% 的资金，其余 60%～80% 的资金由银行或财团以贷款提供。出租人拥有设备的法定所有权，按其国家税法享有按设备的购置成本金额为基础计算的减税优惠。但是，出租人须将设备的所有权、租赁合同和收取租金的权利抵押给银行或财团，作为其取得贷款的担保，每期租金由承租人交给提供贷款的银行或财团，由其按商定比例扣除偿付贷款及利息的部分，其余部分交出租人。

2. 转租赁

转租赁，又称转租，是指以同一物件为标的物的多次融资租赁。转租赁涉及以下当事人：供货人、第一出租人、第二出租人和第一承租人、第二承租人。在转租赁业务中，上一租赁合同的承租人同时又是下一租赁合同的出租人，即第二出租人是第一承租人；涉及三个合同：购货合同、租赁合同、转让租赁合同。

3. 回租租赁

回租租赁，是指设备的所有者先将设备按市场价格卖给出租人，然后又以租赁的方式租回原来设备的方式。回租租赁作为一种融资手段，使承租人拥有原设备的使用权，租赁期满后承租人可根据需要决定续租还是停租，提高市场应变能力；回租租赁后，因承租人的设备操作、维修技术人员和管理人员对设备熟悉，可以节省培训时间和费用。

4. 卖主租赁

卖主租赁，是指制造商为了促销，先将设备卖给租赁公司，再从该租赁公司将设备租回，然后又将设备转租给承租人的租赁方式。

5. 营业合成租赁

营业合成租赁是承租人只须向出租人支付一定的基本租金，其余部分租金则根据承租人的营业收入的一定比例来支付，即出租人的租金收入的数额取决于承租人的收益。

6. 项目融资租赁

项目融资租赁下，承租人以项目自身的财产和效益为保证，与出租人签订项目融资租赁合同，出租人对承租人项目以外的财产和收益无追索权，也无担保，租金的收取以项目的现金流量和效益来确定。

第四节　国际支付的法律规定

一、国际支付法概述

（一）国际支付的含义

国际支付，是指国际经济活动的当事人以一定的支付工具和方式，清偿因国际间各种经济活动而产生的债权债务的行为。伴随着国际经济活动的扩大，国际支付应用范围不断扩展。国际支付的概念可从以下三方面理解：

1. 国际支付的主体是国际经济活动中的当事人

国际经济活动包括贸易类与非贸易类。国际贸易活动包括处于不同国家间的当事人货物、技术或服务的交换，如货款、运输费用、佣金、保险费，技术费；非国际贸易活动是国际间除贸易活动以外的其他行为，如国际投资、国际借贷、国际间的文化艺术活动等。国际支付当事人是参与国际经济活动的自然人与法人。

2. 国际支付采用一定的支付工具和方式

早期国际支付采取交易双方当事人当面交货，以金、银或其他可汇兑货币付款的方式进行，随着国际经济关系的发展，货物运输提单和保险单据逐渐完善，商业信用在国际社会中的应用，票据作为国际支付工具得到广泛使用。实际业务中，汇付、跟单托收、跟单信用证、国际保理随之发展，成为国际社会的主要支付方式。

3. 国际支付产生的原因是国际经济活动的债权债务关系

国际支付通常发生于国际贸易中，由履行金钱给付义务当事人履行付款义务。国际实践中，支付当事人选择不同的支付工具和支付方式，力图在货款收付方面有较大的安全保障，并在资金周转方面得到某种融通。

（二）国际支付法

国际支付法，是调整国际支付当事人在支付过程中产生的权利义务关系的国际条约、国际惯例和相关国内法的统称。

1. 国际条约

（1）《日内瓦统一公约》

20 世纪 30 年代，法国、德国等以欧洲大陆为主的 20 多个国家参加了在日内瓦召开的国际票据法统一会议，先后通过了四项统一票据法的公约，即 1930 年《统一汇票本票法公约》、1930 年《关于解决汇票、本票若干法律冲突的公约》、1930 年《统一支票法公约》、1931 年《关于解决支票若干法律冲突的公约》，统称《日内瓦统一公约》，其标志着统一的欧洲大陆票据体系形成。

(2)《联合国国际汇票与国际本票公约》

1988 年 12 月，联合国第 43 次大会上通过了《联合国国际汇票和国际本票公约》，开放供签署。该公约提供了关于供国际商业交易当事方选择使用新国际票据的法律规则，旨在克服国际支付所使用的票据目前存在的主要差别和不确定性。该公约只适用于载有"国际汇票(贸易法委会公约)"或"国际本票(贸易法委会公约)"标题并在文内有上述字样的国际汇票和国际本票。按该公约规定，须至少 10 个国家批准或加入后，方能生效。该公约目前尚未生效。

(3)《国际保付代理公约》

根据 1995 年生效的国际统一私法协会《国际保付代理公约》的规定，在卖方、供应商或出口商与保理商之间存在契约关系的情况下，根据契约，卖方(供应商、出口商)将其现在或将来的基于其与买方(债务人)订立的货物销售、服务合同所产生的应收账款转让给保理商，由保理商为其提供下列服务中的至少两项：贸易融资、销售分账户管理、应收账款的催收、信用风险控制与坏账担保。目前，参加国际保理联合会的国家已有 130 多个。

2. 国际惯例

(1)《托收统一规则》(URC 522)

1958 年的国际商会《商业票据托收统一规则》，于 1968 年实施。1995 年国际商会公布《托收统一规则》(简称"国际商会第 522 号出版物"或"URC 522")，该规则于 1996 年 1 月 1 日起实施，目前被世界许多国家和地区的金融机构采用。其适用于在"托收指示"原文中注明适用该规则的业务，业务是指 URC 522 第 2 条规定的银行托收业务，不适用非银行托收。该规则所称的托收是指单据托收，而不涉及第三人以口头方式代债权人向债务人索款的托收，且当事人只有在明确约定适用规则或者当事人未明示排除适用时，同时不违背本国法律强制性规定时，该规则才对约定适用该规则的当事人具有法律的约束力。

(2)《跟单信用证统一惯例》(UCP600)

国际商会于 1930 年拟订《商业跟单信用证统一惯例》，并于 1933 年正式公布。随着国际贸易变化，分别于 1951 年、1962 年、1974 年、1978 年、1983 年、1993 年、2007 年进行了七次修订。从 2007 年 7 月起，适用《跟单信用证统一惯例(2007 年修订本)》(简称"国际商会第 600 号出版物"或"UCP600")。它是确保在世界范围内将信用证作为可靠支付手段的规则，也是全世界公认的非政府商业机构制定得最为成功的国际惯例，被各国银行和贸易界广泛采用。

3. 国内法

票据法方面，最具影响力的国内法是 1882 年英国《票据法》，美国及大部分英联邦成员国，如加拿大、印度等都以此为参照制定本国的票据法。1952 年美国制定《统一商法典》，其中第三章商业证券，即是美国的票据法，在票据法中具有一定的代表性。

二、国际支付工具

国际支付工具一般为货币与票据。在自由资本主义时期，国家之间的货物进出口通常采用黄金白银，或以货币支付，以清偿债务。16—17 世纪，欧洲的商业城市开始使用封建社会末期诞生的票据，至 19 世纪末 20 世纪初，各国票据流转制度已经相当完善。

（一）货币

1. 货币的性质

各国根据本国政治、经济等，决定本国货币是否可以在国际间自由兑换，以及自由兑换的程度如何。主要有以下三种货币：

（1）完全可兑换货币

即无须经本国政府批准，本国货币就可以在国际市场上自由兑换成其他国家货币，并在贸易、运输、保险及资本转移中作为支付手段。主要发达国家货币，如美元、马克、日元、英镑、法郎等是完全可兑换货币，对于他国而言，这些货币是完全可兑换的自由外汇。

（2）部分可兑换货币

即对自由兑换有限制，表现为：交易主体上，非居民可自由将本国货币兑换成其他国家货币，而对于居民则限制兑换；交易项目上，本国货币自由兑换的范围仅限于贸易结算、劳务、旅游、保险、运输等，而对资本项目则不允许自由兑换。20 世纪 50 年代初，西欧曾采用此限制，我国目前对资本项目兑换也实行限制。

（3）不可兑换货币

即实行严格的外汇管制，只有经本国外汇管理机关批准，本国货币才能按官方价格向指定的银行兑换，而不能在国际市场上自由买卖。

2.《国际货币基金协定》的汇率安排

汇率，是指一国货币折换成其他国家货币的比价。汇率制度主要规定本国货币与其他国家货币的汇率关系、汇率波动的幅度和干预汇率的方式等。

（1）国际货币基金组织取消国际固定汇率制

承认固定汇率制与浮动汇率制并存，允许自由选择汇率，但是，日后经会员国总投票权 85% 多数通过，仍可恢复稳定的可调整的固定汇率制。

（2）保证有秩序的汇率安排

为了保证有秩序的外汇安排并促进汇率稳定，促进国际贸易的发展和国际资金的流动，国际货币基金组织对成员国汇率政策实行严密监督。要求成员国加强四个方面的合作：引导本国经济和金融政策，为稳定汇率奠定经济基础；创造不导致汇率经常变动的货币制度，促进外汇市场稳定；尽力避免对外汇汇率和国际金融制度的操纵；执行与稳定汇率相符合的外汇政策。

3. 外汇管制

外汇，是指外国货币、有价证券和其他支付凭证。外汇管制，是指一国外汇管理机构对外汇结算、买卖、借贷、转移和汇率等实施管理和控制措施。通过外汇管制改善本国国际收支，维持本国货币汇率的稳定。目前，发达国家经济实力雄厚，国际储备充足，推行贸易和资本自由化政策，总地来说，外汇管制不明显，而发展中国家一般都实行外汇管制或部分外汇管制。

国际货币基金组织的重要任务之一是协助成员国建立经常性交易的多边制度，并消除妨碍世界贸易发展的外汇管制。《国际货币基金协定》对此的相关规定集中于第 8 条和第 14 条。

(1)《国际货币基金协定》第 8 条规定

《国际货币基金协定》第 8 条规定了成员国的 3 项义务，一旦接受，就算取消了外汇管制：①未经批准，会员国不得对贸易和非贸易等国际收支经常性交易项目的支付和清算施加限制；②不得采用带歧视的差别汇率措施和复汇率制；③任何成员国对其他成员国在经常性交易中积存的本国货币，在对方为支付经常性交易要求兑换时，应用黄金或对方货币换回。一旦一国取消了外汇管制，该国就被称为货币基金组织"第 8 条成员国"，该国货币被视为"可自由兑换货币"，在国际外汇市场上自由买卖。

(2)《国际货币基金协定》第 14 条的规定

由于要求各成员国都取消外汇限制不现实，《国际货币基金协定》第 14 条同时规定"过渡"办法，即成员国在必要时可以维持和实施外汇管制，一旦情况许可，即应取消。对接受 14 条规定的过渡办法而实施外汇管制的国家称为"第 14 条成员国"，但每年必须与货币基金组织磋商，该磋商被称为"第 14 条磋商"。第 14 条成员国货币为不可兑换货币，在国际外汇市场上不得自由买卖。第 14 条成员国的过渡期为 5 年，但至今仍有不少国家实际上或多或少继续实行外汇管制，由此第 14 条规定一直延续。

(二)票据

现代国际支付工具大都采用票据。目前，世界上影响较大的票据法有两类，即以 1882 年英国《票据法》为代表和以《日内瓦统一公约》为代表的票据法。

1. 票据的概念、种类和特征

(1)票据的概念

票据有广义和狭义上两种理解。广义的票据，是指一般的商业凭证，如发票、提单、保险单；狭义的票据是以支付金钱为目的特种证券，是指出票人在票面上签名，无条件地约定由自己或委托他人支付一定金额，并可以流通转让的有价证券。

(2)票据的种类

票据的种类，各国规定不完全一致，《日内瓦统一公约》中的票据包括汇票、本票，不包括支票(对之单独立法)；英、美、日等国认为票据包括汇票、本票、支票。国际上一般认为票据包括汇票、本票、支票。

①汇票，是指由出票人签发的，要求付款人按约定付款期限无条件向收款人支付一定金额的有价证券。汇票可从不同的角度来分类：按汇票开出人，可分为银行汇票和商业汇票；按有无附属单据，可分为光票汇票和跟单汇票；按付款时间，可分为即期汇票和远期汇票。一张汇票往往可以同时具备多种属性，如一张商业汇票同时又可以是即期的跟单汇票，一张远期的商业跟单汇票同时又可以是银行承兑汇票。

②本票，又称期票，是指由出票人签发的，允诺于规定的时间无条件地由自己向收款

人支付一定金额的有价证券。本票可分为商业本票和银行本票，由工商企业或个人签发的称商业本票或一般本票，由银行签发的称为银行本票。商业本票有即期和远期之分，银行本票则都是即期的，国际贸易结算中使用的本票，大都是银行本票。

③支票，是指由出票人签发的，委托银行见票时无条件向收款人支付一定金额的有价证券。出票人在签发支票后，即负有票据上的责任和法律上的责任，前者是指出票人对收款人担保支票的付款，后者是指出票人签发支票时，应在付款银行存有不低于票面金额的存款，如存款不足，支票持有人在向付款银行出示支票要求付款时，会遭到拒付。英国认为支票是以银行为付款人的即期付款的汇票。

（3）票据的特征

①票据是完全的有价证券。票据的权利与票据本身不可分离，当事人离开了票据即不能主张权利。

②票据为设权证券。票据的形成并非证明已经存在权利，票据上的权利完全是由票据行为所创设。

③票据是要式证券。票据必须符合法定的形式要求，否则不能产生票据效力，且当事人不得随意更改。

④票据是文义证券。票据权利义务必须而且只能根据票据所记载文义来确定，凡在票据上签名的人，都必须按票据上记载的文字对之负责，不得以票据以外的事由，变更票据上的文字记载的效力。

⑤票据是无因证券。票据只要符合法定条件，权利即告成立，则不论票据行为如何发生，持票人是如何取得票据的。

⑥票据是流通证券。票据除了可作为汇兑工具、支付工具、信用工具外，还可作为流通证券使用，即票据可以经过交付或背书转让的方式自由转让其权利。

【案例 10-3】

日本 A 公司与香港 B 公司签订了 10 万美元的买卖合同，A 为卖方，B 为买方。B 开出了以 C 为付款人，A 或其指定的人为收款人的即期汇票。该汇票经 C 承兑后，A 公司将其转让给 D，后 B 收货后，发现货物与合同不符，于是通知 C 拒付汇款金额。

请问：本案中，B 能否通知付款人 C 拒付？为什么？

解析： B 不能通知 C 拒付。票据是无因证券，其无因性是对票据行为外在无因性和票据行为内在无因性的统称。票据行为的外在无因性是指票据行为的效力独立存在，持票人不负给付原因之举证责任。只要能够证明票据债权债务的真实成立与存续，而无须证明自己及前手取得票据的原因，即可对票据债务人行使票据权利。票据行为的内在无因性是指产生票据关系、引起票据行为的实质原因从票据行为中抽离，其不构成票据行为的自身内容，当形成票据债权债务关系时，原则上，票据债务人不得以基础关系所生之抗辩事由对抗票据债权的行使。本案中，A 公司的交货与合同不符，不构成不支付票据金额的理由。

2. **票据行为与票据权利的行使（以汇票为例）**

要实现票据的权利与义务，持票人必须为行使权利而请求票据债务人履行票据债务；

对票据债务人而言，为负担票据上的债务而作出的法律行为即票据行为，这些行为构成票据发生、转让与行使的全过程。三种票据中，汇票完整地体现了上述行为过程，同时鉴于各国票据法以汇票为中心，本部分即以汇票为例，分析票据行为与票据权利的行使。

（1）汇票的出票

汇票的出票，是指出票人以法定款式作成汇票后交付给收款人的行为。

出票是产生票据关系的基础票据行为。按各国法律规定，须将法定内容载于票据之上，不能欠缺法律规定事项，包括：①票据上应有汇票字样。《日内瓦统一公约》有规定，而英美法不作此要求。②必须是无条件的支付命令。③必须载明付款人姓名。④必须载明收款人。票据的收款人有三种写法，即限制性抬头、指示性抬头和来人式抬头。《日内瓦统一公约》对此有规定，而英美法认为各式汇票以持票人为收款人，才是有效的。⑤汇票的出票日期及地点。英美法不认为这是必要事项。⑥汇票的到期日与付款地点。到期日有四种写法，即见票即付、定日付款、出票后定期付款、见票后定期付款。《日内瓦统一公约》虽有此规定，但允许有例外，英美法则不将此作为法定条件。⑦出票人签名。

（2）汇票的背书

汇票的背书，是指持票人在汇票背面签名将该汇票权利转让给受让人的票据行为。

以是否在背书时填写背书人来划分，背书的方式分为记名背书和不记名背书（空白背书）。按照《日内瓦统一公约》和许多国家票据法的规定，汇票的持票人应以背书的连续性来证明权利的成立，背书的连续是指第一次作背书的人应当是汇票的收款人，其后背书的背书人均应为前一次背书的被背书人，依次连续直至最后的持票人。

（3）汇票的提示

汇票的提示，是指持票人向付款人出示汇票，请求承兑或付款的行为。

提示是持票人为行使和保全其票据权利必须做的行为，无论是承兑提示，还是付款提示都必须在法定期限内进行，或按票据上的记载办理。《日内瓦统一公约》规定：见票后定期付款的汇票，应在出票日起1年内为承兑提示；见票即付的汇票，应于出票日起1年内为付款提示，出票人或背书人有特别约定的除外；英美法则只是要求在"合理时间"内提示。

（4）汇票的承兑

汇票的承兑，是指汇款的付款人接受出票人的付款委托，同意承担支付汇票金额的义务，而将此项意思表示以书面文字记载于汇票之上的行为。

根据国际银行法的习惯，凡180天以内（含180天）的远期汇票承兑后不返还持票人，只以书面通知承兑。是否要求付款人承兑是持票人的一项自由权，见票后定期付款，或在付款人营业地或住所地以外的地点付款的，或汇票上载明提示承兑的汇票必须承兑，对于见票即付或汇票上载明"不须承兑"的，可不经承兑。实践中，持票人对远期付款的汇票一般都乐于及时向付款人提示承兑，这利于保护汇票持票人的权利，也利于汇票的流通。

（5）汇票的保证

汇票的保证，是指由汇票债务人以外的第三人，为担保票据债务的一部分或全部履行为目的的票据行为。

汇票保证是一种要式行为，具有独立性，且汇票保证人不得享有先诉抗辩权。《日内瓦统一公约》对票据保证作了较详细的规定，而英美法则无具体规定。

（6）汇票的付款

汇票的付款，是指汇票的付款人在汇票到期日向持票人或收款人支付汇票金额，以消灭票据关系的行为。

《日内瓦统一公约》规定，付款人须证明汇票背书的连续性，没有义务证明签名的真实性，因此，付款人经核对背书的连续性认为合格而付款后，便合法解除了其对汇票的责任；而英美法则认为在上述情况下，付款人即使是善意地支付了汇票金额，也不能解除责任，汇票的真正所有者仍有权要求付款人再次付款。

（7）汇票的追索权

汇票的追索权，是指持票人在遭到拒付（拒绝承兑或拒绝付款）时，对背书人、出票人及其他票据债务人行使请求偿还汇票上金额的权利。

根据票据法的规定，债务人无责任大小之分，只要签过字就要对票据债务负责，因此，持票人可以向任何一个前手追索，也可以同时向所有前手追索。追索权与付款请求权同时构成持票人的票据权利。持票人行使追索权须具备以下条件：①汇票遭拒付或拒绝承兑。②已在法定期限内向付款人作承兑提示或付款提示。③必须在遭到拒付后的法定期间内作成拒绝证书。拒绝证书是一种由付款地的公证人或其他有权机构作成证明付款人拒付的书面文件。④必须在遭拒付后法定期间内将拒付事实通知其前手。英国票据法对此要求尤其严格。

三、国际支付方式

国际支付方式，是指国际经济活动中以经济活动为内容而产生的债权债务的清算方式，分为直接支付与间接支付。直接支付是指只由国际经济活动的当事人与银行参与的支付方式，常用的有汇付、跟单托收、跟单信用证；间接支付是指支付除了国际经济活动的当事人与银行外，还有其他参与人的支付方式，主要是国际保理。

（一）汇付

汇付，是指汇款人直接将货款交给银行，由银行根据汇款指示汇交给收款人的一种付款方式。采用此方式手续简单，费用也较低。汇付由汇款人主动付款，是一种顺汇方式，属于商业信用，款项付出后，交易能否顺利完成，完全依靠对方的信用，因而，除非买卖双方有某种关系或小数额的支付，一般很少使用汇付。国际支付业务中，汇付又可分为信汇、电汇、票汇。

1. 信汇（M/T）

信汇，是指汇款人将货款交本地银行，由银行开具付款委托书，通过邮政局寄交收款人所在地的银行。信汇费用低，但速度慢。

2. 电汇（T/T）

电汇，是指汇款人要求当地银行以电报或电传方式委托收款人所在地银行付款给收款人。由于电信技术的发展，银行之间都建立了直接通信，电汇费用低、差错率也低。

3. 票汇（D/T）

票汇，是指汇出银行应汇款人的申请，代汇款人开立以其在国外的分行或代理行为付款行的即期汇票,支付金额给收款人的汇款方式。与信汇、电汇不同,在票汇中,汇款人将汇款凭证交收款人,汇出行与汇入行间的指示是通过汇票作出的,该汇票是银行汇票,可以转让。

(二)跟单托收

跟单托收是托收的一种。托收,是指出口商(卖方)委托银行凭票据向进口商(买方)收取货款的支付方式。跟单托收,是指出口商(卖方)发货后开立汇票,并连同货运单据交托收行代为向进口商(买方)收款的一种支付方式。"跟单"是在汇票附上提单、保险单、商业发票等货物单据。

托收通常的流程为:由卖方根据发票金额,开立以买方为付款人的汇票向卖方所在地银行提出申请,委托银行通过其在买方所在地分行或其他往来银行,代为向买方收取货款。托收属逆汇方式,即由卖方通过银行主动向买方索取款项,手续简便。

根据交付单据条件的不同,跟单托收可分为付款交单和承兑交单。

1. 付款交单(D/P)

付款交单,是指代收行凭汇票向付款人收款,付款人实际付款后,银行将跟随汇票的各种单据交付给付款人的支付方式。付款交单下,卖方风险较小,买方只有按汇票规定的金额付款,才能取得物权的单据,并凭此提取货物。

2. 承兑交单(D/A)

承兑交单,是指付款人对汇票作出承兑后,即可从代收行取得货运单据,凭单据提取货物,待汇票到期再付款的支付方式。承兑交单下,买方承兑后,即可拿到货物单据,一旦提货后不支付货款或逃匿,卖方将面临财物两损的情况。

综上所述,跟单托收体现的是一种商业信用,属于委托代理性质,卖方能否收到货款完全取决于买方是否有信用。跟单托收中,卖方通过控制单据来控制货物,以交付代表货物的单据代表交货,而交单又以买方的付款或承兑为条件。银行只是依照委托书的指示行事,帮助办理中间收汇事宜,不承担任何责任和风险。

(三)跟单信用证

跟单信用证,是国际支付的最主要工具。信用证,是银行(开证行)应客户(开证申请人)的要求和指示,以自己的名义在符合信用证条款的条件下,凭规定单据由自己或授权另一家银行向第三人(受益人)或其指定人付款或承兑的一项书面凭证。跟单信用证是相对光票信用证的概念,是凭"跟单汇票"或单纯凭单据付款的信用证。单据是指原产地证明、商业发票、保险单、商检证书等商业单据,及代表货物或证明货物已交运的运输单据,如装箱单、提单、铁路运单、航空运单等。

跟单信用证的通常流程为:买方从国外进口货物时,向本国银行申请开具向卖方(或信用证的受益方)付款的信用证,卖方将能够证明货物已经出运且符合信用证要求的文件交与银行议付。

从理论和实务的角度,信用证有如下分类:

1. 根据开证行的责任,分为不可撤销信用证和可撤销信用证

(1)不可撤销信用证

不可撤销信用证,是指信用证开具后在有效期限内,非经信用证各有关当事人(开证

行、保兑行、开证申请人、受益人)的同意，开证行不得修改或撤销的信用证。在不可撤销信用证下，受益人提交了符合信用证规定的单据，开证行就必须履行其确定的付款义务。国际支付中绝大多数采用不可撤销信用证。

(2)可撤销信用证

可撤销信用证，是指信用证开证后不必事先通知或征得受益人同意，有权随意撤销或修改的信用证。可撤销的信用证上应注明"可撤销"字样。

2. 根据信用证使用方法，分为即期付款信用证、远期信用证和议付信用证

(1)即期付款信用证

即期付款信用证，是指开证行或付款行收到符合信用证条款的汇票或单据，应立即履行付款义务的信用证。即期付款信用证可使受益人通过银行及时取得货款，在国际支付中被广泛使用。

(2)远期信用证

远期信用证，是指开证行或付款行收到远期信用证或单据后，在规定的一定期限内付款的信用证。其主要作用是便利进口商融通资金。

(3)议付信用证

议付信用证，是指允许受益人向某一指定银行或任何银行交单议付的信用证，分为公开议付信用证、限制议付信用证，前者任何银行均可办理，后者则由一家指定银行或开证银行议付。

3. 其他类型的信用证

(1)背对背信用证

背对背信用证，又称转开信用证，是指受益人要求原证的通知行或其他银行以原证为基础，另开一张内容相似的新的信用证。背对背信用证的开立通常用于中间商转售他人货物，或两国不能直接支付时，借助第三方办理。

(2)对开信用证

对开信用证，是指两张信用证的开证申请人互以对方为受益人而开立的信用证。对开信用证是为了达到贸易平衡，两张信用证可以同时互开，也可先后开立，金额可以相等或大体相等。对开信用证一般用于来料加工、补偿贸易和易货贸易。

(3)备用信用证

备用信用证，是指开证行对受益人承担的，在开证申请人不履行义务时，受益人凭符合信用证规定的汇票和文件(证明开证申请人不履行)，即可得到开证行偿付的信用证。备用信用证是备用于开证申请人发生毁约时受益人可取得补偿，一般用于投标、还款保证、预付、赊销等业务。

综上所述，跟单信用证体现的是银行信用，以信用证支付方式付款，是由开证银行自身的信誉为卖方提供付款保证的一种书面凭证。跟单信用证下，只要出口商(卖方)按信用证书面规定的条件提交单据，银行就必须无条件的付款，卖方的货款会得到可靠的保障，买方也可以在付款后保证获得符合信用证条件的所有货运单据。

(四)国际保理

国际保理，即国际保付代理，是指以商业信用出口货物时(如 O/A、D/A 付款方式)，

出口商交货后把应收账款的发票和装运单据转让给保理商，即可取得应收取的大部分货款，一旦发生进口商不付款或逾期付款，则由保理商付款的支付方式。

国际保理是近 20 年发展起来的一种新兴支付方式。国际保理中，保理商承担第一位的付款责任，以保理协议为基础，保理协议以出口商与进口商的买卖合同为前提，国际保理法律关系的核心是债权转让，即保理商通过保理协议从出口商购买了应收账款，并作为新债权人以自己名义向进口商催收账款。

1. 国际保理的业务

国际保理业务是在赊销、承兑交单等贸易方式下，出口商销售商品或提供劳务后产生应收账款，出口商将应收账款的债权转让给保理商，由保理商承担进口商的信用风险，并提供催收货款、账务管理及资金融通服务。

(1)风险转移

当进口商破产、倒闭或无力支付货款时，保理商在约定期限内代偿货款，帮助出口商承担信用交易风险。

(2)催收货款

出口商的账款到期时，保理商提示进口商支付货款，节省出口商因催款所需费用，避免出口商与进口商之间因催收货款而发生纠纷。

(3)账务管理

提供专业人员和账务管理系统，帮助出口商完成收款和对账，节省出口商的账务成本。

(4)资金融通

有别于出口商在银行取得的融资额度(须保证、抵押)，在不影响出口商的银行融资额度的前提下，国际保理为出口商开辟另一条取得流动资金的渠道。

2. 国际保理的分类

由于各国和地区的商业交易习惯及法律法规不同，国际保理的做法亦有所不同，主要有如下分类：

(1)根据保理商对出口商是否提供预付融资，分为融资保理和到期保理

①融资保理，又称预支保理，是指当出口商将代表应收账款的票据交给保理商时，保理商立即以预付款方式向出口商提供不超过应收账款 80% 的融资，剩余 20% 的应收账款待保理商向债务人(进口商)收取全部货款后，再行清算。融资保理是典型的保理方式。

②到期保理，是指保理商在收到出口商提交的、代表应收账款的销售发票等单据时并不向出口商提供融资，而是在单据到期后，向出口商支付货款。

(2)根据保理商是否公开，分为公开型保理和隐蔽型保理

①公开型保理，是指出口商必须以书面形式将保理商的参与通知进口商，并指示将货款直接付给保理商。国际保理多是公开型的。

②隐蔽型保理，是指保理商的参与对外保密，进口商并不知晓，货款仍由进口商直接付给出口商。隐蔽型保理往往是出口商为了避免让他人得知自己因流动资金不足而转让应收账款，不将保理商的参与通知给买方，货款到期时仍由出口商出面催收，再向保理商偿还预付款。融资及费用的清算，在保理商与出口商之间直接进行。

（3）根据保理商是否保留追索权，分为无追索权保理和有追索权保理

①无追索权保理，保理商根据出口商提供的名单进行资信调查，并为每个客户核对相应的信用额度，在已核定的信用额度内为出口商提供坏账担保。出口商在有关信用额度内的销售，已得到保理商的核准，保理商对这部分应收账款的收购没有追索权。由于债务人资信问题所造成的呆账、坏账损失均由保理商承担。国际保理业务大多是无追索权保理。

②有追索权保理，保理商不负责审核买方资信，不确定信用额度，不提供坏账担保，只提供包括贸易融资在内的其他服务。如果因债务人清偿能力不足而形成呆账、坏账，保理商有权向出口商追索。

（4）根据保理运作机制是否涉及进出口两地的保理商，分为双保理和单保理

①双保理，指由两个不同保理商通过业务连接分别与本地区的出口商或进口商进行的保理方式。即出口商委托本国出口保理商，本国出口保理商再从进口国的保理商中选择进口保理商。进出口国两个保理商之间签订代理协议，整个业务过程中，进出口双方只需与各自的保理商往来。国际保理一般采用双保理。

②单保理，指由同一保理商在出口商、进口商之间进行的保理方式。如在直接进口保理方式中，出口商与进口保理商进行业务往来，而在直接出口保理方式中，出口商与出口保理商进行业务往来。

第五节　国际金融监管法律制度

随着全球经济一体化，金融机构国际化进程加快，以跨国银行为核心的金融业务不断突破传统限制，银行业整体不稳定性及风险增大。由于各国金融制度的差异，客观上提出了对跨国银行监管的国际协调与合作。

一、跨国银行及其构成

（一）跨国银行的概念

第二次世界大战后，国际金融业形成以跨国银行为主体的国际银行体系，分支机构遍布全球。尤其20世纪60年代以后，"跨国银行"一词得到广泛使用。

目前比较权威性的跨国银行概念是1983年联合国跨国公司中心在《三论世界发展中的跨国公司》中所下的定义：跨国公司（包括跨国银行）是设在两个或两个以上国家实体，不问其社会制度如何，它在一个决策体系下进行经营，各实体之间通过股权或其他形式具有紧密联系。跨国银行以本国为基地，跨国经营业务国际化，少数跨国银行在世界范围内建立庞大的银行网络体系，处于国际金融市场的垄断地位，是现代垄断资本集团。

广义的跨国银行，是指一国银行跨出本国国境在境外进行活动或经营。即那些实质上银行资本越出本国境外，在世界范围内行使银行职能的银行就是跨国银行，都应在监管之列。①

---

① 参见严骏伟主编：《国际监管：跨国银行的金融规范》，上海社会科学院出版社、高等教育出版社2001年版，第180页。

（二）跨国银行的分支机构

跨国银行由设在母国的总行和设在东道国的分支机构组成，在国外的分支机构依据东道国法律，有不同的形式，包括：

1. 代表处

代表处是跨国银行设在国外简单的分支机构，不具有东道国法人资格，通常由少数人组成，代表处不经营银行业务，只在总行和东道国政府、银行及工商企业、公司间沟通信息，并为总行开展当地业务起联系作用。

2. 经理处

经理处级别高于代表处，但低于分行，不具有东道国法人资格，经理处不能办理存款业务，但可以经营贷款、货币市场及外汇市场业务，办理汇票和支票兑现及托收和信用证业务，经营资金从其他银行拆借，或向总行及其他分支机构筹措。

3. 分行

分行不具有东道国法人地位，是总行的组成部分，由总行直接控制，基本能经营全部银行业务，包括当地业务和国际业务。

4. 附属银行

附属银行在东道国注册，具有东道国法人资格，既可以由总行全资拥有，也可以合资设立，但总行对其拥有控股权，附属银行可以经营所有银行业务。

5. 联属银行

联属银行性质与附属银行相同，但总行参股份额较少，没有控股权。

6. 联营银行

联营银行是由不同国家的银行作为股东而建立起来的国际银行，具有东道国法人资格，联营银行不吸收存款，一般从事某种特定地区和领域的贷款业务，如经营欧洲中期贷款业务，提供咨询、企业合并、证券管理等专门业务。

二、跨国银行的国际金融监管

据巴塞尔委员会有关文件，跨国银行的监管由母国和东道国合理分工与合作，监管目标、原则、标准、内容、方法由各国协商与定期交流。

（一）母国对跨国银行的法律监管

为增强跨国银行的竞争力，扩大资本输出和促进银行国际化，对本国银行在国外设立分支机构母国通常不禁止，监管上除了适用有关国内银行法外，还包括以下特殊规定：

1. 对国外分支机构设立的监管

母国对跨国银行分支机构设立的监管体现在：①市场准入。母国对本国银行开设海外机构一般持鼓励态度，但对申请银行提出最低资本要求，以保证一定规模。②制度风险。母国考虑东道国的监管制度是否完善，避免本国银行在政治风险高的东道国开设分支机构导致损失，使母行乃至母国的金融安全受到影响。

2. 对国外分支机构经营的监管

（1）风险管理

母国对分支机构的风险管理通过对母行集团的总体情况的监管进行，较少对国外分支机构施以单独的风险监测，例如，美国由货币监理署、联储和联邦存款保险公司组成"国家风险评估联合委员会"，根据还款能力把母国银行的贷款对象国分为四类，并规定对每一类别中单一国家的借款总额与银行资本金的最高比率，联邦管理机构要求各银行每季度报告一次国家风险情况。

（2）业务范围

母国对于跨国银行的国外分支机构常放宽对其业务范围的限制以增强竞争力，如适当放宽对海外机构的资本充足率要求，至多要求海外机构遵守与国内银行相同的规定，而且通常是对分行有所要求而对子行不做规定。

（3）稽查审核制度

非现场检查方面，母国通常要求海外机构定期报送有关的财务和业务报表，并结合母行的合并报表分析；现场检查方面，各国和地区对于国外分支机构的检查随机性大、频率少，除美国、法国、中国香港地区，对海外分行、子行都进行现场检查的国家和地区不多。

（4）母国担任国外分支机构的最后贷款人

海外分支机构的危机往往波及国内，母国担任最后贷款人，以实现本国和国际金融机构的稳定。

（二）东道国对跨国银行的法律监管

东道国在引进跨国资本的同时，为了确保本国国内金融市场的稳定，保护本国银行业，对跨国银行实行不同程度的法律监管，总体上，东道国的法律监管比母国的法律监管更加全面和深入。

1. 市场准入的法律监管

（1）进入形式的限制

各国法律管制宽松不一，有的只允许设立代表处，如新西兰、挪威；有的不允许在本国开设分行，如荷兰，认为分行是跨国银行建立全球业务网络的重要形式，其本身又受总行控制，可能会对东道国造成不利影响；有的禁止跨国银行控制本国银行，如澳大利亚、日本、英国，对跨国银行在本国的持股比例作了不同程度的限制。

（2）进入条件的规定

各国规定，跨国银行的进入必须符合以下条件：

①足够的资金。其目的在于保证设立跨国银行安全，阻止外国小银行进入，各国通常要求，跨国银行在本国境内开业，必须拨付最低限额的营运资本。

②合格的从业人员。各国要求分支机构的从员人员具有良好的从业素质和经验，有的国家还要求其中东道国国民在分支机构中占一定比例。

③对等原则。对等原则是以该外国允许本国银行进入为前提，例如，早期美国在允许日本银行进入的同时，曾以实行对等原则为由，不断对日本施加压力，要求日本也对美国开放，迫于美国压力，日本不得不于20世纪70年代末放松对银行业外资进入的限制。

④符合本国公共利益。即公共秩序保留，是各国阻挡外国银行进入的最后一道安全屏障。如美国1978年《国际银行法》规定，是否准许外国银行进入，必须考虑"社会便利"和"竞争影响"；菲律宾银行法规定外国银行的进入必须符合"当地总的公共秩序"和"经济环

境"等。

2. 业务运行的法律监管

（1）限制跨国银行在东道国设立分支机构

目前约有 30 个国家对跨国银行在本国设立分行的数量进行限制，如泰国允许每家外国银行在本国设一家分行；有的国家限制增加分行设置的年限。

（2）限制跨国银行的营业区域

有的国家只允许外国银行在首都等大城市设立分支机构，如印尼、孟加拉国等。

（3）限制跨国银行的业务范围

对业务种类限制，如规定外资银行不得与东道国政府进行交易、不得向某些行业贷款、不得将所有利润汇回本国等。

3. 经营风险的监管

各国对跨国银行经营的风险监管措施多种多样，大多数发展中国家和少数发达国家对跨国银行经营施加了如下特殊限制：

①限制跨国银行在东道国吸收存款。保证本国银行充分利用当地的存款资金，迫使外资银行不得不以较高的成本筹措资金，削弱其竞争力。

②不允许跨国银行向东道国中央银行贴现融资。外资银行只能通过保持一定的储备或低收入的票据和证券资产，增加跨国银行的筹资成本。

③要求跨国银行向东道国中央银行缴纳较高比例的存款准备金。

④规定其他管制措施。如规定严格的清偿率、负债率等，增加外资银行的营业成本。

三、跨国银行监管的国际协调与合作——《巴塞尔协议》（*Basel Accord*）

（一）《巴塞尔协议》（Basel Ⅰ）

《巴塞尔协议》（英文简称 Basel Ⅰ），又称《资本充足协定》。该协议第一次建立了一套完整的国际通用的、以加权方式衡量表内与表外风险的资本充足率标准，扼制与债务危机有关的国际风险。

1.《巴塞尔协议》的产生

单个国家的金融管理当局难以对跨国银行的业务及风险进行全面有效的监管。1974 年 9 月，十国集团中央银行行长在瑞士巴塞尔市召开会议，倡议成立巴塞尔银行监督委员会。次年，巴塞尔委员会通过了第一个国际银行监管协议——《巴塞尔协议》。第一个协议很简单，主要强调加强各国的银行监管合作，划分监管责任。1983 年又通过了第二个《巴塞尔协议》，实际上是对第一个协议内容的进一步明确和具体化。20 世纪 80 年代后，拉美爆发债务危机，加上银行业的过度竞争，很多银行因资本金过少、不良贷款过多而倒闭。巴塞尔委员会意识到仅仅为银行维持一个良好的外部环境是远远不够的，监管必须深入到银行内部。1988 年 7 月，巴塞尔委员会通过了具有标志性的《关于统一国际银行资本衡量和资本标准的协议》，人们习惯把这一协议简称为 1988 年《巴塞尔协议》。

2. 1988 年《巴塞尔协议》的核心内容

1988 年《巴塞尔协议》主要强调银行必须拥有足以覆盖其风险资产的充足的资本金，并提供统一的计算标准。该协议中，银行资本被分为核心资本和附属资本，核心资本被称为一级资本，主要包括永久性的股东权益和公开储备；附属资本被称为二级资本或补充资本，是指银行的长期次级债务等债务性资本。风险资产是由不同的信贷资产以不同的风险权重计算的加权总资产。

将资本与风险资产的比例作为衡量商业银行资本充足程度的指标，具体计算指标如下：

全部资本充足率＝（资本总额/风险资产总额）×100%

核心资本充足率＝（核心资本/风险资产总额）×100%

其中：资本总额＝核心资本＋附属资本

风险资产总额 ＝ 表内风险资产总额 ＋ 表外风险资产总额 ＝ $\sum$ 表内资产 × 风险权重 ＋

$$\sum 表外项目 × 信用转换系数 × 相应表内资产的风险权重$$

依据上面的计算指标，1988 年《巴塞尔协议》规定商业银行的全部资本（核心资本＋附属资本）充足率不得低于 8%，核心资本充足率不得低于 4%。

3. 1988 年《巴塞尔协议》的意义及不足

1988 年《巴塞尔协议》在跨国银行监管上具有重要的意义，该协议首次提出了关于银行资本充足率的概念，这使银行的监管者对各商业银行的资本有了一个衡量的标准，有助于消除各国银行间的不平等竞争，扼制与债务危机有关的国际风险，成为各国银行监管的统一准则。然而，1988 年《巴塞尔协议》也存在明显不足：未涵盖信用风险以外的其他风险，简化了信用风险的判断；信用风险权数级距区分过于粗略，会扭曲银行风险全貌，实际上不同资本量所面临的风险不同；各银行根据自身的商业贷款量决定自身的资本量，忽视了偿债人的资本量。现代跨国银行规模及复杂度增加，法定资本套利盛行，在金融创新、控制资本方面更凸显了其不足。

（二）《新巴塞尔协议》（Basel Ⅱ）

《新巴塞尔协议》（英文简称 Basel Ⅱ），又称《新巴塞尔资本协议》，它在 1988 年的《巴塞尔协议》（Basel Ⅰ）基础上做了大幅修改。

1.《新巴塞尔协议》的产生

1999 年 6 月，巴塞尔银行监理委员会公布了新的资本充足比率架构咨询文件，对 Basel Ⅰ 做了大量修改；2001 年 1 月公布《新巴塞尔资本协议（草案）》，在信用风险评估标准中加入了操作风险的参数，将三种风险纳入银行资本计提考量，以规范国际型银行风险承担能力；2004 年 6 月正式定案为《统一资本标准和资本框架的国际协议：修订框架》，通常人们把这个协议简称为《新巴塞尔协议》。

2.《新巴塞尔协议》的三大支柱

（1）最低资本要求

对资本充足比率提出最低要求是新框架的基础，被称为第一大支柱。资本充足率的要求是最低达到 8%，银行的核心资本的充足率应为 4%，目的是使银行对风险更敏感，使其运作更有效。

在新框架中，委员会认为"压倒一切的目标是促进国际金融体系的安全与稳健"，而充足的资本水平被认为是服务于这一目标的中心因素。新协议增加了两个方面的要求：要求各银行建立自己的内部风险评估机制，特别是大的银行，要求他们运用自己的内部评级系统，决定自己对资本的需求，但一定要在严格的监管之下进行；委员会提出了一个统一的方案，即"标准化方案"，建议各银行借用外部评级机构，特别是专业评级机构对贷款企业进行评级，根据评级决定银行面临的风险有多大，并为此准备相应的风险准备金，新协议进一步明确了资本金的重要地位。

（2）监察审理程序

监管约束第一次被纳入资本框架之中，其基本原则是要求监管机构应根据银行的风险状况和外部经营环境，要求银行保持高于最低水平的资本充足率，对银行的资本充足率有严格的控制，确保银行有严格的内部体制，有效管理自己的资本需求。

监管机构通过监测决定银行内部能否合理运行，并对其提出改进的方案。银行应参照其承担风险的大小，建立起关于资本充足整体状况的内部评价机制，并制定维持资本充足水平的战略；同时监管者有责任为银行提供每个单独项目的监管。监管者的责任包括决定银行管理者和董事会是否有能力决定自己的资本需求，是否对不同的风险有不同的应对方法。监管机构应对银行资本下滑的情况及早进行干预。

（3）市场制约机能

新框架第一次引入了市场约束机制，即市场自律，让市场力量来促使银行稳健、高效地经营以及保持充足的资本水平。

新框架指出，稳健的、经营良好的银行可以更为有利的价格和条件从投资者、债权人、存款人及其他交易对手那里获得资金，而风险程度高的银行在市场中则处于不利地位，它们必须支付更高的风险溢价、提供额外的担保或采取其他安全措施。市场的奖惩机制有利于促使银行更有效地分配资金和控制风险。《新巴塞尔协议》要求市场对金融体系的安全进行监管，要求银行及时披露信息，加大透明度新框架指出，银行应及时公开披露包括资本结构、风险敞口、资本充足比率、对资本的内部评价机制以及风险管理战略等在内的信息，披露的频率为至少1年1次。

3.《新巴塞尔协议》的改进及不足

《新巴塞尔协议》对1988年《巴塞尔协议》作了进一步的完善，充分考虑了银行可能面临的多种风险，具有较强的灵活性，主要体现为在评判资产风险的方法上为银行提供了多种选择，此外，信息披露的要求也使银行更透明地面对公众。但是，《新巴塞尔协议》在以下方面仍存在不足：①主权风险。虽然国别标准的地位下降，但它仍然在银行的资产选择中发挥作用，其潜在的影响力仍不可低估。②风险权重。若由监管机构确定指标，难以充分保证指标选择的客观、公正和科学，若由银行自行决定，这样的问题同样存在。③计量方法的适用性。《新巴塞尔协议》鼓励银行使用基于内部评级的计量方法，但真正具备长期经营记录，拥有足够丰富的数据、有高效处理这些数据的强大技术力量的跨国银行毕竟是少数，多数银行还是难以摆脱外部评级及对一国建议指标的依赖。④监管对象主要是商业银行。在金融国际化大趋势下，非银行金融机构及业务不断攀升，对此，《新巴塞尔协议》的作用空间非常有限。

此外，跨国银行在国际监管上，WTO项下GATS的《金融服务附件》虽然主要是为了促进金融服务自由化的目标而定，但涉及国际金融服务（包括跨国银行业务）监管。《金融服务附件》第 2 条为建立稳妥的监管制度提供了法律基础，第 3 条规定成员方对别的成员方的"稳妥措施"的承认，在双边或多边的基础上"使用协调方式"。这些规定虽然没有直接提及母国和东道国的监管责任及其划分问题，但为母国和东道国对跨国银行业务进行的监管提供了依据。

【思考题】

1. 什么是国际金本位制？包括哪些形式？
2. 简述布雷顿森林体制的形成标志和主要内容。
3. 什么是国际融资？国际融资的主要方式是什么？
4. 直接参与型银团贷款的概念和特征是什么？
5. 什么是欧洲债券？欧洲债券具有哪些特点？
6. 简述典型的国际融资租赁程序。
7. 以汇票为例，简述票据行为与票据权利的行使。
8. 为什么说跟单信用证体现的是银行信用？
9. 简述《巴塞尔协议》的核心内容。

10. A 公司需要一笔 2 亿美元的中期贷款进行工程建设，遂委托 B 银行为牵头行组织贷款，并向 B 银行提交了委托书，委托书中载明了贷款金额、利息率以及适用法律和法院管辖权等内容。B 银行则向 A 公司出具了一份义务承担书，表示愿意承担为借款人组织国际银团贷款的义务。此后，B 银行与 A 公司就借款协议的各项条款进行了谈判，签订了一项借款协议，协议除了规定一般国际借贷协议的内容外，还规定 B 银行可以通过转售参与贷款权给其他愿意提供贷款的银行筹集资金，并统一由 B 银行将贷款提供给 A 公司，最后，B 银行通过订立出售参与贷款权协议，将参与贷款权转让给十家各国银行，筹集到了 1.5 亿美元，连同自有资金 5000 万美元，共 2 亿美元贷给了 A 公司。后 B 银行因受金融危机影响而破产，致使参与银行的贷款无法按期收回，遂发生纠纷。

请问：国际银行贷款中的牵头行破产，参与银行是否可以直接要求借款人偿还贷款？

11. A 是一家小型石油公司，财务状况欠佳，恰好在某海域勘探出一个大油田，该油田极具商业开发价值，建成投产后将会持续不断地产生大量收益，政府允许开发，但需巨额资金。A 公司因自己没有财力，便向一家声誉好的大国际银行 B 要求贷款，经 B 银行调查确认，向 A 公司提供贷款的东道国无法律保障，因为东道国法律不允许银行参与非银行的商业交易。

根据本案，请设计出最为合理的国际融资安排，并说明理由。

12. 中国某外贸 A 公司与外国 B 公司签订了一份出口合同，付款条件为承兑交单见票后 45 天付款。当汇票及所附单据通过托收行抵进口地代收行后，B 公司及时在汇票上履行了承兑。货抵达目的港后，B 公司用货心切，用单据先行提货并转售。汇票到期时，B 公司经营不善，失去偿付能力，代收行将汇票拒付情况通知了托收行，并建议向 A 公司索取货款。

请问：

(1)本案采用的是一种什么付款方式？

（2）本案应由谁承担责任？

13. 中国容昌进出口公司与德国华尔纳公司签订了进口一批机构设备的合同，合同约定分两次交货，并分批开证。容昌公司应于货到目的港后 60 天内进行复验，如产品与合同规定不符，容昌公司得凭所在国的商检证书向华尔纳公司索赔。在合同的履行过程中，容昌公司依合同约定开出了第一批货物的信用证，华尔纳公司在货物装船后取得了清洁提单，并向议付行办理了议付。开证行也在单证相符的情况下对议付行进行了偿付。第一批货物还未到达目的港，第二批的开证日期已临近，容昌公司于是又申请银行开出了第二批货物的信用证。此时，第一批货物抵达目的港大连，经检验发现货物与合同规定严重不符，于是容昌公司通知开证行，要求开证行拒付第二次信用证项下的款项。此时，议付行已经在单证相符的情况下向华尔纳公司办理了议付。开证行在收到议付行寄来的第二批单据后，经审核无误，再次偿付了议付行。当开证行要求客昌公司付款赎单时，容昌公司拒绝付款赎单。

请问：

（1）依 UCP600 的规定，开证行是否应依容昌公司的要求拒付第二次信用证项下的款项？

（2）容昌公司应向谁提出索赔？

第十一章　国际税法

【重难点提示】国际税收；国际税收管辖权；国际税法；国际重复征税；国际避税与国际偷税。

第一节　国际税法概述

一、国际税收及国际税收管辖权

(一)国际税收

国际税收，是指两个或两个以上的主权国家(或地区)，各自基于其税收执法权，在对跨国纳税人进行分别课税而形成的征纳关系中，所发生的国家(或地区)之间的相互税收分配关系。

国际税收是以单个国家内税收为基础的。一个国家的国内税收反映的是某一个国家主权范围内的征税主体和纳税主体之间财富的分配和转移关系，而国际税收反映的是一个国家与另外一个国家之间的税收分配关系。国家税收的主要依据是某个国家内的税法，而国际税收由于涉及别国，其依据主要是各个国家政府之间签署的有关税收的各类双边或多边税收协定。

国际税收不等同于涉外税收。涉外税收是某国政府针对外国纳税主体(包括企业和个人)征收的各种税收，是某国政府凭借政治权力同其管辖的外国纳税主体之间的一种内部税收法律关系。而国际税收本质上是一个国家与另外一个国家之间的有关税收征纳的双边或多边关系。国际税收涉及的各个国家间会产生税收征管矛盾，主要原因在于各个国家行使税收管辖权的范围和边界不同。税收管辖权本质上是一个国家的主权，在行使过程中关系到别国税收管辖权的行使。

(二)国际税收管辖权

税收管辖权，是指一国政府所主张的征税权。国际税收关系中的许多问题，包括国际重复征税和国际重叠征税问题、税收管辖权的冲突问题、国际重复征税与重叠征税问题的解决方法，都与各个国家行使税收管辖权密切相关。按照国际法公认的原则，税收管辖权可以分为居民管辖权、公民管辖权和地域管辖权。

1. 居民管辖权

居民管辖权是国家基于纳税人的居民身份关系，即某纳税人属于本国居民的法律事实，主张行使的征税权。只要是符合该国税法规定的居民身份构成条件的人(包括自然人和企业法人），即属于该征税国税法意义上的居民纳税人。征税国也称做该纳税人的居住国。居民纳税人与居住国存在着居民身份这种人身隶属关系，居住国政府基于"属人原则"，可以主张对居民纳税人来源于(或存在于)居住国境内和境外的各种所得或财产价值征收所得税或财产税。

在居民税收管辖权下，纳税人承担的是无限纳税义务，即纳税人不仅要就来源于(或存在于)居住国境内的所得和财产承担纳税义务，而且还要就来源于(或存在于)居住国境外的所得和财产向居住国履行有关所得税或财产税的纳税义务。

2. 公民管辖权

公民管辖权是指一个国家依据纳税人的国籍行使税收管理权，对凡是本国公民取得的来自全世界范围内的所得行使征税权力。这种管辖权也是根据"属人原则"确定的。国际税收中，公民的概念不仅包括个人，也包括团体、企业或公司，是一个广义的概念，有时候也称为国民。

3. 地域管辖权

地域管辖权又称为"收入来源地管辖权"，是指一个国家对发生(或被认为)在其领土范围内的一切应税活动和来源于其境内的全部所得行使征税的权力。这种管辖权是按照"属地原则"确定的，体现了国家维护本国经济利益的合理性，符合国际经济交往的要求和国际惯例，被各国公认为是一种较为合适的税收管辖权，为全世界大多数国家公认并接受。

世界各个国家选择的原则和执行的法律标准不同，主要有三种情况：①同时实行地域管辖权和居民管辖权；②实行单一的地域管辖权；③同时实行地域管辖权、居民管辖权和公民管辖权。由于具体行使税收管辖权范围的差别，各个国家在征税范围和内容上就会产生重叠和交叉，引申出一系列国际间的税收管理活动，其核心内容是国际重复征税及其消除，国际避税与反避税。

二、国际税法

(一)国际税法的概念

国际税法是调整国际税收关系的法律规范的总称。它作为国际经济法的一个分支，出现在19世纪末。19世纪末以前，各国税收的征税对象，主要是处于本国领土内的人或物，虽然国家也对进出国境的商品流转额征关税或过境税，但严格意义上讲，国家征税行为仍在本国的疆界内进行，并未扩展到境外的对象。19世纪末，随着资本主义社会资本输出的增多，如发行股票、债券、境外建厂等，由此产生了国际税收法律关系。国际税法的产生有两个前提条件：①国际经济交往的发展，国际间企业和个人收入、财产国际化现象普遍存在和不断发展，是国际税收和国际税法产生的客观经济基础；②税收制度在各国建立并存在差异，出现了冲突。为避免和消除重复课税现象，协调各国在跨国征税对象上的经济利益分配关系，以保证和促进国际经济交往活动的正常发展。

国际税法在现实生活和国际经济交流中，一般表现为"国际税收协定"，即两个或两个以上的主权国家为了协调相互之间在处理跨国纳税人征税事务和其他有关方面的税收关系，本着对等原则，经由政府间谈判达成一致，签署的一种双边或多边的书面协定(或条约)。

(二)国际税收协定范本

目前,国际上最重要、影响力最大的两个国际税收协定范本是经济合作与发展组织(简称"经合组织",OECD)的《关于对所得和财产避免双重征税的协定范本》(简称《经合组织范本》)、联合国的《关于发达国家与发展中国家间避免双重征税的协定范本》(简称《联合国范本》)。

1.《经合组织范本》(OECD 范本)

1963 年,经济合作与发展组织首次发布《关于对所得和财产避免双重征税的协定范本》草案,该草案以 1946 年伦敦范本为主要参考,结合有关国家谈判和签署的双边税收协定实践起草完成。该草案有两个基本前提:一是居住国应通过"抵免法"或"免税法"消除国际双重征税;二是所得来源国应力求缩减所得来源地管辖权的征税范围,并且大幅度降低税率。

1967 年,OECD 财政委员会(1971 年改名为"财政事务委员会")开始修订 1963 年范本草案,并于 1977 年发布了新的修订本,全称为《经济合作与发展组织关于避免对所得和财产双重征税的协定范本》,简称为《经合组织范本》(OECD 范本)。该范本侧重于居民管辖权,对收入来源地管辖权进行适度限制。由于 OECD 成员国的经济实力比较接近,大都属于发达国家,在资金、技术、人员流向上基本处于均衡状态,该范本能够为很多 OECD 国家接受,并产生广泛的国际影响。OECD 理事会在 1977 年要求各成员国在谈判签署新的双边税收协定和修订原有协定时,能够与 1977 年《经合组织范本》一致。此后一些发展中国家与发达国家之间签署的税收协定也是依据《经合组织范本》进行的。此范本于 1992 年、1994 年、1995 年、1997 年、2000 年历次修订,并改为活页式,方便随时删除一些不合适的甚至过时的内容。《经合组织范本》的最新版本是 2003 年发布的,在条款和注释方面增加了"征税协助条款"、"转让股份产生的财产收益的征税问题条款"、"有关反有害税收竞争的条款"、"有关电子商务的征税规则"等内容。

2.《联合国范本》

《经合组织范本》基本上是以发达国家利益为代表的,没有全面反映广大发展中国家的利益要求。鉴于此,联合国经济与社会理事会于 1967 年 8 月专门成立了一个由发达国家和发展中国家共同组成的专家小组研究讨论,于 1979 年通过了《关于发达国家与发展中国家间避免双重征税的协定范本》,简称《联合国范本》,于 1980 年正式对外公布。

《联合国范本》在总体结构上与《经合组织范本》一致,但侧重点和目的不同。其差异主要在于:《联合国范本》注重扩大收入来源国的税收管辖权,主要目的在于促进发达国家和发展中国家之间签署双边税收协定,也促进发展中国家相互之间签署双边税收协定。《经合组织范本》虽然也承认收入来源国的优先征税权,主导思想强调的是居民管辖权原则,主要是促进发达成员国之间签署双边税收协定。

随着国际经济形势的发展,《联合国范本》于 2001 年发布了新版本,首次增加修订了"居民条款"、"常设机构条款"、"联属企业条款"、"财产所得条款"和"独立个人劳务条款"等五个方面的内容。

《经合组织范本》和《联合国范本》的产生,标志着国际税收关系协调的规范化、法制化，但两个范本对各国都不具有法律约束力，只是为各个国家谈判签署双边税收协定提供借鉴的行动方案指南，目的是为谈判创造一个便利的硬件条件，以免谈判双方对每项条款所述及的所有问题进行长时间分析辩论。

（三）国际税收协定的主要内容

1. 协定的适用范围

协定的适用范围包括适用的缔约国双方名称、各方的纳税人和税种的名称及所指的范围，是国际税收协定签署并执行的前提条件。

2. 基本用语的含义

主要包括"人"、"公司"、"缔约国一方企业"、"缔约国另一方企业"、"国际运输"、"主管当局"、"居民"、"常设机构"等基本用语的概念定义或解释。对未下定义的用语，则按照各国税法的规定解释。

3. 对所得或财产的课税

各类财产和所得具有不同的性质和内容，有必要对缔约国各方行使居民管辖权和来源地管辖权的范围分别作出对等的约束性规定。

4. 避免双重征税的办法

国际双重征税问题的解决方法，是国际税收协定的重要内容之一，也是国际税收协定的首要任务。缔约国各方要在协定中明确规定：避免或免除国际双重征税所采取的方法和条件，以及同意给予饶让或抵免的范围和程度。

5. 税收无差别待遇

税收无差别待遇是根据平等互利原则，在缔约国各方的国内税收上，一方应保障另一方国民享受到与本国国民相同的待遇，包括国籍无差别、支付无差别、资本无差别待遇等。

6. 防止国际偷税、漏税和国际避税

国际税收协定的主要内容之一，是要合理保障缔约的各个国家和纳税人之间的合法权益，同时也要防止国际间偷税、漏税或国际间采取不合理、不合法的手段避税。其中采取的主要应对措施是"交换情报"和"转让定价纳税调整机制"。

第二节　国际重复征税与国际重叠征税

一、国际重复征税与国际重叠征税的含义

（一）国际重复征税

国际重复征税，是指两个或两个以上国家各自依据税收管辖权，对同一跨国纳税人的同一征税对象或行为，在同一征税期间内，分别同时进行课税。国际重复征税一般包括法律性国际重复征税、经济性国际重复征税和税制性国际重复征税三种类型。

1. 法律性国际重复征税

法律性国际重复征税是指不同的征税主体国家，对同一纳税人的同一税源进行的重复征税。这是由于不同的国家在法律上对于同一纳税人或同一纳税对象采取不同的征税原

则，产生了税收管辖权的重叠，从而形成重复征税。

2. 经济性国际重复征税

经济性国际重复征税一般是由股份公司的经济组织形式引起的。股份公司进行跨国投资，公司的利润和分配股息、红利所得都是所得的来源，不同国家分别对利润、股息红利征收所得税时，就形成了经济性的国际重复征税。

3. 税制性国际重复征税

税制性国际重复征税是各国在税收制度上普遍实行复合税制形成的，即一个国家对同一征税对象可能征收几种税。在国际税收中，不同国家对同一课税税源征收相同或类似的税种，就造成税制性重复征税。

(二)国际重叠征税

国际重叠征税，是指两个或两个以上国家各自依据税收管辖权，一国对位于本国境内的公司所得、另一国对居住于该国境内的股东就同一来源所得分别征税。

国际重复征税与国际重叠征税的区别在于：

(1)纳税人不同

国际重复征税是对同一纳税人的同一所得重复征税；国际重叠征税则是对不同纳税人的同一所得两次或多次征税。

(2)税种不同

国际重复征税是两国按同一税种对同一所得重复征税；但是在国际重叠征税中，如股东也是公司，则两国将按同一税种分别征税；如股东为个人，则一国按公司所得税征收，另一国按个人所得税计征。

在现实经济活动中，一般对国际重复征税和国际重叠征税不作区分，统称为国际重复征税。

【案例 11-1】

甲国有某一跨国全球性集团公司(母公司)，在乙国设立了子公司(或分支机构)，乙国子公司(或分支机构)取得了利润并按照乙国税法规定，先缴纳所得税后对甲国集团公司分配利润。甲国母公司对乙国子公司分回的利润征收公司所得税。

解析：乙国子公司(或分支机构)取得利润，需要先在乙国缴纳公司所得税，税后利润才可以分配回甲国集团公司(母公司)。

甲国集团公司(母公司)对于从乙国子公司(或分支机构)分回的这部分利润，如果甲国税法也规定需要缴纳公司所得税，这部分分回的利润就属于在乙国已经缴纳公司所得税(税后利润)，而在分回甲国的税后利润又需要缴纳一部分公司所得税，即这部分利润形成了同时在甲国和乙国征收公司所得税，形成国际重复征税。

事实上，乙国子公司(或分支机构)取得的利润，甲国和乙国征税对象是乙公司所创造的利润，属于同一笔所得，却同时负担了甲国和乙国的公司所得税，税源具有同一性。

但如果甲国某个人股东对乙国子公司(或分支机构)有投资，乙国子公司的税后利润对甲国个人股东进行分配，分配回甲国个人股东的利润属于税后利润。如果甲国对个人股东征收个人所得税，就形成了对于这部分税后利润在甲乙两国的重叠征税。

二、国际重复征税的产生

纳税人参与国际间投资、经济贸易所得或收益，纳税人个人财产的跨国界转移等活动都会造成国际间生产要素流动，这种经济活动的日益普遍化和国际化，是产生国际重复征税的前提；而各国行使税收管辖权的重叠是国际重复征税的根本原因。按照国际重复征税形成原因，国际重复征税可以分为如下几种：

（一）居民（公民）管辖权和地域管辖权重叠形成

世界各国政府在税收管辖权原则的选择上，既可以对跨国纳税人发生在本国境内的所得按照"属地主义原则"行使收入来源地管辖权，也可以对本国居民或公民中的跨国纳税人来源于国内和国外的全部所得按照"属人主义原则"行使居民管辖权或公民管辖权，这就不可避免地造成有关国家对同一跨国纳税人的同一笔跨国所得在税收管辖权上的交叉重叠或冲突，从而产生国际重复征税。

世界各国对跨国所得一般实行从源课税，即实行地域管辖权，依据收入来源地进行征税。出于对本国税收利益及其他各方面原因的考虑，各国普遍同时实行收入来源地管辖权和居民管辖权。对于同一笔跨国收入，就有可能在收入来源国被征收所得税，而在纳税人居住国或国籍所在国被再次征收所得税，形成在两个国家被同时重复征税。

（二）两国居民（公民）管辖权重叠形成

在国际税收中，如果相关各国对于跨国纳税人的跨国所得统一行使居民管辖权，由于各国判定居民身份的标准各不相同，会使某一跨国纳税人的居民身份归属产生不同。当纳税人居民身份归属于哪一国的问题不能够彻底澄清，对同一纳税人的同一笔跨国所得进行国际重复征税就具备了可能性。

各国法律规定及其确定纳税人居民身份的标准不同，对同一个跨国纳税人，有可能会被有关国家同时确认为居民。另外，相关各国对于跨国纳税人的跨国所得统一行使公民管辖权，两国的公民管辖权冲突也会导致国际重复征税的可能，此时一般是由于纳税人国籍的双重化或法人资格的双重化造成的。

（三）不同国家地域管辖权重叠形成

国际重复征税问题的产生有时也同收入来源地的确认有关。各国对于跨国所得征税都行使地域管辖权，即在收入来源地有管辖权的情况下，如果有关各国采取了不同的标准来确定收入来源地，就会出现不同国家对同一笔收入同时行使地域管辖权的冲突，造成国际重复征税。

从现实情况来看，作为国际重复征税的根本原因，在各国行使的税收管辖权的重叠的各种情况中，最主要的是有关国家对同一跨国纳税人的同一项所得同时行使收入来源地管辖权和居民管辖权造成税收管辖权的重叠。由于跨国取得所得的情况不可避免，当今世界各国普遍同时实行收入来源地管辖权和居民管辖权，国际重复征税的问题将长期并普遍存在于国际税收中。

【案例 11-2】

甲为 A 国公民或居民，受本国雇主的委托，在 B 国从事服务业，劳务报酬由 A 国雇主支付。

解析： 如果 A 国政府以"报酬支付者所在地"为征税标准，认定甲的该项服务业取得的报酬所得来源地为 A 国，对甲征收个人所得税；B 国政府以"服务业活动发生地"为征税标准，认定甲的该项服务业报酬所得来源地为 B 国，对甲征收个人所得税。

上述 A、B 两国都可以主张"地域管辖权"，只是对收入来源地的认定标准不同，导致的税收管辖权重叠，形成国际重复征税。

国际重复征税可能产生一些负面问题，包括：①加重跨国纳税人的负担，影响国际投资积极性。在国际重复征税下，跨国投资者对于同一收益所得或财产所得，分别要在两个或以上国家分别纳税，极大地加重了跨国纳税人的税收负担，也直接加大了跨国投资者的生产成本。跨国投资者一般会通过税负转嫁的形式，把负担的税收转嫁到商品价格或经济交流活动中，必然会影响国际商品销售价格，不利于国际间的竞争。对于跨国纳税人的投资收益所得如果存在着国际重复征税，这会直接减少跨国投资纳税人的实际税后收益，并挫伤投资者的投资积极性。②违背税负公平原则。国际重复征税实际上是对跨国纳税人的某一收益或行为进行双重征税，这对于跨国纳税人是一种额外的负担，不符合税法最基本的"税不重征"原则。③阻碍国际经济合作与贸易。国际重复征税提高了全球化国际生产要素流动的交易成本，加重了跨国纳税人的负担，阻碍国际间资金、技术、商品、人才、信息等要素的自由流动，与全球化和 WTO 所倡导的"自由贸易原则"精神相悖，会阻碍并造成全球性的资源浪费。④影响双边关系。当两个或以上国家对同一跨国所得或行为同时分别征税时，国际重复征税必然引起国家之间的税收权利和利益的冲突。另外，由于国际重复征税会加重跨国纳税人的税收负担，纳税人会主动规避纳税义务，利用各国税收管辖权和税法的差异，减轻或消除纳税义务，这会直接导致国家之间的税收矛盾，影响两国关系。

三、国际重复征税的消除

为了避免国际重复征税或重叠征税的负面影响，通行的解决方法是"免税制"和"抵免制"两种。各国在实际税收中，为了鼓励国际间投资和商品贸易，往往会附加增设一些"税收饶让"的内容。另外，还有些国家选择了"扣除法"和"抵税法"解决国际重复征税问题。

（一）免税制

"免税制"也称为"豁免法"，是指居住国政府对其居民来源于非居住国的所得额，在一定条件下放弃行使居民管辖权，免予征税。即对本国居民来源自国外的所得与位于国外的财产放弃居民税收管辖权，只按收入来源地税收管辖权从源征税。这种方法是以承认来源地管辖权的独占地位为前提的。承认收入来源地管辖权的独占地位，意味着居住国政府完全或部分放弃对其居民来自国外的所得的征税权力，而将这种权力无条件地留给所得的来源国政府。由于免税法使纳税人只需要负担所得来源国的税收，因此它可以有效地消除国际重复征税。

《经合组织范本》和《联合国范本》都将"免税制"列为避免国际重复征税的首选推荐方法之一,一般在单个国家的国内税法中规定。作为避免国际重复征税的措施,免税制不同于某国国内税法中为了吸引外来投资资本提供税收优惠而实行的免税。

实行免税制的国家主要是欧洲大陆和北美的一些发达国家,是与其国情和经济政策密切联系的。这些国家有着大量的相对过剩资本,为给这些资本寻找出路,因而采取了一系列包括税收方面的政策,以鼓励本国资本的输出。这些税收鼓励措施的一个重要内容,是对输出资本所带来的跨国所得或收益不予征税。这些国家通常都在规定本国居民来自国外所得可以免税的同时,附加一些限制性条款。如法国规定:凡在法国居住的跨国纳税人,必须把其缴纳外国政府所得税后的剩余所得全部汇回法国,并在股东之间进行股息分配,否则不予实行免税法。日本在与法国、德国签订的税收协定中规定:对股息、利息、特许权使用费等所得征收的税收不采用免税的方法,而采用抵免的方法。

免税制的具体实施中,按免税的彻底与否,分为全部免税法和累进免税法。

1. 全部免税法

即居住国政府对其居民来自国外的所得全部免予征税,只对其居民的国内所得征税。在决定对其居民的国内所得适用的税率时,不考虑其居民已被免予征税的国外所得,这种方法完全避免了国际重复征税。

2. 累进免税法

即居住国政府对其居民来自国外的所得不征税,只对其居民的国内所得征税,但在决定对其居民的国内所得征税适用的税率时,有权将免予征税的国外所得与国内所得汇总一并加以综合考虑。这种情况主要是适用于超额累进税率的国家。

【案例 11-3】

A 国甲公司在某一纳税年度内,来自国内、国外 B 国的总所得额为 200 万元(为简化,暂不考虑外汇汇率等问题)。其中,来自国内的所得 100 万元,来自国外分公司的所得 100 万元。居住国 A 国实行超额累进税率如下:

年所得 60 万元以下,税率为 30%;

60 万~80 万元,税率为 35%;

80 万~100 万元,税率为 40%;

超过 100 万元的,税率为 45%。

国外分公司所在 B 国实行 25% 的比例税率。

解析:

第一种情况:如果 A 国实行"全部免税法",即 A 国对甲公司在国外分公司的所得 100 万元放弃行使居民税收管辖权,不征税;仅按国内所得额 100 万元确定适用税率并征税。

甲公司在 A 国(居住国)应纳所得税额 = $60 \times 30\% + 20 \times 35\% + 20 \times 40\% = 33$(万元)

国外分公司在所在 B 国已纳税额 = $100 \times 25\% = 25$(万元)

甲公司合计纳税总额 = $33 + 25 = 58$(万元)

第二种情况，如果 A 国实行"累进免税法"，即 A 国对甲公司在国外分公司的所得，将免予征税的国外所得与国内所得汇总考虑，以确定其国内所得适用的税率。

甲公司在 A 国（居住国）应纳所得税额 = [60×30% + 20×35% + 20×40% + 100×45%] × 100/200 = 39（万元）

国外分公司在所在 B 国已纳税额 = 100×25% = 25（万元）

甲公司合计纳税总额 = 39+25 = 64（万元）

通过计算比较可以看出，实行"超额累进免税法"计算，由于合并考虑了国内外的收入，而按照累进税率和所得额比例计算免税额，实际上比按照"全部免税法"计算出来缴纳的税款要高。

（二）抵免制

"抵免制"，是指行使居民税收管辖权的国家，对其国内、国外的全部所得征税时，允许纳税人将其在国外已缴纳的所得税额从应向本国缴纳的税额中抵扣。

抵免计算的公式：

居住国应征所得税额 = 居民国内、国外全部所得×居住国税率 − 允许抵免的已缴来源国税额

"抵免制"是以承认收入来源地管辖权优先地位为前提条件的，但来源地管辖权不具有独占性。也就是说，对跨国纳税人的同一笔所得，来源国政府可以征税，居住国政府也可以征税。实际上，"抵免制"是居住国承认来源国政府可以先于本国政府行使税收管辖权，在这笔所得汇回其国内时，居住国政府方可对其课税，采取抵免的方法来解决双重征税问题。

"抵免制"兼顾了两国税收管辖权利益，在全世界的使用范围相当普遍，是消除国际重复征税的一种主要形式。《经合组织范本》和《联合国范本》也都将"抵免制"列为供签订税收协定国家选择避免双重征税的一种方法。在实践中，许多国家缔结避免双重征税协定时，都选择了"抵免制"作为解决国际重复征税的方法。

根据我国《企业所得税法》第 23 条的规定，居民企业来源于中国境外的应税所得已在境外缴纳的所得税税额，可以从其当期应纳税额中抵免。中国与法国签订的《税收协定和议定书》规定：除了股息、利息、特许权使用费、财产收益、董事费和艺术家及运动员所得外，其他来自中国并在中国征税的所得在法国免予课征所得税和公司税；法国对上述股息、利息等所得可以就其全额征税，法国居民就这些所得缴纳的中国税收可以得到法国的税收抵免。

"抵免制"可以分为"直接抵免"和"间接抵免"两种形式。

1. 直接抵免

直接抵免，是指居住国的纳税人用其直接缴纳的外国税款冲抵在本国应缴纳的税款。一国居民直接缴纳的外国税款，可以是自然人居民到国外从事经营活动取得收入而向当地政府缴纳的税款，也可以是居住国的总公司设在国外的分公司（总公司与分公司在法律上属于同一法人实体）向所在国缴纳的税款，也可以是居住国母公司从国外子公司取得股息、利息等投资所得而向子公司所在国缴纳的预提税款。

直接抵免的计算公式：

居住国应征所得税额=居民国内、国外全部所得×居住国税率−允许抵免的已缴来源国税额

其中，"允许抵免的已缴来源国税额"依据计算方法不同，又可以分为"全额抵免"和"限额抵免"两种。我国《企业所得税法》规定的是"限额抵免"。

全额抵免，是指居住国政府对跨国纳税人征税时，允许纳税人将其收入来源国缴纳的所得税，在应向本国缴纳的税款中，全部给予抵免。计算公式如下：

居住国应征所得税额=居民国内、国外全部所得×居住国税率−已缴来源国全部所得税额

【案例 11-4】

A 国某居民总公司在 B 国设有一个分公司，某纳税年度内，总公司在本国（A 国）取得所得 100 万元，所得税税率为 30%。分公司在 B 国取得所得 50 万元，所得税税率为 40% 的税率。两国税收协定规定：A 国政府采用"全额抵免"方法。

解析：

分公司向 B 国缴纳所得税=50×40%=20（万元），可以全部抵免。

A 国对总公司征收的所得税额=（100+50）×30%−20=25（万元）

限额抵免，是指居住国政府对跨国纳税人在国外直接缴纳的所得税款给予抵免时，不能超过最高抵免限额，这个最高的抵免限额是国外所得额按本国税率计算的应纳税额。计算公式如下：

居住国应征所得税额=居民国内、国外全部所得×居住国税率−允许抵免

抵免限额=收入来源国的所得×居住国税率

其中，"允许抵免额"是通过比较"抵免限额"和"纳税人已缴收入来源国所得税额"的大小确定的，有三种结果：

抵免限额<纳税人已缴收入来源国所得税税额，以抵免限额为"允许抵免额"；

抵免限额>纳税人已缴收入来源国所得税税额，以纳税人已缴收入来源国所得税额为"允许抵免额"；

抵免限额=纳税人已缴收入来源国所得税税额，以纳税人已缴收入来源国所得税税额作为"允许抵免额"。

"抵免限额"根据限额的范围和计算方法不同，可分为"分国限额法"与"综合限额法"、"分项限额法"与"不分项限额法"。

我国《企业所得税法》第 23 条规定："企业取得的下列所得已在境外缴纳的所得税税额，可以从其当期应纳税额中抵免，抵免限额为该项所得依照本法规定计算的应纳税额……"这就是"分国限额扣除方法"，俗称"分国不分项"计算方法，即按照不同的国家分别计算，把从该国取得的所有应纳税的收入按照我国税法规定计算出应纳税所得额，再按照各个国家应纳税总额所占的比例，汇总计算限额扣除。综合限额就是把不同的国家取得的应纳税所得统一按照一定的计算方法扣除。

《个人所得税法》第 7 条同时规定："纳税义务人从中国境外取得的所得，准予其在应纳税额中扣除已在境外缴纳的个人所得税税额。但扣除限额不得超过该纳税义务人境外所得依照本法规定计算的应纳税额。"这就是"分项限额法"，俗称"分国分项"计算方法，即按照不同的国家分别计算，把从该国取得的所有应纳税收入按照我国税法分不同的项目计算出各自应纳的税额，然后汇总作为该国可以抵扣的限额。不分项限额是指从该国取得的所有收入不分项目分别计算，直接按照一定的计算方法扣除。

【案例 11-5】

A 国居民企业分别在 B 国和 C 国设有子公司，并分别与各国都签订了避免国际征税的双边税收协定。其中，在居民所在国 A 国取得的应纳税所得额为 200 万元，适用 40% 的企业所得税税率。在 B 国子公司取得的所得额为 100 万元，适用 50% 的所得税税率。在 C 国子公司取得的所得额为 50 万元，适用 30% 的所得税税率。

解析：

A 国总公司抵免前全部应纳税所得额 = 200 + 100 + 50 = 350（万元）

A 国总公司抵免前应缴纳的所得税款 = 350 × 40% = 140（万元）

B 国子公司在 B 国缴纳的所得税款 = 100 × 50% = 50（万元）

C 国子公司在 C 国缴纳的所得税款 = 50 × 30% = 15（万元）

第一种情况：按照"综合限额抵扣法"计算。

综合抵免限额 = 350 × 40% × (100 + 50) / 350 = 60（万元）

B 国和 C 国子公司实际已缴纳税款总和 = 50 + 15 = 65（万元），大于"综合抵免限额"，即最高只能按照"综合抵免限额"进行抵扣，可以抵扣 60（万元），超过部分不能抵扣。

即 A 国总公司应缴纳的所得税款 = 140 − 60 = 80（万元）

第二种情况：按照"分国限额抵扣法"计算。

B 国子公司抵扣限额 = 350 × 40% × 100 / 350 = 40（万元），小于 B 国子公司实际缴纳税款 50 万元，即最高只能按照抵扣限额 40 万元抵扣，超过部分不能抵扣。

C 国子公司抵扣限额 = 350 × 40% × 50 / 350 = 20（万元），大于 C 国子公司实际缴纳的税款，即最高只能按照实际缴纳的税款 15 万元进行抵扣。

B 国和 C 国子公司总共可以抵免的税款 = 40 + 15 = 55（万元）

A 国总公司应缴纳的所得税款 = 140 − 55 = 85（万元）

经过计算比较得知：在"综合限额抵扣法"下，如果外国子公司的税率比本国高，相应计算出来的抵扣限额会大于"分国限额法"计算的抵扣限额；如果外国子公司的税率比本国低，计算结果恰好相反。

2. 间接抵免

"间接抵免"是对跨国纳税人在非居住国非直接缴纳的税款，允许部分冲抵其居住国纳税义务。间接抵免适用于跨国母子公司之间的税收抵免。对于居住国母公司的外国子公司所缴纳的外国政府所得税，由于子公司与母公司是两个不同的经济实体，所以这部分外国所得税不能视同母公司直接缴纳，不可以从母公司应缴居住国政府所得税中直接抵免，而只能给予间接抵免。间接抵免一般可分为一层间接抵免和多层间接抵免两种方法。

（1）一层间接抵免。

一层间接抵免适用于母公司与子公司之间的外国税收抵免。用此方法可以处理母公司与子公司因股息分配所形成的重复征税问题。在一层间接抵免中，母公司只能按其从子公司取得的股息所含税款还原数，间接推算相应的利润与税收抵免额。还原计算的公式如下：

母公司来自于子公司的所得=母公司股息+子公司所得税×（母公司股息/子公司税后所得）

母公司股息承担的子公司所得税=子公司所得税×（母公司股息/子公司税后所得）

（2）多层间接抵免

如果母公司有通过子公司来自其外国孙公司，以及外国孙公司下属的外国重孙公司、曾孙公司等多层外国附属公司的股息所应承担的外国政府所得税，解决子公司以下各层"母子公司"的重复征税问题，就需要采用多层间接抵免方法。计算的基本原理与一层间接抵免相同，这里不举例。

【案例11-6】

A国母公司在B国设立一子公司，拥有50%的股份，当年母公司取得所得100万元，A国所得税税率为40%。子公司在B国取得所得为200万元，B国公司所得税率为30%。子公司在B国从其税后利润中按照股份比例分给A国母公司股息，并汇回A国所在地。B国的相关税法规定，分回国外的股息按照10%的税率征收预提所得税。

解析：

子公司在B国缴纳的公司所得税=200×30%=60（万元）

子公司的税后利润=200-60=140（万元）

子公司分回A国母公司股息=140×50%=70（万元）

B国对分回A国母公司股息征收的预提所得税=70×10%=7（万元）

A国母公司来自B国子公司的所得=70+60×[70÷（200-60）]=100（万元）

A国母公司应承担的B国子公司所得税=60×[70÷（200-60）]=30（万元）

即A国母公司直接和间接共缴纳给B国的所得税款=7+30=37（万元）

计算B国子公司的抵免限额=（100+100）×100/（100+100）×40%=40（万元），大于A国母公司缴纳给B国的所得税税款，最多只能按照实际缴纳的37万元抵扣。

A国母公司总共应向A国缴纳的所得税款=（100+100）×40%-37=43（万元）

3. 扣除法

"扣除法"是指一国政府对本国居民的国外所得征税时，允许其将所负担的外国已经缴纳的税款作为费用从应税国外所得中扣除，只对扣除后的余额征税。由于对跨国所得要按照本国税率征税，只是应征所得可以被外国税款减少一部分，扣除法只能减轻不能彻底消除国际重复征税。

《经合组织范本》和《联合国范本》都不主张在国家之间签订双重协定中采纳此种方法。

有些国家在国内税法中规定使用扣除法作为备选或者作为间接投资的双重征税问题。美国税法规定：凡美国公民、居民和国内公司在外国缴纳的所得税税款，可以采用扣除法从美国的应税所得中扣除，也可以采用抵免法冲抵在美国应缴纳的所得税税款。

【案例 11-7】

A 国某居民公司在 B 国设立子公司，某纳税年度内取得所得额合计 200 万元，所得税税率为 40%；其中在 B 国子公司取得所得额 50 万元，所得税税率为 30%。按照扣除法计算。

解析：

B 国子公司向 B 国缴纳的所得税税款 = 50×30% = 15（万元）

A 国总公司来源于 B 国的应纳税所得额 = 50−15 = 35（万元）

A 国总公司境内外合计应纳税所得额 =（200−50）+35 = 185（万元）

A 国总公司在本国应缴纳所得税税款 = 185×40% = 74（万元）

如果 A 国总公司只负担本国税收，不考虑国际重复征税的因素，应纳所得税税款 = 200×40% = 80（万元）；考虑国际重复征税因素，A 国总公司合计缴纳税款 = 15+74 = 89（万元）。

两相比较，"扣除法"实际上只是部分减轻了国际重复征税，没有消除国际重复征税。

4. 减免法

"减免法"，是指某国政府对本国居民在国外取得的所得在标准税率基础上减免一定比例，按照较低的税率征税，而对于其来自于国内的所得按照正常的税率征税。由于减免法只是对来自于国外的所得按照减免后的税率征税，不是完全免税，只能减轻国际重复征税。

《经合组织范本》和《联合国范本》也不主张采用减免法。只有比利时税法规定：对本国公司从国外分支机构取得的所得减征 75% 的公司所得税。

第三节 国际避税与逃税

一、与避税相关的概念辨析

（一）偷税与避税

与避税相关的常见的概念是"偷税"、"逃税"等。

对"偷税"的概念，我国《税收征收管理法》第 63 条规定："纳税人伪造、变造、隐匿、擅自销毁账簿、记账凭证，或者在账簿上多列支出或者不列、少列收入，或者经税务机关通知申报而拒不申报或者进行虚假的纳税申报，不缴或者少缴应纳税款的，是偷税。"

对"逃避追缴欠税"的概念，我国《税收征收管理法》第 65 条规定："纳税人欠缴应纳税款，采取转移或者隐匿财产的手段，妨碍税务机关追缴欠缴的税款的，由税务机关追缴欠缴的税款、滞纳金，并处欠缴税款 50% 以上 5 倍以下的罚款；构成犯罪的，依法追究刑事责任。"

实际上，世界各国税法对"避税"的概念一般没有明确界定，主要是指纳税人通过个人或企业事务的人为安排，利用税法的漏洞、特例或缺陷，规避、减轻或者延迟其应纳税义务行为。其中，税法漏洞是指由于税法本身就不完备，税法的规定有遗留或者不完善而留下"避税"的口子；税法缺陷是指税法规定的内容有错误之处或者矛盾之处。国外理解的"避税"概念与"税务筹划"基本等同，由于西方国家在法律执行时普遍奉行"法无明文规定不为罪"的法理原则，只要利用税法的漏洞或不明之处，规避或者减少纳税义务，就是一种合法的行为，不违法。

避税与偷税的共同点在于都是纳税人有意采取减轻自己税收负担的行为。但其区别在于：偷税是指纳税人在纳税义务已经发生的情况下通过种种手段不缴纳税款，避税则是利用税法本身不完备之处合法地规避或减少纳税义务；偷税是一种违法行为，避税是钻税法的空子，从形式上是不违法的；偷税往往采取犯罪手段进行，而避税是采取合法的手段进行。

现实中避税和偷税很难区分，特别是某些避税行为明显违反了政府立法意图的，有可能会被指控为"恶意"或者"不具有实质性的商业目的"而被法院判定为"有罪推定"。世界各国由于历史文化不同，执法力度不同，对避税的态度也大不相同。如德国、法国、葡萄牙、阿根廷等大陆法系国家已经在税法中加入"滥用权利"或"滥用法律"的条款；澳大利亚、新西兰、瑞典等也在税法进行了强化规定：纳税人从事的不能令人接受的避税行为，税务部门可以按照应税行为进行处理。我国《企业所得税法》也规定："企业实施其他不具有合理商业目的的安排，而减少其应纳税收入或者所得额的，税务机关有权按照合理的方法调整。"

(二)国际避税和国际逃税

国际避税，是指跨国纳税人利用国与国之间的税法差异以及各国涉外税收法规和国际税法中的漏洞、特例或不完备之处，在从事跨国界的经济活动中，通过合法手段，规避或减轻其全球总纳税义务的行为。

国际避税与国内避税不同。国内避税，是指一国纳税人利用本国税法漏洞进行的避税，不通过纳税人跨国界的经济活动，规避的是居住国的纳税义务。而国际避税要利用不同国家之间的税法差异，寻求涉外税法和国际税法的漏洞而进行全球的总税负减轻避税，需要借助于跨国经济活动进行。这些活动主要有：跨国界经济贸易活动、纳税人个人跨国界转移、纳税人资金或财产转移到国外等。

国际避税也不同于国际偷税。国际偷税是纳税人在跨国经营中利用非法手段逃避在有关国家的纳税义务，与国内偷税一样，都是一种违法行为。对国际避税，相关国家一般只要求纳税人对其行为的合理性进行解释和举证，对其不合理的收入和费用分配方法进行强制调整，并要求补缴其规避的税款。

二、国际避税的主要方法和手段

1. 人员流动避税

国际避税的最重要的方法和手段之一就是人员的迁徙，即通过人员流动或转移到他国进行跨国界的流动逃避税收。人员流动包括自然人和法人的跨国迁移，还包括个人在一国中设法改变其居民身份，避免成为税收居民等。具体措施有：

(1)转移处所

将个人的住所或公司的管理机构迁出高税收国家；利用有关国家国内税法关于个人或公司居民身份界限界定不明实现虚假的迁移，仅仅是在法律上不再成为高税收国家的居民，而实际的经济交往和日常活动是在高税收国家；或通过短暂迁出和成为别国临时居民的办法，以求得对方国家的特殊税收优惠等。

(2)税收流亡

实行居民管辖权的国家对个人居民身份的确定，除了一般采取住所标准外，还有不少国家同时采取停留时间标准，即按照在某国境内连续或累计停留时间达到一定标准为限。在这样的国家里，就给跨国纳税人提供了一个机会，他们可以通过利用自己的时间选择，自由游离各国之间，从而避免承担某国的纳税义务。

(3)滥用税收协定

国际税收协定针对不同的适用人规定有不同的税收优惠，有些跨国纳税人通过种种手段改变其居民身份享受优惠，达到避税目的，主要是缔约国的非居民避免收入来源国的营业利润所得税以及股息、利息、特许权使用费的预提税等。

2. 资金或货物跨国界转移

公司制企业通过把企业资金、货物或劳务等从高税收国家转移到低税收国家，利用常设机构和子公司进行资金的流动，达到避税目的。

3. 组织形式选择避税

某国企业进行对外投资时，可供选择的组织形式一般有常设机构、分公司(或分支机构)、子公司等。设置分支机构和子公司，在国内的税收待遇(比如合并纳税等)有极大差异，在跨国纳税方面差异更大，企业会选择适合于自己的方法避税。

4. 转让定价

转让定价也称为内部交易价格，通常是指关联企业之间内部通过交易价格的确定，达到利润输送的行为。这种内部价格不同于市场公允价格的，是现代跨国公司进行国际避税的重要工具。转让定价主要是由于各国税收负担差异造成的，以跨国集团利益分配为指导，往往通过从高税收国家向低税收国家(或避税地)以较低的内部转让价格定价销售商品和分配费用，或者从低税收国家(或避税地)向高税收国家以较高的内部转让定价销售商品和分配费用，最终使得集团企业内部，高税收国家缴纳的税收相对减少，集团整体降低税负。

【案例 11-8】

A 国总公司所得税税率为 40%，在 B 国设置子公司，税率为 20%。A 国总公司对 B 国子公司的内部商品调拨的正常价格为 80 万元，为了避税，总公司采取"低价调拨"策略，定价为 60 万元。B 国子公司商品对外销售价格为 120 万元。

解析：

B 国子公司正常销售利润 = 120−80 = 40(万元)

缴纳所得税＝40×20％＝8（万元）

税后利润＝40−8＝32（万元）

低价调拨后的利润＝120−60＝60（万元）

缴纳所得税＝60×20％＝12（万元）

税后利润＝60−12＝48（万元）

比较得知：税后利润得到了大大提升。

5. 非正常保留利润

跨国公司对股东利润分配，有时候会有意地暂时冻结一部分不分配给股东，以公积金的形式积存，这样就可以加大企业财务报表的所有者权益含量，美化企业财务状况，使市场股价上升，这部分积存的利润就会转化为股东持有的股票升值，同样可以达到减少纳税的目的。

6. 非正常借款

跨国公司向股东和其他公司借款筹资也是一个较常用的手段。最典型的是子公司将其当年实现的利润少量或完全不作为股息分配，借给其国外的母公司，并可以无限期使用；总公司与其国外分支机构之间的利息支付会作为借款避税。

7. 利用税境、国境、关境之间的差异和空白

税境，是指某国有效行使税收管辖权的范围界限。在国际经济交往中，关境与税境有关，关境可能大于税境，也可能小于税境，与进入某国税境管辖范围有关。世界各国税收管辖权行使的原则和政策不同，对于本国居民来源于境外的所得和外国居民来源于本国的所得，有的征税，有的不征税，造成税境和国境、关境范围不一致，有可能会在不同国家之间形成重叠和空白。某些国家为了发展经济需要，会设置一些自由港、自由贸易区、保税区等，这些都是最为理想的避税地，一般是当前国际避税的中心。

8. 合理运用国际重复征税的避税方法

由于双重征税的巨大负面影响，世界各国有的单方面在国内税法规定免除双重征税方法，有的通过签署双边的国际税收协定规定免除双重征税的方法，合理合法使用这些方法进行避税是切实可行的。

9. 利用国际"避税天堂"

许多国家和地区为吸引国际资本流入，发展经济或在改善国际先进技术等目的，在本国或某地区专门划分出一定的地域范围，允许并鼓励国际投资者在本地区从事经贸投资和生产经营，在此地域可以享受不纳税或少纳税的优惠待遇，国际上一般称为"避税地"。这些地方的经营活动由于不纳税或只需交纳很少的税收，税负很低，收益很高，被跨国投资和经营者称为"避税天堂"。

10. 利用税收优惠

纵观世界各国，税法都有各种税收优惠政策，如加速折旧、投资抵免、差别税率、专项免税、亏损结转、减免税期、延迟纳税等。跨国公司经常利用税法对新办企业等缺乏严密界定等漏洞，进行新办企业减免税等避税。

三、国际"避税天堂"

国际"避税天堂"也称为避税港、避税乐园、税务天堂、税收避难所等，一般是指在国际上的某些地区税负很轻甚至无须缴税。在实质上，"避税天堂"是指外国人可以在那里拥有高收入或拥有巨额资产，税负低，不必支付高税款。国际"避税天堂"的存在，日益成为当下跨国纳税人进行国际间财产转移或人员流动，从而进行避税的一个重要前提和条件。

国际"避税天堂"可以是一个国家，也可以是一个国家的某个特殊区域，如港口、岛屿、沿海特区、交通便利城市，也有一些自由贸易港、自由贸易区、自由关税区、保税区等。

1. 纯粹无税的国际"避税天堂"

这类地区是指没有所得税和一般性财产税的国家和地区，既没有个人所得税、公司所得税和资本利得税，也没有财产净值税、继承税、遗产税和赠与税。

英属殖民地开曼群岛规定：外国人到开曼设立公司或银行，只需要向当地有关部门注册登记，每年缴纳一定注册费，就可以完全免缴个人所得税、公司所得税和资本利得税。类似岛屿地区还有巴哈马、百慕大、秘鲁、瓦努阿图、格陵兰、索马里、法罗群岛等。

2. 税负很低的国际"避税天堂"

这是指虽然开征了一些所得税和财产税，但实际税负远低于国际一般税负水平的国家和地区。这些国家大多数对来源于境外的所得提供某些特殊的很低的税收优惠待遇，典型国家和地区有安圭拉、巴林、巴巴多斯、英属维尔京群岛、塞浦路斯、直布罗陀、以色列、牙买加、黎巴嫩、列支敦士登、中国澳门、摩纳哥、荷属安的列斯群岛、新加坡、瑞士等。还有些国家和地区对境外来源所得免税，只对来源于境内的收入按较低税率征税，如阿根廷、埃塞俄比亚、哥斯达黎加、利比里亚、巴拿马、委内瑞拉、中国香港等。

3. 非常特殊灵活优惠的国际"避税天堂"

这是指那些实行特殊优惠措施的国家和地区，在实行正常的税收征管的同时，对某些跨国投资经营者给予非常特殊灵活的税收优惠政策。典型的有希腊、爱尔兰、加拿大、荷兰、卢森堡、英国、菲律宾等。

四、国际反避税措施

除了正常的国际税收协定规定的合法免税外，其他的国际避税虽然不违法，但是与偷税一样会给各个国家政府税收造成有害后果。各国政府都会在这方面加强国际合作协调，针对避税的措施和手段，共同反避税以维护国家权益。

1. 一般原则性方法

各国政府通行的原则性办法，主要包括：在国内税法中制定反避税条款、以法律形式规定纳税人涉及国际税收时的特殊义务与责任、加强税收征管工作、开展国际反避税合作。

2. 加强对转让定价的管理

转让定价机制是跨国公司最常用的避税手法。对于不合理的转让定价机制，各国政府需要加强对转让定价加强税务监管，主要体现在以下方面：明确界定合理的转让定价机制范围，对于关联公司之间的交易价格，税务机关有权审查；对于不合理的交易价格有权进行调整；明确要求关联公司之间确定交易价格的程序和方法；对于明显违法的转让定价机制避税行为进行处罚等。

3. 应对国际"避税天堂"的措施

跨国纳税人进行国际避税的重要手段之一，是在"避税天堂"建立一个外国公司，将经营业务通过该外国公司开展，通过转让定价机制等手段，把一部分利润转移到"避税天堂"的公司，长期不进行利润分配或只分配不汇回，避免居住国的税收。应对"避税天堂"的常用方法以美国为首，专门立法，一般称之为"受控外国公司法"。其基本内容一般包括：受控外国公司的界定、应税归属收入的确定、已归属收入征税方法的确定、已归属收入纳税义务的确定、免税规定等内容。

4. 防范国际税收协定滥用

世界上绝大多数国家都把滥用税收协定行为视为不正当行为，并加以制止。采取的主要防范措施有：制定防止税收协定滥用的国内法规、在双边税收协定中加入反滥用条款、加强对协定受益人资格的审查程序等。

5. 限制资本弱化

资本弱化也称为资本隐藏、股份隐藏或收益抽取，是指公司为了减少税额，采取贷款方式替代募股方式进行投资或融资。绝大多数国家所得税法都规定允许将借款利息支出作为财务费用在税前扣除，对于股息红利的投资所得则是在税后分配的。公司以贷款方式进行筹资，以股息红利或利息方式分配回报给投资者，对于公司减少所得税具有很大影响。防范限制的措施主要有：正常交易法，即确定关联方的贷款条件要和银行等非关联方的贷款条件和利率相当；固定比率法，也叫设置安全港，要求公司的资本结构比率超过规定的债务权益比率，则超过的利息部分不允许在税前扣除，并对超过的利息视同股息征收相应税收。

6. 限制移民避税

移民到国外，改变居住国居民身份，从高税收国家转移到低税收国家或"避税天堂"，是跨国纳税人进行国际避税的一个常见手段和方式。国际上很多国家都采取一定的限制立法措施，阻止或限制自然人和法人居民向国外移居。这方面的主要措施包括：限制自然人移居海外，或有条件延续本国居民向外国移居者无限纳税义务；限制法人移居海外，主要是通过"居民企业"的规定，同时以注册地标准和实际管理机构所在地判断法人居民身份。

7. 限制公司改变组织形式避税

针对跨国公司适时改变外国附属机构的组织形式，即利用开业分公司（或分支机构）亏损时机合并纳税，而开始盈利后改组为新的子公司形式，以立法进行限制或调整处理。美国税法就特别规定：外国分公司（或分支机构）改组为子公司后，改组前分公司过去的亏损所抵减的总公司合并利润必须追溯调整重新计算，并就这部分抵减的应纳税所得额补缴税款。

8. 加强国际合作

有效地进行国际反避税，还需要世界各国加强相互合作，互通信息有无。主要措施包括：加强本国的反避税税法，与银行、海关等密切合作；进行双边或多边合作，加强国际间税收情报的交换交流。

【思考题】

1. 简述国际税收和国家税收的关系。

2. 我国有些影视明星移民他国，请结合税收管辖权原理说明原因。

3. 课后收集阅读"国美集团"股权设置案例，思考为何要在"避税天堂"设立公司总部。

4. 归纳总结解决国际重复征税各种方法的异同点。

5. 针对利用国际转让定价机制避税，国内税法如何应对？

6. A 国居民企业分别在 B 国和 C 国设有子公司，并分别与各国都签订了避免国际征税的双边税收协定。其中，在居民所在国 A 国取得的应纳税所得额为 200 万元，适用 10% 的企业所得税税率。在 B 国子公司取得的所得额为 300 万元，适用 20% 的所得税税率。在 C 国子公司取得的所得额为 100 万元，适用 5% 的所得税税率。

采用"限额抵免法"，计算并说明：各个国家抵免限额大小与税率之间有什么关系。

第五编
国际经济争议解决法律制度

第十二章　国际经济争议解决

【重难点提示】国际经济争议的分类；国际经济争议的解决方法；世界贸易组织争议解决机制的特点；世界贸易组织争议解决机制的运作。

第一节　国际经济争议解决概述

一、国际经济争议的概念与特征

国际经济争议，是指在国际经济活动中，当事各方就国际经济关系中的权利与义务所持的不同主张而产生的纠纷。国际经济活动当事人分处于不同的国家或地区，各国的政治、经济和法律制度存在差异，当事人的经济利益不同，以及国际商业与非商业风险的频繁发生等，当事人之间必然会产生争议。国际经济争议不同于国内经济争议，也不同于其他国际争议，它具有以下法律特征：

1. 国际经济争议是涉外争议

国际经济争议具有涉外因素或国际因素，即国际经济交往中的主体、客体、内容或引发争议的法律事实涉及不同的国家或地区。

2. 国际经济争议主要是经济方面的争议

国际经济争议不同于国家之间的纠纷，一般不涉及国家之间的政治外交关系；也不同于不同国家的国民之间因民事交往而产生的一般国际民事争议，如涉外婚姻、财产继承方面的争议，而是在国际贸易、国际运输、国际投资、国际金融以及国际税收等关系和活动中产生的争议。

二、国际经济争议的分类

依不同标准，对国际经济争议可以作不同划分，目前学界比较典型的分类是依据主体，即国际经济关系的参加者的不同，将国际经济争议分为以下两类：

(一)不同国家国民间的国际经济争议

此类争议中的双方当事人地位平等，争议是基于国际货物买卖、国际技术转让、国际投资、国际工程承包等跨国经济活动而产生，此类争议占据目前国际经济争议的绝大多数。

现实中，这类争议往往还可以根据起因不同而细分为两种：一种为契约性的争议，产生于当事人履行合同的过程中；另一种为非契约性争议，比较典型的如因侵权而产生的纠纷。

(二)与国家相关的国际经济争议

由于国际经济活动的复杂性和多样性，国际经济争议的当事人不仅限于不同国家的国民，还可能涉及国家，特别是在国际投资、国际工程承包、国际税收、国际金融等领域内，一国政府的管理或监督行为是引发争议的起因。与国家有关的国际经济争议可以分为以下两类：

1. 国家与本国或外国国民之间的国际经济争议

一国政府对国际经济活动的管制或监督是该类争议产生的直接原因，例如：一国对进出口货物依法行使税收征管辖权、对进出口商品依法进行检验、对外汇实行管理、对外国投资进行管制等，都可能引发与被管理者之间的各种争议。

此类争议的最大特点在于，双方当事人的法律地位不对等：一方为主权国家，另一方则为本国国民或他国国民。作为一方当事人的国家可以依据国际法的一般原则和国际惯例享有司法豁免权。解决争议时，不能运用以当事人法律地位平等为前提的争议解决方式，如仲裁等。

国家与外国国民在经济交往中，有时也直接订立国际经济合同，如国家与外国投资者之间订立的允许外国投资者开发本国自然资源的特许权协议。尽管在这种情况下，国家与一国国民之间存在协议和合同，但是无论是这种协议的订立过程还是争议解决，当事人之间的法律地位还是不同于第一类争议的平等主体。

2. 国家之间的国际经济贸易争议

国家与国家之间在经济活动中产生的争议，具有不同于上述争议的特点：

①主体均为国家。不同于第一类争议的当事人均为法律地位平等的国民，也不同于上述争议中法律地位不平等的国家与国民。

②争议于国家之间订立的双边或多边国际公约的解释或履行中产生。包括因双边贸易协定、投资保护协定、避免双重征税和防止偷漏税协定的解释或履行发生的争议，以及由于多边国际经济贸易公约而产生的争议，如在世界贸易组织中的各项协议的解释或履行中产生的争议。

第二节 解决国际经济争议的方法

一、解决不同国家国民之间的国际经济争议的一般方法

(一)司法解决方法

司法解决方法，是指国际经济争议的主体将其争议提交法院，通过诉讼进行解决的争议解决方法。根据受理案件的法院性质的差异，司法解决方法有国际法院诉讼和国内法院诉讼之分。

国际法院诉讼，是指争议当事方将其争议提交联合国国际法院或者其他区域性国际组织的司法机关予以解决；国内法院诉讼，是指当事方根据有关国家诉讼法律的规定，将案件提交各国国内法院解决的方式。前者一般用于解决国家间经济争议，后者则主要解决私

人间的国际经济争议。

（二）选择性解决方法（Alternative Dispute Resolution，ADR）

选择性解决方法，是指除司法诉讼方法和有约束力的仲裁方法以外的一系列解决国际经济争议的方法。当事人可以视争议的具体情况，从一系列的争议解决方法之中，协商选择一种或几种适合的方法来解决其争议。与诉讼和仲裁两种解决争议的方式不同，ADR程序主要通过当事人之间的"合意"解决他们之间的争议，无论是当事人之间达成的争议解决方案，还是第三者提出的解决方案，都不具有法律上的拘束力，不能得到法院的强制执行。

1. ADR 的主要表现形式

（1）协商（negotiation）和逐级协商（step negotiation）

协商，是指由争议当事人各自派出被授权解决争议的代表，由代表在平等互利的基础上，友好磋商解决争议的方法。逐级协商，是指在当事人派出的低级别的谈判代表无法达成一致的情况下，由其直接上级主管继续协商，如仍然不能取得一致，则由更高一级的主管参与协商，依次进行，直至最终解决争议。协商与逐级协商是由争议当事方直接参与解决他们之间的争议，各方均对争议的实质问题有明确的认识，故协商与逐级协商是一种相对快捷的争议解决方式。

（2）调解（mediation）

调解，是指争议发生后，各当事人在第三方的积极参与和帮助下，通过谈判协商、互谅互让解决争议。由于调解程序引入了第三方（通常为争议相关问题的专家）的参与，当事人容易在中立第三方的帮助下更为清楚地了解各自的利益及争议的实质问题，并进一步寻求解决争议的具体方案。在调解中，第三方虽然积极介入，但其作用限于促成争议双方达成和解协议，并不能强迫当事方接受自己的意见，当事方仍然是在自愿的基础上就争议解决达成一致。

（3）模拟法庭（mini-trial）

模拟法庭，是指由争议双方的高层管理人员在中立的第三方主持下解决争议的方法。模拟法庭程序可由争议当事人一方以书面或者口头提出，当另一方对以此方式解决争议表示同意时开始。在模拟法庭中，中立的第三方由双方共同指定，审理程序亦由当事双方以书面协议形式确定，一般包括当事人陈述、信息交换、举证、协商等。在解决争议的过程中，首先由争议当事方的高层管理人员友好协商以自行达成解决争议的方案，若高层管理人员不能自行解决争议，则中立的第三方将就案件在法庭处理时将会出现的结果向争议双方提供顾问意见。中立的第三方应将给出意见的理由以及关键的法律和事实依据向当事方说明。当第三方提供顾问意见后，当事方高层管理人员将再行协商，如果仍然难以达成妥协，则可以放弃此争议解决程序或者共同以书面形式要求中立的第三方给出解决争议的建议。中立的第三方应根据当事方的要求给出解决争议的建议，但该建议并不具备法律拘束力，如果当事方不能接受此建议，则模拟法庭程序终止。

除了上述的选择性争议解决方法之外，早期中立评估（early neutral evaluation）、争端审查委员会（dispute review board）、无拘束力仲裁（non-binding arbitration）、争议专家委员会（dispute panel）、合作解决（cooperative problem-solving）、事实搜集（fact-finding）、调解

式仲裁（mediated arbitration）、争议解决会端（settlement conferences）等也是常用的选择性争议解决方法。目前一些著名的仲裁机构，如国际商会仲裁院、美国仲裁协会、伦敦国际仲裁院、香港国际仲裁中心等都向当事人提供选择性争议解决服务。

2. ADR 在解决我国国际经济贸易争议中的应用

调解在解决我国国内外商事争议中一直发挥着重要作用。1987 年，"北京调解中心"在"中国国际贸易促进委员会"内设立，该中心根据当事人之间的调解协议，受理调解案件。

"中国国际经济贸易仲裁委员会"在审理仲裁案件的过程中，坚持调解与仲裁结合的做法。仲裁庭在查明或基本查明仲裁事实的情况下，如果双方当事人同意，可以中止仲裁程序，转入调解程序。调解成功，仲裁庭则根据当事人达成的调解协议作出仲裁裁决，如果调解失败，则继续进行仲裁程序。

20 世纪 70 年代末，中国涉外仲裁机构与一些外国仲裁机构共同创立了一种新的调解方式，即联合调解。具体做法是：中外双方当事人向各自所在国家的仲裁机构提出仲裁请求，由被请求的仲裁机构派出数目相等的人员作为调解员，对争议事项进行调解。调解成功则争议结束，调解失败后再按照合同中的仲裁条款进行仲裁。

【案例 12-1】

一德国船公司（以下简称船东）与一中国出口公司（以下简称租船人）订立了一份总运费为 56 万美元的冻鱼装运租船合同，目的地为秘鲁。但租船人与卖方人之间的冻鱼买卖合同因为某种原因被解除，导致租船人撤销了租船合同。同时，船东已经按原租船合同如期抵达秘鲁 Paita 港，并准备装货。由于买卖合同已经解除，船东为减小损失订立了一份总运费为 43 万美元的替代租船合同。船东与租船人就原租船合同解除造成的损失问题发生争议，共同提请北京调解中心调解解决。船东诉称，由于租船人解除合同，船东只好另寻替代的租船合同，因此要求租船人赔偿其原租船合同与替代租船合同之间的运费差价，而租船人对替代租船合同的存在以及船东的实际损失提出质疑。调解员根据有关证据认可了船东的替代租船合同，并就实际损失确定了计算标准。在调解员的主持下，双方当事人均作了实事求是的努力，经过数轮回合之后，双方在认定损失金额方面的差距逐步缩小，并最终以和解协议的形式解决了纠纷。

解析：本案是在国际经济争议中对 ADR 运用的典型，特别是对调解方式的运用，既可以避免单独使用 ADR 方式缺乏强制力的固有缺陷，又可以充分发挥 ADR 在不伤和气的前提下迅速、便捷地解决当事人之间争议的优势。

（三）仲裁

仲裁，是指根据争议双方于事前或事后所达成的仲裁协议，自愿将争议交付给第三方，由其按照一定程序进行审理并作出对争议双方都有约束力的裁决的一种准司法程序。

1. 国际经济仲裁的概念与特性

国际经济仲裁，是指在国际经济活动中，当事人双方依事先或事后达成的仲裁协议，将有关争议提交给某临时仲裁庭或常设仲裁机构进行审理，并作出具有约束力的仲裁裁决的制度。目前，国际经济仲裁已被广泛地用于解决各种国际经济争议，它具有如下特点：

（1）国际性或涉外性

这是国际经济仲裁与国内仲裁的主要区别所在，其国际性决定了它比国内仲裁更加灵活，并受到国际协议规范。

（2）自治性

国际经济仲裁以当事人的自愿和协议为基础，在国际商事仲裁中，当事人可以自由地选择仲裁事项、仲裁地点、仲裁机构、仲裁员、仲裁程序，以及仲裁庭进行裁决时所适用的法律等，仲裁人处理仲裁案件的权利也来自当事人的同意。

（3）民间性

国际经济仲裁的仲裁机构，一般都是非国家机关或非官方的民间机构，对那些对官方机构不信任的当事人，非常有吸引力。

（4）中立性

在国际经济交往中，不同国家的当事人因互不信任对方国家法院的公正性，都力图将其争议提交本国法院依照本国法律解决。在国际经济仲裁中，尽管仲裁人或仲裁机构是当事人选定的，但前者并不代表后者，而是居中评判是非，仲裁案件中立于当事人所属国之外，不受任何一方当事人所属国司法制度和公共政策的影响。

（5）专业性

国际经济争议有时会涉及专门性或技术性的问题，需要具备专业知识的人去解决。在国际经济仲裁中，当事人可以自主选择有关争议问题专家充当仲裁员，有利于仲裁案件准确和迅速的解决。

（6）保密性

法院审理案件一般公开进行，而仲裁案件的审理是不公开的，这有利于争议当事人双方不将其商业秘密和分歧公布于众。

（7）准司法性

国际经济仲裁虽然是以当事人的自愿和协议为基础的，而一旦达成仲裁协议，即对当事人产生法律约束力，发生争议后当事人应该提交仲裁；同时，仲裁人作为裁判者有权无须当事人同意而作出对双方当事人有约束力的裁决；裁决作出后，若一方当事人不履行，另一方当事人可以向法院申请强制执行。仲裁的准司法性保证了仲裁的法律效力和严肃性。

（8）终局性

仲裁一般是"一锤定音"，仲裁裁决是终局的，有利于迅速解决争议，为当事人节省时间和费用。

与诉讼相比，仲裁也有一些局限性，主要是缺乏诉讼的强制性、严密性和统一性。如由于仲裁以当事人的自愿和协议为基础，缺少第三人程序，仲裁人无权强迫可以最终对裁决的执行承担全部或部分责任的第三人加入仲裁程序。

2. 国际经济仲裁机构

从组织形式来看，国际经济仲裁机构可以分为临时仲裁庭和常设仲裁机构。提交临时仲裁庭进行的仲裁称为临时仲裁，提交常设仲裁机构进行的仲裁称为常设机构仲裁。由于常设仲裁机构具有固定的组织、固定的地点、系统化的仲裁规则和具有较高专业水平和法律知识的仲裁员，多数国际经济仲裁都是提交常设仲裁机构进行的。在国际上具有较高知名度和影响力的常设仲裁机构主要有：

(1)国际商会仲裁院(International Chamber of Commerce Court of Arbitration)

国际商会仲裁院成立于1923年，总部设在巴黎，是附属于国际商会的国际性常设仲裁机构，由来自76个国家的代表组成。作为国际商会的仲裁机构，仲裁院适用《国际商会仲裁规则》，受理国际商务性质争议。仲裁院不直接解决当事人之间的争议，只具有监督国际商会仲裁程序并负责指定或确认当事人指定的仲裁员、决定仲裁员的回避、核阅和批准所有仲裁裁决、决定仲裁员费用等职能。

(2)伦敦国际仲裁院(London Court of International Arbitration, LCIA)

伦敦国际仲裁院成立于1892年，是世界上最早的常设仲裁机构之一。伦敦国际仲裁院拥有通晓法律和专业知识的高水平的仲裁员，分设欧洲委员会、北美委员会、亚太委员会、泛非委员会、中南美和加勒比委员会，为全球客户提供争议解决服务。由于英国在国际海事运输中的巨大影响，伦敦国际仲裁院在处理海事争议方面享有国际盛誉。

(3)瑞典斯德哥尔摩商会仲裁院(Arbitration Institute of the Stockholm Chamber of Commerce, SCC)

瑞典斯德哥尔摩商会仲裁院成立于1917年，是瑞典最重要的常设仲裁机构。由于瑞典的仲裁历史悠久，体制完善，因此斯德哥尔摩商会仲裁院在国际上具有较高的知名度，是受理国际经济争议较多的国际仲裁机构之一。

斯德哥尔摩商会仲裁院由理事会和秘书处组成，其职能是根据仲裁院规则管理国内和国际争议、根据当事人约定的其他程序或规则管理国内和国际争议以及提供与仲裁和调解有关的信息。理事会由主席、副主席和理事组成，根据仲裁院规则或者当事人约定的其他程序或规则管理争议时应仲裁院要求作出各项决定，包括决定仲裁院管辖权、确定预付费用、指定仲裁员、就当事人对仲裁员的异议作出决定、撤换仲裁员以及确定仲裁费等。

与许多常设仲裁机构不同的是，斯德哥尔摩商会仲裁院没有固定的仲裁员名单，当事人可自由指定任何国家的、与争议无利害关系的公民作为仲裁员，斯德哥尔摩商会仲裁院的这一特点使它得到很多客户的信任。

(4)美国仲裁协会(American Arbitration Association, AAA)

美国仲裁协会于1926年由美国仲裁协会社团和美国仲裁基金会合并成立，总部设在纽约，是一个非营利性的为公众服务的机构，其宗旨是在法律许可的范围内，通过仲裁、调解、协商、民主选择等方式解决商事争议。目前，美国仲裁协会已经发展成为具有数十个分支机构，5万多名仲裁员、调解员的在国际上享有盛誉的仲裁机构，受案范围包括国际经贸纠纷、劳动争议、消费者争议、证券纠纷等。

(5)中国国际经济贸易仲裁委员会(China International Economic and Trade Arbitration Commission, CIETAC)

中国国际经济贸易仲裁委员会，又称中国国际商会仲裁院，其总会设在北京，在深圳和上海分别设立了华南分会和上海分会。它是以仲裁方式，独立、公正地解决契约性或非契约性的经济贸易等争议的常设经济仲裁机构。

自中国国际经济贸易仲裁委员会于 1956 年 4 月成立之后，中国国际贸易促进委员会根据国际惯例制定了《对外贸易仲裁委员会仲裁程序暂行规则》，并先后于 1988 年、1994 年、1995 年、1998 年、2000 年和 2005 年六次对其仲裁规则进行了修改和完善，现在适用的仲裁规则是 2005 年 1 月修改的《中国国际经济贸易仲裁委员会仲裁规则》。根据该规则，仲裁委员会受理以下契约性或非契约性的经济贸易争议：国际或涉外争议；涉及香港、澳门、台湾地区的争议；外商投资企业相互之间及外商投资企业与中国法人、自然人、经济组织的争议；涉及中国法人、自然人、经济组织利用外国的、国际组织的或香港、澳门、台湾地区资金、技术或服务进行项目融资、招标投标、工程建筑等活动的争议；中国法律、行政法规或特别授权仲裁委员会受理的争议；当事人协议由仲裁委员会仲裁的其他国内争议。

【案例 12-2】

2011 年，中国大连甲公司与英国乙公司签订了一份货物买卖合同，由甲公司向乙公司提供合同规定的货物。为确保可能产生的纠纷能够得到公正、及时的解决，甲公司与乙公司达成了仲裁协议。后双方在履行过程中由于货物质量问题发生争议，甲公司和乙公司共同向中国国际经济贸易仲裁委员会提请仲裁。中国国际经济贸易仲裁委员会作出了对甲公司不利的裁决。甲公司认为，仲裁裁决与法院的判决相比不具有强制性和可执行性，因此拒不执行此仲裁裁决。

请问：甲公司拒不执行仲裁裁决的做法正确吗？

解析：首先，根据《中国国际经济贸易仲裁委员会仲裁规则》第 42 条的规定，仲裁裁决是终局的，对双方当事人均有约束力。任何一方当事人均不得向法院起诉，也不得向其他任何机构提出变更仲裁裁决的请求。可见仲裁裁决和法院判决具有同样的法律效力。

其次，当事人应当依照仲裁裁决书写明的期限自动履行裁决；仲裁裁决书未写明期限的，应当立即履行。一方当事人不履行的，另一方当事人可以根据中国法律的规定，向中国法院申请执行，或者根据 1958 年《承认及执行外国仲裁裁决公约》或者中国缔结或参加的其他国际公约，向外国有管辖权的法院申请执行。仲裁机构依法作出的仲裁裁决具有一裁终局的效力，具有强制执行力。中国大连甲公司认为仲裁裁决不具有可执行性，是错误的。因此，中国大连甲公司应当积极履行该仲裁裁决。

3. 国际经济仲裁协议

(1)国际经济仲裁协议的概念

国际经济仲裁协议，是指双方当事人达成合意将他们之间已经发生或将来可能发生的国际经济争议交付仲裁解决的一种书面协议。

国际经济仲裁协议是国际商事仲裁得以发生的根本依据，仲裁协议既可以表现为合同中的仲裁条款，也可以表现为当事人就已经发生的争议提交仲裁的仲裁协议书，还可以是任何其他包含当事人提交仲裁意思的书面文件，如电报、电传、信函、传真、电子邮件等。有效的仲裁协议通常需要载明当事人同意将争议提交仲裁的意思、提交仲裁的事项、仲裁机构、仲裁地、仲裁适用法律等内容。

（2）国际经济仲裁协议的效力

有效的仲裁协议对当事人具有约束力，不仅是仲裁机构对有关争议取得排他性管辖权的依据，同时也是向法院申请强制执行生效仲裁裁决的依据。仲裁协议具有独立性，如果合同中包含有仲裁条款，合同的无效、被撤销或者终止不影响仲裁协议的效力。我国《仲裁法》第 19 条规定："仲裁协议独立存在，合同的变更、解除、终止或者无效，不影响仲裁协议的效力。"

4. 仲裁裁决及其承认与执行

（1）仲裁裁决的效力

多数国家法律赋予仲裁裁决终局效力，任何一方当事人不得向法院提起诉讼。但是如果出现特定事由，应当事人申请，法院有权对裁决进行司法审查。

（2）仲裁裁决的撤销及其不予承认与执行

仲裁裁决的撤销及其不予承认与执行的情形包括：仲裁裁决所依据的仲裁协议无效；仲裁程序不当；仲裁庭越权；仲裁庭的组成与当事人约定或应当适用的法律不符。

【案例 12-3】

中国某公司与墨西哥某公司订立了一项大理石进口合同。合同规定：如发生争议提交中国国际经济贸易仲裁委员会仲裁。后由于产品质量问题，中国某公司向中国国际经济贸易仲裁委员会提交仲裁申请，仲裁委员会受理了该案，并经双方当事人协商确定了仲裁庭的组成人员。仲裁委员会秘书局于开庭前 15 天通知了双方当事人。开庭时墨西哥某公司未派人出庭，也未说明不出庭的理由。仲裁庭作出缺席裁决。在案件执行过程中，墨西哥某公司提出异议，认为根据《中国国际经济贸易仲裁委员会仲裁规则》的规定，仲裁委员会秘书局应当于开庭前 20 天通知双方当事人，而本案仲裁委员会秘书局却于开庭前 15 天才通知双方当事人，因此给墨西哥某公司应诉带来了很大的不便，以致不能出席第一次的庭审。因此该缺席裁决违反正当程序，要求法院不予承认和执行该仲裁裁决。墨西哥法院根据《中国国际经济贸易仲裁委员会仲裁规则》的规定，认定墨西哥某公司的异议成立，故裁定不予承认与执行此裁决。

解析： 墨西哥某公司提出的理由符合法律规定的不予承认与执行国际商事仲裁裁决的理由。因为根据《中国国际经济贸易仲裁委员会仲裁规则》的规定，第一次开庭审理的日期，仲裁委员会秘书局应当于开庭前 20 天通知双方当事人，而本案仲裁委员会秘书局却于开庭前 15 天才通知双方当事人。因此，该缺席裁决违反正当程序，未给予当事人适当的通知，也就是说，秘书局向当事人提供仲裁审理的通知是不适当的。因此，墨西哥法院裁定不予承认与执行该仲裁裁决是正确的。

（3）外国仲裁裁决的承认与执行

①承认与执行外国仲裁裁决的依据。在国际联盟的倡导下，1923 年和 1927 年分别通过了《关于承认仲裁条款的日内瓦议定书》（*Geneva Protocol on Arbitration Clauses*）和《关于执行外国仲裁裁决的日内瓦公约》（*Geneva Convention on the Execution of Foreign Awards*），由于以上两项文件在适用范围和执行条件方面存在的诸多限制和局限性，1958 年联合国在

纽约召开了国际商事仲裁会议，达成了《承认和执行外国仲裁裁决公约》(*Convention on the Recognition and Enforcement of Foreign Arbitral Awards*，简称《纽约公约》)。

《纽约公约》第3条规定，各缔约国应承认仲裁裁决具有拘束力，并依援引裁决地之程序规则及下列各条所载条件执行之。承认或执行适用本公约之仲裁裁决时，不得较承认或执行内国仲裁裁决附加过苛之条件或征收过多之费用。因此，当事人可凭仲裁协议的原本或正式副本以及仲裁裁决正本或正式副本，向被请求国法院提出承认与执行仲裁裁决的申请；被请求国法院应承认裁决效力并根据本国程序规则执行该裁决。《纽约公约》第5条同时规定，如果被请求国主管机关经审查，认为仲裁协议无效、仲裁违反正当程序、仲裁员超越权限、仲裁庭的组成或仲裁程序不当、裁决尚未发生约束力或已被撤销或停止执行、争议事项不可用仲裁方式解决或者违反本国公共秩序，可以拒绝承认和执行外国仲裁裁决。

②申请承认与执行外国仲裁裁决的程序和条件。若仲裁裁决在外国作出，拒不履行裁决义务的当事人在内国境内或者在内国境内有财产，当另一方当事人向内国法院提出申请，要求承认并执行该仲裁裁决时，对内国法院来说就是承认与执行外国仲裁裁决。对外国仲裁裁决的承认和执行，应以有关条约规定为前提。在没有双边或多边条约的情况下，多数国家要求在互惠原则的基础上，按照本国的法律规定，承认和执行外国仲裁裁决。

(4)我国法院对外国仲裁裁决的承认与执行

①我国执行外国仲裁裁决的依据。我国于1987年批准加入了《纽约公约》，但加入时作了"互惠保留"和"商事保留"声明，因此，我国仅根据《纽约公约》对在缔约国领土内作成的属于契约和非契约性商事法律关系争议的仲裁裁决予以承认和执行。

②执行机构和期限。我国《民事诉讼法》第283条规定："国外仲裁机构的裁决，需要中华人民共和国人民法院承认和执行的，应当由当事人直接向被执行人住所地或者其财产所在地的中级人民法院申请，人民法院应当依照中华人民共和国缔结或者参加的国际条约，或者按照互惠原则办理。"

我国《民事诉讼法》第239条规定："申请执行的期间为2年。申请执行时效的中止、中断，适用法律有关诉讼时效中止、中断的规定。前款规定的期间，从法律文书规定履行期间的最后一日起计算；法律文书规定分期履行的，从规定的每次履行期间的最后一日起计算；法律文书未规定履行期间的，从法律文书生效之日起计算。"

二、国家与他国国民之间经济贸易争议的解决

从争议的主体看，一方为东道国政府或其机构，另一方为外国公司，或者是外国公司在该国的子公司，尽管子公司具有东道国国籍，但从公司的所有者来看，或者是完全由外国国民出资的子公司，或者是外国国民占有部分份额的合资企业。从争议事项的特点来看，大多数情况下是由于政府管理行为而产生的争议，或者是由于外国国民违反东道国法规而产生的争议，如由于违反东道国反不正当竞争法而与东道国政府发生争议，这类争议通常称为行政争议。

(一)国家与他国国民之间的经济贸易争议的解决

1. 行政复议

国家执法机关在执法的过程中，相关人员必须服从执法人员的管理。对于执法部门判

罚不服的，可以向上级机关提出行政复议。

2. 提起行政诉讼

提起行政诉讼主要是指向投资者本国法院或第三国法院提起诉讼。目前，外国法院对投资争议解决的作用是有限的：首先，限制豁免在投资领域的推广是有限的；其次，对投资者之间的争议如果在第三国法院诉讼存在诉讼费用、证据收集等问题，成本较大。

（二）东道国与外国投资者之间的经济争议的解决

1. 东道国与外国投资者之间的争议解决方法

（1）协商谈判

协商谈判的方法可以规定在政府与外国人订立的特许协议中。对于非契约性争议，鉴于争议双方处于不同的法律地位，他们之间由于投资而产生的争议一般通过协商谈判的方法解决。

（2）东道国救济

外国投资者可将争议提交东道国法院，按照东道国的程序法和实体法寻求救济，解决争议。

（3）外交途径

外交保护权发挥的作用是有限的。首先，投资者本国是否接受外交保护权取决于本国的政策需要；其次，即使投资者获得外交保护，等于将投资者的请求权转移给国家，投资者便失去了对这种请求权的控制，国家如何索赔是国家的权力。

（4）国际仲裁

国际仲裁是当事人自愿解决争议的方法，其前提是存在着仲裁协议。根据1965年《华盛顿公约》设立的解决投资争端国际中心，通过仲裁方式为解决国家与外国投资者之间的争议提供了便利。

2. 通过"解决投资争端国际中心"（ICSID）解决东道国与外国投资者之间的争议

ICSID的宗旨在于为外国投资者与东道国政府之间的投资争议，提供国际解决途径，在东道国国内司法程序之外，另设国际调解和仲裁程序。

ICSID是一个独立的国际机构，具有缔约、取得和处置财产及进行法律诉讼的能力。作为国际性常设仲裁机构，ICSID仅仅是为解决争议提供各种设施和方便，具体案件由根据《解决国家和他国国民间投资争端公约》设立的调解委员会或仲裁庭进行调解和仲裁。

【案例12-4】

甲乙两国政府均为《解决国家和他国国民间投资争端公约》缔约国。甲国政府与乙国A公司签订了特许权协议，允许A公司在甲国从事石油开发，授权期限是10年。该协议还规定，如果发生争议，将提交ICSID解决。A公司根据甲国法律在甲国设立了独资公司。该独资公司在成立5年后，甲国政府取消了给予A公司及其独资公司的石油开发特许权。A公司在与甲国政府协商没有结果的情况下，对甲国政府向ICSID提起了仲裁请求。

请问：根据《解决国家和他国国民间投资争端公约》的规定，ICSID是否有管辖权？为什么？

解析： ICSID 具有管辖权。对于提交 ICSID 仲裁的投资争议必须符合《解决国家和他国国民间投资争端公约》规定的下列条件，ICSID 才具备管辖权：

（1）当事人适格（主体资格的条件）。凡提交 ICSID 仲裁的投资争议的当事人，其中一方必须是公约缔约国或该缔约国的公共机构或实体，另一方则应是另一缔约国的国民（包括自然人、法人及其他经济实体）。

（2）双方当事人同意（主观要件）。必须具备争议当事人各方的书面同意。

（3）符合投资争议的法律性质（客体的条件）。根据《解决国家和他国国民间投资争端公约》的规定，ICSID 管辖权应及于缔约国及其公共机构或实体与另一缔约国国民之间直接因投资而产生的任何法律上的争议。即 ICSID 对投资争议的仲裁，仅限于由于投资而产生的法律争议，而不是其他方面的争议。至于单纯的"利润冲突"问题，则不属于法律争议。

在同时具备以上三个实质要件的情况下，ICSID 即具有管辖权。

（三）我国政府与外国投资者之间投资争议的解决

1. 当地救济

当地救济，是指通过我国国内行政管理机构或司法机构解决争议的方法，这些方法适用于所有的在我国投资的外国投资者，无论其所属国是否与我国订有双边投资保护协定。

2. 国家之间的解决方法

（1）外交谈判

即通过国家之间协商的方法解决。这种方法的前提是，在用尽当地救济后，争议仍未能得到解决。此种方法适用于一切与投资争议有关的场合，不论外国投资者所属国是否与我国订有双边协定或者双方均为有关国际公约的缔约国。

（2）代位求偿

代位求偿适用于外国投资者所属国与中国订有双边协定的国家，或者均为有关国际公约缔约国的情况。根据投资保护协定，如果对方国家对其国民在我国提供了保险和担保，并据此向其在我国投资的国民进行了赔偿，我国政府承认缔约另一方对其国民的代位。

根据我国参加的《多边投资担保机构公约》，公约缔约国的国民也可向该公约项下的多边投资担保机构（MIGA）投保公约规定的风险。那些未与我国订立上述协定或共同参加的国际公约的国家，如果国家对其国民在中国境内的投资提供了保险或担保，并据此向其在我国投资的国民支付了赔偿，也可采用这种方法。

3. 国际仲裁

我国政府与《华盛顿公约》的缔约国国民之间的投资争议，在双方订有双边仲裁协议的前提下，可以提交 ICSID 仲裁解决。实践上，目前尚无在该中心仲裁的先例。

我国与一些国家订立的双边投资保护协定中，也有包括通过仲裁解决国家与对方投资者之间的投资争议的规定。而对于那些与我国无此协定或未参加《华盛顿公约》的国家，如果这些国家的投资者与我国政府订有通过仲裁解决投资争议的仲裁协议，也可通过仲裁的方式解决争议。

第三节　世贸组织的争议解决机制

一、世界贸易组织争议解决机制的特点

世界贸易组织争议解决机制被认为是 WTO 的核心内容，与 GATT 的争议解决机制相比，世界贸易组织争议解决机制更加完善和有效，具体表现在以下方面：

1. 实行单一的争议解决体制

WTO 现行的争议解决机制是 WTO 最后文件的组成部分，对各缔约方均有拘束力，而 GATIT 项下的争议解决机制则比较分散。如前所述，GATT 缔约方于 1979 年在东京回合谈判中达成的《关于通知、协商、解决争议和监督的谅解》仅对签署该谅解的缔约方有效。WTO 的争议解决体制则将该组织项下的各项协议的争议解决统一起来，并设立了专门的争议解决机构(Dispute Settlement Body，DSB)。由 DSB 解决的争议，不仅包括传统上的货物贸易，而且还包括因知识产权保护和服务贸易而引起的争议。

2. 设立专门的争议解决机构

DSB 是唯一有权设立解决争议的专家小组，并通过专家小组和上诉机构的报告和建议解决争议的权威机构，负责监督对所通过的裁定和建议的实施。如果缔约方未能实施上述建议或裁定，可下令中止有关缔约方作出的减让。DSB 在设立专家小组时，应当确保其独立性。小组成员为各当事方的公民，是以个人的身份而非作为政府代表或任何组织的代表提供服务。在发展中国家与发达国家的成员发生争议时，如提出申诉的一方是发展中国家，则该专家小组中至少应包括 1 名来自发展中国家的成员。

专家小组的职能是协助 DSB 履行 WTO 谅解书和各有关协议所赋予的责任，就其所受理的事项作出客观的评价，包括对各有关协议的适用范围的一致性作出客观评价，并应经常同争议各方进行磋商，给他们足够的机会以达成双方满意的解决方法，提出其他有助于 DSB 制定各项建议或作出各有关协议规定的各项裁决的调查材料。DSB 设立的常设上诉机构负责解决专家小组报告中涉及的法律问题及由该专家小组所作的法律解释，该机构由 7 名成员组成，由 DSB 任命，任期 4 年，并可被再次任命。成员与各国政府没有关系，一般应具有公认的权威，并由已证实在法律、国际贸易和各有关协议主体内容方面具有专业知识的人员组成。

3. 采用自动通过的决策程序

决策程序的改变，是 WTO 与 GATT 之间的又一次实质性的改革。WTO 争议解决机制的各项程序几乎都是自动的：①如果争议双方在规定的期限内不能自行解决他们之间的争议，DSB 就可以根据任何一方的请求，设立专家组。DSB 在决定设立专家组时，只要不是全体一致反对，专家组即可设立。②专家组或者上诉机构的报告的通过，打破了 GATT 时期所实行的"协商一致"原则。在 WTO 争议解决机制中，DSB 通过专家组或上诉机构的报告实行了"反向一致"(negative consensus)的原则，即只要不是全体一致反对，报告就获得通过。③在授权中止减让关税或采取其他方面的报复措施时，只要不是全体一致反对，DSB 即可授权对败诉方实施中止减让关税或其他方面的报复措施。这就是说，无论是专

家组的成立，还是专家组或上诉机构报告的通过，或者是 DSB 授权采取报复性措施的决定的通过，几乎都是自动的，因为即便 WTO 所有成员都反对设立专家组或者通过专家组的报告，请求设立专家组解决争议的当事人不可能反对。当然，为了尽量减少专家组在适用 WTO 规则中的错误，DSB 设立了专门的上诉机构，由该机构的 3 名成员组成上诉庭，受理 WTO 成员对专家组报告和裁定中所涉及的法律问题提出的上诉。

4. 增加对专家组和上诉机构建议和裁定执行的监督程序

DSB 有一个非常重要的职能，就是对专家组和上诉机构报告中的建议和裁定的执行情况实施监督。在完全实际履行专家组和上诉机构在报告中提出的建议之前，相关成员应当始终向 DSB 报告其执行情况，受到 DSB 的监督。然而，与 GATT 项下的争议解决机制相比，WTO 争议解决机制中的执行及其监督机制还是得到了加强。此项监督机制对于保证 WTO 规则的统一实施，以及维护多边贸易体制的稳定性和可预见性，发挥着重要的作用。

二、世界贸易组织争议解决机制的运作

依照《关于争议解决规则和程序的谅解书》（以下简称《谅解书》），在 WTO 框架下解决争议，主要经历以下四个阶段：

（一）磋商程序

《谅解书》规定争议当事方应首先通过磋商程序解决争议。《谅解书》第 4 条指出，每一成员承诺对其他成员提出的有关在其境内实施的影响任何适用协定的措施的交涉给予积极的考虑，并提供充分的磋商机会。当一成员基于此条款要求和另一成员磋商时，应将磋商请求通知 DSB 和有关理事会或委员会。磋商的请求应以书面形式提交并说明理由，包括确认所争议的措施及相关的法律依据。被要求磋商的成员应在接到磋商请求之日后的 10 日内作出答复，并应在接到请求之日后不超过 30 日的时间进行磋商。若被要求磋商一方未在接到请求之日后 10 日内作出答复，或未在接到请求之日后 30 日内，或双方同意的其他时间内进行磋商，则请求磋商一方可直接要求成立专家组。

磋商在请求方与被请求方之间进行，并应保密，若第三方认为正在进行的磋商涉及自身实质贸易利益，也可以将其加入磋商的愿望通知磋商的成员和 DSB，只要第三方提出的主张有理由，则应被允许加入磋商。如果在收到磋商请求之日后 60 日内，磋商未能解决争议，则提出磋商请求一方可以要求成立专家组。

（二）专家组解决争议的司法程序

DSB 应当根据申诉方提出的书面请求设立专家小组，专家小组一般由 3 名成员组成，特殊情况下可由 5 人组成。成员应为资深的政府或非政府人员，以个人的身份而非作为政府代表或任何组织的代表提供服务。专家组负责对争议当事方提交 DSB 的事项进行客观的评估，包括客观认定案件的事实、有关协定的可适用性和一致性，并提出相应的建议或裁定。

专家小组应当协助当事人解决争议。为此应当向 DSB 提交有关调查材料的书面报告，说明争议的事实的调查结果，并提出有关的建议。此项报告除向 DSB 提交外，还应向当事各方提供。报告一般应当在专家小组成立后 6 个月内提出，但遇有紧急情况，如易腐烂

食品，应在 3 个月内提出。在争议复杂的情况下，也可经书面请求 DSB 并经批准后延长此项期限，但无论如何不得超过 9 个月。

专家小组的报告应当向各缔约方分发，为了给予各缔约方足够的时间考虑专家小组的报告，DSB 只有在这些报告向各缔约方分发 20 日后，才考虑通过这些报告。此项报告应在分发后 60 日内进行评审，争议各方有权全面参与对专家小组报告的评审。他们的各种意见均应予以记录在案。DSB 应当在此期限内通过此项报告，除非某一缔约方声称将对此报告提出上诉，或 DSB 一致决定不采纳此项报告。当争议一方将提出上诉时，此项报告将在上诉结束后再通过。

（三）上诉评审程序

只有争议的当事方，而不是任何第三方，有权对专家小组的建议或裁定提出上诉评审程序。上诉应当仅限于专家小组报告中所涉及的法律问题及由该专家小组所作的法律解释。

在上诉评审程序中，应当由该常设机构中的 3 人负责审议对专家小组的建议或裁定提出的上诉。已经向 DSB 通报其与该争议有重大利益的第三方，可向上诉机构提出其书面意见，上诉机构也应给予他们表述其意见的机会。上诉机构对上诉事项所作的决定一般应当在上诉方正式向上诉机构提出就某一事项提出上诉之日起 60 日内作出，最多也不得超过 90 日。

上诉机构的报告应当在该报告提交全体缔约方后 30 日内由 DSB 通过，并由争议各方无条件地接受。除非 DSB 一致决议不通过该报告。

（四）执行程序

专家小组或上诉机构的报告通过后 30 日内，有关缔约方必须向 DSB 通报其对所通过的报告中提出的建议打算采取的措施。如不能立即实施，该缔约方应当在合理的期限内实施。如果未能在此期限内实施，则必须与申诉方进行如何予以补偿的谈判。如果通过谈判不能达成满意的结果，申诉方可以请求 DSB 授权其中止对对方所给予的减让或对其所承担的其他义务，也即采取交叉报复措施。申诉方在中止履行减让或其他义务时，应遵循以下原则和程序：原则上应中止履行与产生违反或损害的同一协议中同一部门的减让或其他义务；如不奏效，则中止履行同一协议内其他部门中的减让或其他义务；如仍不奏效，则中止其他协议中的减让或其他义务。

若被诉方对减让水平提出异议，或认为上述原则和程序未得到遵守，则由原专家小组或总干事指定的仲裁员进行仲裁。仲裁员裁定的事项不涉及审查被中止履行的减让和其他义务的性质，而只裁定减让的水平是否与利益的损害水平相当，中止减让或其他义务是否遵循了上述原则和程序。该裁定为终局裁定。

【案例 12-5】

美国钢铁企业认为中国在美销售的无缝钢管违反了世贸组织的多边货物贸易协议中的反倾销协议，要求美国政府对中国在美销售的无缝钢管征收反倾销税。美国政府调查后认为，中国在美销售的无缝钢管构成倾销，而中国政府认为本国企业在美销售的无缝钢管并未构成倾销，美国与中国两国政府之间发生争议。

解析：根据世界贸易组织关于争议解决的规则，争议解决机制主要包括：磋商、专家小组程序、上诉机构审查程序、专家小组和上诉机构报告的通过程序，裁定和建议的监督执行程序等。本案中，中美双方首先应进行磋商，磋商未达成协议的，一方可向争端解决机构申请成立专家小组，该机构应于 45 日内决定是否同意成立专家小组，专家小组应于 6 个月内作出裁决，任何一方都可以就裁决向上诉机构提出上诉。上诉机构将对裁决的法律问题进行审查，最多必须在 60 日内作出维持、修改或撤销的决定，专家组和上诉机构的报告都须经争端解决机构讨论通过，由此形成争端解决机构的裁定和建议，只有在争端解决机构的全体成员都不赞成时才能否决专家小组或上诉机构的报告，即"反向协商一致原则"。当败诉方未能履行裁决，又未给予补偿时，胜诉方可以要求争端解决机构授权采取报复措施，中止协议项下的减让或其他义务。

除了上述法定程序之外，世界贸易组织争议解决还提供斡旋、调解、调停、仲裁等多种争议解决方法供当事人选择，作为辅助性争议解决手段，这些方法在解决世界贸易组织成员之间的争议中同样发挥着重要作用。

【思考题】

1. 简述国际经济争议的概念及其分类。

2. 简述 ADR 的特征及其主要表现形式。

3. 世界贸易组织的争议解决机制有哪些特点？

4. 2011 年 11 月，法国伊丽莎白有限责任公司（卖方）与中国 ALT 有限责任公司（买方）在上海订立了买卖 200 台电子计算机的合同。双方在合同中约定，如果发生争议，在中国国际经济贸易仲裁委员会仲裁。后来，双方因交货期发生争议。法国伊丽莎白有限责任公司在其公司所在地起诉。法院发出传票，传中国 ALT 有限责任公司出庭应诉。

请问：ALT 有限责任公司应否在法国法院应诉？为什么？

5. 中国 A 公司与德国 B 公司于 2009 年 6 月签订了合作经营企业合同，在湖北武汉设立了双方合作经营的 C 公司。合同规定"与本合同履行有关的争议事项的解决在中国国际经济贸易仲裁委员会进行仲裁"。2012 年 4 月 A 公司与 B 公司由于在公司利润的分配上产生了争议，B 公司将争议提交位于北京的中国国际经济贸易仲裁委员会进行仲裁。A 公司在第一次开庭前对仲裁委员会的管辖权提出了异议，理由是按照《民事诉讼法》的规定，中国法院对由于在中国境内的合作经营企业合同引起的争议具有专属管辖权。

请问：A 公司提出的管辖权异议是否合理？为什么？

参 考 文 献

[1]陈安. 陈安论国际经济法学(套装全5卷)[M]. 上海：复旦大学出版社，2008.

[2]陈安. 国际经济法总论[M]. 北京：法律出版社，1991.

[3]陈安. 国际经济法学(第三版)[M]. 北京：北京大学出版社，2004.

[4]姚梅镇. 国际经济法概论(第三版)[M]. 湖北：武汉大学出版社，2004.

[5]姚梅镇. 国际经济法教学参考资料选编(上、中、下册)[M]. 湖北：武汉大学出版社，1991.

[6]王传丽. 国际经济法(第四版)[M]. 北京：中国政法大学出版社，2012.

[7]王传丽. 国际经济法实例点评[M]. 北京：法律出版社，2004.

[8]张桂红. 国际经济法学[M]. 北京：北京师范大学出版社，2010.

[9]王传丽. 国际贸易法(第三版)[M]. 北京：法律出版社，2004.

[10]王海英. 国际经济法案例教程[M]. 北京：北京大学出版社，2005.

[11]翁国民. 国际经济法案例[M]. 北京：中国人民大学出版社，2004.

[12]余劲松. 国际投资法(第三版)[M]. 北京：法律出版社，2007.

[13]李嘉. 国际经济法学[M]. 福建：厦门大学出版社，2010.

[14]姚天冲. 国际投资法教程[M]. 北京：对外经济贸易大学出版社，2010.

[15]陈业宏，张庆麟，刘笋. 国际经济法新论[M]. 湖北：华中科技大学出版社，2010.

[16]金春. 国际商法[M]. 北京：北京大学出版社，2005.

[17]余劲松. 国际经济法学(第三版)[M]. 北京：北京大学出版社、高等教育出版社，2009.

[18]刘瑛. 国际经济法学[M]. 北京：中国对外经济贸易出版社，2006.

[19]陈玉玲. 国际经济法教程[M]. 江苏：东南大学出版社，2003.

[20]成先平. 国际经济法学(第二版)[M]. 河南：郑州大学出版社，2009.

[21]冯大同. 国际商法(第二版)[M]. 北京：对外贸易教育出版社，2001.

[22]刘丰名. 国际金融法(修订版)[M]. 北京：中国政法大学出版社，2002.

[23]郭寿康，赵秀文. 国际经济法学(第二版)[M]. 北京：中国人民大学出版社，2006.

[24]赵学清，邓瑞平. 国际经济法学[M]. 北京：法律出版社，2005.

[25]翁国民. 国际经济法学[M]. 浙江：浙江大学出版社，2005.

[26]汪尧田，周汉民. 世界贸易组织总论[M]. 上海：上海远东出版社，1995.

[27]钟立国. 中国：WTO法律制度的适用[M]. 吉林：吉林人民出版社，2002.

[28]周忠海. 国际经济关系中的法律问题[M]. 北京：中国政法大学出版社，2005.

[29]杨良宜. 国际商务仲裁[M]. 北京：中国政法大学出版社，1997.

[30]刘大伦. 国际商法[M]. 江苏：南京大学出版社，2004.

[31]陈晶莹，邓旭. 国际商法[M]. 北京：中国人民大学出版社，2010.

[32]吴百福. 国际货运风险与保险[M]. 北京：对外经济贸易大学出版社，2002.

[33]魏润泉，陈欣. 海上保险的法律与实务[M]. 北京：中国金融出版社，2001.

[34]史晓丽. 国际投资法[M]. 北京：中国政法大学出版社，2005.

[35]姚梅镇. 国际经济法是一个独立的法学部门[J]. 中国国际法年刊，1983.